못난조선

못난
조선

나남
nanam

나남신서 1716

못난 조선
16~18세기 조선·일본 비교

2013년 7월 5일 발행
2021년 8월 15일 5쇄

지은이   문소영
발행자   趙相浩
발행처   (주)나남
주소   10881 경기도 파주시 회동길 193
전화   031-955-4601(代)
FAX   031-955-4555
등록   제1-71호(1979.5.12)
홈페이지   www.nanam.net
전자우편   post@nanam.net

ISBN   978-89-300-8716-2
ISBN   978-89-300-8655-4 (세트)

책값은 뒤표지에 있습니다.

16~18세기 조선·일본 비교

못난
조선

문소영 지음

나남
nanam

들어가는 말

증조할아버지 우당(憂堂) 문형모(文亨模, 1875~1952)는 독립운동을 하셨다. 네이버에서 찾아보면 "을사늑약이 체결된 뒤 최익현의 휘하에 들어가 항일전을 전개하고 군자금을 모아 대한민국 임시정부에 전달했다"고 돼 있다. 내가 태어난 1967년에 증조부를 기념하는 유적비가 유림들의 손에 의해 고향에 세워졌고, 늦은 감이 있지만 1990년에는 건국훈장 애국장이 추서되었다.

《못난 조선》이란 책을 쓰면서 증조부를 생각했다. '못난'의 개념에 증조부 같은 분들도 들어가기 때문이다. 개항기에 태어난 증조부는 나이 서른 무렵에 외세를 척결하고 나라의 독립을 찾자는 '위정척사파'로 활동하셨다. 위정척사파란 조선 후기 유교적 질서를 보존하고 서양 문물의 침투를 배척하며 통상에 반대하는 운동을 벌였던 보수적 유생들을 지칭한다. 독립 운동가 하면 흔히 민족주의자를 떠올리지만 반드시 그렇지만은 않았다. 해방 전후 사회주의자로 낙인찍혔던 지식인들 모두가 사회주의자들이 아니었듯이, 일제 강점기의 독립 운동가들도 모두가 요즘 우리가 생각하는 민족주의자는 아니었다.

조선왕조를 지키려는 전근대적 가치를 가지고 독립운동에 뛰어든 증조부는 해방이 될 때까지 자신의 신념을 꼿꼿하게 지켰다. 1907년부터 의병에 가담해 일본군과 맞서 싸우며 38년이란 긴 세월을 보내셨다.

증조할아버지를 욕보이는 일일지 모르지만, 나는 유림을 포함해 조선의 양반들이 나라를 망쳤다고 생각한다. 가장 커다란 책임은 조선의 왕실과 조선 내내 벼슬을 한 권문세가들에게 있겠지만, 성리학으로 무장한 지방의 양반들도 책임을 면할 수 없다. 뒤늦게 나라를 되찾겠다고 나섰는데도, 이미 사상적으로 한계가 명확한 '조자룡의 헌 칼'을 꺼내 든 것 같아 마음이 편치 않다. 근대적 중흥운동을 벌였더라면 하는 아쉬움이 남는다.

조선은 망했지만, 유감스럽게도 조선의 양반정신은 한국사회에 면면히 흐르고 있다. 조선과 대한민국이 완연히 다른데도 여전히 조선의 성리학적 사고방식, 유교적 위계질서 등이 지속되는 것을 보면, 착시현상이 아니라 현실이구나 하는 생각이 든다. 양반들에게 조선 멸망의 책임이 있는데도 사람들이 몇 대조 할아버지가 참판을 했다거나, 영의정을 지냈다는 가문의 영광을 되새기는 것을 보면 짜증스럽기도 하다. 더 나아가 일제 강점기에 군수를 지냈느니 어쩌느니 하는 소리는 어떤 낯으로 들어야 할지 모를 지경이다.

역사를 바로 세워야 한다는 식의 이야기를 하고자 하는 것이 아니라, 우리가 21세기에 전도된 가치관 속에서 살고 있음을 지적하고 싶다. 소설가 박완서 선생이 1992년에 펴낸 자전적 소설《그 많던 싱아는 누가 다 먹었을까》를 읽다 보면, 새삼스레 양반정신, 한국적 사고의 실체에 접근하게 된다. 창씨개명은 당차게 거절하면서 일제 강점기에

면서기 등으로 일했던 것을 자랑하는 일관되지 못한 의식들 말이다.

하지만 이런 우리 역사의 못난 부분도 사실은 대한민국의 국민이면 안고 가야 한다고 생각한다. 세종 때나 영조, 정조 시절의 잘난 부문만 유난히 강조하면서 못났던 역사를 덮어두려고 해서는 안 된다. 못난 부분을 드러내고, 왜 그렇게 됐는지를 꼼꼼히 따져봐야 한다. 실수를 하는 것이 문제가 아니라 실수를 반복하는 것이 문제이기 때문이다. 실수, 실패에서 배우려고 하지 않기 때문이다.

이 책에서 나는 16~18세기 조선의 못난 부분, 우물 안 개구리의 모습을 드러내려고 했다. 그 시기의 조선은 왜 위축되고 정체되었는지, 일본은 왜 중국 못지않게 도약하고 있었는지를 들여다봐야, 21세기에 똑같은 우(愚)를 반복하지 않을 것이라고 판단했기 때문이다.

《못난 조선》에서 '이것만이 16세기 조선의 실체'라고 주장하는 것은 아니다. 이 책도 하나의 의견이고, 역사를 바라보는 단편적 시각일 수 있다. 다만 지나치게 조선을 미화하려는 최근의 경향에 대해 경계해야 한다.

또한 이 책은 여러 학자들이 연구한 내용을 '못난 조선'이라는 주제에 맞게 하나씩 '퍼즐 맞추기'를 한 것이다. 여기저기 파편처럼 떠도는 역사적 사실들을 무리하게 꿰어 맞춘 부분도 있을 수 있다. 무오류, 무결점의 책이라기보다는 우리가 잊어버리고 싶어하는 역사적 사실의 더께를 털어내고 들춰내 햇빛 아래 내놓았다고 보면 좋으리라.

난삽한 원고를 읽고 격려해 주신 경기대 사학과 김기봉 교수님과 고려대 민족문화연구원 계승범 연구교수님(현 서강대 사학과 교수),

너무 편협한 사고가 아니냐며 제자논문 보듯이 꼼꼼하게 읽고 문제점을 지적해 주신 광주여대 경제학과 정성일 교수님, 오래된 인연을 핑계로 초판 책의 제목을 써 주십사 부탁하자 기꺼이 써주신 송하경 전 성균관대 동양학과 교수님, 귀한 도판을 빌려준 민병찬 국립박물관 전시팀장님께 감사드린다.

역사가도 많은데 왜 이런 책을 기자가 쓰느냐는 회의에도 불구하고 저술지원을 해준 〈관훈클럽〉도 고맙다.

독립 운동가의 손자로 세상을 늘 명예롭게 살고자 하신 아버지께도 감사드린다. 뇌졸중으로 고생하시는 아버지와 어머니께 이 책의 출간이 기쁨이 됐으면 좋겠다.

이 책은 2010년 10월 '전략과 문화' 출판사에서 출판했다. 3년 만에 내용 일부와 편집디자인을 바꿔 나남출판사에서 다시 내게 됐다. 내용의 대부분은 2010년 시점에 맞춰져 있다. '언론 의병장' 조상호 나남출판 사장님께 감사드린다.

2013년 5월

문소영

차례

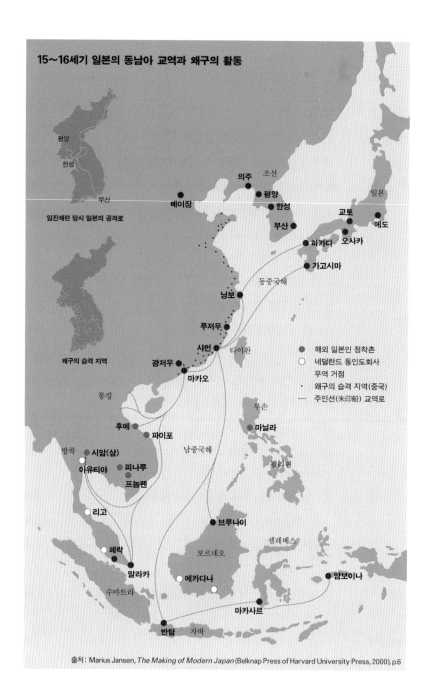

15~16세기 일본의 동남아 교역과 왜구의 활동

평양

한성

의주   조선
        평양
베이징   한성
부산

임진왜란 당시 일본의 공격로

교토
에도

부산

하카다   오사카

가고시마

동중국해

닝보

푸저우

샤먼   타이완

왜구의 습격 지역

광저우

마카오

통킹

● 해외 일본인 정착촌
○ 네덜란드 동인도회사
  무역 거점
· 왜구의 습격 지역(중국)
···· 주인선(朱印船) 교역로

후에

파이포

루손

마닐라

남중국해

방콕 시암(샴)
아유티야 피나루
        프놈펜

필리핀

리고

페락

브루나이

셀레베스

말라카   에카다나

보르네오

암보이나

수마트라

마카사르

반탐 자바

출처: Marius Jansen, *The Making of Modern Japan* (Belknap Press of Harvard University Press, 2000), p.6

12

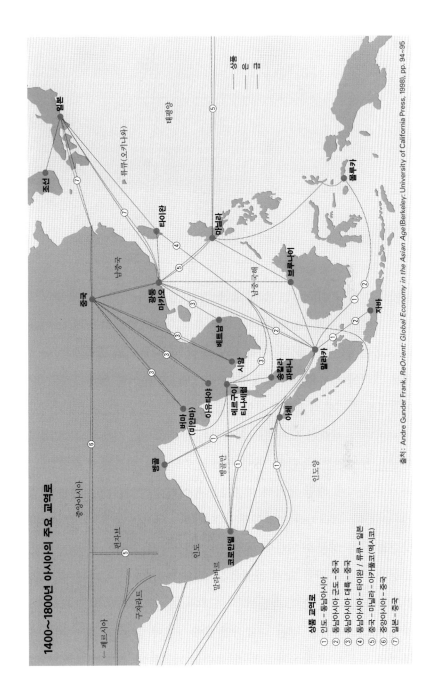

1400~1800년 아시아의 주요 교역로

상품 교역로

① 도 - 동남아시아
② 동남아시아 - 군도 - 중국
③ 동남아시아 - 대륙 - 중국
④ 동남아시아 - 타이완 / 류큐 - 일본
⑤ 중국 - 마닐라 - 아카풀코(멕시코)
⑥ 중앙아시아 - 중국
⑦ 일본 - 중국

상품 ·········
은 ─────
금 ─────

출처 : Andre Gunder Frank, ReOrient: Global Economy in the Asian Age(Berkeley: University of California Press, 1998), pp. 94~95

13

조선은 못난 나라였다

영어로 차이나(China)는 '중국'을 뜻하지만, '도자기'라는 보통명사도 된다. 영어로 재팬(Japan) 역시 '일본'을 의미하지만, '칠기·옷칠'이라는 보통명사이기도 하다. 이쯤 되면 중국 일본에 지기 싫어하는 한국인은 코리아(Korea)라는 보통명사가 있느냐고 물어볼 법하다. 불길한 예감대로 코리아의 보통명사형은 없다.

차이나나 재팬이 도자기나 칠기라는 보통명사로 사용될 수 있었던 배경은 무엇일까. 유럽은 16세기 이후 중국이나 일본에서 수입한 도자기나 칠기에 해당 국가의 대표성을 부여해 '국가이름 = 보통명사'로 전환시켰다. 코리아라는 보통명사가 없다는 의미는 중국과 일본이 바닷길을 따라 상품을 만들어 유럽과 아시아 등과 교역한 반면, 조선은 조선을 대표할 만한 교역 상품을 수출하지 못했다는 뜻이다. 중국과 일본에서 인삼 수출로 유명했던 조선이지만, 유럽의 여러 나라들이 매력적으로 생각할 만한 대표적인 수출상품이 없었다. 뿐만 아니라 조선은 일본이나 중국과는 달리 유럽의 나라들과 교역할 의욕도 없었으니, 경제적 이익을 챙길 수 있는 대표상품을 만들어낼 생각도 하지 못했을 것이다.

14세기 이전까지 국가 간의 교역은 국경이 접해 있거나 바닷길이 가까운 이웃 나라들 사이에서 이루어졌다. 동양과 서양이 실크로드를 따라 이어져 있기는 했지만 대체적으로 지중해권, 아랍권, 인도, 중국-동남아시아, 동아시아권 등으로 나눠져 있었다. 그러나 15세기 말 시작된 '대항해의 시대'에 접어들면서 세계는 과거 자신의 교역권을 이탈해 교류하기 시작했다. 요즘 식으로 표현하면 15세기 이후로 세계는 '평평'해지고 있었다. 스페인과 포르투갈은 아프리카를 돌아 아시아를 탐험했고, 대서양을 건너 아메리카라는 신대륙을 발견(?)했다. '지리상의 발견'이라는 표현을 내놓은 서양은 세계를 자신을 중심으로 돌리기 시작했다.

대항해가 시작되고, 지리상의 발견이 진행되면서 그 결과물들도 유럽과 아시아로 퍼져나갔다. 동남아시아의 후추와 정향 등 향신료는 비싼 가격에 유럽에 유입되면서 16세기 이래 유럽인의 미각을 바꿔놓았다. 신대륙의 작물인 감자, 고구마, 옥수수, 토마토, 땅콩 등은 유럽과 아시아에 전파되어 구황작물로 각국의 인구증가에 기여했다. 유럽과 아시아에서 살아남은 대형동물인 말, 소, 돼지 등을 빙하기를 거치며 멸종됐던 신대륙에 다시 소개해 신대륙의 생산력을 끌어올렸다. 의도하지는 않았겠지만 천연두, 홍역, 인플루엔자 등 유럽과 구대륙의 전염병이 신대륙으로 퍼져나가 신대륙 인구를 급속하게 감소시키기도 했다.

15세기 말에 시작된 이런 변화는 16세기 중엽에 더욱 가속화됐고,

18세기 영국의 산업혁명이 유럽지역에 확산되면서 가파른 변화의 모습을 보였다. 증기기관의 발명으로 서양의 생산력은 극적으로 증가하기 시작했고, 유럽에서 신대륙인 남북 아메리카로의 대규모 이주가 이뤄졌다.

정치경제, 사회문화 각 분야에서 앞서가던 중국을 중심으로 한 동양은 자신들이 정체됐다는 사실을 깨닫지 못했다. 동양은 19세기 중엽부터 생산력과 과학기술 분야에서 서양에 역전당하기 시작했다. 그것을 극적으로 보여주는 것이 1840년 발발한 '아편전쟁'이었다. 비단과 도자기, 차, 금은 세공품 등 훌륭한 상품을 앞세워 유럽으로부터 은을 끌어 모으던 중국은 더 이상 은(銀) 유입국이 아닌 은 유출국으로 전락했다.

이런 세계적 변화의 결과를 돌아볼 때 16세기 이후 상승세를 탄 유럽과 교역하느냐 하지 않느냐는 그 후 중국과 일본, 조선에 커다란 차이를 가져왔다. 중국과 일본은 16세기 이후 급변하는 서양과 동양의 흐름에 어떤 형식으로든 소통했다. 반면, 조선은 아쉽게도 그러지 못했다. 이것이 19세기 제국주의적 침략 앞에 조선이 중국이나 일본에 비해 더욱 취약했던 이유가 아닌가 싶다.

중국의 도자기는 송나라 때부터 유명했지만, 유럽 등으로 본격적으로 수출되기 시작한 시점은 14세기다. 원래 차이나는 진(秦, BC 221~BC 206년)을 표현한 중국어를 영어로 차음한 것이다. 중국산 도자기가 유럽에 처음 소개됐을 때 그 인기는 대단했다. 투명하고 비단같이 세련된 자기에 서양인들은 홀딱 반했다. 특히 16~18세기 서

유럽 왕실과 귀족들은 '살롱문화'에 심취해 왕실과 대저택에 '도자기 방'을 따로 마련해 놓고 즐길 정도였다. 수백 년 동안 중국의 도자기가 유럽에 수출되는 상황에서 중국(차이나)이 도자기와 동급으로 취급된 것은 너무나 당연한 일이었다.

습기가 많은 일본은 가구나 식기 등 다양한 생활용품을 칠기로 제작했다. 칠기제작 기법은 5세기 삼국시대에 일본에 흘러들어간 것이다. 일본에서 제작된 칠기들은 일본 국내에서 소비됐을 뿐만 아니라 15~16세기부터 포르투갈, 네덜란드 등 유럽으로 수출됐다. 일본은 칠기무역으로 유럽에 이름을 널리 알리기 시작했고, 일본(재팬)은 동양의 칠기와 동의어가 됐다. 유럽에는 옻나무가 자라지 않았기 때문에 옻칠한 가구는 동양의 특산품일 수밖에 없었다. 특히 18세기 중엽 유럽 왕실에서는 일본의 화려한 채색 도자기와 칠기 목가구가 유행했다. 이 무렵에 유럽에 수출된 일본의 화려하고 섬세한 채색 도자기는 중국의 도자기보다 훨씬 인기를 끌었다(국립중앙박물관, 2007: 303).

16~18세기 중국과 일본이 유럽에 도자기와 칠기를 팔아 돈도 벌고 동아시아 국가의 존재를 알리고 있었을 때 조선은 어떠했을까. 조선은 중국·일본과 소통하고 있었을 뿐 19세기 말까지 유럽에는 거의 알려지지 않은 '은둔의 나라'로 남아 있었다.

조선에도 인기 수출상품이 있었다. 일본에서 유럽 쪽에 수출을 먼저 해 일본식 발음인 진셍(Ginseng)으로 세계에 알려진 인삼이 그것이다. 하지만 그것은 주로 중국과 일본에서 인기 상품이었을 뿐이다. 게다가 일본이 18세기 말 인삼을 자체 생산하게 되자 인삼 수출은 줄어들었다. 여기에 1740년 중국 광둥에 아메리카에서 발견된 산삼이 수입되기 시작했다. 중국은 일본 나가사키로 북아메리카산 인삼을 재수출했는데, 이런 탓에 조선의 인삼가격은 폭락했으며 수출 경쟁력을 잃었다(주경철, 2009: 254).

조선은 경상도 일대를 중심으로 일본에 분청사기를 수출하기도 했다. 하지만 그것이 국가 재정에 얼마나 도움이 됐는지는 의문이다. 일본의 권력자들은 청자에서 백자로 넘어가는 중간 단계에 만들어진 조선의 분청사기를 좋아했다. 15세기부터 만들어진 분청사기를 일본은 18세기 중엽(1639~1743)까지 초량 왜관에 도자기 가마를 만들어 놓고 주문자 제작방식(OEM)으로 생산해 가져갔다. 초량 왜관의 일본인 관리가 조선의 도공에게 일을 시켜서 분청사기를 만들도록 하고 이를 가져간 것이다. 마치 20세기에 일본이 한국에 만화영화(애니메이션) 하청을 주는 것과 비슷하다고 볼 수도 있겠다.

일본인들이 왜관에서 별도의 가마를 만들어 분청사기를 제작한 이유는 16세기 중엽부터 조선에서는 백자에 밀려 분청사기가 사라졌기 때문이다(타니 아키라·신한균, 2009: 13). 거의 200년 동안 조선의 분청사기가 왜관을 통해 일본으로 수출되었지만, 조선의 조정은 일본 귀족들의 분청사기에 대한 열기와 수요를 제대로 파악하지 못했다. 그래서 분청사기를 조선의 주요 수출품으로 육성해 국가재정을 튼튼히 할 생각도 못 한 것이 아닌가 싶다. 안타까운 일이다.

조선은 19세기 흥선대원군 이하응(1820~1898)이 쇄국정책을 폈던 10년을 제외하고 공식적으로 쇄국을 선언한 적이 없다. 그러나 명시적이지는 않았지만 조선은 명나라가 왜구를 막기 위해 쇄국을 시작하자 이를 따랐고, 이어 들어선 청나라가 청에 저항하는 해외세력을 억압하기 위해 일시적으로 쇄국할 때도 이에 동참했다. 국제적 정책 공조인 셈이다. 하지만 명나라와 청나라가 부분적으로 쇄국을 풀고 유럽이나 중동(이슬람권) 등 세계와 교류하는 시기에도 조선은 외부 세계와 거의 접촉하지 않았다. 14세기부터 쇄국을 실시했던 중국이나 17세기 쇄국을 공식화했던 일본보다 공식적으로 쇄국을 선언하지 않았던 조선이 가장 철저하게 외부 세계에 무관심했고 문을 걸어 잠갔던 것은 아이러니한 일이다.

당나라 때 서역과 교역하기 위해 개척된 실크로드는 12세기 원나라가 들어선 이후 더욱 확대됐다. 칭기즈칸과 그의 후예가 중국에서 동유럽까지 정복했기 때문이다. 명나라(14세기)와 청나라(17세기)는 왜구들이 들끓고 국내 정치상황이 불안정하다는 이유로 해안선을 봉쇄했지만, 이슬람이나 유럽 등과 소통의 고리를 놓지는 않았다.

한 예로 15세기 말 명나라에서 해안을 중심으로 한 민간무역의 제한이 붕괴되기 시작하자 명나라 조정은 이러한 현실을 받아들여 1509년에는 일반 상인에게 광저우(廣州)를 개방했다. 또한 명나라는 1567년 푸저우(福州)의 한 항구를 1년에 90척에 한해 동남아 무역을 하는 중국 상인에게 개방했다(로이드 E. 이스트만, 1999: 175). 지리상의 대발견이 진행되던 명나라 말기(1560년 경)에 고구마, 감자, 토마토 등 아메리카의 농작물이 중국에 대거 유입될 수 있었던 것도 중국이 유럽의 국가들과 교류를 차단하지 않았기 때문이다.

명나라 때인 16세기 초부터 수도인 베이징 왕궁에까지 진출했던 스페인의 예수교도들은 이후 청나라가 망할 때까지 활동했다. 건륭제 (재위 1735~1795)도 광저우를 열어 외국 상인들과 교역할 수 있도록 했다.

일본도 거의 중국과 동시대인 16세기 중반 포르투갈을 비롯한 유럽과 교역을 시작했다. 그리고 교역의 대상을 스페인, 네덜란드, 영국 등으로 점차 확대했다. 일본은 가톨릭이 전파되면서 중세 봉건적 질서와 마찰을 빚을 우려가 생기자 17세기 초 쇄국을 선언했다. 하지만 쇄국 선언 이후에도 일본은 나가사키를 네덜란드의 동인도회사에 열어두었다.

이런 우호적 교역을 바탕으로 일본의 막부는 '네덜란드 풍물서'(和蘭風物書)라는 이름의 해외정보를 받기도 했다. 이는 1641년부터 1859년까지 200년 이상 나가사키에서 교역을 담당했던 네덜란드 상관장이 교체될 때마다 유럽 등 해외의 정보를 담아 나가사키 부교(奉行; 가마쿠라 막부 이후 행정과 재판을 담당했던 무사의 직명)에 전달했던 문서다. 부교는 이 문서를 막부에 전달했다(박경희, 1998: 285). 쇄국시대에도 일본의 막부는 에도에 앉아서 해외정보를 획득한 것이다.

같은 시기 조선으로 돌아가 보자. 조선은 유럽과 일본, 중국 등이 교류와 교역을 통해 서로를 알아가던 16세기부터 19세기까지 거의 300여 년을 외부에 빗장을 걸었다. 조선은 일본처럼 나가사키를 열어 둔 것도 아니었고, 또한 중국처럼 육로 교통길인 실크로드나, 광저우나 푸저우 등의 항구를 열어두지도 않았다. 조선은 완전히 고립됐다.

특히 조선의 왕실과 지배층은 17세기 중반 병자호란을 겪은 후 청나라에서 들어오는 문명마저도 거부했다. 당시 조선의 왕실과 지배층은 실용외교를 펼치고자 했던 광해군을 명나라에 대한 '재조지은(再造之恩; 다 망해가는 나라를 구해줌)'을 잊었다며 쫓아내고 인조반정을 일으켰던 무리였다. 그러하니 병자호란 때 조선의 인조가 오랑캐라고 불렸던 청나라 황제 앞에서 고두배(머리를 땅에 찧는 절)를 했다는 씻을 수 없는 수치심 탓에 청나라에 대한 배척이 불가피했을 것이다. 청나라의 문명은 물론 청나라를 통해 흘러들어온 서양의 문물도 조선은 18세기 후반까지 거부했다. 오히려 청나라가 1644년 명나라를 멸망시킨 뒤에도 조선은 명나라를 받들어 모셨다. 북벌정책도 어찌 보면 이반된 민심을 추스르기 위한 방편으로 활용한 것에 불과했다.

명나라 마지막 황제인 의종의 연호인 '숭정'이 조선에서는 수백 년 동안 사용됐다. 북학파로 민족적이고 독자적인 흐름을 만들었다고 알려진 연암 박지원(1737~1805)조차도 1780년 북경을 사행한 뒤에 쓴 《열하일기》서문에서 숭정 연호를 사용했다. 명나라가 망한 지 이미 140여 년이 지났지만, 당시 명을 애모하는 사대부들의 뒤틀린 의리정신은 변하지 않았음을 엿볼 수 있는 대목이다. 사대가 큰 나라를 섬기는 것이었다면 후금-청으로 이어지는 시기에 조선의 왕실과 지배층의 외교적 선택은 도무지 이해가 가지 않는다.

청나라에 대한 배척은 명나라의 망명정부인 남명마저 망한(1683년) 뒤 조선을 소중화(小中華)라고 하거나, 조선중화론을 제시하는 식으로 나타났다. 조선 스스로 '중국의 문화(중화)를 우리가 이어받았다'는 논리를 편 것이다. 이런 논리로 무장한 조선은 순치제-강희제-옹정제-건륭제로 이어지는 청나라 150여 년 '황금기'를 18세기 말까지 거부했다.

조선은 '재조지은'이라는 명분에 사로잡혀 이미 망한 명나라를 떠받들고 날로 부강해지는 청나라를 거부하는 등으로 새로운 국제질서를 외면했다. 조선의 왕실과 지배층은 자신을 둘러싼 외부 세상이 도대체 어떻게 돌아가고 있는지 애써 외면하고, 알려고 하지도 않았던 것이 아닐까? 조선이 청나라를 오랫동안 배척했다는 의미는 당대 선진 문명을 배척하는 것과 마찬가지였다. 한민족(韓民族)이 세운 고대 국가들부터 조선에 이르기까지 선진 문물 수입의 창구이자 입구는 거의 중국이었다. 그런 중국을 평소 업신여기던 만주족이 세운 나라라고 해서 오랑캐라고 낮추어 불렀던 조선이 과연 어느 나라에 문호를 개방할 수 있었겠는가.

조선의 지배층은 이처럼 의지적으로 고립을 추구했는데, 그 결과 정치, 경제뿐만 아니라 문화, 예술, 사회 영역에서도 세계적 흐름에서 벗어났다. 학문의 영역에서도 11세기 태동한 주자학에만 집착하여 주자학만이 정통이고 나머지는 '이단'이라며 거부했다. 반면 16세기 말부터 중국과 일본에서 주자학을 비판하며 양명학, 고증학 등이 새롭게 대두했다. 조선은 이런 학문적 조류에 동참하지 못했지만, 그 사실조차 깨닫지 못했다. 중국도 일본도 모두 야만국에 오랑캐이고 조선만이 문명국이자 중화의 적통이라는 성리학적 자만심에 가득 차 있었기 때문이다.

18세기 조선의 관료들은 청나라 베이징과 일본 에도에서 새로운 문물과 경제적 윤택함을 목격하고도 애써 눈을 감았다. 오히려 조선의 지배층은 성리학적 관념에 사로잡혀 물질적 풍요보다는 정신적 풍요를 더욱 강조했다. 따라서 중국과 일본에서 경제적 풍요와 선진 문물을 발견하고도, 이를 무시해 버렸다.

청나라를 배격한 지 150여 년 뒤인 18세기 후반부터 연암 박지원 등 북학파들이 뒤늦게 이용후생(利用厚生)의 입장에서 청나라의 선진 문물, 과학기술을 수용하자고 주장했다. 여전히 명나라를 숭상한다는 전제에서 오랑캐의 정신을 수용할 수는 없지만, 발달된 문물을 받아들이자는 것이었다. 낙후된 조선을 직시한 것이다. 하지만 아쉽게도 북학파는 조선의 정책방향을 결정할 수 있는 양반 사회의 주류가 아니었다. 조선의 지배층에게 북학파의 주장은 그저 비주류의 아우성으로 들렸을 것이다.

이런 경향은 21세기 현재도 비슷하다. 대한민국의 주류라고 하는 계층에서는 자신들이 옳다고 생각하는 사고의 틀만 고집하는 경향이 있다. 사회 여기저기서 흘러나오는 다양한 의견을 수렴하거나 그들과 소통하려는 노력이 부족하다. 각 정권 담당자들은 현재 소수파의 의견 중 꼭 들어야 하는 것이 없지는 않은지, 나중에 역사적으로 재평가받을 만한 것이 있는지를 되돌아봐야 할 것이다.

16세기 이래로 300여 년간 해외와 거의 교류하지 않고 고립을 택했던 조선과 조선의 지배층, 그들의 미래는 어떤 것이었을까. 조선은 외부 세계와 교류하거나 소통하지 않으면서 발전을 이루어나갈 수 있었을까? 현대적 관점에서 보면 절대로 그럴 수 없다. 서로 교류하지 않으면 후퇴한다는 사실은 21세기에만 적용되는 법칙이 아니다. 16세기에서 19세기에도 정도의 차이가 있었을 뿐 마찬가지였다.

한국인들은 흔히 근대 이전의 조선은 '선진국', 일본은 '후진국'이었다고 생각한다. 그 이유는 문명의 흐름이 대륙에서 반도를 거쳐 섬나라 일본으로 전해졌다는 고전적인 문물의 이동경로를 떠올리기 때문이다. 일본이 해양을 통해 별도로 문물을 받아들이지 않는 한 중국 문물의 전래자는 조선일 수밖에 없다. 그렇다면 조선이 일본보다 당연히 정치, 경제 등 여러 면에서 선진국이었다고 판단하는 것이 상식적이다.

이런 관점을 연장해 조선이 일본에 덜미를 잡히고 국력을 추월당한 시점을 1853년 일본의 개항 이후라고 추정한다. 미국의 동인도함대 사령관 페리 제독에 의해 강제로 개항당한 이후 비로소 일본은 서양의 문물을 본격적으로 받아들였다고 분석한다. 그리고 일본의 내부적 개혁인 메이지 유신이 성공하면서 근대화의 길에 들어섰다고 판단한다.

이런 논리 구조 속에는 구한말 고종의 갑오개혁(1894년)과 김옥균의 갑신정변(1884년) 등이 성공했더라면 조선도 일본과 같은 성공적인 근대화를 이룰 수 있었을 것이라는 믿음이 한 자락 깔려있다. 조선도 내부 개혁이 성공했더라면 1910년 8월 22일 경술국치와 같은 일을 겪지 않았을 것이라는 아쉬움에서 나오는 추론이다.

좀더 곰곰이 따져보자. 조선은 19세기 말 개혁에 성공하지 못해서 일본에 추월당했을까. 일본은 후발 제국주의 국가로 성장하고, 조선은 일본의 식민지로 전락한 이유가 19세기 말 개혁의 실패 탓일까. 과연 그랬을까?

일본과 조선이 외세에 의해 각각 강제 개항하게 된 것은 일본은 1853년, 조선은 1876년이다. 두 나라의 개항은 불과 23년 차이밖에 나지 않았다. 그런데 미국과 불평등조약을 맺은 지 23년 만에 일본은 조선의 강화도에 와서 미국과 똑같은 불평등조약을 강요할 만큼 급속히 성장했다. 산술적으로만 따지자면 조선도 23년 뒤에 다른 나라에 찾아가 강제적으로 불평등조약을 요구할 만큼 국가가 성장했어야 맞지 않겠나. 그러나 조선은 그러지 못했다.

그런 차이는 왜 발생한 것일까. 강제 개항을 앞두었던 두 나라의 경제적 토대가 이미 달랐다고 본다. 정확한 통계자료가 빈약한 16~19세기의 조선과 일본 두 나라의 경제력 차이를 정확하게 비교하기는 쉽지 않다. 차선으로 한국과 일본의 문화 예술 활동을 분석 비교함으로써 두 나라의 경제력의 차이와 수준을 가늠해 보는 잣대로 사용해 보면 어떨까? 한 나라의 문화예술은 한 사회의 경제발전과 과학기술의 발전을 토대로 성장하기 때문이다. 일차적으로 잉여생산이 있어야 하고, 생산에 기여하지 않고 예술적 영역에서 활동하는 전문가들에게 그 잉여생산을 나눠줄 수 있는 사회가 되어야 문화와 예술이 발전할 수 있기 때문이다.

중국과 조선, 일본을 비교해 보면, 개항에 앞서 일본이 이미 조선보다 아무리 적게 잡아도 300년 이상 경제적으로 앞선 흔적들을 발견할 수 있다.

이건희 삼성그룹 회장이 2007년 1월 "중국은 쫓아오고 일본은 앞서 가는 상황에서 한국은 샌드위치 신세다. 이를 극복하지 않으면 고생을 많이 할 수밖에 없는 것이 한반도의 위치다"라는 우려를 드러내며 '샌드위치론'을 제기했다. 재밌는 것은 역사적으로 16~19세기에 이미 조선은 중국 명·청과 일본 에도 막부 사이에 끼인 샌드위치였을 가능성이 높았다는 것이다.

조선이 야만적인 오랑캐, 왜구 정도로 무시했던 일본은 16세기부터 이미 유럽과 동남아와의 활발한 무역을 통해 경제력을 쌓기 시작했다. 일본은 중국과의 교류와 교역을 조선에만 의존하지 않았다. 17세기 후반부터 중국과 단절됐던 국교를 재개하면서 교역도 발전시켰다. 일본은 외부세계와 소통하고 교류하는 것을 거부하지 않았다. 그 결과 수백 년 동안 축적된 경제력을 바탕으로 일본의 독특한 문화를 꽃피울 수 있었다. 1653년 제주도 해안에 난파선을 타고 도착한 네덜란드 선원 하멜 일행을 조선은 어릿광대로만 활용했다. 1636년 나가사키 앞바다에 데지마(出島)라는 인공섬을 조성해 네덜란드 문물을 집중적으로 도입한 일본과는 뚜렷한 대조를 이룬다.

따라서 18세기 무렵부터 조선과 일본 사이에는 문물교류 역전 현상이 일어나기 시작했다. 문물은 더 이상 조선에서 일본으로 흐르지 않고, 일본에서 조선으로 흘렀다. 18세기 초 일본에는 서양과의 교역을 토대로 서양의 자명종, 전기발생기, 서양의 세계지도, 아메리카의 고구마와 감자, 담배 등 서양의 과학기술과 신문물이 상당히 도입돼 있었다. 이것들은 조선의 부산을 통해 유입되기 시작했다.

최근 역사학자 중 일부는 조선과 일본의 처지가 임진왜란 이후 17세기부터 역전됐다고 조심스럽게 설명하기도 한다. 임진왜란(1592~1598)으로 조선의 농지가 초토화된 반면 일본은 조선에서 도공을 끌고 가 국부를 쌓을 토대를 마련했다는 것이다. 최근에 나오는 각종 대중 역사책에 대체적으로 다음과 같이 짧게 설명한다.

"임진왜란 이후 새로운 정권을 수립한 도쿠가와 이에야스(德川家康) 막부는 자연스럽게 반대파와 불만세력인 무사들을 전쟁에서 제거하고, 약탈해온 조선 도공들을 통해 질 좋은 도자기를 만들어 서양에 판매하여 국부를 늘렸으며, 서구의 학문을 받아들여 차근차근 근대국가로 진입하기 시작했다."(오정윤, 2009: 301)

조선과 일본의 국력이 역전된 이유로 우선 강제로 끌고 온 조선 도공들이 좋은 도자기를 만들어 서양에 판매하면서 국부를 쌓았다는 것이고, 둘째 일본이 서구의 학문을 받아들였다는 것이다. 결국 이런 설명은 선진국 조선 덕분에 후진국 일본이 발딱 일어섰다는, 그러니까 백제를 통해 일본에 문물을 전해줬다는 기존의 우월의식에서 크게 벗어나지 못했다는 느낌이 든다. 어차피 조선은 선진국이고 일본은 후진국이라는 틀, 우리 것을 훔쳐가서 성장한 일본에 대한 분노나 비난이 더 강하게 배어있다. 또한 일본의 내재적 동인, 경제적 수준을 파악하기 어렵게 한다.

역발상을 해보자. 임진왜란이야말로 역설적으로 조선과 일본의 국력이 역전됐음을 보여주는 주요한 사건이 아니었을까? 전쟁은 군대의 규모도 중요하지만 최첨단의 값비싼 무기와 군량미를 얼마나 확보하고 원활하게 공급하느냐에 따라 승패가 좌우된다. 따라서 현대전과 마찬가지로 과거에도 '전쟁 수행능력 = 경제력'이었다. 16세기 말의 임진왜란은, 일본이 이미 서양식 총을 개량한 조총을 제작했고 16만 명의 군사를 먹일 수 있는 군량미를 조달할 경제력이 있었음을 보여주는 전쟁이다.

일본은 동남아뿐 아니라 유럽 등 세계 시장에 15세기에는 칠기,

17세기에는 도자기, 17세기 이후 약 100년간 전 세계 은 유통량의 30%를 수출했다(안드레 군더 프랑크, 2003: 253~254). 일본은 가히 '은(銀)부자' 나라였다. 수출의 대가로 일본이 들여온 수입품들, 즉 중국의 비단과 도자기, 조선의 면포, 인삼 등은 일본의 국내 수요를 충족시켰으며 동시에 일본 막부를 자극해 수입 대체재를 확보하기 위한 국내 산업육성책을 강화했다고 평가받는다.

일본이 조선보다 경제적 문화적 사회적으로 뛰어났음을 밝혀서 좋을 것이 뭐냐, 혹시 '자학사관'(自虐史觀) 아니냐고 비판할 수도 있다. 이 책을 쓰는 이유는 우리가 알고 싶지 않거나 묻어두고 싶은 역사를 정확하게 파악하고, 앞으로 나갈 길을 제대로 설정하기 위해서다.

2010년은 경술국치(1910) 100년이 되는 해다. 엄밀하게 따지면 조선에서 이름만 살짝 바꾼 대한제국과 21세기의 대한민국은 완전히 다른 나라다. 하지만 대한민국의 구성원들은 일본의 식민지였다는 기억에 심한 수치심을 느낀다. 일본에 대한 트라우마가 너무나 깊고 절망적이다.

1910년 이래 36년간 일본에 강점된 기억은 지나간 역사가 아니라 여전히 현실이고 실제상황이다. 때문에 불쾌한 피식민 경험을 씻어내려는 마음이 일본과의 경쟁에서 무조건 이겨야 한다는 식으로 발현된다. 특히 한·일 스포츠 경기라도 열리면 한국 선수들은 자신들의 역량과는 상관없이 정신력으로 무조건 이겨야 하고, 지기라도 하면 스스로 '죽일 놈'이 되기도 한다. 2010 남아프리카공화국 월드컵 때 맨체스터 유나이티드의 간판선수 웨인 루니가 일본 언론과의 인터뷰에서 일본 축구대표팀에 대한 평가를 해달라는 부탁을 받고는 "박지성이 '일본과 경기할 때는 반드시 이기고 싶다'고 말한 기억이 난다"고 답변했다는 기사를 읽고 한참 웃은 적이 있다.

이런 상황이니 인터넷 상에서 오죽하면 한국 민족이 세계에서 최고라는 말이 떠돌겠는가. 북한은 세계 최강인 미국을 우습게 알고, 한국은 '넘버 2'인 일본을 우습게 알고 있으니, 세계 최고의 민족이 한국이라는 얘기다. 웃기는 하지만 마냥 즐거워 할 일은 아니다. 그러기에는 숨어있는 날카로운 비판과 비아냥거림이 들리는 것만 같아 가시방석이다.

대한민국의 구성원들은 일본에 대해 감정적으로 분노하면서, 대체 과거의 일본은 조선과 무엇이 달랐기에 후발 제국주의 국가로 급성장했는지에 대한 냉정한 분석이나 평가는 찾기 어렵다. 일본이 싫고, 피식민 경험을 했다는 사실 자체가 싫으니까 역사적 진실이 무엇인가를 제대로 들여다보는 것도 거부하고 있다.

일본에 대한 혐오 감정을 부추기는 저변에는 광복 이후 식민사관(植民史觀)을 씻어내고 민족적 자긍심을 키운다는 명목으로 '한국 민족 최고'라고 강조해온 민족사관(民族史觀)이 일조하고 있다. 민족사관을 통해 우리 민족이 2류가 아니라는 자긍감을 심었는지는 모르지만, 일본을 극복하기 위해 필요한 방법에 대한 정확한 분석과 이해는 덜하고 있다.

식민지와 전쟁을 거치며 폐허가 된 한반도의 반쪽, 남쪽 작은 땅덩어리에 살게 된 한국인들은 1960년대 1970년대에 '우리는 할 수 있다'라고 최면을 걸어야했다. 성냥을 만들어 팔고, 처녀들의 아름다운 머리칼을 잘라 가발을 만들어 팔아야 했던 신생국가 대한민국의 국민에게 '한국인은 최고'라는 환각제가 필요했을 것이다. 자칫 좌절이라는 낭떠러지로 굴러떨어질 수도 있었던 시절, 객관적으로 우리를 일본과 비교했더라면 한국의 처지가 너무 형편없어 재기의 꿈조차 포기했을지도 모르겠다.

한국은행이 처음으로 조사한 한국의 1인당 국민소득은 1953년에 67달러에 불과했다. 1953년 그해 한국의 국내총생산(GDP)은 13억 달러에 불과했고, 일본은 1955년 232억 4,900만 달러(1인당 국민소득 231달러)였다. GDP에서 17.9배나 벌어지는 격차 앞에서 민족적 오기와, 할 수 있다는 자신감이 건국 후 한국을 이끌어온 원동력이었을 것이다. 그 후 한국이 1인당 국민소득이 100달러를 넘긴 것은 10년이 지난 1963년이었다. 1950년대와 1960년대 대한민국의 가난은 치명적 수준이었다.

하지만 2012년 한국의 1인당 국민소득은 23,679달러까지 올라왔다. 일본은 2012년 46,972달러이다. 2012년 한국의 국내 총생산은 1조 1,635억 달러, 일본은 5조 9,809억 달러이다(IMF 추계). 1인당 국민소득에서 일본과 한국의 차이는 1.98배, GDP는 5.14배 정도 차이가 난다. 이런 차이는 1960년대 1970년대 절대적 빈곤에 시달리던 한국과 어지간히 살 만했던 일본을 비교하면 큰 차이도 아니다. 이제 한국은 본격적으로 일본을 따라잡는 경쟁에 들어갈 수 있게 된 것이다.

바닥에서 중간까지 올라오는 것은 쉽게 할 수 있다. 하지만, 중간에서 선두로 나가려면 이전까지 해왔던 성공의 방식에서 벗어나야 한다. 지난 60여 년간 일본을 극복하기 위해 활용했던 민족적 자긍심과 오기는 진실보다 더 중요한 동력이 됐다. 그러나 21세기에 일본을 넘어서려면 진실에 대한 완벽한 접근이 필요하다. 적을 알고 나를 알면 백 번을 싸워 백 번을 이길 수 있지만, 왜곡된 역사의식으로 눈앞에 놓인 진실에도 눈을 감는다면 그 결과는 그렇게 낙관적이지 않다.

19세기 중반 일본이 메이지 유신을 단행하기 전, 그 이전의 300~400여 년 전의 일본은 대체 어떠했을까. 도대체 어떤 면이 달랐기에 일본은 근대화를 시도해서 바로 성공했고, 조선은 19세기 말 근대화를 시도했으나 좌초했을까? 정치적으로, 경제적, 문화적, 사회적으로는 어떤 차이가 있을까? 과연 16~18세기의 일본은 조선과 비교해서 후진국이었을까? 과연 조선은 일본보다 경제·사회·문화적으로 선진국이었을까?

이런 문제의식을 해결하려 찾아본 동양사들에서 조선은 선진국, 일본은 후진국이라는 도식이 이미 깨져 있었다. 특히 서양의 학자들이 일본과 중국을 연구한 내용을 보면, 다시 말해 세계사적 흐름에서 조선사를 보면, 오히려 일본이 조선보다 경제적으로 사회적으로 훨씬 앞섰다는 단서들을 여기저기서 찾아볼 수 있었다. 다행히 국사학자들은 최근 19세기 일본의 식민지로 전락했던 조선의 문제를 아주 조심스럽게 조선의 내부, 지배계층인 양반들에서 찾는 연구들을 내놓고 있다. 조선의 지배층이 사회를 정체시키고, 세계사적으로 새로운 흐름에 적절하게 대응하지 못하게 만들었다는 지적이다. 문제는 학자들의 이 같은 문제의식이 대중적으로 확산되지 않고 있다는 것이다.

학자들의 최근 연구가 널리 알려지지 않은 이유는 몇 가지 있다.

첫째, '일본이 조선보다 더 앞서 있었다'고 발표했다가 감정적 민족주의자들에게 뭇매를 맞지 않을까 하는 우려 때문이다. 우리 학계는 17~18세기 조선에 대한 연구가 미흡하다고 인정한다. 연구의 내용이 대중들을 분노하게 할까 우려해 국내 학자들은 16~18세기 조선과 일본을 비교하는 연구를 충분히 하지 않는다는 것이다.

둘째, 국사학자들이 관련 연구를 발표해도 대중적 관심을 끌기에는 한계가 있다는 것이다. 읽기 쉽게 서술되지 않아 중요한 진실이 들어 있다고 해도 대중의 지적 호기심의 네트에 걸리기 어렵다는 것이다. 또한 이들 학술서적은 대형서점에서도 거의 진열해 놓지 않는다. 우리에게 꼭 필요한 연구논문들이 발표되지만, 읽히지 않은 채 사라지는 것이다.

셋째, 언론에도 책임이 있다. 조선과 일본의 과거를 직시하는 진실한 연구논문이 나온다고 해도, 한국인의 자긍심을 해친다는 이유로 언론들이 관심을 갖지 않는 경우가 많다. 특히 황색 저널리즘적 성향이 강한 한국 언론은 반일감정, 혐일감정을 즐기는 편이다.

최근 조선왕조, 특히 정조를 계몽군주로 간주하고 18세기를 조선의 르네상스로 치켜세우는 학술적, 대중적 저술들이 많이 나오고 있다. 그러나 18세기가 그렇게 훌륭했는데 왜 조선은 200년도 안돼서 일본의 식민지로 전락했는지 설명하지 못하고 있다. 일본의 제국주의적 야욕만 없었다면 조선은 제국주의 시대에 독립국의 지위를 이어갈 수 있었을까? 아니면 일본이 아닌 다른 제국주의에 먹혔을까?

국사학자들이 술자리에서는 "조선은 임진왜란이나 늦어도 병자호란 때 망했어야 했다"는 말을 내뱉는다. 조선은 500년이 넘게 왕조를 이어간 세계적으로 드문 왕조였다. 하지만 백성들을 배부르게 먹이고 편안하게 살게 했느냐는 관점에서 보면 성공적인 왕조는 아니었다. 중국의 왕조는 대체적으로 200~300년간 이어졌다. 새 왕조가 들어서면 전 왕조가 망하게 된 원인을 파악하고, 국가를 일신했다. 새로운 문명을 받아들이고 제도개혁을 통해 나라를 혁신했다. 하지만 조선의 지배층은 자신들의 권력이 500여 년 지속되자 혁신에 대한 노력을 게을리한 것이 아닐까.

조선은 개국 당시에는 유연하고 독자적인 외교노선도 폈다. 여진을 치겠다는 중국(명나라)의 파병 요청에도 무엇이 국익이 되는지 따져보고 파병 결정을 했다. 그러나 후기로 들어서면 조선은 성리학을 교조적으로 받아들이고, 국익이라는 실리보다 명분에 얽매였다.

역사적 사실을 일부 지식인들만 알고 서로 공유하지 않는 것은 '지식인의 폭력'이다. 한 사회의 지적 수준은 구성원 개개인의 지적 수준의 산술적 합계에 '+α'이다. 학술적으로 연구된 내용을 대중과 공유하는 것이 필요하다. 국민적 의식수준을 높이고, 미래를 함께 모색하기 위해서는 더욱 그렇다. 조선 후기의 문제점을 여론의 비판과 뭇매가 두려워 1급 비밀로 처리하는 것은 바람직하지 않다.

더 나아가 일본의 실체에 대해 제대로 연구하는 연구소도 필요하다. 우리가 일본을 알려고 하지 않고, 알려는 시도조차 꺼려한 반면 일본은 자신들이 식민지로 지배했던 나라들, 즉 한국은 물론 중국, 동남아 국가들에 대해 최고 수준의 연구소를 갖추고 차곡차곡 연구 실적을 쌓았다. 우리나라에 대한 편견으로 가득 찬 일본관련 책이 난무

할 때 말이다.

고백하건대 20대 중반이던 1994년《일본은 없다》는 책을 읽으면서, 일본을 깔아뭉개는 기분에 통쾌해 했다. 삐뚤어진 민족의식에 사로잡혔음을 새삼 뒤늦게 깨닫는다. 우리는 통쾌한 심리적 위안을 위해서 문화재로 남겨뒀어야 옳았던 조선총독부 건물도 부숴버린 것은 아닐까. 경복궁 그 자리에 그대로 놓아두어서는 안됐겠지만, 적당한 공간을 찾아 옮겨놓았어야 했다. 부끄러운 과거도 역사이기 때문에 남겨두고, 그 역사가 전하는 교훈에 귀 기울여야 했다. 잔인한 진실 앞에서 21세기의 한국은 어떠해야 하는지 고민하는 시간을 가져야 하는 것이다.

역사를 공부하는 이유는 과거의 진실만을 알기 위한 것이 아니다. 과거의 진실 속에서 현재의 문제를 진단하고, 건설적으로 미래의 나아갈 방향을 설정하기 위해서도 필요하다. 이제 한국인이라면 만나기 싫은 진실이 이 책에서 펼쳐질 것이다. 일본은 어떻게 20세기에 제국으로 성장할 수 있었는지 그 실체를 만나길 바란다. 우리는 왜 단 한 차례도 제국으로 성장해 보지 못했는지 고민하는 시간도 됐으면 좋겠다.

2010 밴쿠버 동계올림픽 피겨스케이팅에서 한국의 김연아가 일본의 아사다 마오를 높은 점수 차이로 이기고 금메달을 따자 한국인들은 이제 한국이 일본을 이겼다고 환호했다. 일본은 동계올림픽에서 20년 만에 처음으로 금메달도 없이 국가 종합순위 20위로 처졌다. 때문에 한국인은 더욱 환호작약했다. 2009년 말부터 일본의 도요타자동차가 세계적으로 리콜 당하고, 미국 의회 청문회에 나가는 등 어

려움을 겪자 이 틈새를 타고 한국 자동차가 약진할 것을 기대했다. 한국의 국운 상승이라고 했고, 일본이 '잃어버린 10년'을 거친 뒤 2008년 세계적 금융위기 속에서 침몰하고 있다고 생각했다.

나는 개인적으로 일본이 그렇게 쉽게 침몰할 나라가 아니라고 본다. 한국인이 저력이 있듯이 일본인의 저력도 만만치 않다. 또한 아시아의 발전과 한국의 더 높은 단계로의 발전을 위해서, 한국의 동반자로서 일본이 경제적으로, 외교적으로 침몰해서는 안 된다고도 생각한다. 한국이 장기적으로 세계 4~6위의 주요 국가로 도약하며 발전하려면 경제적으로 부유한 일본이라는 든든한 이웃과 정치적으로 건전한 중국이 필요하다.

'은둔의 나라' 조선을 거쳐 요즘의 한국은 1948년 신생국이 되고 거의 처음으로 세계에 자신의 존재를 알리기 시작했다. 나는 한국이 미국이나 일본, 프랑스, 독일처럼 세계 제1의 국가로 성장하기를 소망한다. 산 정상에 서서 바라보는 풍경은 산등성이나 계곡에서 바라보는 풍경과 완전히 다르다. 위치가 달라지면 사고방식, 접근방법, 행동양식도 변화해야 한다. 세계 최극빈 국가에서 교역규모 세계 10위권 국가로 도약한 지금, 우리가 바라보는 '세계의 풍경'은 60~70년 전과는 완연히 다를 것이다.

세계를 바라보는 시선의 위치가 바뀌고 풍경도 달라진 상황에서는 한국인들의 사고방식도 달라져야 한다. 미국식도 중국식도 일본식도 아닌, 한국에 가장 유리한 방식을 마음 속에 깊이 품고 있어야 한다. 그것을 자랑하거나 쉽게 내보이지 못하겠지만, 한국의 목소리를 내야 하거나 이익을 지키기 위해 노력해야 한다. 또한 더 나은 세계, 더 나은 미래, 더 나은 지구인의 삶을 위해 한국인들이 무엇을 기여할 것인가를 고민해야 한다. 그래야 한국은 진정한 세계인으로 발돋움할 수 있으리라.

1
─
문화

조선의 도자기 길을 잃다

2005년 미국 노스캐롤라이나에 있는 듀크 대학으로 연수를 갔을 때이다. 어느 날 조용하던 아파트단지가 소란스러웠다. 같은 단지에 있던 한국인 엄마들이 '레녹스(Lenox)' 쇼핑을 간다는 것이다. 채플힐에서 차로 30분쯤 거리에 레녹스 도자기 공장이 있는데, 그곳에서 50~80%까지 창고세일을 한다며 다들 들떠 있었다.

레녹스는 백악관에서 사용하는 공식 식기로, 미국 신부들의 인기 혼수품으로 꼽히는 유명 브랜드다. 식기와 생활용품에 다양한 명품의 세계가 있다. 미국의 레녹스뿐만 아니라 영국의 웨지우드, 로얄 달튼, 포트 메리온, 독일의 빌레로이 앤 보흐, 덴마크의 로얄 코펜하겐, 프랑스의 루미낙, 세브르, 이탈리아의 마졸리카 헝가리의 헤렌드, 그리고 일본의 노리다케 등이 세계적인 도자기 명품의 대열에 끼어 있었다. 한국도자기나 행남자기도 좋은 도자기라고 알았고, 그 나름대로 한국이 중국에 이어 도자기의 종주국이라고 생각했는데, 명품 반열에서 한국 브랜드를 찾아볼 수가 없어 곤혹스러웠다.

소뼛가루를 넣어 우윳빛이 찬란하다는 영국의 본차이나 이야기야

귀가 따갑게 듣고 자랐으니 그렇다고 하지만, 일본 도자기가 세계 명품 대열에 끼어있다는 사실도 도통 마음에 들지 않았다. 16세기 말임진왜란 때 조선의 도공들을 끌고 가서 세계적 도자기를 만들고 있단 말이지? 그런데 일본 도자기의 원조인, 우리나라 도자기는 왜 명품 대열에 끼어있지 못한 것이냐? 다소 무식하고 국수주의적인 호기심이 뭉글뭉글 솟아올랐다.

　자기(瓷器) 문화가 한반도에 들어온 것은 고려 초다. '고려청자'라는 명칭이 나오는 이유다. 일반적으로 뭉뚱그려 도자기라 부르고 있고 이 책에서도 '도자기'라고 통칭하겠지만, 도기(陶器)와 자기는 살짝 다르다. 가장 중요한 차이는 흙을 굽는 온도다. 도기는 섭씨 800~900도 정도의 낮은 온도에서 굽고, 자기는 섭씨 1,300도 이상의 높은 온도에서 굽는다.

　인류의 역사가 자연발화된 불부터 시작해 청동기, 철기시대로 진화하는 역사적 구분이 불을 다루는 기술이나 능력과 더불어 발전해왔다는 점을 기억한다면 고화도의 자기가 저화도의 도기보다 훨씬 높은 수준의 기술이라는 점은 굳이 설명하지 않아도 될 듯하다. 고화도에서 견디는 흙을 찾아내는 능력은 거의 재료공학의 영역이고 도자기 가마의 온도를 1,300도 안팎의 상태로 유지하는 것은 고도로 숙련된 전문가들의 능력을 필요로 한다.

　영국의 빅토리아 & 앨버트 박물관 자료에 따르면 도자기의 원조 국가인 중국이 고화도 자기를 굽기 시작한 것은 7세기 무렵이다. 그 당시에는 중국도 자기를 많이 굽지 않았다고 한다. 고화도로 구우려면 나무 등 땔감이 많이 필요했고, 열기를 잡아두는 대규모 가마도 있어야 했기 때문이다. 왕실 등을 제외하고 수요도 많지 않았을 것 같다. 중국은 10세기 전후로 백자, 청자, 분청사기 등 가리지 않고 다 제작할 수 있었다.

고려 이전 통일신라 때까지 한반도에서는 유기(놋그릇)가 유행했다. 8~9세기 무렵 일본 귀족들 사이에서는 유기를 '신라'라고 부를 만큼 인기를 끌었다고 한다. 놋그릇은 구리와 주석을 합금한 것으로 제대로 된 놋그릇은 합금비율이 완벽해야 했다. 당시 신라인들이 합금 기술 및 불을 다루는 솜씨가 뛰어났음을 알 수 있다. 그래도 그때는 도기밖에 못 만들었다.

고려에서 청자를 제작한 계기는 송나라의 청자를 모방하려는 열망에서 비롯됐다. 고려 초 자기를 만들 기술이 없었던 고려의 왕실과 귀족들은 한동안 중국에서 청자 차사발을 수입해서 사용했다(타니 아키라·신한균, 2009: 26). 불교가 전래된 이후 중국뿐만 아니라 일본, 고려 등 아시아의 국가들은 차를 즐겨 마셨다. 불교를 국교로 내세운 고려도 차를 마시려 격식 있는 중국의 차 사발을 수입하지 않았을까 싶다. 세계의 유행을 따라간 것이다. 하지만 송나라 청자를 수입하는 비용이 엄청나게 늘어나자 고려 왕실은 독자적으로 국산 차사발을 개발하려고 노력한다.

고려가 자체적으로 청자를 생산한 시점에 대해 학자들마다 견해 차이가 있다. 학자들마다 청자 제조 시기와 도입 과정을 서로 다르게 보고 있어 의견이 갈린다(김대화, 2009: 122~124).

국립중앙박물관에서 2007년에 발간한 《국립중앙박물관》에 따르면 늦어도 9세기 말에서 10세기 초라고 추정한다. 경기도 시흥 방산동 등에서 발굴된 초기 가마들이 9세기 말~10세기 초 중국 월주요(越州窯)의 제작기술과 그릇모양을 그대로 모방하고 있기 때문이다. 즉, 통일신라의 경질자기를 토대로, 한민족이 고화도의 청자 제조법을 스스로 터득했다고 설명한다.

반면 사기장인 신한균은 2009년 발간한《사발》에서 중국의 5대10국의 혼란기인 10세기 후반에 중국 월주요 장인들을 한반도에 운 좋게 데려왔다고 주장한다. 청자 제작시기를 두고 약 100년의 차이가 있다. 월주요 장인들은 남해안의 강진과 부안 등에서 가마를 짓고 청자 생산에 들어갔다. 초기 고려에서 제작한 청자들은 당시 자기 도공인 중국인들이 빚었기에 송나라 청자와 흡사했다. 즉, 중국 기술자를 수입해 고려청자의 시대를 열었다는 것이다.

신라 말에 장인들이 스스로 터득했든지 아니면 중국의 혼란기에 월주요의 장인들이 흩어져 고려로 들어와 자기기술을 전수했든지 간에 늦어도 10세기 후반에는 고려청자가 생산되기 시작한다.

중국식 청자에서 벗어난 고려청자가 등장한 시기는 11세기이고, 한국이 자랑하는 고려상감청자들이 나타난 때는 12~13세기다. 특히 상감청자는 동아시아에서 일본의 흑유(黑釉)석기와 더불어 도자기 역사에서 아주 독특한 지위를 차지한다. 그 시기에 상감(象嵌)기법을 사용했다는 점에서 세계적으로 유일무이하고 형태가 다양하고 아주 섬세해 중국의 청자조차도 따라올 수 없기 때문이다.

도자기가 흔해빠진 세상에 사는 요즘 젊은이들은 '도자기 따위가 무슨 한국의 문화를 대표하느냐'라며 반문할지도 모르겠다. 하지만 도자기는 요즘 식으로 말하면 반도체 기술과 같은 것이었다. 1,300도의 고온을 유지할 수 있는 가마 속에서 흙으로 만든 그릇이 금속처럼 단단한 자기로 변화한다는 것은 마치 연금술사들의 마술과도 같았다. 실제로 18세기 초 유럽에서 처음으로 자기를 만든 독일 작센 주의 마이센 사람들은 연금술사들이었다. 사기장인 신한균을 비롯한 도자기 학자들도 16세기까지 자기를 만들 수 있었던 민족은 전세계적으로 중국, 한국, 베트남밖에 없었다고 하니, 10세기 전후의 고려는 최첨단 과학기술을 소유한 나라였다고 자부해도 된다.

《국립중앙박물관》에서도 "오늘날 도자기 산업을 좌우하는 유럽 역시 18세기에야 자기 제조 비법에 접근할 수 있었고, 우리나라와 중국, 베트남은 일본이나 유럽의 여러 나라보다 수백 년 앞선 시기에 자기를 만들었다"라고 확인하고 있다. 특히 이 책은 "중국의 주변국인 베트남이 질과 조형 면에서 중국 도자의 아류에 그친 데 비해, 우리나라 자기는 중국 자기의 영향 아래 만들어졌지만 고유한 형태와 유색으로 독창성을 발휘했다"라고 자부심을 한층 고취시켰다. 역시 '한민족은 손가락 기술이 좋아'라고 생각할 수도 있지만, 한반도의 흙이 중국의 흙보다 부드러운 덕분에 복잡하고 세련된 기형을 만들기에 유리했다.

여기서 우리 스스로에게 질문을 던져보자. 고유한 형태와 유색으로 독창성을 발휘한 한민족의 도자기는 왜 오늘날 세계적인 조명을 받지 못하는가. 수백 년 늦게 도자기 산업에 뛰어든 유럽과 일본은 어떻게 중국과 한국 등 종주국을 누르고 스스로 도자기의 원조처럼 우뚝 섰을까.

중국과 한국 등 도자기의 원조 국가들이 경제적 군사적으로 힘을 잃어가는 틈을 타 유럽과 일본 등은 자신들이 어렵게 얻은 기술에 문화적 역량을 얹고, 새로운 기술을 개발해 세계 시장을 장악했던 것이다. 그리고 나라가 먹고살기 힘들 때는 문화나 과학기술 분야에 대한 연구개발비(R&D)를 투자하기 어렵다. 따라서 이미 쇠락하고 있는 나라의 문화와 기술은 고사되기 십상이다. 유럽 도자기 공장이 기술 개발과 혁신이라는 노력을 기울인 배경에 북아메리카라는 신흥 소비시장의 등장이 중요한 작용을 했다.

　　광활한 시장의 등장과 함께 갑자기 늘어난 도자기 수요는 수공업적인 도자기 생산방식의 혁신을 요구했고, 그 요구에 맞춘 것이 영국의 유명한 웨지우드였다. 웨지우드는 영국 왕실에 식기를 납품하는 회사였는데, 중간 가격의 시장에 진출하기 위해 기술 개발에 힘썼다.

1775년경 웨지우드사가 제작한 자주색 법랑전사 크림웨어, 빅토리아 & 앨버트 박물관

그 결과 1750년대 전사기법을 발명했다. 영국은 독일에 이어 두 번째로 1715년부터 생산하기 시작했으니, 영국으로서는 자기 생산 40년 만의 대발명이었다.

이는 천 년 이상 내려온 중국식 수공업적인 도자기 생산방식에 종지부를 찍은 사건이다. 전사(轉寫)기법은 동판에 문양을 새긴 다음 그것을 인쇄한 종이를 전사해 같은 문양을 가진 도자기를 대량으로 생산하는 기법이다. 이제 더이상 고도로 숙련된 도공이 도자기 하나하나에 똑같은 그림을 그릴 필요가 없어진 것이다. 아주 촘촘하고 섬세한 문양을 동판에 새긴 후 만 개, 십만 개씩 똑같은 문양의 도자기를 찍어낼 수 있으니 균등한 품질의 문양을 가진 도자기를 대량 생산할 수 있는 체계를 수립한 것이다(한국국제교류재단, 2008: 202).

자기가 비로소 예술 작품이 아니라 고가의 생활용품으로, 자기 제작은 산업으로 전환하기 시작한 것이다. 전사기법으로의 전환은 프랑스의 인상파 화가 르누아르가 도자기 위에 그림을 그리는 도공에서 화가로 돌아설 수밖에 없었던 이유이기도 했다. 개인들의 역사와 미술사를 뒤바꾼 도자기 업계의 일대 혁신이었다. 당연히 산업화된 도자기의 가격은 과거에 비해 내려갈 수밖에 없었다.

일본은 이런 세계 도자기 업계의 대변혁을 인지하고 발맞춰 나갔다. 17~18세기 채색도자기로 유럽 왕실과 귀족을 매료시킨 일본은 메이지 유신 이후, 즉 19세기 중반에 도자기 생산을 강화했다. 유럽의 도자기와 경쟁하기 위해 독일의 화학자 고트프리트 바게너(1831~1892)와 같은 서양의 전문가를 고용해 근대적 도자기 기술을 도입했다(한국국제교류재단, 2008: 224).

17세기 자기생산의 흐름과 동떨어진 조선의 전통 가마들은 19세기 중엽 개항기에 급격하게 경쟁력을 잃어버렸다. 서양의 요업기술에 바탕을 둔 산업 도자기들, 당시에는 '왜자기'라고 부르던 자기들이 싼 가격에 수입됐기 때문이다. 가격 경쟁력을 잃어버린 조선의 가마들은 문을 닫을 수밖에 없었다. 조선 후기까지 맥을 이어온 전통 도자기 제작기법들도 덧없이 사라졌다. 도공들이 문자를 몰랐고, 그렇다고 도공들의 제작기법을 글로 남겨줄 뜻있는 양반들도 존재하지 않았던 탓이다.

이렇게 맥이 끊긴 탓에 1945년 해방이 된 이후 한국 고유의 도자기를 살리려는 노력들은 어려운 과정을 겪어야만 했다. 전통자기 제작기법을 살리려는 시도는 지금도 꾸준히 진행되고 있다. 대표적인 사례들이 해강요로 알려진 유근형(1894~1993)의 고려청자, 안동오(경기도 무형문화재 제5호)의 조선백자, 신정희(1930~2007)의 분청사기, 천한봉의 지방 백자차사발 재현 등이다. 비색 청자를 만들었던 강진에서는 군청이 나서서 고려청자를 재현하겠다고 열심이다. 강진군은 2009년 여름 프랑스 파리에서 고려청자 전시회를 갖기도 했다.

한국은 스스로 '도자기 강국'이라고 주장하지만, 실제 세계 시장에서의 지위는 한미하기 짝이 없다. 일본이나 유럽보다 무려 700~800년 전인 10세기 초에 청자를 가뿐하게 만들었던 문화민족이었다고 자랑하기에는 현재 우리의 위치는 뭔가 아쉽고, 안타깝다. 과거의 지위는 현재의 지위를 통해 확인하는 것이 더 바람직하기 때문이다.

한국의 산업 도자기는 잘 만들어졌고 튼튼하지만 세계시장에서 경쟁하기에는 디자인의 독창성이 다소 부족하고, 마케팅에서도 열세를 면하지 못하고 있다. 세계 도자기 시장에서 어떻게 고려의 영광을 보여줄 것인지 필요한 대책을 찾아봐야 할 것이다.

최근 청와대 공식 만찬식기를 제작하는 한국도자기가 영국의 간판 격 백화점인 헤롯백화점에 아시아 최초로 단독 입점했다(〈서울신문〉, 2010년 2월 3일자)는 사실은 다소 위안이 된다. 한국도자기의 명품 도자기 '프라우나'는 2003년부터 유럽의 유명한 도자기 디자이너들과 함께 상품을 개발해, 해외의 수요를 늘리고 있다. 문화의 수출, 상품의 수출은 그 국가의 세계적 지위와 관련이 있다. 한국의 세계적 위상이 올라가고, 높은 문화적 취향을 인정받게 된다면 13세기 '도자기 강국'의 면모를 드높일 수 있지 않을까 기대해 본다.

조선 백자, 고립의 흔적

한민족을 두고 '백의민족(白衣民族)'이라고 부른다. 예전에는 조선시대 말이나 대한제국 말에 한반도에 도착한 푸른 눈의 서양인들이 한국인들은 흰 무명옷을 즐겨 입고 있어서 붙인 이름이라고 생각했다. 그런데 중국의 고대 문헌인《위지》(魏志)에 부여 사람들이 백의(白衣)를 입고 있었다고 기록돼 있으니, 우리 민족이 흰 옷을 좋아한다고 알려진 지는 꽤 오래된 모양이다.

흰색은 아름다운 색이다. 하지만, 고대나 조선시대 사람들이 즐긴 무명의 흰색은 순백의 흰색은 아니었다. 요즘과 같은 표백이 가능하지 않던 시절에 무명의 색깔은 현대인이 상상하고 즐기는 함박눈처럼 새하얗고 화사한 느낌의 흰색이 아니다. 고려 말인 14세기 말부터 면화가 생산되기 시작했으니,《위지전》에 나오는 '백의'는 면직물도 아니다. 칡덩쿨로 지은 옷이나 삼베옷일 가능성이 높으니, 흰 옷이라고 해봤자 햇빛에 바랜 누르스름한 소색(素色)이었을 것이다.

왜 흰 옷을 좋아했을까. 조선시대가 성리학의 윤리와 예법이 적용되던 시절인 만큼 상을 당하면 3년간 부모의 묘를 지켜야 하므로 상복으로 무명의 흰 치마저고리를 입어야했지 않았겠느냐는 가설도 있다.

백의민족과 관련해 나온 가설 중 또 다른 하나는 고대부터 조선시대까지 염색재료가 충분하지 않거나 염색기술이 잘 발달하지 않았다는 것이다. 《고려사》를 보면 "고려의 옷감은 거친 물건이 많고 문채(文彩: 무늬와 색깔)가 있는 물건은 모두 토산이 아니다"라고 했다(고려사; 박영희, 2009: 50~51). 고려의 옷감은 무늬가 없고 소박한 반면 왕실이나 귀족은 중국에서 수입한 화려한 비단 옷감으로 옷을 해 입은 것이니, 염색기술이 잘 발달하지 않았다고 추론해 볼 수 있다.

명확한 근거는 없지만 개인적으로는 염색기술이 발달하지 않았다는 쪽보다는 차라리 염색재료가 부족하지 않았을까 짐작한다. 당시의 염료라는 것은 치자(노랑)니, 쪽(남색)이니, 땡감(벽돌색) 등 자연에서 얻은 것인데, 그런 자연 염료를 얻으려면 엄청난 노동력을 들여야 했다. 조선의 인구는 18세기 말까지 800만~1,300만 명 수준이었다고 한다. 논농사, 밭농사에 투입해 자급자족할 식량을 생산할 노동력도 부족한 상태에서 평상복이나 노동복으로 입을 옷을 물들일 물감을 얻으려 노동력을 투여한다는 것은 사치스러운 선택일 수 있었다.

실제 염색된 천을 시장에서 구하려면 많은 대가를 치러야 했다. 《세종실록》에도 "염색한 물건은 값은 다투지 않고 매우 비싸게 거래됐다. 세종 때 귀천을 가리지 않고 사람들이 붉은 자색(紫色)을 좋아해 1필을 자색으로 염색하는 데 비용이 1필 값에 달할 정도였다"고 돼 있다(《세종실록》; 박영희, 2009: 94). 또 염료를 비단에 착색시키는 데 필요한 명반(백반)이나 단목 등을 일본 등에서 수입했어야 했다. 지금도 그렇지만 수입품은 수량이 한정돼 있기 때문에 비쌌다.

그래서 조선인들은 불가피하게 백일이나 돌, 결혼 때나 환갑 등 중요한 날에는 색깔 옷을 지어 입고 나머지 일상에서는 베틀에서 막 짠 상태로 색깔 없이 옷을 지어 입었으리라. 흰색 옷을 그렇게 좋아했으면, 서양의 결혼식처럼 경사스런 날에도 흰색을 입었겠지만, 정작 중요하고 좋은 날에는 색깔 있는 옷을 입었다.

그런 정황을 살펴보면 한민족을 백의민족이라고 정의한 것에 대해 다시 한 번 따져볼 필요가 있겠다. 평소 때때옷을 좋아하면서도, 한민족이 백의민족이라는 정의를 의심하지 않고 쉽게 받아들이는 것이 더 이상하다. 사실 우리는 백설기도 사랑하지만, 총천연색 무지개떡도 사랑하고, 흰 무명 바지저고리도 즐겨 입지만, 색동저고리에 또한 반색하지 않는가 말이다.

조선시대 의복은 신분과 위계를 나타냈기에 색깔 있는 옷들은 주로 벼슬아치들의 몫이었다. 덕수궁 앞에서 주중에 시현하는 수문장 교대식에 등장하는 병사들은 모두 울긋불긋한 색깔 옷을 입고 있다. 따라서 벼슬을 하지 않는 평민들은 염색하지 않은 흰색 옷을 입었을 것이다. 좋아서 흰 옷을 입었을 수도 있지만, 낮은 신분 때문에 어쩔 수 없이 입었을 수도 있다.

'한민족 = 백의민족'이라고 철석같이 믿는 이유 중 하나는, 조선의 대표적 도자기, 조선 백자가 백의민족이란 정의를 보완하고 강화하기 때문이다. 특히 현대에도 사랑받는 보름달같이 둥글고 풍성한 조선 후기의 달항아리는 백의민족에 대한 관념을 더욱 강조해 준다.

고려시대 청자가 유행했던 것은 당시 문화 선진국인 중국 송나라 황제가 청자를 애용한 덕분이다. 중국 사람들이 옥(玉)을 사랑하는 민족

<조선왕궁 수문장 교대식>의 한 장면, 덕수궁 앞

임은 널리 알려진 이야기다. 송나라 사람들은 옥으로 만든 잔으로 차 마시는 것을 좋아했다고 한다. 불교의 선종이 퍼지면서 즐기던 문화가 차 문화였다. 차를 마시면 선(禪)의 세계에 들어간다고 믿은 것이다.

처음에 중국 사람들은 질그릇이나 나무그릇 등에 차를 따라 마셨다. 그러나 질그릇은 거친데다가 차 빛깔이 보이지 않아서 차 마시기에 알맞은 그릇이 아니었다. 고급스런 은그릇도 열전도율이 높아 불편했다. 그래서 중국 왕족이나 귀족들은 초기에 흰 옥이나 푸른 옥으로 된 잔으로 차를 마셨다고 한다. 그러나 옥으로 만든 잔이 워낙 비싼 탓에 옥과 비슷한 푸른 색깔을 내는 청자(세라단; Ceradon)를 만들었다. 푸른 옥을 대체한 청자 차사발에 대한 수요가 높아지자 차사발의 가격은 금값보다 올랐다. 금값보다 비싼 중국 청자를 일본이 수입했다는 역사적 증거가 신안 앞바다의 청자 보물선이다. 그런 중국의 차 문화와 청자 차사발은 9세기 통일신라 시대에 승려나, 당나라로 유학을 떠났다가 귀국한 학생들, 관료 등을 통해 유입되기 시작했다(윤용이, 2007: 189~191). 고려가 수입 대체재로 자체적인 고려청자 생산에 열을 올린 이유다.

마찬가지로 조선에서 백자를 만들기 시작한 것은 중국 명나라의 백자가 소개된 덕분이었다(김대하, 2009: 118). 명나라의 백자는 순수한 백자가 아니라 서양에서 '블루 앤 화이트(Blue and White)'로 부르는 청화백자였다. 푸른색 안료(코발트)로 새하얀 도자기 위에 용이나 새, 중국 산수화 등을 그려 넣은 자기였다. 조선 왕실이 처음 만난 명나라의 백자도 징더전(景德鎭)요에서 만든 청화백자였다.

명나라 선덕제는 1428년과 1430년에 조선 세종에게 백자와 청화백자를 선물했다. 《조선왕조실록》 세종편에는 선덕제가 준 도자기 중

14세기 원나라 징더전에서 제작한 청화 편병, 빅토리아 & 앨버트 박물관

에 청화안료로 용이 그려진 큰 술항아리도 포함됐다고 기록돼 있다. 1430년에는 중국의 조공국인 류큐(琉球, 현 오키나와)에서 명나라로 부터 유입된 청화백자들을 조선에 선물로 보냈다(윤용이, 2007: 288, 289). 화려한 흰색 위에 푸른 코발트로 아름답게 그려진 매화, 대나무 그림들이 있는 명나라의 청화백자는 비취색의 청자에 익숙했던 조선 왕실의 욕망을 자극했을 것이다

1448년《세종실록》에는 "중국에서 청화백자를 반출할 경우 사형에 처하므로, 중국과의 자기무역을 일체 금한다"라고 기록돼 있다. 욕

15세기 조선의 청화백자 운룡문 병, 삼성미술관

망했지만 가질 수 없다면 자체 제작하는 방안을 찾아볼 수밖에 없었다. 중국에서 청화백자의 수출을 금지하자 조선 왕실은 직접 백자 생산을 지시했다.

당시 조선의 지방 가마들은 전국적으로 분청(紛青)사기를 만들고 있었다. 분청사기를 청자와 백자 사이에 나온 과도기적 자기라고 말하기도 한다. 분청사기는 분청이란 말 그대로 청자에 하얀 유약을 뒤집어씌운 뒤 그 위에 무늬를 긁어내거나 도장을 찍듯이 표현하거나 검은색 염료로 연꽃이나 물고기 등 불교적 이미지를 그려 넣은 것이다. 청자가 분청사기로 진화하고 있었지만, 백자에 꽂힌 조선 왕실은 1467~1468년경 사용원이 관장하는 경기도 광주에 관요를 세워 백자 생산을 시작했다. 조선 왕실이 명나라 청화백자를 만난 지 40여 년 만의 일이다. 즉, 백자를 구워내는 비법을 터득하는 데 40년이 걸렸다는 의미다.

앞에서 자기제작은 요즘 식으로 하면 반도체를 만드는 것과 같은 능력이라고 말했다. 10세기 경 고려가 청자를 만들었으니, 500여 년의 세월이 흐른 조선 초에는 당연히 백자도 쉽게 잘 만들었을 것 같다. 그렇지만 사실은 그렇지 못했다. 세상에 만만한 일은 없다. 조선 초기 새하얗게 빛나는 순수한 백자 만들기는 예상보다 쉽지 않았다.

가장 중요한 이유는 무엇보다도 백자를 만드는 데 필요한 딱 맞는 흙을 찾지 못했다. 현대 도자기 작가들은 백자와 청자를 구성하는 흙이 완전히 다르다고 설명한다. 비취색 청자는 철분이 포함된 암갈색 흙으로 만든다. 백자는 유약도 하얗게 빛나야 하지만, 무엇보다도 도자기를 만드는 흙 자체('태토'라 부름)가 흰색이어야 한다. 백자를 만들려면 고온에서 버틸 수 있는 하얀 흙, 고령토를 찾아야 했다. 요즘은 '백자=고령토'라고 어지간한 사람들도 알지만 조선 초에는 그것을 알아내기가 쉽지 않았다. 그런 탓인지 조선 초에 만들었던 백자들은 고려시대 만들어진 백자들처럼 연질 백자였다.

흙의 차이를 깨닫지 못한 조선 초에는 청자에 하얀 유약(油藥)을 뒤집어 씌워 백자처럼 보이도록 하기 위해 애를 쓰기도 했다. 그러나 연질 백자나 흰색 유약을 뒤집어 쓴 분청사기 등에 푸른 염료인 회회청(回回靑, 코발트)으로 그림을 그려 구워내면 푸른 무늬가 아닌 검은색 무늬가 나왔다(윤용이, 2007: 255).

실패를 반복하는 과정을 거쳐 조선은 청화백자의 몸통이 되는 백자를 결국 만들어냈다. 이렇게 어렵게 만들어진 초기의 백자는 세종 때 주로 왕실 어기와 제사용 그릇 등으로 사용됐다. 세조 때부터 청화백자 등이 혼용됐다(김대하, 2009: 157).

조선 백자는 복잡 미묘한 흰색으로도 유명하다. 백자마다 흰빛이 서로 다르다. 현대에 와서 일부 평론가들은 조선 백자의 다양한 색깔을 두고 흰색을 사랑하는 민족이기 때문에 백색의 종류가 다양한 백자를 만들어냈다며 자랑거리로 삼는다. 언젠가 보물급 달항아리 몇 점을 가까이서 살펴볼 기회가 있었다. 어느 하나 똑같은 흰색이 아니었다. 세월의 때까지 묻어서 어떤 백자는 푸르스름한 빛이 마치 청자 같기도 했다. 이렇게 다른 백자들을 하나같이 달항아리라고 불러도 되는지 의아했다.

고미술품 감정가 김대하 한국 고미술감정연구소장은 "어떤 것은 명나라 경덕진에서 나온 차가운 옥색 빛의 백자(청백자)와 비슷하기도 하고 어떤 것은 하얀 눈 같은 흰색, 또 어떤 것은 해 저문 저녁의 초가집 처마 같은 청회색 백자"라고 색깔을 설명했다. 이 같은 차이는 유약의 농담(濃淡)에서 오는 차이도 있지만, 태토(원래 도자기를 만든 흙)가 균일하지 못했기 때문에 백자가 다양하게 색깔을 낸다고 김 소장은 설명한다(김대하, 2009: 148). 이는 미술 평론가들이 이런 차이를 조선이 다양한 색깔의 백자를 만들어냈다고 긍정한 것과는 다른 입장이다.

김대하 소장은 조선 백자의 다양한 흰색과 관련해 "한국의 흙은 중국 일본에 비해 산화철이 다소 많이 함유돼 있고, 요업기술이 불안정해서 나타나는 현상"이라고 지적했다. 균일한 백자를 만들기 위해 질 좋은 고령토를 다량 확보해야 하는데, 조선 초기에 적합한 흙을 찾아내고 그 수준을 유지하는 데 어려움을 겪었다고 분석한 것이다.

결국 백자의 상업적 가치를 평가하는 감정가들은 다양한 백자의 색깔에 대해 우호적인 미술 평론가들과 달리 백자를 균질한 수준으로 만들어내지 못한 조선시대 당시의 기술적인, 경제적인 문제를 지적한다.

청화백자의 몸통인 백자 만들기에 성공하자 15세기 중반, 세조 때부터 백자 위에 코발트로 그림을 그린 청화백자 제작에 본격적으로 들어간다. 즉, 조선의 백자는 원래 명나라의 청화백자와 닮은 도자기를 만들기 위한 것이지, 단지 하얗게 빛나는 백자를 만들기 위한 것이 아니었다는 이야기다. 그럼에도 불구하고 조선의 순백자가 많았던 이유는 무엇일까. 진짜 흰색을 좋아하고 소박한 아름다움을 사랑했기 때문일까? 우리 민족이 담백하고 순수한 미감을 가졌기 때문에 그럴 수도 있다.

하지만 다른 측면도 살펴봐야 한다. 앞서 말한 백자제작의 기술적 난관을 극복한 뒤에는 경제적 이유와 법적 제약이 있었다.

우선 조선 왕실은 법으로 청화백자의 생산을 막았다. 경제적 이유 때문이었다. 청화백자를 만들기 위한 그림 원료인 회회청, 영어로 코발트는 국내에서 자체 생산되지 않는 물질이었다. 명나라에서 수입해서 그림을 그려야 했는데, 그 가격이 금값보다 비쌌다. 코발트는 원나라 때부터 중국이 중동 이슬람 국가에서 수입했는데, 명나라 초에도 이 코발트를 수입해야 했다. 정복전쟁을 통해 유럽까지 넓은 영토를 가졌던 원나라는 실크로드를 개척해 중동 이슬람과의 교역에서 큰 어려움이 없었다. 그러나 명나라가 들어서고 해금(海禁)정책이 시작되면서 코발트를 비롯한 아라비아 물건들의 유입이 원활하지 않았다.

때문에 1440년대 이후 한동안 조선은 금값을 주더라도 청화안료를 구할 수 없었다고 한다(윤용이, 2007: 292). 성종 19년(1488)에 화원 이계진이 회회청을 구하기 위해 검은 말 12필을 가지고 중국으로 갔으나 구하지 못하고 그냥 돌아온 사건이 《성종실록》(권 211)에 나오기도 한다.

코발트를 수입해 청화자기를 생산하려고 했지만, 여의치 않자 조선 왕실은 국산 코발트를 발굴하려고 노력할 정도로 청화백자를 만들기 위해 애썼다. 《세조실록》에 따르면 세조 10년에 경상도 경차관이 밀양에서 회회청과 비슷한 돌을 구해 바쳤다는 기록이 나온다. 같은 해 8월 전라도 경차관이 순천에서 사기에 그림을 그려 구운 회회청과 비슷한 돌과 강진에서 청철을 캐내서 바쳤다고 기록돼 있다. 예종 때는 전라도 관찰사에게 회회청과 비슷한 사토를 구하는 자는 벼슬을 올려주고 면 50필의 상품을 내린다는 방을 전국 각도에 붙일 정도였다. 그러나 전문가들은 청화자기 안료를 국산으로 대체하고자 하는 노력은 실패했다고 분석한다. 세조와 예종 때를 지난 뒤에는 기록에 나오지 않기 때문이다.

이 무렵(1440~1470년)에 만들어진 백자가 좀 낯선 이름이지만 '상감백자'다. 푸른 안료를 구하지 못하자 상감청자 제작 방식을 활용해 만든 백자로, 백토로 만든 자기의 표면을 긁어내고 검은색 흙으로 무늬를 넣어서 만들었다.

임진왜란과 병자호란으로 국가재정의 어려움을 겪은 조선은 청화백자를 만들지 못하게 되자 15세기 상감백자에 이어 16세기 말 이후 17세기까지 철화백자를 만들게 된다. 17세기 철화백자 이야기는 다음 편에서 이어진다.

조선 왕실과 사대부는 계속 푸른색 그림이 그려진 백자를 구하려 노력하면서도 다른 한편으로는 일반인들의 청화백자 사용을 법으로 금지했다. 1476년(성종 7년)에 완성된 《경국대전》에는 "청화백자의 사용을 엄격하게 제한하고 위반하면 장 80대로 다스린다"라고 기록돼 있다. 조선은 코발트의 수입가격이 금값과 맞먹던 15세기부터 법적으로 청화백자를 금지했을 뿐 아니라, 코발트 수입가격이 상대적으로 하락했을 것으로 보이는 영조와 정조 때도 청화백자 등 백자의 몸통 위에 그림을 그린 자기를 금지했다. 일종의 사치금지법이다.

조선 지배층은 백성들 모두 푸른 그림이 아름답게 그려진 백자를 원한다면, 금값인 코발트를 수입하려다가 나라가 절단날 수도 있다고 판단한 것이다. 현재 다이아몬드나 모피 등의 사치품에 특별소비세를 붙여서 수입가격보다 훨씬 높은 소비자가격으로 소비를 억제하는 것과 같은 이치라고 보면 되겠다. 이처럼 조선 왕실이 법으로 청화백자를 금지해 우리가 도자기 기술을 전해준 일본에 비해 순수 백자가 유난히 많았지 않았을까 싶다.

조선 후기, 즉 17세기 중반 이후부터 세계적인 도자기의 유행은 청화백자에서 한 단계 더 나아가 여러 가지 색으로 꽃이나 새 등 도안을 채색한 채색도자기로 진화했다. 일본식 채색도자기의 도약이었다. 18세기에는 채색도자기의 원조인 중국조차도 유럽에 도자기를 수출하기 위해 일본식 채색도자기를 모방해야 할 정도로 유럽에서 인기를 모았다. 실용성보다 장식성이 강화된 이런 도자기들은 크기도 점차 커졌다. 유럽이나 중국의 박물관에 전시된 어른 키만큼 큰 대형 채색도자기는 그렇게 만들어진 것이다.

이처럼 백의민족의 이미지를 강조해 주는 조선의 백자는 이런 세계적인 도자기 시장의 흐름에서 완전히 비켜난 결과에 불과하다.

조선의 사치금지법이 아니었으면 조선에서도 채색자기를 만들었을 것이라고 생각하는 사람들을 위해서 한마디 더 추가하겠다. 일본에서도 1787년 사치생활 금지법이 발효되었다. 당시 정권을 잡은 마쓰다이라 사다노부(松平定信)는 비단옷도 입지 못하게 하고, 유흥과 오락도 제한했다(김희영, 2006: 464). 중국도 명나라 등에서 종종 사치금지법을 내리곤 했다. 중국이나 일본 모두 유교의 세례를 받은 나라였기에 정도의 차이가 있지만 조선처럼 사치를 금지시키려고 노력했다.

이런 사치금지법이 조선에서는 비교적 확실하게 지켜졌던 반면 일본과 중국에서 잘 지켜지지 않은 이유는 무엇일까.

　당시의 경제적 수준이 일본 막부나 중국 왕실에서 백성들의 사치를 금지한다고 해도 지켜지기 않을 정도로 풍족했을 가능성이 높다. 물론 모든 백성들이 다 사치했다는 것은 아니다. 국가가 사치풍조를 막으려고 해도 상업이 발달하고 수공업의 수준이 향상되는 등 경제적 수준이 높아지면, 문화적으로 한 발짝 진보된 것을 되돌리기는 쉽지 않다. 사치금지법 등이 일시적으로 상업과 수공업을 위축시킬지라도, 봄날 새싹이 돋아나오듯이 아름다움을 추구하는 사람들의 욕망을 막을 수 없었을 것이다.

17세기 조선의 가난이 낳은 철화백자

코발트 수입가격이 금값이었더라도 조선은 임진왜란 이전에는 어떻게든 명으로부터 회회청(回回靑)을 수입해 화준(花罇, 꽃그림이 그려진 도자기) 등 청화백자를 만들었다. 15세기에는 도공들이 백자를 만들면 왕실 소속의 화가인 화원들이 동원돼 백자 위에 그림을 그렸다. 백자를 만들기도 쉽지 않고, 코발트 가격도 비쌌기 때문일 것이다. 이렇게 만들어진 왕실의 화준들은 연회 등에서 장식물로 사용됐다.

그러나 임진왜란 이후 조선의 도자기 제작은 한동안 재기불능 상태에 빠진다. 일본이 조선의 도공 대다수를 끌고 갔을 뿐만 아니라 도자기 가마들이 있는 도요지들을 집중적으로 파괴했기 때문이다. 조선 왕실은 광주(廣州)관요만 조속히 복구해 순수한 백자 제기와 어기를 제조하고, 청화자기 생산을 일시 중단했다. 병자호란이 있었던 1636년(인조 14년) 직후에도 일시적으로 청화백자 생산은 중단됐다.

앞에서도 설명했듯이 청화백자의 그림 원료인 회회청, 코발트 염료는 금값이었다. 16세기 말의 임진왜란과 17세기 초의 병자호란을 겪은 조선은 국가 경제 전반이 황폐해져 청화백자 제작에 필요한 코발트를 더 이상 중국에서 수입할 수 없었다. 왕실의 입장에서도 청화백자를 제작하는 것은 사치였다. 경제적으로 어려워지면 가정은 물론 국가도 가장 먼저 문화와 예술 발전에 필요한 비용을 줄인다. 2008년 세계적 금융위기가 닥치자 미국의 주요 미술관들이 예산을 대폭 삭감한 것도 같은 맥락이다.

이처럼 조선이 경제적으로 어려움을 겪던 17세기에 불가피하게 제작된 도자기가 철화백자다. 철화백자는 석간주(石間硃)라는 염료로 그림을 그린 도자다. 산화철을 많이 함유한 검붉은 빛이 드는 흙에서 붉은 색 염료를 뽑아내 그림을 그린 뒤 도자기를 구우면 진한 적

철화백자 매화 대나무 무늬항아리, 국립중앙박물관

갈색의 그림이 나타난다. 석간주는 우리나라의 산하에서 흔하게 발견할 수 있는 염료다. 고려시대에도 석간주로 그림을 그린 철화청자가 있다. 이렇게 석간주로 그림을 그려 넣은 백자항아리는 마치 새하얀 화선지에 먹으로 그린 조선의 문인화처럼 보인다. 때문에 철화백자는 현대적인 안목으로 살펴보면 화려한 맛은 없지만 중후하고 세련됐다는 느낌을 준다.

철화백자는 임진왜란 이후에 나타나서 조선이 끝날 때까지 주로 사대부들이 사용한 자기로 많이 제작됐다. 민간이 운영하는 가마에서 그림을 그리고 구워낸 듯한 철화백자가 많기 때문에 나온 유추다. 물론 이화여대 박물관의 국보 제107호와 같은 대형 〈백자철화포도문호〉는 조선후기에 제작된 대표적인 철화백자 항아리로 예술성도 아주 뛰어나다. 청화백자를 제작할 수 없었던 17세기에 조선 왕실은 철화백자를 만들어 왕실의 연회에도 사용했다고 하니, 이화여대박물관이 소장한 〈백자철화포도문호〉는 그런 것들 중의 하나가 아닐까 한다.

18세기 영조와 정조는 중국과 일본과의 대외무역의 규모를 확대했다. 내부적으로 상업이 발달하는 등 조선의 경제가 호전되자 코발트 원료를 다시 중국에서 수입할 수 있었다. 중국은 원나라 때부터 아라비아에서 구해 쓰던 코발트 원료를 15세기 중엽부터 자체적으로 생산해내기 시작했다. 즉, 중국이 토청이라 부르는 코발트를 자체적으로 생산한 지 300여년이 흘렀으니 토청의 공급도 더욱 안정적이 됐을 것이다. 즉, 조선이 18세기에 코발트를 수입하는 것은 15~16세기에 비해 수월하지 않았을까 추정해 본다. 이렇게 코발트 재수입과 함께 18세기 청화백자가 다시 만들어지기 시작했다.

특히 영·정조 시대에는 균일한 수준의 우수한 백자가 많이 생산됐는데, 이는 영조의 아버지인 숙종이 백자를 제작하는 데 필요한 흙을 다량으로 확보해 놓은 덕분이었다. 경기도 광주, 양구, 진주, 곤양, 봉산, 춘천 등에서 백점토가 나왔다. 특히 광주, 양구, 곤양지역의 흙이 상급토로 1년에 두 번씩 백자에 사용될 흙을 채굴했다. 백자용 흙을 캐고 운송하는 일이 여간 힘들지 않아 부역에 동원된 백토 굴취지역 백성들의 원성이 높아져 지방관의 장계가 계속됐다는 기록이 《속대전》(續大典)에 나온다(김대하, 2009: 161).

이 무렵부터 조선에서는 진사백자들도 선보이기 시작했다. 진사는 구리염료로 그림을 그리는 것으로 불길이 타오르는 듯한 붉은색이 특징이다. 조금 더 지난 19세기에는 푸른색 청화와 붉은색 진사가 어우러진 화려한 꽃그림의 백자도 나타난다. 경제적으로 형편이 나아지자 조선의 도자기들도 화려해진 것이다. 이 무렵 청나라의 화려한 채색자기들이 국내에 소개되면서 백자 제작에 영향을 미친 것일 수도 있다.

명나라의 청화백자 도입에 그렇게 열광했던 조선 전기와 달리 조선 후기에 중국의 화려한 채색도자기를 도입하려는 노력이 왜 없었을까. 여기에는 조선과 청나라와의 정치·외교적 문제가 깔려 있다. 조선 왕실과 사대부들은 청나라가 건립된 17세기 중엽부터 18세기 말까지 약 150년간 자신들이 '야만적'이라며 얕잡아보던 청나라의 문물이 국내로 유입되는 것을 막았다. 왜(倭)라고 낮춰 부르던 일본의 문물을 배격한 것은 말할 것도 없었다.

조선 왕실과 지배층이 청나라와 관계를 재설정한 것은 19세기 후반 조선을 둘러싼 해외 정세가 불안정해지면서이다. 영국, 프랑스, 미국 등의 선박이 조선의 해안에 자주 출몰하면서 위기감이 형성되자 조선의 지배층은 위기탈출을 위해 비교적 정신세계가 유사한 청나라에 의지하기로 정책의 방향을 틀었다. 18세기 북학파가 청나라의 문물을 받아들이자고 줄기차게 주장했지만, 메아리 없는 외침에 불과했던 점을 감안하면 놀라운 변화라고 할 수 있다.

조선-청나라의 관계가 조선-명나라처럼 믿고 의지할 수 있는 관계로 환원되자 조선에서 청나라의 문물과 문화에 대한 인식이 우호적으로 변화한 것이 아닐까 싶다. 이것이 19세기 말 조선에서 중국풍의 화려한 도자기가 제작되고, 중국풍의 산수화가 다시 유행한 이유라고 생각된다. 18세기에 겸재 정선(1676~1759)의 진경산수화풍이 19세기에 사라진 이유이기도 하다.

세계 도자기사의 관점에서 보면, 17세기는 중국뿐만 아니라 일본, 유럽 모두가 청화백자의 시대였다. 왕실용으로 제작된 명나라 초기의 청화백자는 수출품으로 엄청난 인기를 모았다. 잘 알려졌다시피 청화백자는 명나라에서 시작해 청나라까지 '블루 앤드 화이트'란 이름으로 유럽에 대량 수출됐다.

중국 청화백자가 소량이지만 유럽에 유입되면서 이름을 알리기 시작한 시점은 15세기 이탈리아까지 거슬러 올라간다. 중국 자기는 유럽의 왕실이나 권력자, 부자들의 보물 장식장에 진열됐다. 이탈리아 피렌체공화국의 피에르 데 메디치(1416~1469)와 같은 메디치 가문에서 수입한 소장품은 1553년에 거의 400점에 이르렀다(한국국제교류재단, 2008: 152).

중국 청화백자가 유럽에 본격적으로 알려진 계기는 1604년 네덜란드가 아시아에서 돌아오던 포르투갈 선박 카타리나 호를 나포하면서 시작된다. 네덜란드는 당시 해상권을 장악하고 있었다. 배의 화물을 암스테르담에서 경매에 부치려고 했을 때 바닥짐에서 엄청난 도자기가 쏟아져 나왔다. 섭씨 1,300도 이상의 고온에서 구워서 단단하고 반투명에 가까운 백자에 영청이라고 부르는 아른아른한 아름다운 푸른빛 무늬가 그려진 명나라의 청화백자였다.

포르투갈에서만 유행하던 이 중국 도자기는 그 이후로 중국의 차(茶) 다음으로 아시아에서 수입해야 하는 중요한 유럽의 수입품이 됐다(주경철, 2009: 285). 중국 차가 유럽에서 대중적으로 유행함에 따라 중국과 일본 도자기의 수요가 급증했다고 해석할 수 있다.

17세기에 네덜란드가 중국에서 유럽으로 운반한 자기는 3천만 점에 달한다는 주장도 있고, 1602~1682년까지 네덜란드 동인도회사가 무려 1,600만 점을 수입했다는 가설도 있다. 왕조 교체기를 지나 청이 정치적 안정을 찾아 자기 수출을 재개할 무렵 유럽 제국은 중국 광저우에 대리점을 개설해 직접 중국 청화자기를 주문생산했다(데이비드 문젤로, 2009: 278). 유럽의 청화자기 수요를 맞추기 위해 중국의 경덕진 요에서는 3천 개의 가마에 밤낮으로 불이 들어가 있었다(로이드 E. 이스트만, 1999).

16세기 예수회가 유럽에 중국을 소개한 이후 중국의 청화백자는 17~18세기 유럽의 왕족과 귀족들이 중국에 열광하는 '시누아즈리(Chinoiserie)'를 유행시킨다. 당시 도기와 은식기를 주로 사용하던 유럽의 왕족 등 상류층은 하얀 백자에 푸른 그림이 그려진 쇠처럼 단단한 자기에 쉽게 매료됐다. 여기에 이국적 분위기의 중국 도자기는 궁정과 대저택을 장식하는 데 적격이었다. '시누아즈리' 애호가로 프랑스의 루이 14세가 가장 대표적이다. 1667년 한 축제에서 루이 14세가 직접 중국인 복장을 하고 나타났다. 또 작센국의 선제후였던 프리드리히 아우구스트 1세는 프러시아 왕 프리드리히 빌헬름 1세가 갖고 있던 중국 자기 127점을 얻기 위해 작센의 기마병 600명을 제공했다. 127점의 도자기 값을 2만 7천 달러로 보는 설도 있다. 영국에서는 중국 자기 1점의 값어치는 7명의 노예의 값이었다.

청화자기에 대한 수집과 관심이 귀족을 넘어서 중산층까지 확산되자 유럽의 각국 정부는 중국 도자기에 150%의 관세를 부과해 수입을 막아야 할 정도였다(데이비드 문젤로, 2009: 278~279).

유럽에서 중국의 청화백자 열풍을 유지시킨 나라는 일본이었다. 영국 빅토리아 & 앨버트 박물관의 패트리샤 퍼거슨 학예사는 이렇게 설명했다.

"1644년 명나라의 멸망과 그 결과 일어난 중국 도자기 수출 무역의 몰락 이후 1650년대 말 일본에 자리 잡았던 네덜란드 상인들은 일본 도공들에게 중국 자기를 모방한 복제품 제작을 주문하였다. 이러한 새로운 주문은 아리타의 신생 도요지에 엄청난 활력을 불어넣어, 18세기와 19세기에 일본의 자기 생산 중심지가 되었다."(한국국제교류재단, 2008:140)

앞에서 설명했듯이 조선은 17세기에 회회청(코발트)을 구할 경제적·외교적 능력이 부족해 청화백자 생산을 중단하고 철화백자를 만들었다. 그러나 같은 시기에 일본은 나가사키를 들락거리는 네덜란드와 중국인 상인을 통해 코발트를 구해 청화백자를 만들고, 그뿐만 아니라 유럽에 수출했다. 일본은 유럽에 중국 도자기를 모방한 '짝퉁' 청화백자의 시장을 확보했고, 점차 그 수요를 늘렸다. 그리고 18세기부터는 진정한 의미의 일본 도자기의 유럽 시장을 창출해냈다.

물론 당시 일본의 청화백자는 원조 중국의 청화백자에 비해 무겁고, 도자기의 도안도 대량생산에 맞춰 간단해지고 양식화됐다. 그 과정에서 일본의 도자기 화가들은 중국식 문양을 간소화하고 일본식의 회화적 이미지를 넣었다. 이렇게 만든 자기를 네덜란드 상인들은 '크라크 포르셀레인(Kraak porselein)'이라고 불렀다.

일본에서 만든 크라크 포르셀레인 중에는 연못에서 물을 마시는 사슴을 그린 대형 크라크 접시도 있다. 이는 드레스덴의 아우구스트 2세 소장품으로, 크라크 포르셀레인은 유럽 왕가의 소장품이 되기도 했다(한국국제교류재단, 2008:144).

17세기 전세계적으로 청화백자가 유행이던 시기에 경제적 이유로 철화백자를 만들 수밖에 없었던 조선과, 네덜란드 동인도회사로부터 짝퉁 청화백자를 주문받아 유럽에 수출했던 일본은 이후 완전히 다른 국부(國富) 축적과정을 형성했다. 일본 도자기의 유럽 수출이 메이지 유신의 성공을 이끌었다는 평가가 나오는 이유이다.

17세기 조선의 철화백자는 물론 아름답다. 21세기의 현대적 시선으로도 꽤나 멋지다. 그러나 철화백자의 아름다움 뒤에는 조선의 가

난이 숨겨져 있다. 청화백자를 제작할 것이냐, 철화백자를 제작할 것
이냐의 문제는 각 나라의 문화적 취향의 차이가 아니었다. 한 나라의
경제적 수준을 나타내 주는 지표였던 셈이다.

17세기 세계 유색자기를 선도한 일본자기

전 세계에 청화백자가 유행이던 17세기에 경제적 궁핍으로 철화백자를 만들 수밖에 없었던 조선은, 세계 도자기의 유행에서 뒤처지기 시작했으며 그 뒤로 변화를 따라잡지 못했다. 도자기 시장의 주도권은 명나라와 청나라의 청화백자에서 17세기 후반부터 일본의 채색도자기로 넘어갔다. 원조인 중국보다 더 매력적인 도자기를 일본이 만들기 시작해 유럽 왕족과 귀족들의 혼을 빼놓은 것이다.

조선 후기에 조선의 도자기가 일본처럼 채색도자기로 넘어가지 못한 이유는 철화백자의 존재를 통해 말했듯이 경제적 궁핍도 있겠지만, 이념적 요소도 끼어 있었다. 일본이 중국으로부터 채색자기 기술을 적극적으로 도입해 제작에 성공한 것과 달리, 조선은 중국으로부터의 기술 도입에 그다지 적극적이지 않았다.

조선 왕실과 사대부 등 상류층은 도자기와 관련해 이중적 태도를 보였다. 조선 왕실은 아무런 무늬도 입히지 않은 '청초하고 은은한' 순(純)백자를 대량 생산하도록 강제하면서 자신들은 중국이나 일본으로부터 채색자기를 수입해 왕실의 연회에 사용했다.

조선 후기에 화원들이 제작한 궁중연회 그림을 보면 채색도자기들이 보인다. 헌종 때는 중국에서 몰래 유입되는 채색자기를 금수품(禁輸品)목록에 올려놓았을 정도로 조선 상류층에서 선호가 대단했다(김대하, 2009: 153)

사기장 신한균은 저서 《사발》에서 "18세기 조성된 통도사 사리탑에서 나온 자기는 일본의 채색자기로 추정된다. 이미 일본 도자기가 조선 도자기를 추월한 상태를 보여주는 것"이라고 밝히기도 했다.

조선 왕실이 청화백자의 제작을 적극적으로 억제했지만 19세기 순조 대에 들어서면 조선의 도공들은 중국 양식을 공공연하게 받아들인 청화자기와 진사(불타는 듯 붉은색 도자기) 등 채색자기들을 만들기 시작했다. 조선 도자기는 순백자라는 관념과 달리 19세기 후반에는 제사 때 사용하는 제기를 제외하고 순백자가 양적으로 크게 줄어들었다고 김대하 한국고미술감정연구소장은 말한다.

명과 청나라 교체기인 17세기 중엽부터 유럽으로 청화백자를 수출하며 서방에 자신의 존재를 알리던 일본은 17세기 말부터는 도자기의 종주국인 중국을 제치고 자기 제작의 선진국으로 올라서게 된다. 조선에서 도공을 끌고 가 17세기 초에서야 자기를 굽기 시작한 일본이 전세계 도자기의 유행과 발전을 선도하다니 농담같이 들리겠지만, 사실이다.

어떻게 그런 일이 일어날 수 있었을까.

청화백자가 유럽에서 고가로 팔리는 등 공전의 히트를 치자 1660년 네덜란드 델프트의 도공들은 낮은 온도에서 구운 도기 표면에 주석 유약을 입혀 표면을 하얀 백자처럼 만들고, 푸른색 염료로 조잡하지만 중국풍의 그림을 그려 중국의 청화백자를 그럴싸하게 모방해냈다. 주석 유약은 15세기 아라비아에서 사용하던 것으로, 중국 도자기의 새하얀 색을 흉내 내기 위해 쓰였다.

중국 자기를 흉내 낸 '짝퉁 청화백자'를 '델프트 블루'라고 부른다. 모스크바의 푸시킨박물관에는 네덜란드 델프트에서 만든 도자기들이 여러 점 전시돼 있다. 2010년에 책으로만 만난 델프트 블루를 그곳에서 직접 구경하게 됐는데 중국의 인물이나 풍경을 어설프게 흉내 낸 도자기들이 인상적이었다.

아무튼 짝퉁 중국식 청화백자가 유럽 시장에 나돌자 네덜란드 동인도회사의 중개상들은 유럽의 소비자들이 비싼 돈을 내고 구입하기를 욕망할 만큼 매력적인 새로운 아시아의 수입품이 필요했다. 이때 찾은 해결책이 섬세하게 그림을 그리고 채색한 일본 자기였다. 중국의 청화백자와 완전히 다른 새로운 일본의 채색자기는 즉시 유럽의 고급 도자기 시장을 장악했고 예술적으로도 높은 평가를 받았다.

일본의 아리타 도공은 유럽의 이런 수요를 충족하기 위해 가키에몬 자기와 이마리 자기라는 두 종류의 수출용 자기를 만들었다. 가키에몬 자기는 비대칭의 문양을 매우 세련되고 절제 있게 장식하여 아름다운 유백색의 태토 대부분을 남겨두었다. 가키에몬 자기는 동아시아에서 수입된 그 어떤 다색자기 종류보다 유럽 도자기에 큰 영향을 미쳤다. 또한 네덜란드와 프랑스, 독일, 영국 등에서 집중적으로 이런 자기를 모방한 복제품을 만들었다(한국국제교류재단, 2008: 148).

이마리 자기는 정유재란 때 일본으로 끌려간 한국인 도공 이삼평이 1616년 사가(佐賀)의 아리타에 살면서 연 가마에서 만든 것이다. 17

세기 중엽부터 명나라 말기의 적회식 자기 제조법을 배워 직물 무늬에서 따온 회화적 무늬를 사용했다. 이 도자기는 일본 전역에 퍼졌고, 해외에서도 호평을 받았다. 1659년 네덜란드 동인도회사를 통해 세계 여러 나라로 수출되기 시작됐다. 18세기 독일의 마이센을 비롯해 유럽 여러 나라는 이마리 자기를 모방한 채색 도자기를 생산했다.

정치적으로 안정을 찾은 중국 청나라는 강희제(재위 1661~1722) 시기부터 경덕진에서 채색자기를 다량으로 제작해 유럽에 수출하기 시작했다. 원래 다색자기의 원조는 중국이다. 중국에서 다색자기의 근간은 원나라 때의 오채(五彩)였다. 명나라 때는 청화자기에 채색유화를 이용한 투채(鬪彩)가 등장했고, 원나라 때 시작된 오채가 청에서 크게 발달했다. 청나라 때는 법랑채(琺瑯彩)와 분채(粉彩)로 진전

조롱박 모양의 병, 아리타 자기, 빅토리아 & 앨버트 박물관

됐다(류웨이·장첸이, 2009: 266~267).

일각에서는 중국 도자기의 분홍색 법랑과 무광택 노란색은 늦어도 1720년에 등장하므로 당시 청나라 황실의 작업실에서 많은 예수회 선교사들이 일하고 있던 점을 들어 유럽의 선교사들이 중국인 장인들에게 분홍색 법랑 제조법을 알려주었다고 주장한다(한국국제교류재단, 2008: 164).

이런 중국의 채색자기 기법을 일본은 나가사키 항구를 들락거리는 중국인 상인을 통해 알아냈다. 일본은 중국 상인을 일종의 산업스파이로 활용한 것이다. 이런 기술도입으로 일본식 채색자기를 만들고 유럽에서 유행시켰다.

일본식 채색자기가 유럽시장을 선점했고, 이 때문에 18세기 중엽 중국이 도자기 수출을 재개했을 때 만든 도자기들은 일본식 채색자기들이었다. 윤용이 명지대 미술사학과 교수는 "18세기 세계시장으로 도자기 수출을 재개한 중국의 채색자기는 오히려 일본식의 무늬를 흉내 낸 것"이라고 말했다(윤용이, 2007). 유럽에서 일본식의 화려한 그림이 있는 도자기를 요구했기 때문이다. 도자기 종주국인 중국의 굴욕이라 하겠다.

전 세계 도자기가 채색자기로, 대형화하는 가운데 조선의 도자기만 순백자로 남은 것은 이처럼 세계 도자기 시장의 흐름을 파악하지 못하고 동떨어진 길을 갔기 때문이다. 또한 도자기 제조의 변화된 기술도 따라가지 못했다.

김대하 한국고미술감정연구소장은《고미술 감정의 이론과 실기》에

안드레아 브루스톨론, 헤라클라스와 무어인, 강의 신이 조각된 화병 받침대,
그 위에 일본 채색도자기가 올려져 있다. 1700년경. 줄리언 벨, 2009: 263

서 조선이 채색자기를 만들지 못했던 이유를 3가지로 설명하고 있다. 첫째, 채색자기 안료제작 기술 이전이 중국으로부터 이루어지지 않았다. 둘째, 중국에서 장인을 데려와서 기술을 습득한 일본의 경우처럼 반드시 배우겠다는 강력한 의지가 없었다. 셋째, 성리학을 통치이념으로 했던 지배층이 근검절약 정신으로 사치성 공산품의 생산을 금지했기 때문이다. 물론 중국 장인에게 기술을 사들이지 못한 이면에는 경제적 이유도 있을 것이다.

당시 북학파였던 이희경(李喜經, 1745~1805)은 그의 저서 《설수외사》(雪岫外史)에서 이와 비슷한 의견을 제시했다.

"내가 일찍이 일본의 자기 번조에 대해 들었는데 처음에는 시채법을 모르다가 장인으로 하여금 배를 타고 중국 강남에 가서 뇌물로 자기 장인을 구하고, 그 법을 시험하였으나 성공하지 못하자, 다시 만금을 가지고 강남에 들어가 자기 장인을 사서 같이 배를 타고 귀국해 그 방법을 갖추어 전수받고 돌려보내니 차후 일본의 자기 이름을 천하에 떨치게 되었다."

이어 이희경은 같은 책에서 "왕년에 어떤 사람이 연경에 들어가 회자법(유상채 시문기법)을 배워 돌아와서 이를 실험했으나 칠이 물이들지 않아 포기했다. 중국을 배우는 요즘 사람들은 모두 배움이 완전하지 않아 끝내 효과를 보지 못하니 이것이 한스럽다. 어찌 분발하여 다시 공부하여 만리의 바다를 멀다고 여기지 않는 일본인들과 같이 하지 않는가"라고 안타까워했다.

조선 후기 실학자인 서유구(1764~1845)도 농업백과사전인 《임원 경제지》(林園經濟志)에서 "책문을 넘어 중국에서는 다채 자기병, 가요문병, 유리병과 같은 것이 꽃이나 비취를 꽂아두는 관상용으로 여러 곳에서 쓰이고 있는데 우리는 사치를 좇는다는 공경부호의 부엌나인조차 이를 모르고 있으니 도자기 제조법이 참으로 어리석거나 아니면 중국에 비해 멀었다"라고 기록했다(김대하, 2009: 151~152).

조선 도자기의 발전이 일본과 중국에 미치지 못했던 또 다른 이유로 정치 사회적 이데올로기를 들 수 있다. 조선왕조의 통치이념인 성리학은 상공업과 대외무역을 억제했다. 뿐만 아니라 격변하는 국제정세에 귀를 막고 오로지 존명배청 사상에 함몰돼 중국이나 일본 등에서 선진기술을 제대로 받아들이지 못했다.

21세기의 고미술사가들도 "국가차원의 쇄국정책과 화려함을 꺼려한 사대부의 취향이 조선을 우물 안의 개구리로 만들어 버렸다"라고 비판한다(윤용이, 2007: 335). 놀랍게도, 똑같은 비판이 조선 후기 실학자들 사이에서 나타났다.

북학파 학자인 박제가(1750~1805)는 《북학집》에서 "무릇 중국은 사치로 망했다 하지만 우리나라가 검소한데도 쇠퇴한 것은 어떤 연유인가"라고 반문했다. 그는 소비가 억제당하면 산업이 몰락한다고 우려하며 "비단옷을 입지 않으면 비단 짜는 사람이 없어지고 여홍(女紅: 부녀자들이 하는 길쌈이나 바느질 같은 일)이 쇠퇴할 것이다. 찌그러진 그릇을 싫어하지 않고, 기교를 숭상하지 않는 나라에서는 기예가 망하게 된다"라고 의견을 피력했다.

예술이나 언론, 학문연구와 같은 정신 활동은 정치·경제·사회적 요인에 의해 많은 영향을 받게 된다. 유럽의 낭만주의니 신고전주의니 하는 예술사조들은 당대의 정치상황과 밀접하게 연결돼 있다. 따라서 조선 백자의 조촐한 아름다움도 조선사회의 정치 경제적 상황과 연결해서 들여다봐야 한다.

중국과 일본 등에서 발전한 기술을 '오랑캐들의 것'이라고 경멸하며 오랫동안 받아들이지 않으려 한 조선 왕실과 사대부의 폐쇄적 의식이 도자기에도 적용됐을 가능성이 높다. 조선은 중국과 일본의 기술적 발전이나 경제적 발전 등의 원인을 따져보고, 도입 여부를 결정하지 않았다. 이는 청이나 일본의 문명을 오랑캐의 것이라고 처음부터 외면했던 조선 후기 지배계층의 문제였다.

도자기 연구가들은 "조선의 백자가 은은하고, 청순하고, 민족의 얼이 숨어 있는 듯하다"며 높은 예술적 가치를 평가한다. 이런 조선 백자에 대한 고미술사가의 칭찬과 예술적 가치는 역설적으로 세계적인 채색 도자기의 흐름과 완전히 어긋났기 때문에 나타난 결과이기도 하다.

17~19세기에 일본, 중국, 유럽 등의 주류(主流) 자기들은 서로 영향을 받아 엇비슷한 채색자기의 세계를 구축했다. 하지만 외부 변화에 무지했거나 조선의 문화가 유일하다는 자만심에 가득 찼던 조선의 지배층 탓에 조선 백자는 순백자 형태로 남게 됐다.

조선 백자가 다른 나라의 도자기에 비해 아름답지 않다는 식으로 비하하는 것은 아니다. 조선 백자는 그 스스로 조촐하고 소박한 아름다움을 가지고 있다. 화장하지 않은 순수한 여인의 맑은 얼굴을 보는 듯 아련한 느낌도 든다.

하지만 정치경제적, 국제적 시각을 들이대면 조선 백자가 순백자의 특성을 갖게 된 것은 은둔의 결과이다. 이처럼 세계 도자기 역사에서 독특한 지위를 갖는 조선 백자의 유일무이성이 조선 후기에 조선 왕실과 지배층이 세계와 전혀 소통하지 못했다는 증거라는 사실이 개탄스러울 뿐이다.

16~18세기 조선의 수출품, 분청사기

조선의 백자는 소박하고 정갈한 맛이 있다. 그러나 순수한 조선 백자의 이런 멋을 한국인이 흰색을 사랑하기 때문에 만들었다는 식으로 해석하지는 말았으면 좋겠다는 바람을 앞에서도 이야기했다. 미학적 측면이 아니라 조선의 정치 경제, 세계 교역사와 관련해서 해석해 보면 다른 결과가 나올 수 있다. 또한 조선 후기 이후 남아 있는 유물들을 중심으로 해석하다 보니 결과적으로 조선의 백자 = 흰색 = 조선민족의 색으로 잘못된 분석을 했을 수도 있기 때문이다.

조선시대에 백자가 많아진 이유는 요즘 식으로 하면 정부가 사치금지법을 만들어 코발트나 진사로 그림을 그린 도자기 등을 만들지 못하게 막았던 탓이다. 중국에서 수입해야 하는 비싼 코발트 염료로 무늬를 그리는 도자기를 정부가 만들지도 사용하지도 못하게 금지하니, 도공들은 할 수 없이 순수한 백자를 많이 만들 수밖에 없었다.

사치금지법을 발동해 놓고 조선의 왕족이나 사대부, 부자 상인들이 16세기부터 명나라 청화백자와 비슷한 푸른색 그림이 그려진 청화백자를 수입해 애용했다. 18~19세기에는 중국과 일본에서 만들어

인화문 분청사기, 15세기 조선, 삼성미술관

분청사기 조화 쌍어문 편병, 15세기 조선, 삼성미술관

진 채색자기를 수입하고 진열하는 것도 좋아했다. 유행이라는 것이 상류층에서 발생해 점차 아래로 내려간다는 것을 감안하면, 조선인들의 미적 취향이 무늬가 없는 순백의 백자를 좋아했다고 단정할 수는 없겠다.

우리나라 자기의 발전 양상은 도자기의 원조국가인 중국 도자기의 흐름과 맥을 같이했다. 중국이 풍요로운 곡창지대를 중심으로 문명의 발상지가 있기는 하지만, 세상에 완전히 독창적인 문화는 없다. 선진국의 옆에 있으면 그들의 문물을 보고 배운 뒤 따라가게 된다. 선진국 역시 변방국에서 배울 만한 점을 찾아서 그들의 문화 안에 섞어 놓게 돼 있다. 이를테면 파리에서 활동하던 피카소가 입체주의 미술을 표방했을 때 그의 그림에 아프리카 미술의 요소가 가미되었던 것처럼 말이다.

14세기 후반부터 16세기 중엽까지 중국의 도자기 흐름과 전혀 다른, 조선만의 독창성이 두드러지는 도자기가 나타났다. 요즘 막사발이란 이름으로 제작되는 분청사기(粉靑沙器)다. 이 도자기는 16세기 중엽, 조선 중기까지 만들어졌다가 그 이후 조선에서는 자취가 사라졌다. 청자, 백자 등 대부분 새로운 도자기를 만들어낸 원조국가 중국은 분청사기도 7세기 무렵 만들어냈다. 하지만 중국 도자기는 청자, 백자, 청화백자, 채색 도자기 식으로 변화했다. 그러니 15~16세기 조선의 분청사기와 시기적으로 겹치는 일은 없다.

분청사기는 한자 그대로 회색이나 회흑색 점토로 몸통을 빚고 여기에 검은 피부를 감추듯이 흰색 흙으로 화장을 한 뒤에 유약을 발라 구운 자기를 말한다. 분을 바른 청자란 뜻의 분청사기는 일제 강점기에 미술사학자 고유섭(1905~1944)이 이름을 붙였다.

세계적으로 높이 평가받는 한민족의 도자기는 고려의 상감청자와 조선의 분청사기다. 그러나 고려의 상감청자나 조선의 분청사기가 세계 도자기사에 어떤 영향을 주었는지는 찾아보기 어렵다. 이들 도자기의 일부가 중국, 일본 등에 팔려나갔다는 사실을 감안하면 우리 민족의 독자적이고 창조적인, 중국이나 일본과 차별되는 높은 예술성을 평가하는 잣대로 남았을 뿐이다.

분청사기에는 중국인이나 일본인들에게서는 찾을 수 없는 한민족만의 특색이 녹아 있다. 분방하고 활달한 그림체, 다양한 형태, 대담한 생략과 재구성한 무늬 등은 고려시대 불교문화의 영향(물고기와 연꽃무늬 등)과 각 지방의 특색들도 살아 있다. 고구려 유목민족의 분방하고 거침없는 삶의 행태가 고려를 통해 조선 초기까지 흘러간 흔적으로 보기도 한다. 특히 청자에 흰색 흙물(유약)을 활용한 무늬들은 현대적 아름다움까지 갖추고 있다.

분청사기는 청자로부터 시작된다. 고려가 10세기 중반에 송나라의 청자를 모방한 청자를 만들기 시작한 뒤 11세기부터 강진과 부안을 중심으로 양질의 청자가 제작됐다. 고려 중엽 이후 지방의 청자 수요를 충족시키려 인천 경서동과 해남 진산리 등에 '녹청자'라고 하는 다소 질이 나쁜 청자를 굽던 가마들도 운영됐다. 고려의 왕족과 귀족들을 위해 제작되던 청자는 예종(1105~1122) 무렵에는 중국적 요소가 거의 사라지고 독창적인 아름다움이 나타나기 시작한다. 12세기 중엽 이후가 비취색의 청자와 상감청자의 전성기가 된다.

그러나 몽골과의 1~7차 전쟁(1231~1258)을 겪으면서 13세기 말부터 고려청자의 질이 떨어지기 시작했다. 14세기에는 질적 하락이 가속화된다. 남해안을 중심으로 왜구들이 기승을 부리자 청자 장인들이 내륙으로 피난을 떠난 탓이다. 청자 장인들의 분산은 청자 가마터가 전국으로 확산되는 데 기여했다. 청자가마의 확산은 진정으로 독창적이고 초가집같이 소박하고 고향의 느낌을 품은 분청사기의 시발점이 된다. 한국 도자기 역사에서 외침(外侵)이 새옹지마가 된 셈이다. 즉, 고려 말 강진과 부안 등에서 청자를 제조하던 장인들이 왜구를 피해 전국으로 흩어진 덕분에 조선 초 전국적으로 분청사기가 나타난 것이다.

유약을 바르기 전 초벌구이 한 분청사기의 알몸은 회청색이다. 여기에 흰색의 유약을 발라 2차로 구우면 분청사기가 된다. 분청사기 제작기법은 세종 1418~1450년 무렵 비약적으로 발전했다. 백자가 만들어지기 전에 왕실과 관아에 납품하기 위해 만든 인화(印畵) 분청사기 등에서 무늬가 한층 촘촘해지는 변화가 일어난다. 세조대인 1450~1470년 분청사기의 전성기가 왔다(국립중앙박물관, 2007: 242).

흰색 흙으로 뒤덮은 표면을 선으로 긁어서 그림을 그리는 조화(造花)기법이나, 도자기를 만들어 도장으로 찍듯이 무늬를 만들고 그 위에 흰 흙을 바른 뒤 살짝 닦아내면 무늬가 찍힌 부분에 흰색 흙이 많이 남아 자연스럽게 무늬를 만드는 인화(印畵)기법, 하얀 흙물에 '덤벙' 담근다는 덤벙기법, 하얀 흙물에 담근 뒤 돼지털이나 말총으로 만든 솔로 살짝 빗어 무늬를 만드는 귀얄기법 등으로 만든 분청사기가 유명하다. 초기 분청사기에는 상감기법이나 석간주로 그림을 그린 철화무늬 등이 나타나지만, 15세기 말 이후 제작된 후기 분청사기에는 덤벙기법이나 귀얄기법 등이 주로 사용됐다.

덤벙기법이나 귀얄기법으로 만든 분청사기는 현대 도자기처럼 시원하고 분방한 아름다움과 자연회귀적인 철학이 느껴진다. 하지만 15세기 말 덤벙기법이나 귀얄기법은 번거로움을 피해 많은 수요를 감당하기 위한 것이라는 분석도 있다. 같은 분청사기라도 초벌구이를 한 뒤 무늬를 새기고 여기에 검은 흙과 흰색 흙을 채워 넣어야 하는 상감기법이나 일일이 자기의 몸통에 꼼꼼하게 도장을 찍어야 하는 인화기법은 만들기도 수월치 않고, 시간이 많이 걸렸다.

고려시대 왕족과 귀족만 사용하던 도자기가 조선 초에는 정부의 도자기 촉진책으로 대중들도 사용할 수 있었기에 수요대비 도자기 공급이 달렸다. 《세종실록지리지》에 따르면 15세기 도자기 가마가 전국적으로 324개이고, 이 중에서 자기를 굽는 가마가 139개, 도기는 185개였다고 하니 자기보다 옹기 등 저화도의 도기를 굽는 가마가 더 많았다. 또 왕실과 지배층이 사용하는 고급 도자기를 굽는 상품가마는 4개에 불과했다(김대하, 2009: 153).

급증하는 도자기 수요를 충족하려면 도공들은 불가피하게 제작상의 복잡함을 피해야 했다. 같은 맥락에서 백자 호리병 목에 철화 안료로 선을 하나 슬쩍 둘러 무위자연(無爲自然) 같은 느낌을 주는 백자철화승문병(보물 1060호) 역시 효율성 때문에 나타났다고 해석하기도 한다. 백자철화승문병은 조선 도공의 무심하고 담담한 마음을 표현한 대표적인 도자기로 평가되지만, 순백자의 심심함도 달래면서 노동력도 아끼고 대량생산을 하기 위한 수단이었다는 것이다(김대하, 2009: 117~118).

조선 왕실은 앞에서 말했듯이 명나라의 청화자기에 매료돼 순수한 백자와 청화백자를 생산하려고 열을 올렸다. 백성들의 미적 취향도 권력층의 취향을 따라갔다. 아니 조선 왕실과 사대부, 지방 관찰사 등 주문자 공급방식으로 자기를 생산해야 했던 도공의 입장에서는 권력의 미감에 적극적으로 동참할 수밖에 없었다.

조선 왕조의 이런 태도는 한국의 도자기 역사상 가장 독창적이라는 분청사기의 몰락을 초래했다. 조선 왕조는 15세기 후반부터 경기 광주 일대에 백자를 생산하는 관요(官窯)를 운영하면서 왕실과 관아에서 필요로 하는 자기의 공급을 광주분원(廣州分院)에 맡겼다.

수공업체로서 국가의 보호를 받지 못하게 된 지방의 분청사기 생산자들은 점점 소규모로 변모하면서, 왕실과 관료에 납품하는 대신 민간용 자기를 주로 생산하게 되었다. 백자 생산과 수요가 증가하면서 16세기 중엽 이후에는 분청사기의 생산은 급격히 줄었다. 임진왜란 이후에는 백자가 조선시대 자기의 주류가 되었다. 이런 분청사기의 몰락 원인을 조선 도공을 일본에서 끌고 간 탓으로 돌린 적도 있지만, 최근 연구들은 조선 왕실 주도의 백자 생산을 주원인으로 보는 것이 일반적이다.

대량생산을 위한 제작기법의 단순화 여부와 상관없이 거의 꾸미지 않은 듯 소박한 분청사기를 수백 년 동안 사랑했던 사람들이 나타났다.

조선 분청사기를 사랑한 인물들은 오다 노부나가나 도요토미 히데요시 같은 일본의 권력자들이었다. 일본의 다성(茶聖)으로 추앙받는 센노 리큐(千利休)는 16세기 후반에 와비(わび)라는 다도법(茶道法)을

완성했다. 와비는 일본 문화의 전통적인 미의식이나 미적 관념의 하나로, 투박하고 조용한 상태를 가리킨다.

센노 리큐는 오다 노부나가와 도요토미 히데요시의 차두(茶頭: 차 관련한 일을 관장하는 무가의 직함)로 활약하며 다도를 완성했다. 두 평 남짓한 작은 다실에서 극히 간소하게 이뤄지는 다도법으로 물질적, 정신적 욕망을 모두 내려놓았을 때 맛보는 평온함과 그 속에서 깨닫는 극도의 긴장상태를 즐기는 것이었다.

센노 리큐가 소집하는 다도회에 참여하는 것이 당대 권력자들 사이에 유행했다. 센노 리큐가 아껴 사용하던 다완은 입지름이 15~17 센티미터인 사발형태의 조선의 분청사기였다. 새로운 다도법이 일본에 유행하면서 다도인들이 조선 분청사기를 열심히 찾게 됐다(윤용이, 2007: 277~278). 16세기형 한류(韓流)였던 셈이다.

그 이전 일본 찻잔의 주류는 중국에서 생산된 텐모쿠(天目) 다완이었다. 검은색 도자기(흑유자기)로 차를 다 마시고 그 안을 들여다보면

이도(井戶)다완, 타니 아키라·신한균, 2009: 44

반짝반짝 별이 빛나는 듯했다. 그러나 센노 리큐의 와비라는 다도법이 유행한 뒤로 일본에서 중국산 차사발인 덴모쿠 다완의 사용 비율은 10%로 떨어지게 된다(타니 아키라·신한균, 2009: 40).

조선의 분청사기가 일본에서 대인기 상품이 되자 일본의 상인들은 조선에 설치된 왜관 안에 가마를 지어 놓고 어본다완(御本茶碗)대로 만들어 직접 공급했다. 어본다완이란 자신들이 필요로 하는 다완의 크기와 형태를 기록한 책으로, 일본 다완의 표준형을 말한다. 어본의 한 예가 쓰시마 고문서인《어조공물》에 크기와 형태가 상세히 기록돼 있다(타니 아키라·신한균, 2009: 157).

왜관은 일본이 조선과 공무역, 사무역을 하는 통상의 장소로 조선 안에 있는 일본인 집단거주지이자 행정기관이었다. 조선 초에는 웅천(熊川)의 내이포(乃而浦), 동래(東萊)의 부산포(釜山浦), 울산(蔚山)의 염포(鹽浦) 등에 왜관이 있었다. 임진왜란 이후에는 부산포에만 왜관이 설치됐다가 1678년 초량왜관이 신축돼 옮겼다.

임진왜란으로 끊겼던 국교가 재개된 1609년(己酉約條, 기유조약) 이후에서야 왜관에 설치된 가마에서 일본 수출용 차사발을 만들기 시작했다. 조선의 장인들이 일본인의 감독을 받으며 분청사기를 만든 셈이다(타니 아키라·신한균, 2009: 178).

왜관요가 1743년 완전 폐쇄될 때까지 1639년부터 이곳에서 100년 이상 '왜관요 분청사기'를 제작했다(타니 아키라·신한균, 2009: 157). 재미있는 사실은 일본은 1650년대부터 약 100여 년간 유럽에서 주문을 받아 청화백자와 법랑채 채색자기를 수출하는 도자기 수출국이었다. 하지만 이들은 같은 시기에 조선에서 분청사기를 주문자

생산방식(OEM)으로 만들어 사용하는 도자기 수입국이기도 했다. 조선의 관료들은 일본 상류층의 분청사기 수요를 잘 알고 있으면서 대일 수출 품목으로 삼아 국부를 살찌우지 않고 개인적 치부에 활용했다.

조선 관료들이 일본에서 분청사기가 인기라는 사실을 인지했다는 근거는 일본에 '어본 한스다완'이란 존재가 있기 때문이다. '한스'란 '역관(譯官)'을 의미한다. 쓰시마의 고문서에 1672년부터 1678년까지 조선 역관들이 다완을 가져와 모두 사주었다는 기록들이 나온다. 한스다완은 쓰시마가 재정지출을 감당하기 어렵게 돼 한스다완 반입 금지령을 내린 1681년까지 계속 수입됐다. 현재 일본에 존재하는 한스다완은 4천 점 이상이다(타니 아키라·신한균, 2009: 159). 조선의 관료들은 경쟁력 있는 분청사기를 밀수출해 자신들의 배만 불린 것이다.

지금도 분청사기와 비슷하게 유약을 처리한 도자기에 대한 국내외 수요는 상당하다. 분청사기의 유약처리에서 21세기에 걸맞은 현대적 미감과 구애받지 않은 자유로운 예술가들의 정신세계를 엿볼 수 있기 때문이다. 그래서 현대에 도예가로 활동하는 유명한 도예가들 가운데 막사발이나 분청사기 제작에 몰두하는 작가들도 적지 않다. 2005년 국립현대미술관에서 오늘의 작가로 선정한 도예가 윤광조나, 세계에 조선 막사발의 정신을 전파해야 한다며 '막사발 장작가마' 축제를 매년 5월 경기도 오산에서 여는 도예가 김용문, 분청사기를 재현하는 데 성공한 선친 신정희를 뒤이어 통도사 근방에서 분청사기를 재현하고 있는 신한균 등이 그들이다. 그러나 분청사기를 뛰어넘은 독창적 도자기의 발굴 등에도 힘써야 할 시점이다.

일본 판화, 인상파에 미친 영향

17~18세기 유럽에 자포니즘(Japonism, Japonisme)이 유행했다는 분석이 있다(윤용이, 2007: 334). 그러나 자포니즘이 유럽에서 산불 번지듯이 맹렬하게 대중적으로 유행한 시점은 19세기 중엽이었다. 그 자포니즘은 17세기 중엽부터 일본에서 도자기와 칠기 가구 등을 수출한 것이 바탕이 됐다.

17~18세기는 유럽의 왕들과 귀족들 사이에서 중국 도자기뿐만 아니라 건축양식, 의상, 그림 등 중국풍이 유행하던 시누아즈리(Chinoiserie)의 시대였다. 이를테면 루이 15세는 중국의 황제가 봄에 농사일을 시작하는 것과 같은 친경전 행사를 펼치기도 했을 정도다.

자포니즘의 본격화는 일본의 다색 목판화인 우키요에(浮世繪)가 유럽에 진출하면서 시작됐다. 1856년부터 파리의 콜렉터들은 열정적으로 일본의 우키요에를 수집, 일본문화의 유행을 만들었다. 원색에 가까운 화려한 색상, 대담한 생략이 돋보이는 화면구성, 흑백의 간결한 목판화 등은 유럽의 화가들에게 엄청난 영향을 미쳤다. 특히 파리의 인상파 화가들과 구불구불한 선들로 아름다움을 형상화했던 아르

고흐가 모사한 우키요에, 1887   고흐의 〈꽃이 핀 자두나무〉, 1888

누보, 큐비즘 등에 강렬한 영향을 미쳤다.

　자포니즘은 일시적 유행이 아니라 19세기 후반까지 꾸준히 유럽의 화단(畫壇) 영향력을 행사했다는 점에서 시누아즈리와도 다소 차이가 있다.

　구체적으로 〈화가 어머니의 초상〉으로 유명한 휘슬러와 자신의 부인을 모델로 〈일본 여인〉을 그린 모네, 로트렉, 드가, 르누아르, 피사로 등 인상파 화가들이 그들이다. 〈해바라기〉의 고흐와 고갱 등의 후기 인상파 화가, 아르누보의 대가인 오스트리아 출신의 클림트, 현대 미술의 아버지 피카소, 마티스와 같은 야수파 등도 일본의 우키요에의 영향권에 있었다.

우키요에는 한자로 부세회(浮世繪)다. '덧없는 세상을 그린 그림'이나, '세상에 떠돌아다니는 그림' 정도로 해석할 수 있다. 8세기 불경을 인쇄하기 위한 목판화 기법으로 시작된 우키요에는 에도 중엽에 시작돼 오늘날에도 널리 감상되고 있다. 우키요에 중에는 춘화(春畵)가 널리 알려져 있어 우키요에 하면 춘화를 떠올리지만, 이것이 우키요에의 전부는 아니다. 원래 아름다운 여인이나 가부키 배우, 스모 선수들, 풍경, 역사적 그림, 새, 꽃 등과 같은 일본의 일상사를 소재로 한 일종의 풍속화이다.

초기 우키요에는 원래 흑백판화에 필요한 채색을 손수 입혔다. 그러다가 2~3색 인쇄 판화인 베니즈리에가 나타났다. 목판화가이자 출판업자인 오쿠무라 마사노부(1686~1764)가 서구의 원근법을 활용해 손으로 채색한 우키요에를 만들다가 1740년에 분홍색과 초록색의 2색 판화 제작에 성공했다.

풍속화가 스즈키 하루노부(鈴木春信, 1725~1770)는 어느 날 신년 선물용 다색 그림달력을 주문받았다(DK편집부, 2009: 287). 주문량이 많아 하나하나 손으로 채색을 할 수 없었던 하루노부는 이 달력을 완성하기 위해 1색 1매 판목으로 10여색을 겹쳐 인쇄하는 판화 니시키에 기법을 완성했다. 그가 상업적 방식으로 이 기술을 활용한 덕분에 18세기 중엽(1769년)부터 우키요에는 다색판화로 비약적으로 발전했다(박경희 엮음, 1998: 328).

우키요에의 소재로 처음에는 미인을 주로 그렸으나 1794~1795년부터 그림의 소재가 다양해졌다. 19세기 초 기타가와 우타마로(喜多川歌磨)가 미인의 상반신을 클로즈업해 여성의 아름다움을 우아하게 묘사한 미인화를 완성했다. 슈사이 샤라쿠는 가부키의 배우나 스모 선수 등으로 대상을 확대했다(정형, 2009: 126).

잘 알려진 우키요에는 에도시대 후기의 화가인 가쓰시카 호쿠사이(葛飾北齋, 1760~1849)가 찍어낸 〈후지산 36경〉이다. 호쿠사이는 우키요에를 통해 유럽에 소개된 초기 일본 화가들 중 하나다. 안도 히로시게(安藤廣重, 1797~1858)의 도카이도(東海道) 53곳 역참 등 일본의 실경을 소재로 한 우키요에도 유명하다(국립중앙박물관, 2007: 305).

우키요에가 유럽에 소개된 배경은 교역과 소통의 중요성을 보여준다. 유럽에서 일본의 우키요에가 유행한 일은 의도적인 일본 문화의 수출이 아니라 우연의 산물이기 때문이다. 일본은 도자기나 차, 칠기

가쓰시카 호쿠사이의 우키요에 〈후지산 36경〉 가운데 하나

등 자국의 상품들을 유럽에 수출할 때 포장지로 다색판화인 우키요에를 이용했다. 고흐와 같은 인상파 화가들이 처음에 접했던 일본의 우키요에는 일본에서 수입한 채색자기의 포장지였다(윤용이, 2007: 334).

동서양 미술비교학자인 벤자민 로울랜드도 "유럽의 미술품 감식가들은 일본이라는 신비한 나라에서 수입되는 차 포장지가 매우 아름답게 채색된 판화 인쇄물이라는 것을 발견했다"라고 말하고 있다. 그는 일본에서 우키요에가 마치 신문지처럼 하찮게 여겨진 것이 아니겠느냐는 설명을 붙이고 있다.

우리의 고려 상감청자나 분청사기 등이 세계적인 아름다움을 가지고 있지만 세계 도자기의 흐름에 변화를 주지 못한 것과 비교해, 19세기 유럽의 화단에 영향을 준 우키요에의 존재가 부럽다.

우키요에가 갖는 미술사적 의의는 서양미술사에서 대부분 거론되고 있다. 유럽화단에 엄청난 파장을 끼쳤기 때문이다. 가장 먼저 유럽에 도착한 우키요에는 미인들의 상반신을 클로즈업해 그린 기타가와 우타마로의 풍속화다. 그가 숨진 뒤 6년 후 일본의 미인들을 그린 그의 작품이 1812년 파리에 등장했다(바이잉, 2009: 218~219). 1856년에는 가쓰시카 호쿠사이의 목판화 한 세트가《호쿠사이 만화》(Hokusai Manga)라는 이름으로 파리에 진출했다(벤자민 로울랜드, 2002: 144~146).

유럽 사람들의 호기심을 끈 우키요에는 19세기 후반에 대량으로 서양에 소개되기 시작했다. 1856년 파리를 시작으로, 1862년 영국 런던 세계박람회에 일본의 우키요에가 선보였다(바이잉, 2009: 238). 같은 해인 1862년 프랑스 파리의 가장 번화한 거리에 일본 미술품 등을 취급하는 골동품 상점이 열렸다(벤자민 로울랜드, 2002: 144).

당시 서양화단을 이끌던 마네, 휘슬러, 드가, 모네, 로트렉, 고흐, 고갱, 클림트, 보나르, 피카소, 마티스 등은 모두 우키요에를 좋아했고, 그 영향을 받았다. 그들이 만난 우키요에는 원근법을 사용하지 않고 그림자가 없는 아주 평면적인 채색과 일상생활에서 소재를 취하는 예술적 태도, 자유롭고 기지가 넘치는 구도, 끊임없이 변화하는 자연의 순간적인 포착 등 일본 그림의 특징이 담겨 있었다(바이잉, 2009: 218~219).

사실주의에서 벗어나 인상파가 태동하던 시기에 파리의 화단에서는 앵그르의 신고전주의 등 신화와 고전에서 소재를 찾아 그림을 그리는 아카데미즘이 유행했다. 그러나 일상에서 소재를 취하는 우키요에의 예술적 태도와 만난 인상파 화가들은 자신들도 그림 소재를 일상에서 찾았다.

때마침 19세기 중·후반 서양에서는 사진기가 등장했다. 기존의 서양화는 초상화나 역사화, 종교화 등으로 사실과 현실의 재현을 위주로 진행됐지만 사진기가 등장한 탓에 사실적 묘사가 더 이상 의미가

일본식 부채가 있는 고갱의 〈부채가 있는 정물〉, 1889

없어졌다. 미술과 사진의 차별성을 부각시키거나 사진의 한계를 뛰어넘으려면 기존의 표현방식과는 다른 새로운 방법을 모색해야만 했다(바이잉, 2009: 238). 일본의 우키요에는 그런 시점에 등장했다. 과학기술의 진보로 사실적 그림을 계속 그리는 데 어려움을 겪게 된 서양화가들에게 한줄기 희망이 된 것이다.

유럽의 예술가들은 일본 판화에서 세련미와 귀족적 품위, 순수한 심미적 만족들을 발견했다. 이것이야말로 1830년대 '예술을 위한 예술'의 주창자들이 당시 추구했던 것이다. 프랑스 낭만주의 화가들과 문인들 세대에 싹튼 '예술을 위한 예술'이란 개념은 예술 그 자체가 목적이고, 회화에 있어 화가는 의미나 표현과는 무관한 형이나 색채의 아름다움을 창조하면 족하다는 관점에서 발전한 것이다.

예술지상주의를 부르짖은 대표적 인물인 제임스 애봇 맥닐 휘슬러(1834~1903)의 〈오래된 배터시 다리〉(Old Battersea Bridge)와 안도 히로시게(1797~1858)의 〈료고쿠교의 불꽃놀이〉라는 연작판화를 비교하면 놀라운 유사성을 발견할 수 있다. 안도는 일본 화가이지만 이미 표준적인 원근법과 통일된 빛의 처리 등과 같은 서양 회화의 기법을 알던 세대였다. 그러나 그의 예술은 모든 면에서 일본 화가의 전형적 관점을 그대로 지녔다. 안도는 휘슬러에게 평면적 형태 안에서 차분하게 가라앉은 색조로 사물을 배치하는 방식을 가르쳐줬다(벤자민 로울랜드, 2002: 144~146).

고흐도 1886년 파리로 건너와 인상파와 접하면서 점묘법 등에서 영감을 받은 데 이어 우키요에로부터 새로운 양분을 섭취했다. 그는

휘슬러의 〈오래된 배터시 다리〉, 1872~1875년. 테이트 갤러리.

안도 히로시게의 〈료고쿠교의 불꽃놀이〉, 19세기. 하버드 대학 포그 아트 뮤지엄.

1888년 자화상을 그리고 제목을 〈불교적 자화상〉이라고 붙였다. 고흐는 일주일 만에 동생 테오에게 편지를 써 "일본인처럼 눈초리가 약간 올라가게" 왜곡해서 그린 이유를 설명했다. 그는 일본판화의 원색과 평면을 좋아했기 때문이라고 설명했다.

고흐의 〈불교적 자화상〉, 1888년. 하버드대학 포그 아트 뮤지엄.

　　다른 19세기 유럽인들처럼 고흐에게 일본은 단순히 우키요에를 만든 나라가 아니라, 상상 속의 이상향이었다. 일본의 실상을 잘 몰랐기 때문에 더욱 이러한 환상을 키워갈 수 있었다. 고흐가 볼 때 일본은 화가들이 겸손하게 일하고, 작품을 교환하며, 자연과 조화를 이루고 사는 원시적인 꿈의 나라였다. 자화상을 완성하고 약 일주일 후 고흐는 테오에게 편지를 썼다.

"일본 그림을 잘 살펴보면 대단히 현명하고 철학적이며 지적인 일본 사람을 알게 될 것이다. 그는 무엇을 하며 시간을 보낼까. 지구와 달의 거리를 연구할까. 아니다. 비스마르크 정치학을 공부할까. 아니다. 그가 연구하는 것은 하나의 풀잎사귀다. 하지만 이 풀잎 하나를 통해 그는 모든 식물을 그릴 수 있고, 그 다음엔 사계절을, 드넓은 시골을, 동물을, 인간을 그릴 수 있다. …꽃인 양 자연에서 사는 이 단순한 일본인이 우리에게 가르치는 게 진짜 종교가 아닐까. 좀더 즐겁고 행복해지지 않는다면 일본 미술을 연구할 수 없을 것이다."

기독교적 권위주의에 부담스러워하던 고흐는 불교와 일본 미술로부터 정신적 자유로움을 획득한 것이다(브래들리 콜린스, 2002: 183~184).

세잔, 고흐, 고갱 등 대표적인 후기 인상파 화가들은 우키요에의 미묘한 색채와 간결한 구성 등에 만족하지 않고 더욱 직접적이고 대담하게 우키요에와 중국 수묵화의 사의(士意)기법을 받아들였다. 이를 통해 주관적 감각과 내재적 생명력을 표현하고자 했다. 특히 고흐는 선명하고 가벼운 일본 회화와 파격적인 인상파의 색채를 받아들이면서 화풍을 훨씬 산뜻하게 바꾼다(바이잉, 2009: 238~239).

19세기 말부터 20세기 초 새로운 산업혁명에 나타난 미술운동인 아르누보는 구불구불한 장식적 선을 활용하는 등 장식적 효과에 몰두하게 된다. 일본 판화와 고대 켈트족의 무늬에서 큰 영향을 받는다. 아르누보의 구불거리는 선은 가쓰시카 호쿠사이의 《요쓰야 괴담》(四谷怪談)에 나오는 〈오이와〉와 같은 일본 판화의 영향을 받았다(DK편집부, 2009: 382).

18세기 진경산수화 vs 11세기 야마토 화풍

2002년 미국 여행길에 싸구려 비행기표를 끊었더니 중서부까지 논스톱으로 16시간이면 갈 길을 24시간이나 걸려 가게 됐다. 그때는 비행기 이코노미석까지 영화관람이 가능한 때가 아니라 킬링타임용으로 벤자민 로울랜드가 쓴 《동서미술론》(열화당)을 들고 갔다. 고대부터 현대까지 동양과 서양 미술을 비교한 교양 서적이었다. 시대순으로 각 나라의 미술의 발전을 비교분석한 책은 아니고, 중국화의 산수화가 20세기의 큐비즘과 비슷하다는 식으로 비교하며 시대마다 나라마다 어떤 독특한 면을 발견해서 미술의 상대성을 강조한 책이다. 그러나 그 책을 5분의 1도 채 읽지 못하고 배낭에 집어넣고 말았다.

로울랜드는 고대 그리스나 로마, 중세의 이탈리아 미술, 19세기 인상파 등 유럽의 그림을 이집트, 중국, 인도, 일본 등 아시아의 그림과 비교했다. 그러나 내가 자랑스럽게 배워온 한국의 수묵화나 초상화, 불화나 불상 등은 하나도 소개되지 않았다. 특히 근대 개항 이전에는 조선보다 문화적으로 후진국이라고 생각했던 일본의 미술은 다양하게 서양미술과 비교해 서술하고 있어 더 이상 읽기 싫었다.

단원 김홍도의 〈밭갈이〉   혜원 신윤복의 〈미인도〉

겸재 정선의 독창적인 진경산수화 〈인왕제색도〉와 단원 김홍도의
〈씨름도〉, 혜원 신윤복의 〈미인도〉, 선비의 꼿꼿한 자세를 보여준 김
정희의 〈세한도〉, 윤두서의 강렬한 자화상, 한민족 버전의 '생각하는
사람'인 〈반가사유상〉, 유네스코가 인정하고 당대 최고의 건축양식을
보여준다는 〈석굴암〉 등 우리나라에도 훌륭한 예술품이 수두룩하지
않은가. 동아시아 최고의 걸작이라고 평가하는 1993년 충남 부여 능
산리에서 발굴된 〈백제 금동용봉봉래산 향로〉도 있는데 약소국이라
서 우리 조상들의 예술이 제대로 평가받지 못하는 것일까 하는 억울
한 마음도 생겼다.

우리는 5천년 역사 동안 수없이 이민족으로부터 침략을 당했지만,
이를 꼿꼿하게 이겨낸 문화적으로 우수한 민족이라고 배웠다. 군사

·정치적으로는 취약했지만 문화 강국으로서 정신적으로는 다른 어느 나라에도 꿀리지 않는다고 자부하던 터라 로울랜드의 책은 자존심에 큰 상처를 주었다. 그는 왜 동양과 서양의 미술을 비교하면서, 단 한 줄도 한국의 찬란한 5천년 미술사에 대해 쓰지 않았을까. 로울랜드가 한반도의 미술과 문화적 성과에 무지했기 때문일까?

로울랜드는 미국 학자인 탓에 아무래도 중국-한반도-일본으로 연결되는 동아시아 문명의 전파상황을 잘 모르고 서술하지 않았나 하는 생각도 했다. 20세기 초에 중국과 일본, 인도에 비해 '조용한 아침의 나라'인 한국은 세계에 잘 알려지지 않았다. 그러다 보니 동양에 대한 기초 지식이 부족한 서양의 저자가 '찬란한 한민족'의 문화를 소개하지 못한 것이다. 한국국제교류재단 등 한국을 알리는 정부산하 단체들은 허투루 국민의 세금을 낭비할 것이 아니라 우리의 유구한 역사와 찬란한 문화를 세계에 알리기 위해 치밀한 전략을 짜고 분발해야 한다고 생각했다. 문화를 소홀히 하는 무신경한 대한민국 정부의 행태에 분개하기도 했다. 20세기에 경제적으로 일본에 뒤처지고 있지만, 과거 한국인의 찬란한 문화를 알게 된다면 세계 사람들이 우리를 얕보지 않을 것이라고도 생각했다.

그러나 이런 나의 생각, 우리의 생각은 착각이었다. 한국 문화에 무지한 것은 로울랜드가 아니었다, 나 같은 한국인이었다. 세계 미술사를 공부하는 사람들은 다 알고 있었던 한 가지 사실, 한민족을 사로잡는 미술은 같은 시대 중국의 미술과 크게 구분할 필요가 없었다는 사실을 한국인들만이 몰랐던 것이다.

세계 미술사를 다룬 대부분의 책들은 한반도의 고대, 중세, 근대의 미술의 역사를 소개하고 있지 않다. 그 사실을 발견하면 5천년 자랑스러운 문화민족이라고 믿어온 한국인으로서는 당황스럽기 그지없을 것이다. 미술사를 전공한 사람들의 시선으로 볼 때 '한반도만의 독특한 미술세계'라고 할 만한 작품들을 18세기 무렵까지 찾아보기 어렵다는 것이 우리 미술의 문제였다.

최근 한국 출신의 작가들이 극소수이지만 소개되고 있다. 시공사에서 나온 《세계 미술의 역사》(2009)에는 비디오 아티스트로 백남준이 원고지 한 장 반 정도 분량으로 실려 있다. 줄리언 벨이 지은 《세상을 비추는 거울, 미술》(예담, 2009)에서는 1960년대의 백남준과 일본에서 활동하는 추상화가 이우환 등을 소개하고 있다.

그러나 이들 한국 출신 작가들도 한국 미술사의 흐름을 설명하면서 등장하는 인물들은 아니다. 백남준은 독일에서 활동했던 전위미술 운동인 '플럭서스'를 소개하면서, 이우환은 1960년대 일본의 현대 추상화가들의 모임인 '모노하(物派)' 활동을 알리면서 나온다. 19세기 말 화가인 윤두서에 대해서도 일본과 중국의 초상화를 소개하면서 한국에서도 독보적인 움직임을 보인 작가가 있었다고 한 줄 걸치고 있다. 국사나 미술 시간에는 몰랐고, 아무도 알려주지 않았지만 한국 미술사는 일본이나 중국 미술사와 같이 세계 미술사에서 독보적 지위를 가지고 있지 못했다.

고구려 백제 신라 등 삼국 시대는 물론이고, 불교를 국교로 삼았던 고려 등의 회화사는 본질적으로 불교미술 위주의 종교미술이 중요한 위치를 차지한다. 인도나 중국의 불교미술로부터 전래된 한국의 고대 미술에서 내세울 점을 발견하기는 어렵다. 고려의 불화는 그 섬세한 아름다움이 극치에 이르렀지만, 이를 소개할 만한 연구결과가 없다. 대체로 이들 작품은 해외에 나가 있기 때문이다.

조선시대 사대부가 즐겨 그린 중국풍 수묵화나 왕실 소속의 직업 화가들이 그린 초상화 역시 중국 명나라나 청나라 때의 수묵화나 초상화와 큰 차이가 없다. 명나라 태조 주원장의 초상화와 조선시대 태조 이성계의 초상화는 흡사하다. 오히려 명나라 태조 주원장의 초상화는 복장 안에 여러 가지 상징 코드를 집어넣어 조선 태조 이성계의 초상화보다 훨씬 다채롭게 느껴진다.

로울랜드의 책에 소개된 중국과 일본, 인도의 그림들은 미술 문외한이 보더라도 각 나라마다 한눈에 구별되는 특징이 있다. 양식화된 방식에서 명백한 차이를 드러내는 것이다. 하지만 비슷한 시기 한반도에서 그려진 그림들은 중국의 그림들과 크게 다르지 않거나, 수준이 떨어지기도 한다. 심지어 중국이 원본이라면 한반도의 것은 아류로 보인다는 데 심각함이 있다.

어떤 나라의 미술과 문화를 소개하려면, 그 나라만의 독특하고 창조적인 양식이 필요한데 한반도의 미술은 유감스럽게도 그러지 못했다. 특히 남송시대 주희의 주자학을 건국의 이념으로 삼은 조선의 미술은 중국 회화와 다른 점을 찾기가 쉽지 않다.

또한 문인화는 선비의 이상향을 그리는 것인데, 그 철학적 배경마저도 중국의 문인화가 추구한 것에서 크게 벗어나지 않는다. 즉, 조선의 수묵화는 본질적으로 공자나 주희가 꿈꾼 이상적 나라, 사회, 선비의 모습 등을 그리거나, 중국에서 들어온 최신 유행의 수묵화를 따라 그렸던 것이다. 그러니 중국식 산하와 중국 복장과 머리 형태, 중국 가옥, 한국에 살지 않는 물소, 정수리 부근에 양쪽으로 머리를 묶은 동자들의 모습이 자주 나타난다. 17세기 말 이전에 조선의 선비들이 그린 문인화에서 조선의 산천이나 갓 쓰고 도포를 입은 조선인을 거의 찾아볼 수 없는 이유다. 또한 조선의 문인화가들은 중국의 이상향을 화폭에 담다 보니 주자가 살았던 계곡인 구곡도(九谷圖) 그리기를 좋아했다. 구곡도는 성리학의 창시자인 주자를 흠모하던 양반들이 그린 문인화에 자주 나타난다.

이렇게 조선의 지배층인 양반과 지식인층인 선비들은 중화를 흠모하는 정도가 심해 중국의 풍물과 습속은 좋은 것(中華)이고, 신라와 고려시대부터 내려온 전통적인 풍속과 습속, 제도 등은 야만적인 것이자 오랑캐의 습속일 뿐이었다. 따라서 조선의 왕실과 지배층은 통일신라나 고려시대부터 내려온 풍습을 따를 뜻이 별로 없었다. 당시에는 선진문화를 받아들이고, '중국식 세계화'를 이루었다고 자신했겠지만, 21세기의 시선으로 보면 전통의 단절이자 주체성의 부족이었다.

이런 이유로 중국 수묵화와 조선 수묵화를 구분하려면 수묵화나 한국화에 대한 전문교육을 받았거나, 엄청난 수묵화 애호가이어야 한다. 일반인들도 구별할 수 있는 문인화류의 수묵화로는 이미 잘 알려진 조선 세종 때의 화원 안견(安堅)이 안평대군의 꿈 이야기를 듣고 그렸다는 〈몽유도원도〉나 추사 김정희의 〈세한도〉와 추사체 글씨, 겸재 정선의 〈금강산전도〉, 〈인왕제색도〉 정도가 아닐까 싶다.

소당 이재관의 〈오수도〉, 19세기초. 삼성미술관

한국인들이 애착을 가진 한복 바지저고리와 한옥이 보이고, 씨름하는 풍속이나 서당 등을 묘사한 그림은 18세기 후반에나 나타난다. 단원 김홍도나 혜원 신윤복, 긍제 김득신 등 조선 후기 풍속화가 3인방과, 영화 〈취화선〉의 주인공 오원 장승업 등이 활동하면서부터이다. 이들 모두 18~19세기의 인물들이다. 좀 야박하게 말하자면 한국 민족의 독창성을 드러내는 미술작품은 5천년 찬란한 한국의 역사에서 지금으로부터 겨우 300년 전에야 비로소 나타났다는 이야기다.

흔히 겸재 정선의 진경산수화를 높이 평가하는 이유는 중국 산수화를 모델로 하여 성리학의 이상세계를 표현한 중국풍의 산수화에서 벗어나 조선의 주체의식과 자의식을 드러내고 조선인으로서의 자부심을 표현했기 때문이라는 것이 최완수 간송미술관 연구실장의 주장이다.

최완수 실장은 진경시대를 "조선왕조 후기 문화가 조선 고유색을 한껏 드러내면서 난만한 발전을 이룩한 문화절정기를 말한다. 그 기간은 숙종(1675~1720)에서 영조(1720~1777), 정조(1777~1800)에 걸친 125년이다"라고 정의한다(최완수 외, 1998: 13). 18세기 진경시대야말로 조선 문화의 황금기였다는 것이다. 그는 "지극한 국토애를 전제로 제작된 것으로 자긍심의 발로"라고 강조한다.

17세기 후반에 태동해 18세기에 꽃을 피운 실학사상도 진경시대를 여는 새로운 기풍을 불러일으켰다고도 한다. 임진왜란과 병자호란 등 두 차례의 전란을 겪고 난 뒤 자기 민족에 대한 긍정적 평가 등을 통해 새로운 화풍을 만들었다는 것이다(윤용이, 2007: 315~316).

겸재 정선의 진경산수화를 인정하고 나면 조선인이라는 민족적 자의식과 지극한 국토애가 조선 후기인 18세기에서야 나타났다는 사실에 당황스러워진다. 겸재의 진경산수 화풍은 그의 제자인 단원 김홍도 등으로 이어지는데, 그런 진경산수의 화풍마저 정조가 붕어하자 사라지고 만다. 19세기에는 청나라의 화풍과 문물이 다시 밀물처럼 몰려왔다.

떠돌이 화가나 서민들이 즐기던 우리나라만의 독창적인 그림이라는 〈십장생〉이나 〈까치 호랑이〉와 같은 민화(民畵) 역시 18세기 후반에 나타나 19세기에 활성화된다. 우리나라 회화에서 한국의 미술이라고 지칭할 만한 것들은 18~19세기에 나타난 것들이다. 남들과 구별되는 회화가 생산되는 시점이 17세기 말부터 18세기라는 사실은 조선의 독창적 문화를 일군 시기가 일천하다는 의미다. 한국미술이 세계 미술사에서 홀대받는 이유가 아닐까 싶다.

일본은 어떠했을까. 세계 어디나 일식집에 가면 소위 일본풍의 그림이 걸려있다. 이것은 언제부터 시작됐을까.

일본의 회화는 비교적 이른 시기에 중국에서 분리되어 자기 색깔을 드러냈다. 일본은 헤이안 시대(794~1185) 후기인 11세기부터 '일본풍'의 그림을 구사하기 시작했다. 동그란 얼굴에 볼이 통통하고, 일본 전통의상을 입은 여자들의 모습이 나타나는 시점이다.

일본은 중국에서 선진 문화를 받아들이기 위해 6세기 말부터 9세기 초까지 300년 동안 당나라로 유학생을 보냈다. 일본이 견당선(遣唐船)을 보내는 일은 9세기 말 당나라의 국력이 기울자 폐지됐다. 견당선에 올라탄 유학생은 요즘처럼 미국에서 박사학위를 위해 5~6년 머무는 것이 아니라 20년씩 머물면서 중국의 정치제도와 종교, 문물을 충분히 배워왔다. 일본의 당나라 유학생들 중에는 신라의 유학생들이 그러했듯이 당나라 현지에서 벼슬을 하기도 했다. 오늘날 미국 유학생활을 마치고, 미국에서 직업을 구하는 사람들이 많은 것과 비슷하다.

견당사를 폐지하면서 중국의 영향이 줄어든 일본은 10세기 말~11세기 초에 일본어로 쓴 산문 문학의 황금기를 맞이한다. 작가의 대부분은 궁정의 여인들이었다. 가장 대표적인 작품이《겐지 모노가타리》인데 남녀 간의 애정관계를 묘사한 장편소설로 무라사키 시키부(紫式部)가 썼다. 무라사키 시키부는 22세에 남편인 누부타카와 사별한 후 좌대신 미치나가의 저택에 출입하는데 이때부터 이 작품을 쓰기 시작한 것으로 추정된다. 그녀는 미치나가의 딸 쇼시의 시중을 들기 위해 1007년 궁중에 들어가고, 그로부터 10년 후《겐지 모노가타리》54권을 완성했다(김희영, 2006: 77).

당시에 일본에서는 가나문자로 쓰여진 소설을 소개하기 위해 문학작품을 그림에 담아 표현하는 두루마리 그림이 많이 출간됐다.《겐지 모노가타리》는 11세기 경부터 두루마리 그림이 있었다고 한다. 현존하는 것은 12세기경에 그려진《겐지 모노가타리》두루마리 그림으로 일부만 남아있다. 그림을 살펴보면 통통한 볼살, 높이 그려 넣은 검은 눈썹, 길게 늘어뜨린 머리칼 등 일본 미인도의 특징이 고스란히 살아있다(김희영, 2006: 80).

비단이 아닌 종이 두루마리 족자 위에 그린 그림으로, 종이 위에 밝게 채색된 일본의 초기 회화양식 다수가 삽화로 쓰였다(줄리언 벨, 2009: 129). 여기서 말하는 일본 초기 회화양식이란 견당선을 폐지한

후 일본 사회의 변화가 반영된 것으로, 중국풍의 화법인 당화(唐畵)와 구별되는 야마토화(大和畵)이다.

일본에서 가장 오래된 예술만화인 풍자화 〈쵸주기가〉(鳥獸戲畵)가 나타나기도 한다(김희영, 2006: 80). 1130년경 역시 종이 두루마리에 의인화된 개구리와 토끼들이 웃고 있는 풍자화인 〈쵸주기가〉를 두고 미술사가 줄리언 벨은 "귀족들이 세련된 취미와 예법을 갖춘 복잡한 조직을 형성하며 지배권을 획득해나가는 틈을 타고 불안정하고 파괴적인 요소가 문화공간에 나타난 것"이라고 평가한다. 불교의 지도자들을 비판하는 것으로 추정되는 〈쵸주기가〉는 가볍지만 무거운 비판의 힘을 느끼게 한다(줄리언 벨, 2009: 128).

이런 일본풍의 양식화된 그림, 야마토화는 11세기부터 꾸준히 이어지다가 17세기 중반에 다시 화려하게 부활했다. 부채에 그림을 그

종이 두루마리에 그려진 〈쵸주기가〉, 1130년경. 줄리언 벨, 2009: 128

리는 화가 다와라야 소다쓰(俵屋涼達, 1600~1640) 덕분이다. 그는 교토에서 가게를 내고 1610년 다카가미네의 장인 자치제를 세운 혼아미 고에쓰(本阿光悅)와 함께 일하면서 독창적이고 장식적인 양식을 재현해낸다. 소다쓰는 화려한 일본 전통 그림양식인 야마토에를 부활시킨 것이다. 또한 가장 오래된 일본 고전문학 중 하나인《겐지 모노가타리》를 소재로 금병풍을 그려냈다(DK편집부, 2009: 285).

여기에 다색판화인 우키요에, 얇은 금박을 입혀 화려하게 치장한 칠기목공예품인 마키에 등 일본의 특징이 가득한 예술품들이 17세기와 18세기를 거쳐서 메이지 유신 이후까지 계속 생산됐다.

일본화의 원형이 11세기부터 나타난 반면 한국화의 원형은 700년이나 뒤인 18세기에야 나타난 이유는 무엇일까. 일본은 중국으로부터 일찍 떨어져나간 것이 주요한 원인으로 보인다. 중국과 국경을 맞대고 있던 한반도는 고려 때는 송나라와 원나라, 조선에서는 17세기 중반까지 명나라에 밀착할 수밖에 없었다. 조선은 중국에 청나라가 들어선 뒤 정치·군사적으로는 복종하면서 문화·철학적으로 17세기 후반부터 18세기 말까지 거리를 뒀다. 그러나 19세기에 들어서면서 조선은 다시 청나라와 밀착하기 시작한다.

당시 중국과 조선의 정치·경제·문화적 관계는 현재 미국과 한국의 관계를 상상하면 된다. 당시 조선의 지식인들은 시와 문장으로 중국에서 이름 날리기를 희망했다. 중국에서 이름을 날리면 조선에서도 이름을 날리게 돼 있었다.

27살에 요절한 천재 여성 허난설헌(1563~1589)의 이름이 현재까지 남아 있는 것은 그녀의 남동생 허균(1569~1618)이 조선에 사신으로 온 중국 관료들에게 누나의 시들을 소개한 덕분이었다. 중국 사신은 고국으로 돌아가 허난설헌의 시집을 출간했고, 이것이 널리 애송됐다고 한다.

2009년 원더걸스가 미국에서 〈노바디〉(Nobody)란 노래로 빌보드 '핫차트 100' 안에 들어 한국 언론에서 화제가 된 적이 있다. 한반도에서는 중국과 다른 문화적 풍토를 만들기보다는 아시아 초강국인 중국과 가장 흡사해지기를, 그들의 유행에 합류하기를 바라지 않았을까 싶다.

이른바 문화대국을 자부하던 조선이 조선적 자의식을 18세기에서야 발견한 이유다. 결국 문화대국이란 조선의 잣대는 자국의 독창적 문화발전의 수준이 아니라, 중국에서 유행하는 흐름과 얼마나 똑같은가를 중심으로 평가한 것일 수 있다. 21세기 '민족' 앞에서 열광하는 한국인으로서는 민족적 주체성이란 차원에서 조선 후기의 문화에 대해 다시 고민해야 하겠다. 18세기에서야 마침내 조선의 소중함을 깨달았다는 사실에 환호라도 해야 할지, 아니면 씁쓸해해야 할지, 뒤늦은 진경시대의 도래는 뒷맛이 개운치 않은 조선의 진실인 셈이다.

16세기 중국·일본의 서양화 전래

아시아의 현대미술은 21세기 초 중국의 현대미술을 시작으로 세계 미술시장에서 주목을 받았다. 한국 국적으로 일본에서 활동하는 일본 모노하(物派)의 대표주자 이우환이나 한국 출신의 세계적인 비디오 아티스트 백남준 등도 이런 범주에 속했다.

20세기 말과 21세기 초 '돌아온 초강대국'으로 평가받는 중국의 현대미술도 천문학적 수준으로 작품가격이 상승하면서 세계 미술 시장을 후끈 달궜다. 중국은 특히 1980년대 지식인들의 민주화운동인 '천안문 사태' 이후로 '상흔미술'이 출현해 세계 미술시장의 관심을 끌었다. 1990년대 냉소적 사실주의(Cynical Realism)의 대표 주자인 장샤오강을 비롯해 유엔민준, 장판치, 팡리준 등 '중국의 4대천왕'들이 세계 미술시장을 휩쓸고 있다. 이들 1세대뿐만 아니라 펑정지에 등 3세대 '중국 팝아트'까지 세계적 컬렉터들이 관심을 보이고 있다. IT강대국으로 평가받는 인도 현대미술도 세계적 컬렉터들에게 주목받고 있다.

21세기 미술품 수집은 예술의 후원자라는 측면보다 나중에 판매를 통해 얼마나 높은 수익을 얻을 수 있는가와 밀접한 관련이 있다. 따라서 경제적으로 발전하는 나라의 작가 작품은 나중에 그 나라에 되팔 때 엄청난 차익을 얻을 수 있기 때문에 중국, 인도 등의 미술품에 대한 관심이 대단하다. 미군을 따라 나갔던 '국민화가' 박수근의 작품이 국내 경매에서 수십억 원에 팔리는 것을 기억하면 된다.

흔히 일본 서양미술의 시작을 1868년 메이지 유신으로 보며, 중국은 덩샤오핑의 1970년대 말 개방개혁 정책 이후라고 말한다. 그러나 중국과 일본이 유화와 종교화 등 서양미술과 처음 접한 것은 이들 나라에 가톨릭이 전파된 시기와 같은 16세기 초였다.

16세기 초 중국과 일본에 소개된 유럽의 가톨릭은 효율적인 선교를 위해 유화(油畵)를 적극적으로 활용했다. 루터의 종교개혁 이후 개신교와 치열하게 종교전쟁을 벌였던 구교 가톨릭은 종교화(宗敎畵)를 통해 신앙심과 세력 확대에 더욱 몰두했다. 드라마틱하고 신성한 종교적 소재와 구성, 화려한 색깔을 사용한 루벤스 같은 17세기 바로크 화풍이 나온 배경이다. 반면 개신교는 웅장하고 경건한 종교음악을 중심으로 신앙심을 고양시켰다.

당시 가톨릭이 주도한 종교화는 종교개혁의 확산을 막기 위해 감성적이고 충격적인 방식으로 신성한 이미지를 만들어냈다. 유화는 유럽에서 가톨릭 신자들의 종교적 신념을 강화시켰고, 아시아 등에서는 개종을 자극하는 매체였다.

중국과 일본에서의 선교를 담당하던 16세기 초의 예수회 신부들도 화려한 색채의 종교화를 유럽에서 직접 가지고 왔다. 나중에는 서양식 미술을 전공한 신부들을 파견해 현장에서 종교화를 완성하기도 했다. 시간이 더 지난 뒤에는 중국과 일본 등에 서양식 미술학교를 세워 종교화를 그릴 화가들을 현지에서 양성하기도 했다.

16세기 초 중국에 들어간 최초의 유럽 예술품은 종교화가 들어간 책, 판화 등이었다. 르네상스 시대에 나타난 화려한 유화로 된 종교화는 중국인들을 매혹시키기에 충분했다. 그림만 보고 기독교로 개종하는 중국인들이 있었을 정도였다. 또한 인물과 배경묘사 등이 실제와 너무 똑같이 닮아 사람들의 호기심을 불러일으켰다. 단지 서양 그림을 보기 위해 성당으로 사람이 모여들기도 했다. 특히 16세기의 중국과 일본 사람들은 투시화법과 명암법을 토대로 한 유럽의 3차원적 공간표현에 크게 감명을 받았다.

중국인들은 때론 서양화 소재가 불교의 소재와 비슷해 착각을 일으키기도 했다. 1578년 프란체스코 선교회가 마리아와 예수의 작은 조각상(성모자상)을 마카오를 통해 들여오자 중국인들은 관음보살과 혼동했다. 관음보살이 팔에 동자를 안은 모습과 흡사했기 때문이다. 같은 시기 중국인이 유럽에 수출하기 위해 자기로 만든 성모자상을 보면 이런 착각이 왜 발생했는지 쉽게 이해할 수 있다. 가톨릭 신부들은 아시아 선교에서 불필요한 혼동을 없애기 위해 마리아와 예수가 한 세트로 들어간 그림 대신 예수만을 주제로 한 그림을 주로 이용하게 됐다.

중국에 체류한 선교사들은 16세기 말부터 필요한 그림을 중국인 화가에게서 직접 공급받을 수 있게 됐다. 예수회 신부 겸 화가 안토니우스 세데노는 마카오에서 중국인 화가 양성학교를 운영해 여기서 공부를 마친 중국인 화가들에게 서양풍의 종교화들을 그리도록 한 것이다. 이들이 그린 서양풍 종교화는 필리핀에 있는 교회들을 장식하는 데도 사용됐다.

사실 중국의 세데노 신부가 운영했던 미술학교보다는 일본에서 선교하던 니콜로 신부가 경영한 화가학교가 더 유명했다. 일본에서는 16세기 말에 동판 화가를 키우는 학교도 세워졌다.

현지에 미술학교를 세웠던 덕분에 현재까지 이름을 알리는 동양인 종교화가가 출현하게 된다. 예수회에서 일하며 이름을 날린 최초의 중국 화가는 유문휘(游文輝 Manuel Pereira, 1575~1633)이다. 마카오에서 태어나 1590년대에 일본에 파견돼 니콜로 신부 아래서 그림을 배웠다. 종교화 수준은 평범했지만, 1610년 병상에 누워있던 마테오 리치 신부를 도와 여러 종교화를 그렸다. 유문휘가 그린 그림 중에 로

마카오의 성바울로성당

마의 제수(Gesu) 성당 성구실에 지금도 마테오 리치 신부의 초상화가 남아 있다.

두 번째로는 일본 니콜로 학교에서 중국으로 파견돼 중국에서 활동한 화가이다. 예아곡(倪雅谷, 일명 Jacques Niva, 1579~1638)이란 이름의 이 화가는 일본에서 중국계 아버지와 일본인 어머니 사이에서 태어났다. 18세가 되던 1617년 마카오에 도착해 활동했다. 그의 종교화는 인기가 많았는데, 중국판 성모자상이 로마의 산타 마리아 마조레 교회에 아직 걸려 있을 정도다(데이비드 문젤로, 2009: 84~87).

서양식 건축기술과 양식을 보여주는 서양식 교회도 중국과 일본에 건축되기 시작했다. 1602년 마카오에 성 바울로 성당이 착공됐고, 1610년 베이징에서도 로마의 제수 성당과 마카오 성의 성 바울로 성당을 모델로 한 교회가 건설되기 시작했다. 항저우에는 1659~1663년에 마르티노 마르티니 신부의 주도로 로마 제수 성당을 본뜬 교회가 세워졌다(데이비드 문젤로, 2009: 132).

중국에서는 오일 페인트로 그린 성화보다는 종교적 삽화가 들어간 서적과 동판화가 더 많은 사람에게 퍼져 나갔다. 예수가 중국식 복장을 하는 등 중국식으로 변형된 그림이지만, 흑백의 대비가 중국의 수묵화와 유사하고, 목판화에 적용하기 좋은 기법과 회화 원리를 이용했기 때문에 인기를 누렸다. 실제와 똑같이 인물을 묘사하는 그림의 사실성, 투시음영, 명암대비를 갖춘 배경처리는 중국인을 매혹시켰다. 천주교가 전파되던 시점에 유럽에서 중국으로 건너간 판화의 수는 수천 점에 이른다. 또한 18세기 말경 중국에서 출판된 삽화본 번역책은 400여 종에 이르렀다.

《삽화본 복음의 역사》가 1605년 중국에 들어왔을 때 이 책을 복제하려고 예수회원 주앙 다 로차(1565~1623)는 제로니모 나달의 그림을 중국풍으로 개조하려던 화가 동기창(董其昌, 1555~1636)과 그의 제자를 초빙하기도 했다(데이비드 문젤로, 2009: 90).

가톨릭 신부인 유럽화가들이 중국의 궁궐에서 작업을 시작한 것은 1644년 명나라가 망하고 청나라가 건국된 다음이다. 강희제의 궁전에서 일한 최초의 유럽화가는 크리스토포로 피오리로 1694년 청나라 궁정에 도착했다. 이어 이탈리아 볼로냐에 있는 예술학교에서 훈련받은 평수사 조반니 게라르디니는 1699년 조아생 부베 신부에 의해 베이징으로 파견됐다가 1704년에 프랑스로 돌아갔다.

게라르디니는 프레스코 그림의 투시화법이 뛰어났다. 그는 1701~1703년 베이징의 북당의 벽과 천정, 둥근 지붕 등에 인상적인 투사법을 구사해 프레스코화를 그렸다. 로마에 있는 성 이그나티우스 교회에 그린 프레스코화를 모방한 것이었다. 페르디난트 베르비스트와 시칠리아 출신의 루도비치 부글리오(1606~1682)는 화가는 아니지만 중국인 학생에게 원근법을 가르쳤다.

당시 여러 문인과 강희제가 투사기법에 깊이 빠져 있었다. 예수회 회원들은 투시법에 대한 안드레아 포초의 명작인 《회화와 건축의 투시법》을 중국판으로 1698년에 출간했다. 밀라노 출신의 예수회 평수사인 주세페 카스틸리오네(1688~1766)는 당시 고관이던 연희요와 협력해 중국인 화가를 위한 책 《시학》(視學)을 1729년과 1735년에 출간했다(데이비드 문젤로, 2009: 117~118).

서양의 투시법에 매료된 강희제는 1712년 마테오 리파 신부가 도착하자 투시법을 이용한 그림을 그릴 수 있느냐고 1천 번을 물어보았다고 했다. 풍경화가 아니라 초상화 훈련을 받은 리파 신부는 강희제의 요구에 못 이겨 열하 지방에 있는 피서 산장의 36경을 그렸고, 1714년에 그것을 동판에 새기기까지 했다. 중국 최초의 동판화가 탄생하는 순간이다. 강희제는 또한 리파에게 예수회가 만든 중국과 만주, 조선에 관한 지도 〈황여전람도〉(皇與全覽圖)를 동판에 새기게 해 44개의 동판으로 만들기도 했다.

강희제는 리파 신부와 1715년 중국에 도착한 카스틸리오네 신부에게 에나멜화를 그릴 것을 강권하기도 했다. 카스틸리오네는 1766년 사망할 때까지 51년 동안 중국에 머물면서 수많은 그림을 그렸다. 베이징 서쪽 교외에 있는 여름 별장 원명원(圓明園) 설계도 도왔다. 중국의 황실은 이미 18세기 초에 초상화를 그리는 데 선교사 예술가들의 사실적 기술을 활용했다(데이비드 문젤로, 2009: 119~120).

강희제의 강력한 호기심과 요청으로 시작된 중국의 궁중회화에서 서양의 영향이 최고조로 달하면서, 이 무렵 풍경화와 건축화에 중국과 유럽식을 절충한 형태가 태어났다. 입체법, 투시법, 명암법, 사실주의가 모두 나타난 것이다. 유럽풍의 초상화가 18세기 초에 이미 유행해 옹정제(재위 1722~1735)는 유럽 복장을 한 자신의 초상화를 그리게 했다(데이비드 문젤로, 2009: 125).

중국의 유럽화풍은 강희제 때 궁정화가 초병정(焦秉貞)과 그의 학생 영매에서 시작돼 건륭제 재위기에 최고조를 맞았다가 서서히 쇠퇴했다. 선교사들 아래서 유럽의 회화와 투시법을 배운 것으로 알려진 중국인 화가로는 정관붕, 추일계, 심전, 서양, 유문휘, 예아곡, 초정병과 영매 등이 있다(데이비드 문젤로, 2009: 121~122).

서양미술과 중국화가가 접촉한 두 개의 주요 지점은 17세기 난징 미술학교와 18세기의 베이징 궁전이었다. 하지만 1775년 한 선교사는 건륭제가 유럽화가들의 기술을 중국화가에게 전수하려는 애초의 계획에 흥미를 잃었다고 본부에 보고하기도 했다(데이비드 문젤로, 2009:127). 중국화가에 대한 서구의 영향이 적었던 이유는 중국 화단에 강력한 영향을 미친 그림의 표본이 문인화였기 때문이다. 문인화는 중국의 고위관료이자 지식인들이 즐겨 그렸던 그림으로, 사물의 사실적 묘사에는 관심이 없었다. 관념적으로 정신세계의 이상향, 도연명(陶淵明, 365~427)의 무릉도원 등을 표현했던 것이다.

16세기 초부터 18세기 말까지 유럽풍의 그림이 청나라 화단에 그 나름대로 영향을 미치고 있을 무렵 조선에서도 사물을 있는 그대로 그리려는 사실주의적 화법, 빛과 그림자에 따라 3차원적으로 보이는 기초적 명암법이 가미된 그림들이 나타나기 시작한다. 이미 18세기 초부터 청나라에 사행을 다녀오는 관료나 역관 등을 통해 가톨릭이 '서학'이란 이름으로 들어오고, 종교삽화가 들어있는 종교서적들이 들어오기 시작할 무렵이다. 문인화가 동기창이나 연희요 같은 중국 청나라 고위관료들이 투시법과 명암법, 원근법 등을 반영하려는 흐름들이 국내에도 전해졌을 것이다.

18세기 초에 나타난 조선의 진경산수화를 세계사적 조류에서 보려는 시각도 있다. 계승범 고려대 민족문화연구원 연구교수는 "조선후기 중화론의 이면과 그 유산: 명·청 관련 호칭의 변화를 중심으로"에서 "진경산수화는 조선에서만 나타난 형태가 아니라 18~19세기 서양의 영향 아래서 동양에서 이뤄진 현상"이라고 평가한다.

조선 전 시기를 통해 조선의 산하와 조선 사람을 그린 그림은 사실 18세기 초반에 거의 처음으로 나타났다. 중국처럼 문인화가 유행했던 조선의 그림이라는 것은 무릉도원과 같은 관념 속의 이상향이었고, 그 이상향에 나타나는 인물들은 대개가 중국식 복장과 머리 형태를 한 신선들이었다. 또한 선비들의 절개를 표현하는 매화, 난초, 대나무, 국화 등 4군자로 소재가 국한됐다. 따라서 아시아적 조류에 유념하지 않고 단지 조선에서 등장한 새로운 화풍만을 바라보면, 조선적 자의식이 분출된 시대로 평가할 수도 있다.

겸재 정선의 산수화나 김홍도의 산수화에는 두루마기에 갓을 쓴 조선 선비들이 나타나고 있다. 조선 사람들은 누구이고, 자신의 주변에서 어떤 일이 일어나는지, 자신들에게 가장 바람직한 것이 무엇인가를 그려낸 것이다.

그러나 이것은 세계적 시선으로 바라보지 않은 진경산수화에 대한 과도한 해석일 수도 있다. 이런 해석은 또 다른 편견과 오해를 낳을 수 있다는 점에서 재고해야 한다. 일테면 채색화를 왜색풍 그림이라고 해서 천경자의 그림 등을 폄하하고, 1980~1990년 초 민족주의가 기승을 부리던 시점에서는 수묵화만이 한국의 전통화인 것처럼 해석해 한국화의 또 다른 후퇴를 낳기도 했다.

현재의 편견과 오해는 과거에 대한 '과도한 해석'과 '과도한 자부심'이 만들어낸 비극일 수 있다. 그 논란의 시기에 수묵화에서 채색화로 돌아선 중견화가 석철주는 "1990년대 초 수묵화가 아닌 한국화나 동양화를 이단시했던 분위기를 뚫는 것은 많은 용기가 필요했다. 당시 수묵화만이 한국의 전통화라고 주장하던 분들은 다들 어디 갔느냐"고 묻고 있다.

이처럼 과도한 해석들은 한국화(동양화) 전공 학생들을 혼란에 빠뜨리고 한국 현대미술의 나아갈 방향을 흐트러트릴 수 있다. 16~18세기까지 200여 년간 중국과 일본에서 유럽처럼 원근법 등으로 실경을 그리려는 시도가 있었던 점을 감안하면 진경산수화는 싫든 좋든 그 시대 아시아의 조류에 합류하며 만들어진 화풍이라고 이해하는 것이 옳을 것이다.

2
─ 경제

조선과 일본의 16~17세기 해외교역

이미 앞에서 몇 차례 이야기했지만, 조선은 국내 상업은 물론 대외 교역을 장려하지 않았다. 농업을 경제의 근간으로 삼았고, 오히려 강력한 상업 억제 정책을 썼다. 양반들이 상업에 뛰어드는 것을 법으로 금지했다. 바닷길을 통한 해외무역도 외면했다. 조선은 중국처럼 물자가 풍부하지 않아 늘 부족했지만, 외부와의 교역을 통해 부족분을 확보하기보다는 내부적으로 근검절약하는 자급자족적 경제를 지향했다.

조선이 해양무역을 하지 않자 통일신라나 고려시대와는 경제적으로 다른 양상을 나타냈다. 신라의 장보고는 흥덕왕 3년에 청해진을 설치해 등주, 양주, 초주 등지에 분산된 신라 무역상을 하나의 교역망에 편제해 당, 신라, 일본 사이의 교역을 지배했다. 장보고는 교관선이라는 배를 많이 만들어 중국과 일본을 왕래하며 중계무역의 이익을 독점했다. 뿐만 아니라 당과 일본 사이에 견당매물사, 회역사 등 무역사절이 오갈 때 양국 선박에 통행세를 거둬들이기까지 했다(이대복, 2009: 98).

일본의 도다이지쇼소인(東大寺正倉院)에는 모직깔개, 먹, 금속제품 등 신라에서 전해진 물품이 잘 보전·전시돼 있다. 조선 후기 교역품목을 살펴보면 일본의 중계무역으로 동남아시아에서 물소뿔이나 정향 등의 물품이 들어온 흔적이 나타나는데, 통일신라 때는 역으로 신라의 중계무역으로 동남아시아의 향료나 약품, 아랍의 카펫 등이 일본으로 전래된 흔적이 보인다(정형, 2009: 29).

고려 때는 아라비아 상인들을 통해 서방세계에 '꼬레아(Corea)'가 알려졌고, 해양무역의 전성시대였다. 고려는 송과 가장 활발하게 무역했고, 고려 말부터 수도 개경과 가까운 예성강 하류의 나루터인 벽란도가 국제 무역항으로 크게 발전했다. 이 시기에 고려에는 송나라는 물론 거란, 여진, 일본, 아랍 등 외국상인이 들락거리고, 물자교역이 장려됐다. 당시 송나라 상인이 고려에 와서 무역하려면 고려 국왕을 직접 대면해 방물을 바치고 합법적인 무역의 권한을 부여받았다. 이때 고려 국왕은 송상(宋商)이 장차 거둬들일 이익의 일부를 떼어받아 경제적 이익을 취했다(이대복, 2009: 99~100).

최근에 와서 조선과 명나라, 청나라와의 조공(朝貢)을 정치 외교적 활동을 넘어선 경제적 활동으로 평가하기도 한다. 조선의 조공을 현대적 개념의 무역이라고 보기는 어려울 것이다. 국사대사전에서는 "조공이란 중국왕조가 다른 나라와 관계를 맺을 때 취했던 전근대적 정치의례다"라고 설명하고 있다.

즉, 제후국은 새 왕이나 왕세자가 결정되면 종주국인 중국황제에게 허락을 받아야 했다. 그 과정에서 중국황제를 알현하고 토산물을 바치며, 군신의 예를 표한다. 일테면 조선이 인삼과 종이, 호랑이 모피 등을 중국의 황제에게 바치면(貢; 공), 황제는 이에 대한 답례로 비단이나 섬세한 자기 등 사치품 등을 반대급부로 제시했다.

하지만 최근 들어 일본 학자를 비롯해 아시아 역사학자들이 조공 책봉 관계의 사대교린 정책을 '조공무역'이라는 이름으로 바꿔 부르고 있다. 동아시아에서 중국을 중심으로 위계질서가 형성된 것은 군사적으로 '강력한 중국'이 아니라 경제적으로 '부유한 중국'이었기에 가능했다는 이야기다. 중국을 둘러싼 변방 국가들은 중국과의 관계에서 경제적 이익을 찾기 위한 조공을 하고, 그 과정에서 무역이 이뤄졌다고 설명한다. 따라서 조공과 책봉이라는 중국과 아시아 국가 간의 권위주의적 관계는 정치적 외교적 이유가 아니라 경제적 이해관계 때문에 형성됐다는 것이다. 실제로 조공이 이뤄질 때는 국가 간의 물물교환뿐만 아니라 경제적 이익을 추구하는 상인들도 결합해 교역이 이뤄졌다.

정성일 광주여대 경제학과 교수에 따르면 1년에 한두 번 정도 이뤄지는 국가 간의 조공에는 국가 관료들인 사신 중심의 공무역(公貿易)이 있고, 공무역 이후에 민간상인들을 중심으로 사무역(私貿易)이 이어졌다. 사무역이라고 하면 머릿속에서 얼른 밀수(密輸)를 떠올리기 십상인데, 이때의 사무역 역시 국가가 허용하는 무역이라는 측면에서 공무역 안에 있었다. 다만 교역의 주체가 민간이어서 사무역이라고 부르는 것이다.

조선은 전기와 후기를 통틀어 크게 보면 중국에 조공하고 일본, 류큐에서 조공받는 것을 제외하고 다른 나라와 교역한 사례가 보이지 않는다. 조선이 15세기까지 조공에 치중한 것은 큰 문제가 아니었다. 동아시아는 조공관계로 묶여 있었기 때문이다. 문제는 동아시아와 유럽이 연결되고 변화가 일어나기 시작한 16세기에 발생했다.

16세기 유럽은 항해술의 발달로 지리상의 발견을 거듭하고, 이들 발견을 토대로 세계지도들을 만들면서 계속 새로운 세계를 개척하기 시작했다. 그 사이 유럽이 동양의 물품을 만날 수 있었던 것은 이슬람 상인들 덕분이었다. 그러나 16세기에 유럽은 더 이상 이슬람 상인들을 통하지 않고 직접 동양과 만나려고 시도했다. 동양 역시 고유의 특산물 등을 내세워 유럽과 직접 만나던 시절이었다. 그 시절 정부와 민간상인들이 앞 다투어 교역에 뛰어들어 수십 배, 수백 배의 이익을 남겼다.

명나라 시절의 중국은 물론 전국시대였던 일본, 시암(샴) 등 동남 아시아의 국가들(현재의 태국이나 베트남, 말레이시아, 인도네시아 등)이 유럽과의 교역에 적극적으로 뛰어들었다. 그러나 동서양의 교역이 본격화되기 전 단계인 이 무렵에 조선은 대외교역에서 중국과 일본, 류큐 등에 1년에 한두 번 사행선이 오가는 등의 조공 방식에서 크게 벗어나지 못했다.

조선은 전기부터 해양 무역로에서 상당히 소외된 모습을 보인다. 고려 때 개성 근방의 벽란도를 통해 아랍상인들과 적극적으로 교역하던 모습과는 큰 차이가 있다. 조선이 사대(事大)하기로 한 명나라가 다소 폐쇄적인 탓도 있었고, 중국이라는 거대한 대륙을 통해 선진 문물이 들어오므로 조선은 바닷길을 방치한 듯하다. 정신적으로는 중화 문물이 아닌 것은 모두 터부시하고 경멸했던 성리학적 의식이 조선의 발목을 잡았을 수도 있다. 이것이 16세기 중반부터 서양과 교류하며 해양 무역길을 개척하며 경제적 이익을 취한 일본과 큰 차이를 보이는 대목이다.

일본은 16세기 중반 표류해온 포르투갈 선원들과의 만남을 시작으로 스페인, 네덜란드, 영국 상인들을 적절히 활용해 활발하게 교역했다. 유럽과의 교역을 확대하면서 같은 기간에 일본은 전통적 교역 상대인 조선, 중국, 류큐 등 아시아와의 교역도 강화하고 확대했다.

1543년 다네가시마(種子島)에 떠밀려왔던 포르투갈인 선원들과 접촉한 것이 계기가 돼 일본에는 포르투갈 무역선이 해류를 타고 매년 4월, 10월에 정기적으로 찾아왔다. 5년 뒤인 1548년에는 스페인과 무역을 시작했다. 포르투갈인과 스페인인은 일본에 서양식 총을

일본과 스페인, 포르투갈 등의 남만인(南蠻人)과의 접촉을 그린 병풍, 17세기 초. 일본 산토리 미술관

소개했을 뿐만 아니라 가톨릭 전파에도 힘을 기울였다. 1549년 7월 예수회 창립자의 한 사람인 프란시스코 하비에르는 가고시마에 도착해 가톨릭을 전파하려 했다. 가고시마의 영주는 포르투갈과의 무역을 위해 가톨릭 선교를 허락했다(한국18세기학회, 2007: 197).

일본이 유럽과의 경제적 교류에서 전기를 마련한 것은 신교도 국가 네덜란드 무역선과 만나면서다. 1600년 4월에 일본 붕고(현재의 오이타 현)의 우시키만에 네덜란드 선박 리푸데호가 표류해 들어왔다. 도쿠가와 이에야스는 오사카 성에 있다가 그 배를 사카이로 회항시키고, 이 배의 수로 안내자인 영국인 윌리엄 아담스와 면담을 했다.

아담스는 일본에 오게 된 경위와 유럽의 사정을 설명했다. 당시 아담스는 이에야스에게 "네덜란드와 영국 등 신교도국은 스페인과 포르투갈과 달리 종교의 전파보다 무역을 희망한다"고 말했다. 그 후 아담스는 일본에 머물면서 이에야스에게 수학을 가르치고, 세계지도를 펼쳐놓고 세계 각국의 사상을 설명해 주었다. 아담스는 일본에서 영국식 선박을 건조하기도 한다. 그는 그 공로로 영지를 받고 일본에 정착했다(김희영, 2006:411~412).

네덜란드 선박이 표류해 일본에 도착한 지 9년이 지난 1609년 일본 나가사키의 히라도(平戶)에 네덜란드 상선이 도착해 이에야스와 면담하고 히라도에 상관(商館)을 설치했다. 이 상관은 나중에(1641년) 데지마로 옮겨졌다. 당시 네덜란드는 1602년 네덜란드 동인도연합회사(VOC)라는 세계 최초의 주식회사를 설립해 동남아시아 진출을 꾀하고 있었다.

네덜란드가 동남아시아 바다에서 활발하게 교역한 이유는 16세기 제해권을 장악했던 포르투갈과 스페인의 세력이 크게 약화됐기 때문이다. 네덜란드는 1581년 스페인에서 독립(80년 전쟁, 1568~1648)을 선언했고, 1588년 스페인의 무적함대는 영국함대에 의해 전멸했다. 그 후 제해권을 확보한 네덜란드와 영국의 해외진출이 활발해졌다. 네덜란드는 16세기 포르투갈의 식민지였던 동남아시아 향신료 무역의 주요 국제무역항인 말라카(믈라카; melaka)를 장악했다. 일본은 동남아시아를 장악한 네덜란드와 손을 잡으면서 동남아시아는 물론 유럽과 연결되는 고리를 확보했다.

일본은 1613년에는 영국과 무역을 시작했다. 영국 국왕 제임스 1

세의 국서를 휴대한 세리스 사령관은 네덜란드 선장의 중계로 일본 측과 만나 교역을 약속받았다. 그러나 히라도에 설치한 영국과 네덜란드 상관이 일본과의 무역을 둘러싸고 마찰을 벌이자 막부는 1622년 영국 상관을 폐쇄했다.

이에야스는 조선과 임진왜란으로 끊겼던 전통적인 교역국 관계를 회복했다. 1609년에 쓰시마 영주 소씨(宗氏)를 중재자로 조선과의 국교회복에 성공했다. 명나라와 국교를 회복하지는 못했지만 명나라 속국이던 류큐를 통해 대명나라 무역의 이익을 가로챘다.

또한 일본상선들이 왜구로 오해받는 것을 막기 위해 주인선(朱印船) 무역을 강화했다. 주인선이란 "일본상선이 귀국과의 무역을 위해 떠났으니 무사히 상업 활동을 할 수 있도록 조처 바람"이라는 문서를 가진 선박에게만 해당 국가에서 무역을 허락한 것을 의미한다.

명나라와의 국교는 회복되지 않았지만, 일본을 찾는 중국 무역선의 수는 해마다 증가하고 나가사키로 이주하는 중국인의 수도 증가했다 (이삼성, 2009: 626).

이에야스는 주인선 무역을 통해 동남아에도 눈을 돌려 시암(태국) 제국과 인도차이나의 안남(安南), 캄보디아의 파타니 등과도 교역했다. 이들 나라의 주요 항구도시에는 일본인촌이 형성됐다.

이에야스는 후시미성에서 숨어 있던 스페인 선교사 헤로니모 데 헤수스를 소환해 면담한 뒤 이 선교사를 통해 필리핀 장관에게 편지를 보내기도 했다. "천주교를 보호하겠으니, 종전대로 친교를 회복하기 바람. 우라기를 스페인에 개항하여 일본과의 무역을 희망함. 광산기사와 항해사를 파견해 주기 바람"이라는 내용이었다(김희영,

2006:415~416).

1624년 통신사로 일본에 갔던 강홍중의 저서《동사록》(東槎錄)에
도 일본과 교역하는 나라에 대해 언급되어 있다.

"현방(玄方)과 함께 일본이 통신하거나 교역하는 나라들에 대해 말했
다. 유구, 섬라, 안남, 교지, 남만, 여송, 우란알(于蘭歹)과 같은 나라들의
경우, 일본에서 그곳까지 모두 해로가 있어 반드시 수개월이 지나서 도
착한다. 중국 사람들은 몰래 왕래하는 이가 많다. 여러 나라의 상선은
모두 살마(薩摩)의 농도(籠島)와 비전(肥前)의 장기(長崎)에 정박하는
데 왕래가 끊이지 않고, 여러 해 동안 머무는 경우도 있다. 대마도인도
절강 등지에 서로 왕래한다."(한국18세기학회, 2007: 131)

놀랍게도 이에야스는 태평양 건너 멕시코와의 무역도 희망했다.
이에야스가 멕시코와 교역을 시도했다는 점보다 17세기 초 이에야스
가 멕시코라는 나라의 존재를 알고 있었다는 사실이 더 신기하다. 17
세기 초 조선 왕실과 사대부에게 기대하기 어려웠던 측면이다.

당시 멕시코는 '노바 에스파냐'라 불리는 스페인의 식민지였다. 필
리핀과 멕시코 사이에 정기선이 왕복했다. 그러나 일본-멕시코간의
직접거래는 상권을 침해당한다는 필리핀 내의 스페인 상인들의 반발
로 실패했다. 그러나 16세기 중반 이후 일본의 실력자들은 해외무역
을 중요하게 여기고, 다양한 교역 루트를 찾기 위해 온 힘을 쏟았다.

이에야스처럼 센다이의 다이묘 다테 마사무네(伊達政宗, 1567~16
36)도 멕시코와 교역을 원한다는 사절을 보내고, 이탈리아 로마로 찾

아가 교황을 만나기도 했다. 마사무네는 1613년 가을 일본 기술자의 손으로 만들어진 길이 32미터, 너비 10미터의 유럽풍 범선에 가신 하세쿠라 등 180명의 승무원들을 태우고 유럽으로 떠나도록 종용했다. 이들은 멕시코로 건너가 대서양을 넘어 스페인 수도 마드리드에 도착해 국왕 펠리페 3세를 알현했다. 그리고 다이묘 마사무네의 희망사항이 담긴 편지를 전달했다.

마사무네는 우선 선교사를 보내주기 바람, 둘째 일본 상선의 멕시코 취항을 희망함, 셋째 스페인 상선이 센다이에 도착한다면 크게 환영하겠다고 약속했다. 지중해를 거쳐 이탈리아까지 건너간 하세쿠라 일행은 로마에 들어가 교황 파울루스 5세를 만나기도 했다. 그러나 마사무네의 노력은 무위로 끝났다. 1620년 일본으로 돌아와 보니 이에야스가 천주교 보호령을 버리고 1613년 금지령을 내렸기 때문이다(김희영, 2006: 414~416).

이에야스의 적극적인 대외교역 정책은 1639년 포르투갈 상선과의 무역을 금지시키는 쇄국령으로 막을 내렸다. 네덜란드를 제외한 유럽 국가들과의 교역을 금지했다. 도쿠가와 막부는 나가사키의 데지마(出島)에 있던 포르투갈 상인을 마카오로 보냈다.

나가사키에 네덜란드인만 남게 된 데는 이런 일화가 있다. 당시 가톨릭의 전파로 골치를 앓던 막부는 나가사키에 머물고 있던 네덜란드 상관인에게 포르투갈 상인들이 일본의 의복과 머리 등을 따르게 할 수 있겠느냐고 물어봤다. 네덜란드 상인들은 "그들은 교역을 하기 위해서 울면서 일본 정부의 지침을 따를 것"이라고 답했다. 그렇다면 가톨릭을 포기하라고 하면 어떨 것이냐고 다시 묻자 네덜란드 상인은 "교역은 포기해도 가톨릭을 포기하지는 않을 것"이라고 답했다. 이에 막부는 국내 통치에 위협이 될 수도 있는 포르투갈과의 교역을 포기했다(기시모토 미오·미야지마 히로시, 2003).

그러나 이런 네덜란드 상관인의 발언은 무역 경쟁국인 스페인과 포르투갈을 견제하기 위해 포르투갈이 일본영토에 야심이 있다는 소문을 퍼뜨린 것이 아니었겠느냐는 분석도 있다.

도쿠가와 막부의 쇄국정책은 1637년 '시마바라(島原)의 난'이 큰 영향을 미쳤다. 그해 10월 규슈의 시마바라와 아마쿠사에서 기독교 농민신자를 중심으로 대규모 농민봉기가 일어났다. 일본사에서 '하쿠쇼 잇키'라고 불리는 민란으로, 시마바라번과 가라쓰번의 참혹한 정치와 기독교 탄압으로 3만 7천여 농민군이 봉기한 것이다. 에도 막부는 다음 해 2월 12만 명의 군대를 동원해 네덜란드 선박의 엄호사격을 받으며 난을 겨우 진압했다. 막부의 쇄국정책은 16세기부터 해양 교역을 통해 동남아에 자연스럽게 형성됐던 일본인촌을 사라지게 했다(이삼성, 2009: 626).

1640년 전후에 유럽과의 교역단절로 발생한 일본의 무역 공백을 메운 것은 조선과의 교역이었다. 17세기 말에 일본은 중국과 국교를 재개, 교역국을 확대했다. 이 무렵 막부는 기독교 금지령을 철저히 지키기 위해 일본의 무역 상대국을 중국, 네덜란드, 류큐(오키나와), 조선 등 4개국으로 제한했다. 이어 요시나리는 막부의 각료인 로쥬(老中)에게 이렇게 명령한다.

"…일본 국내의 소비에 불편함이 없도록 약종, 실, 옷감, 그 밖의 물품들을 이제까지 해왔던 것 이상으로 조선국에서 수입해올 수 있도록 숙망(열의를 가지고 요청)해 주길 바란다."(다시로 가즈이, 2005: 117~118)

16세기 서양과의 교역을 개척한 일본과 그렇지 못하고 기존의 중국 일본 등과의 조공무역에만 치중한 조선은 이후 부의 축적 규모에서 크게 뒤처진다. 일본이 16세기 말 이른바 '선진국'인 조선과 임진왜란을 벌일 수 있었던 배경에는 서양과의 교역으로 축적된 경제력과 조총 등 서양 과학기술의 습득이 거론된다. 지금까지 임진왜란은 전국시대를 마감한 도요토미 히데요시의 과대망상과 침략성, 통일 이후의 수많은 유휴 무사들에 대한 통제들이 거론된다. 그런데 이것은 정치적 군사적 측면에서만 바라본 것이다.

경제적 측면에서 본다면 군대의 수적 우위, 최첨단 무기의 확보, 군량미나 후방 지원이 확보되지 않는다면 전쟁을 일으키기도, 지속하기도 어렵다. 수나라가 고구려를 4차례나 침략하면서 경제력 고갈 등으로 멸망한 것을 보면 전쟁과 경제력은 불가분의 관계임을 알 수 있다.

17~18세기에는 동서양 무역이 더욱 활발해지면서 유럽의 국부가 눈덩이 구르듯 불어나기 시작했고, 이것이 유럽 민족국가 수립의 기틀이 됐다. 16세기부터 씨드머니(종잣돈)를 확보했던 일본과 그렇지 못했던 조선을 비교하면 당시의 경제력 차이가 근대에 가까워질수록 국가 경쟁력에서 큰 차이를 유발했다. 조선도 18세기에 들어 상업의 발달과 시장 확대 등으로 경제 중흥기를 맞지만, 후발주자인 조선은 16세기부터 무역에 뛰어든 일본과의 경제적 격차를 줄이기에는 역부

족이었다.

19세기 중엽 서양에 의한 강제 개항이 일어났을 때 일본은 비교적 빠르게 적응했고 조선은 그러지 못했던 이유가 300~400여년 축적된 물적·경제적 기반의 차이에 있을 수도 있다.

18세기 일본을 방문한 조선의 통신사들은 에도를 방문하고 북경처럼 풍요롭고 화려한 에도의 삶에 깜짝 놀란다(한국18세기학회, 2007). 서술이 주관적이거나 단편적일 수 있다고는 해도 일본과 조선의 경제력 차이를 여실하게 보여주는 기록이 있다.

1719년 통신사로 일본에 갔던 신유한은 《해유록》에서 다음과 같이 표현하고 있다.

"백공(百工)의 기이한 재주와 잡화를 매매하는 사람이 온 나라에 퍼져 있으며, 해도(海島)의 여러 오랑캐와 교통한다. 이 때문에 번화하고 풍부하며, 시원하고 기이한 경치가 천하에 으뜸이라고 할 수 있다. 옛 기록에 나오는 계빈과 파사의 나라도 이보다 더하지는 않을 것이다."(한국18세기학회, 2007: 131)

이처럼 조선의 지식인들은 일본의 번영이 상업과 무역의 활성화에 의한 것이고, 경제적 수준이 조선보다 훨씬 높았음을 알았다. 그렇지만 일본 문물을 적극 도입하려는 노력을 기울이지는 않았다. 오히려 각종 시설물이나 가옥의 치장들이 지나치게 사치스럽다고 생각했고, 도시는 상업을 통해 번성하지만, 농촌지역은 세금이 각박하여 처자를 파는 경우까지 있다고 지적했다.

신유한은 또한 "주요 건물에 변변한 편액조차 없고, 일본 고관의 인물 됨됨이가 시원찮으며, 칼을 차고 이상한 복식을 한 이 나라가 어째서 오래도록 부국강병을 유지하는지 그 이유를 모르겠다"라고도 기록했다(한국18세기학회, 2007: 131).

조선의 사대부들은 근검절약의 성리학적, 중농주의적 관점에서 일본의 문물을 바라봤기 때문에 제대로 일본을 이해하기 어려웠다. 이른바 '파란 안경'을 쓰면 모든 사물이 파랗게 보이는 것과 같다. 그 결과 많은 장점을 가진 이웃을 옆에 두고도 조선은 '따라잡기 전략'에는 실패했다. 조선의 폐쇄적인 시각으로 일본의 장점을 파악하기 어려웠던 탓이다.

은 수출국 일본까지 확대된 실크로드

농자천하지대본야(農者天下之大本也)를 강조했던 조선도 후기에 접어들면 상업으로 상당한 부를 축적했다. 중국의 비단과 일본의 은을 중계하면서 부를 쌓은 것이다. 상업의 발달로 화폐경제가 나타난 것도 그때다. 숙종과 영조, 정조 시대인 17~18세기다. 조선 전기 낙후됐던 경제수준을 감안하면 임진왜란과 병자호란을 겪은 이후에 조선이 중계무역을 통해 얻은 부의 규모가 상당했다.

하지만 성장을 평가하는 기준은 상대적이다. 우리 집 정원에서 기르는 소나무가 1년에 5cm 컸다고 가정하자. 그런데 이웃집 정원에 있는 소나무는 1년에 10cm, 20cm씩 자랐다면 상대적으로 우리 집 정원의 소나무는 성장이 더딘 편인 셈이다. 같은 맥락에서 17~18세기 조선의 성장은 과거와 비교하면 사회적 변화를 초래할 만한 급성장이었을지도 모른다. 하지만 일본 등 다른 나라들이 부를 축적하고 성장한 속도와 비교해 보면 그 평가는 다를 수 있다.

17세기 조선은 '역관(譯官)무역 시대'였다. 즉, 중국과 일본을 오가는 사신이나 통신사를 수행하는 통역사인 역관들이 중계무역의 주역이었다. 특히 일본이 중국과 17세기 말 수교하기 전까지 중국의 생사(生絲)와 일본의 은(銀)을 조선 역관들이 중계했다. 이 중계무역으로 조선 역관은 최소 2~3배의 수익을 올린 것으로 추정된다.

그러나 역관들은 18세기에는 중·일 중계무역에서 자신들의 독보적 지위를 민간상인들에게 넘겨줄 수밖에 없었다. 전국에 체인망을 가진 송상(松商)이라고 부르는 개성상인과 청나라로 들어가는 관문인 의주를 중심으로 대청무역을 담당한 의주상인이 출현했기 때문이다(이영화, 1998: 123).

이 시기 국가 간의 거래인 공무역보다 민간상인들의 거래인 사무역이 크게 발달했다. 이는 경제적 이익을 추구하는 민간상인들 사이에 거래되는 물량이 공무역을 압도했다는 의미다.

17~18세기 조선의 중계무역은 높이 평가할 만하다. 일본과 중국을 이으며 실크로드(비단길)를 동쪽의 끝인 일본까지 확장하고, 다른 한편으로는 16~17세기 실버로드(은의 길)를 중국까지 연결했기 때문이다. 앞에서 이야기했듯 중국의 백사와 견직물이 필요했던 일본은 중국과 국교를 맺지 않았기 때문에 조선의 중계무역이 필요했다. 때문에 신대륙의 발견과 함께 개발된 멕시코의 은이 유럽을 거쳐 중국에 유입됐고, 일본의 은이 중국산 백사와 맞바꿔져 중국에 유입되는 등 세계가 서로 연결되는 데 조선이 기여한 것이다.

조선이 19세기까지 유럽의 국가들과 직접 소통하거나 교역하지는 못했지만, 세계 교역의 한 고리로서 세계를 '평평'하게 하는 데 없어서는 안 될 역할을 했다. 세계 교역사에 조선이 기여한 시점은 17세기 중반 이후부터이니 다소 늦었다.

중국-조선-일본 간의 중계무역이 활발해진 이유는 명나라 말기와 청나라 초기 전란으로 공무역인 조공은 그다지 활발하게 전개되지 못했지만, 1661년 청나라가 중국을 통일한 이후 중국-조선 사이의 교역로가 안정된 덕분이었다.

막부정권을 잡은 도쿠가와는 임진왜란 이후 단절된 조선과의 국교를 1609년에 회복했다. 쓰시마(대마도)의 중계로 교섭을 재개하고 매년 2~3차례씩 조선에 사절단을 파견하게 됐다(김문식, 2009: 159). 국교를 재개하기 전 조선 왕실은 1607년 회답겸쇄환사를 보냈다. 일본 국서에 대해 회답하고 일본에 있는 조선인 포로를 송환하기 위한 것이었다. 덕분에 조선인 포로 1,418명이 귀국했다. 1617년과 1624년에도 회답겸쇄환사를 파견해 포로송환에 전력을 기울였다.

조선인 포로가 3만 700여 명이라고 파악하였지만 이들의 송환은 수월하지 않았다. 1617년 321명, 1623년 146명만이 송환됐다. 송환 숫자가 1607년에 비해 턱없이 적었던 이유는 일본의 방해공작 외에도 이미 일본에 정착한 사람들이 많았고, 당시 일본의 경제사정이 조선보다 훨씬 좋았기 때문이라고 1617년 일본에 회답사로 다녀온 이경직은 그의 문집《부상록》(扶桑錄)에 기록해 놓았다(김문식, 2009: 161). 임진왜란 직후인 17세기 초반 조선과 일본의 경제력 차이를 밝혀 놓은 중요한 기록이다.

국교를 재개했지만, 포로를 돌려받는 등 임진왜란의 후속작업을 마치고 서로 신뢰를 회복했다는 의미로 통신사(通信使)를 보낸 것은 1636년부터였다. 본격적인 조일(朝日) 교역의 재개라고 볼 수 있겠다. 학자들은 국교가 재개된 이후 1876년 강화도조약(조일수호조규)

을 맺기 전까지 250~260년 동안 조일 관계는 일찍이 없었던 선린우호 시대를 유지했다고 평가한다. 조선은 일본과의 교역을 위해 원래 동래의 부산포에 설치됐던 조선 전기의 왜관을 쓰다가 1678년(숙종 4년)에는 부산포의 초량에 초량왜관을 설치해 약 200년에 걸쳐 존속하게 했다.

17세기 조선과 일본의 교역은 일본이 적극적으로 교역을 요청하고 나섰기 때문에 성사됐다. 조선은 처음에는 국교 재개에 대해 부정적이었으나 일본의 또 다른 침략이 있을까 하는 두려움과 일본을 달래고 염탐해야 하는 의도가 있었기에 마지못해 통신사를 보내기로 약속하고, 교역도 재개했다. 조선은 통신사를 1636년을 시작으로 1811년까지 9회에 걸쳐 일본에 보냈다(한국18세기학회, 2007: 32). 조선은 '통신사'라 부른 반면 일본의 외교사절은 '일본국 왕사'라고 불렸다.

조선이 일본과 국교를 재개했지만 조선 사람들은 무역을 위해서

조선 통신사의 여정, 동북아역사재단

일본으로 건너갈 수 없었다. 조선 왕실이 막부에 파견한 통신사와 대마도에서 오던 일본국 왕사는 기본적으로 무역보다는 외교를 위한 사행이었다.

조선 왕실은 조선인의 해외 도항(渡港)을 엄격하게 통제했으며, 조선에 건너오는 일본인에 대해서도 마찬가지였다. 무역을 위해 조선에 온 대마도인도 왜관이라는 지정된 공간에서만 활동했다. 마찬가지로 왜관에 출입할 수 있는 조선인도 엄격하게 통제됐다. 조선은 또한 대마도에서 파견된 사행선의 도항 시기도 엄격하게 정해 놓았다. 일본의 상선은 늦어도 8월 이전에 조선 입항을 완료해야 했다(정성일, 2000: 203~204).

1609년 협약으로 시작된 연례 송사선도 왜관에 체류할 수 있는 기간이 정해져 있었다. 85~110일까지다. 그 기간은 일본인들이 가져온 물품들을 모두 교역할 수 있도록 조선 왕실이 배려한 것이다. 즉, 8월까지 입항해 3~4개월 정도 체류하면 늦어도 12월 이전에 거래가 완료된다. 1년 단위로 무역결제가 이뤄질 수 있도록 만든 시스템이었다. 그러나 이러한 규정이 반드시 잘 지켜졌다고 볼 수는 없다. 도항 시기가 1~3개월 차이가 났고, 왜관에 체류하는 기간도 10~60일까지 길어졌다고 한다(정성일, 2000: 205).

에도(오늘날의 도쿄)까지 방문하던 통신사가 순조 11년(1811년)에는 대마도에만 머물러야 했다. 이후 1876년 조일수호조규(강화도 조약)를 맺기 전까지 공무역은 대체로 왜관을 중심으로 그 골격을 지켜나갔다. 조선 통신사 경비는 각 지방의 지공을 빼고 막부가 백만 냥을 지출했다. 일본에서 외국인 중 최고로 대우를 받은 이탈리아 선교

에도성에 들어가는 조선 통신사의 모습

사 씨도치(Sidotti)의 경우 1년 생활비가 25냥이었으니, 조선 통신사 500명을 기준할 때 한 사람당 약 2만 냥이 소요됐다. 조선 통신사는 씨도치의 1천 배에 가까운 우대를 받은 셈이다.

또한 일본 정부는 통신사에 공급하는 물자가 엄청난데도 조선처럼 백성에게 물자를 징발하지 않고 일체 경비를 공금으로 지급했다. 이를 두고 신유한은 일본의 국가재정이 풍족함을 짐작할 수 있었다고 《해유록》에서 밝혔다(한국18세기학회, 2007: 32, 189).

당시 일본과 조선 사이에서 거래된 무역품목을 살펴보면, 각 나라의 무역활동 범위가 드러난다. 대마도에서 기록한 《공무역기록》(1790)을 보면 조선에서 일본으로 흘러들어간 품목들은 인삼과 목면, 쌀이 주된 것이고, 조선 왕실의 희사품으로 호피(호랑이 가죽), 표피(표범 가죽) 등과 문방구와 매가 있다. 조선에서 생산된 이런 수출품이 일본에서 상류층의 수요에 충당됐을 것이라고 정성일 광주여자대학교 경제학과 교수는 분석했다.

일본에서 조선으로 들어오는 주요 품목으로는 한약재인 호초, 명반, 단목(소목), 물소뿔 등이었는데, 조선 전기부터 일본을 통해 조달돼 오던 것이다(김병하, 1969). 호초, 명반, 단목, 물소뿔 등 4가지 물품은 사실 일본에서 나는 제품이 아니라 동남아시아 특산품이다. 일본은 나가사키를 통해 중국 상인이나 네덜란드 상인들로부터 이들을 조달해 조선에 수출했다(정성일, 2000: 208).

일본은 조선 상류층에서 필요로 한 동남아의 특산품을 중계무역하면서 커다란 이익을 챙겼다. 즉, 일본은 16세기 이래 동남아시아 국제무역항이었던 말라카를 중심으로 한 동남아시아 무역에 깊숙이 연결돼 있었다. 이와 관련해 1653년 제주도에 표류했다가 14년 만에 일본을 거쳐 고향으로 돌아간 하멜은《하멜표류기》에서 일본이 조선과 중계무역을 통해 이익을 얻고 있다고 기술해 놓았다.

좀더 구체적으로 조선과 일본의 교역품을 살펴보자.

일본의 수출품은 품목의 숫자가 더 많고 다양하다. 광산물로 은, 구리, 납 등과 가죽류(여우·너구리), 동남아시아 물품인 단목, 후추, 사탕류, 남아메리카로부터 들어온 담배와 담뱃대, 바구니, 상아로 만든 비늘, 안경, 공작꼬리, 설탕, 과자 등이다. 동남아시아산 흑각(물소뿔)은 연간 1,800통이나 조선으로 수입됐다. 가격으로 살펴보면 1684년 일본은 조선과의 사무역에서 은(銀) 1,937관을 수출해 최대 수출품이었다. 일본 경장은은 가격대비로 수출품 전체 품목의 66%를 차지했을 정도다(다시로 가즈이, 2005: 124~125).

일본에서 수입한 명반과 단목은 비단을 염색하거나 광택을 낼 때 사용되는 중요한 물품으로, 조선시대 상류층의 일상생활에서 없어서는 안 될 귀중품이었다. 마키에가 그려진 벼루상자나 쟁반, 진주, 주홍, 무늬가 있는 종기 등 일본 국내에서 제조 생산된 물품과 일본제 조총, 유황, 납 등 무기류와 탄약제조의 원료도 조선으로 들어왔다(다시로 가즈이, 2005: 34).

일본 술(酒), 문지, 무늬를 새겨놓은 벼루상자, 구리로 만든 물 끓이는 풍로, 금박이 병풍, 구리가 들어간 세수대야 등 일종의 사치품도 일본에서 조선으로 수입됐다. 다들 일본 수공예품으로 대마도에서 조선 조정에 바친 진상품으로 파악된다(정성일, 2000: 206~209).

조선 왕실에서 일본으로 보낸 수출품(희사품)은 인삼, 표범가죽, 호랑이 가죽, 호랑이 쓸개, 호랑이 고기, 매, 개, 명주기름, 모시베, 삼베, 무명베, 붓, 먹, 돗자리, 흰 종이, 기름종이, 밤, 호두, 잣 등이다. 일본 막부나 주변의 유력 다이묘가 수입을 요청한 물품으로는 조선의 의약서, 약재의 묘목, 휘파람새, 원앙, 말, 노루 등이 기록돼 있다.

공무역에서 조선은 질 좋은 목면을 농민들에게 세금으로 징수해 일본으로 보냈다. 그 품질을 두고 일본에서는 '마치 두 겹의 흰 깃털과 같다'고 절찬했다. 일본에서 조선의 목면을 오랫동안 수입한 이유는 일본에서 국산화가 이뤄지지 않았던 탓이었다. 일본이 면화재배에 성공한 것은 1594년으로 14세기 중엽(1366년)에 성공한 우리보다 200여년 이상 늦었고, 재배한 면화로 일본산 면포를 만들기까지는 또 상당한 기간이 걸렸다(다시로 가즈이, 2005: 35).

조선과 일본의 사무역에서 '교역의 하이라이트'는 중국 생사와 일본 은의 교환이었다. 앞에서도 말했듯이 1684년 일본 경장은의 수출은 1,937관으로 가격대비 대조선 수출품 전체의 66%를 차지했을 정도다. 일본에서 중국의 백사를 사려면, 은을 사전에 지불해 놓아야 했

〈 일본의 조선과의 사무역 거래표 〉(1684년)

수출 (일본→조선)					수입 (조선→일본)				
품목	수량	가격		비율	품목	수량	가격		비율
		관	돈	%			관	돈	%
은	현은 이월분	138	000	4	백사 (상/중/하)	30,396 근	709	229	50
경장은	정은	1,937	925	66	축면	6,295반	195	140	13
납	44,689근	236	851쯤	8	문무	888반	26	640	1
구리	152,21근쯤	258	764쯤	8	소비사릉	6,388반	159	700	11
구리	17,535근	43	144쯤	1	윤자 (대/중)	313반	14	085	1
유석	26,293근쯤	78	290쯤	2	사야	53반		212	0
토단	96근		403쯤	0	토라면	9반		225	0
호피	6,860매	96	040	3	상·병 인삼	877근	274	913	19
리피	8,638매	69	104	2	소 인삼	12근	1	200	0
순피	460매	14	420	0	미 인삼	408근쯤	24	530	1
점피	2,450매	8	575	0					
담배	1,000상자들이 9궤짝	2	250	0					
단목	6,900근	8	625	0					
후추	3,780근	9	450	0					
황연	261근	10	962	0					
담뱃대	27,307근	4	369쯤	0					
과자	200근		616	0					
설탕	232근		506쯤	0					
공작꼬리	5미		175	0					
일번	5하		560	0					
상아	2개		49	0					
안경	8개		480	0					

출처 : 다시로 가즈이, 2005: 125~126

다. 왜관에서는 이것을 '피집'이라 불렀다. 견직물이나 인삼 등의 대금은 은이 아닌 구리나 공목(면포)으로 보충하는 경우가 있었지만, 백사만큼은 당시 중국에서 현찰로 취급된 은이 아니면 안됐다. 당시 사무역에서 중요하게 다루어진 백사라든지 견직물은 조선 상인들이 중국에서 수입해서 일본의 정은과 교환한 것이다.

왜관을 통해 일본으로 들어간 중국의 백사는 일본 최대 견직물 산업지대인 교토에 흘러들어갔다. 일본 고급비단의 원료로 쓰이는 중국의 백사는 새하얀 광택이 날 뿐만 아니라 매듭 하나 없이 끊어지지 않고 이어져 있었다. 일본은 막부 말(1867년)에 생사 수출국으로 알려지지만, 18세기 중엽까지 일본의 국산 생사가 중국 백사의 질을 따라가지 못했다. 따라서 일본은 나가사키를 통한 중국산 백사 수입에 의존했는데, 막부의 정은 수출 억제책으로 백사의 수입이 크게 줄기도 했다. 그 결과 17세기 말 교토의 비단직물 공장은 심한 원료 부족 상태에 빠지기도 했다(다시로 가즈이, 2005: 135).

일본의 정은은 공인된 사무역과 밀무역을 통해 중국으로 유입됐다. 조선에서 일본 정은을 '왜은' 또는 개의 혀와 닮았다고 해서 '개설은'이라고 불렀다. 일본의 정은 대부분은 조선 국내에서 녹이지 않고 그 모양 그대로 백사나 견직물을 수입한 대가로 중국으로 재수출됐다. 중국은 전통적으로 순도가 높은 은을 선호했다.

간혹 《조선실록》에 일본에서 들어오는 은의 품질이 낮아진 것을 문제 삼는 기록이 보인다. 예를 들면 일본이 조선에서 사가는 인삼 대금으로 전에는 십성은(순도 100%)을 가져오던 것이 바뀌어 팔성은(80%)이 되고, 이것이 바뀌어 정은(순도 70%)이 됐다고 하여 비변사는 "팔성은이나 천은을 가지고 오도록 요구해야 한다"고 아뢰어 정조의 윤허를 얻었다.

조선과 중국 사이에 은이 대량으로 움직인 시기는 해마다 두 번 있었다. 조선에서 중국으로 정기사절단인 역자행(曆咨行)과 동지사(冬至使)가 파견될 때다. 역자행은 중국의 역(일종의 달력)을 받으러 가는 사절로 8월에 조선의 수도 한성을 출발해 베이징에 체재한 다음 11월에 귀국했다. 동지사는 역자행보다 규모가 더 컸다. 11월 베이징으로 떠나서 신년하례 등 정기적 의례를 치른 뒤 이듬해 4월 조선으로 들어왔다. 이에 맞춰 대마도는 7~8월에 조선으로 싣고 갈 은은 '황력은', 10월과 11월에 실어 나를 은은 '동지은'으로 명명했다. 교토에서 대마도까지 황력은은 6월까지, 동지은은 8월까지 그 밖의 은은 2월에 도착하도록 해야 했다.

교토 → 대마도 → 한성 → 베이징으로 이어지는 실버로드는 베이징 → 한성 → 대마도 → 교토의 실크로드로 이어졌다. 조선의 역자행 사절이 중국에서 입수한 백사나 견직물은 한성에 11월에 도착해 왜관에는 이듬해 2~3월에 옮겨졌다. 4월에 귀국하는 동지사 편에 실려 온 비단들은 왜관에 6~7월에 도착했다. 조선의 중국 사절단이 귀국 후 2~4개월이 지나면 중국 비단들은 왜관으로 운반된 것이다(다시로 가즈이, 2005: 131~132).

물론 조선은 전통적 책봉체제를 기반으로 중국에 해마다 정례 및 임시 조공사절단을 파견했고, 만상(의주상인)이나 연상(베이징무역을 전담하는 서울, 개성 등지의 상인)들은 조선의 국경에 모여 치열하게 경쟁하며 밀무역(密貿易)을 했다. 그러나 이것은 어디까지나 내륙무역이었다.

당시 세계의 유행은 해양무역이었다. 신대륙의 은과 금은 물론 새로운 작물인 감자, 옥수수, 고구마, 담배, 토마토 등이 바다를 통해 오가던 시절이었다. 또한 유럽과 동남아시아는 후추로 묶여 있었다. 중국의 비단은 육로 교역로인 실크로드를 따라 아랍과 유럽에 흘러들어 갔지만, 차와 도자기도 배를 통해 유럽으로 건너갔다. 즉, '바다의 실크로드'가 열린 것이다. 이처럼 세계가 해상을 통해 교류가 활발해질 때 조선은 일본과 교류할 뿐 바다로 연결될 수 있었던 다른 나라와는 거의 절연하다시피 했다.

반면 일본은 조선하고만 교류한 것이 아니라 나가사키를 중심으로 중국상인들과 활발하게 교역했고, 네덜란드와 무역을 하면서 상업을 발전시켰다. 이런 흔적은 일본에서 조선으로 들어온 물품들이 후추 등은 동남아시아산이고, 담배 등은 남아메리카산이라는 점에서 확연해진다. 유럽 박물관 등에서 쉽게 볼 수 있는 일본산 도자기와 칠기가구의 존재를 통해 일본이 해양교역에 기울인 노력을 엿볼 수가 있다.

조선후기 중산층이 무너지다

중산층이 중요한 이유는 이들이 한 나라를 지탱하게 하는 주요한 납세자이자 병역의 의무자이기 때문이다. 중산층이 튼튼하게 허리를 받쳐주고 있느냐 그렇지 않느냐에 따라 그 나라의 시민의식 수준과 경제적 건전성이 달라진다. 중산층은 상품 소비자로서 기업을 육성하고 발전시키는 내수(內需)의 주체이다.

조선 전기 세금인 조용조(租庸調)를 낼 의무는 양인(양반 포함)에게 있었다. 양인의 수가 줄면 국가재정이 취약해지기 때문에 조선의 왕실은 양인을 많이 확보하려고 노력했다. 인구센서스처럼 조선에서도 군역을 책임질 장정들을 파악하려 정기적으로 호구조사를 했던 것도 그 이유에서다. 조선 건국 초기에 여진 쪽에서 넘어온 유목민족들을 정착시키려는 노력도 농사짓는 양인을 더 확보해 세수(稅收)를 확대하기 위한 것이었다.

임진왜란 시기에 노비들에게 신분해방을 허용한 것도 전쟁으로 양인의 수가 크게 줄어든 탓이었다. 임진왜란은 노비들의 신분해방에 있어 획기적 시기였다. 조선은 국가재정 고갈을 타개하려 일정한 금액을 국가에 납부하면 노비신분을 면해 주는 납속책(納贖策)을 광범위하게 실시했다. 당시 재력 있는 노비들은 노비신분에서 벗어날 수 있었다. 납속금액이 차차 낮아져 많은 노비들이 양인으로 상승했다.

또한 노비는 전란 중에 군공을 세우면 합법적으로 노비신분에서 벗어날 수도 있었다. 임진왜란 중에 조선 왕실은 왜적 1명의 목을 베어온 노비는 노비신분을 면하게 해주는 조치도 취했다. 영조 4년 이인좌의 난이 일어났을 때는 적의 괴수를 참수하여 오면 노비신분을 벗어나게 했다. 덕분에 반란 진압에 공을 세운 노비 상당수는 해방될 수 있었다(이영화, 1998: 327~328).

21세기 미국에서 이라크 전쟁에 참전한 남미 쪽 이민자들에게 시민권을 주는 것과 비슷했다고 보면 되겠다.

조선시대의 중산층은 양인으로, 주로 농업에 종사하는 사람들이었다. 조선 초기 중산층은 60% 안팎으로 추정된다. 30% 넘게 구성된 노비들은 전체 인구의 10~20%를 구성하는 양반들을 모셔야 했기 때문에 군역이나 납세의 의무에서 제외됐다.

조선시대 신분구조는 양인과 천민으로 구성된 양천제였다. 양인들은 과거제도를 통해 양반으로 신분상승을 할 수도 있는 계층으로서, 농민이면서 잠재적 양반이었다. 천민들은 노비를 포함해 무녀, 백정 등이었다. 그러나 농민들이 양반으로 신분상승할 수 있었던 것은 조선 건국 초기에나 가능했다. 조선 후기에 들어서면서 양반은 세습되는 양상을 보였다.

게다가 양인들은 양반으로 신분상승이 되기보다는 현실적으로 노비로 신분이 떨어지는 경우가 더 많았다. 한국의 중산층이 1998년 외환위기를 거치면서 상류층으로 올라가기보다는 신빈곤층으로 전락했던 것을 연상하면 되겠다. 조선시대 농민들은 냉해와 가뭄, 홍수 등 자연재해에 별다른 대책이 없었다. 한 해 농사를 망치면 양인으로 있기보다는 대갓집의 노비로 들어가 처자식을 먹여 살리는 것이 나았을지도 모를 일이다.

거기에 19세기 중엽 이후 '공명첩'(空名帖)이 나돌면서 조선후기 양반은 80%까지 급증한다. 농사 등에 종사하는 양인은 20% 아래로 떨어졌다. 이는 양천제를 기초로 한 신분제가 붕괴됐음을 의미한다.

양인이 전체 인구구성에서 20%대로 떨어졌음은 군역 의무를 지는 계층이 그만큼 급격하게 줄어들었다는 뜻이다. 조선후기의 군역은 직접적 군사복무가 아니고 균역법에 따라 세금을 내는 것으로 대체했던 것을 감안하면 국가재정이 대단히 취약해졌다는 지표다. 당시 양인들이 감당해야 했던 다양한 세금을 감안하면 조선의 왕실이 공명첩을 팔면서까지 국가재정을 확보하려고 했지만, 결과적으로 국가재정이 악화되는 악순환에 빠져든 것으로 보인다.

역사서에 따르면 신라 재상집의 노비는 3천 명에 이르고, 조선시대 세종의 여덟째 아들 영응대군의 집에 우리 역사상 최대인 1만 명에 가까운 노비가 있었다고 한다. 선조의 첫째 아들이자 광해군의 형인 임해군은 서울에 300명, 시골에 수천 명의 노비를 소유했다고 한다.《하멜표류기》에도 200~300명의 노비를 가진 이를 보았다고 기록돼 있다.

전체 인구에서 노비가 차지하는 비율을 정확히 알 수는 없다. 신라시대 촌락문서에 기록된 442명의 주민 가운데 노비는 25명뿐으로

5.7%이다. 그때부터 700년쯤 흐른 조선 성종 때인 15세기 말에 이르면 노비의 수는 전체인구의 30%를 넘게 된다. 당시 조선 전기 인구가 400만~500만 명이고, 국가에 속하는 공노비 35만 명에 개인에 속한 사노비를 보태면 전체 노비는 약 150만 명 정도로 추산된다. 중국의 노비 비율이 이보다 훨씬 밑돌았다는 것을 보면 조선에서 노비의 인구구성은 매우 높았다(송기호, 2010: 125).

17세기 초반 경상도 산음현(현재의 산청군)의 호적을 분석한 통계자료에 따르면 양반은 23%, 양인은 60%, 천민은 18%였다. 즉, 담세자가 60% 수준이었다. 왕실의 친인척과 관리들이 살았던 한성의 경우 신분별 인구비율은 양반 16%, 양인 30%, 노비 53%였다. 노비의 비율이 53%나 되는 것은 한성은 관리와 양반들이 거주하는 특수한 지역이고 이들의 수발을 드는 노비가 필요했기 때문이다. 이들 인구비율을 조선시대 인구에 대비해 보면, 조선 전기의 인구를 400만~600만 명으로 추정하면 양인은 최저 160만 명에서 360만 명으로 추정된다(이영화, 1998: 314~316).

노비가 20~30%에 이르는 인구구성 때문에 미국의 한국사학자 제임스 팔레(1934~2006)는 고려시대는 물론 조선시대도 노예제 사회(Slave Society)라고 설명하기도 한다. 30%를 넘는 조선의 노비 비율은 고대 그리스나 로마제국의 수준으로 아시아의 다른 국가에서는 찾아볼 수 없는 독특한 현상이라는 분석이다. 사회의 발전단계가 서구에서 바라보는 원시-고대-중세-근대로 일률적으로 구성되지는 않겠지만, 팔레의 주장에 따르면 조선은 중세가 없이 고대 노예제 시대에서 근대(Morden)로 건너뛰기를 한 것이다(송기호, 2010: 125).

이에 대해 송기호 서울대 국사학과 교수는 그리스나 로마제국처럼 노비가 30%가 넘는다고 해서 곧바로 노예제 사회로 구분할 수는 없다고 반박했다. 송 교수는 근본적으로 조선시대가 노예제 사회의 요건에 맞지 않는 이유로 조선시대 노비는 성씨를 가지고, 재산도 소유하고, 출산휴가도 가고 조상 제사도 지냈다는 것이다. 즉, 신분이라기보다 직업이라는 주장이다. 그러나 로마제국시대의 노예들도 철학과 그리스어와 문학 등을 가르치는 가정교사로 활동하며 돈을 벌었고, 번 돈 중 일정한 금액을 납부하면 로마시민권을 얻었다.

이 점을 감안하면 송 교수의 반박이 다소 취약해 보인다. 조선이 중세봉건이 아니라 노예제 사회였다는 팔레의 주장에 동의하는 것이 아니라, 팔레의 주장을 반박하려면 더 정교한 이론이 필요할 것 같다.

노예제 사회 논란을 뒤로 하고, 조선시대의 노비제를 살펴보면 다른 나라나 그 이전 시대에 비해 가혹했다는 특징이 있다. 조선시대 노비는 특별한 상황이 아니면 면천이 되지 않고 세습됐다. 조선 후기를 그린 TV드라마 〈추노〉를 보면 태어나서부터 평생 노비로 살고 자자손손 이러한 삶을 물려줘야 했던 당시 노비들은 어떤 희망으로 살았을까 싶다.

정복전쟁이 활발했던 고대시대에는 전쟁포로들이 노비가 됐다. 또한 채무자와 범죄자도 노비가 됐다. 그러나 통일시대 이후 정복전쟁이 사라지면서 조선은 전쟁노비를 구할 수가 없었다. 양반의 시중을 들 노비가 필요했던 조선은 노비세전법(奴婢世傳法)을 고안해 냈다. 노비신분을 대대로 세습시키는 법이었다. 중국과 일본의 경우 노비신분은 당대에 그쳤지 세습되지는 않았다. 이 세전법은 진정한 의미의 악법이었는데, 부모 한쪽이 노비이면 그 소생은 무조건 노비가 되어야 했다. 농사일이나 가사일을 할 수 없었던 양반은 노비가 꼭 필요했다. 양반가의 부녀자도 육아를 전담하지 않고 유모를 구해 육아를 전담시켰다(이영화, 1998: 320). 노동생산력이 미약했던 조선 초기의 노비는 토지보다 부가가치가 높은 재산이었다(이영화, 1998: 314~316).

조선시대 실학의 선구자 유형원(1622~1673)은 이에 대해 《반계수록》에서 우리나라에만 독특한 노비세습제를 비판했다.

> "노비의 명칭을 보면 원래 죄를 지어 그곳에 떨어지게 됐으나, 죄가 없는데도 노비로 삼는 법은 옛날에는 없었다. … 우리나라 노비법은 죄의 유무를 따지지 않고 다만 그의 계보만 살펴서 100대가 되도록 종을 삼게 된다."

중국의 법에는 범죄 때문에 노비가 되었더라도 그 자식대에는 사면되어 양인이 되었다. 비록 죄인은 종신토록 종살이를 하더라도 그 자식들은 종이 되지 않도록 배려한 것이다.

노비문제를 두고 조선 왕실과 양반은 대립했다. 조선의 왕실은 양인층이 노비로 몰락하는 것을 막으려고 했다. 또한 노비를 양인으로 확보하고자 애쓰기도 했다. 양인이 담세자이었기 때문이었을 것이다. 반면 양반은 양인을 노비로 만들기 위해 양천교혼(良賤交婚: 자신의 노비를 양인과 결혼시킴)을 통해 그들의 자식까지도 노비로 만들고자 애썼다. 조선시대에는 양인은 양인끼리만 결혼해야 했다. 그러나 양반들은 자신의 재산을 늘릴 요량으로 양천교혼을 일삼았다. 양반에게 노비는 토지와 더불어 중요한 재산이었기 때문이다.

양인을 확보하려던 조선의 왕실은 양반의 이해관계 때문에 번번히 양반들의 범법행위를 눈감아줘야 했다. 조선 왕실은 양천교혼 금지령을 자주 내렸지만, 양반사회였던 조선에서 양천교혼은 쉽사리 사라지지 않았다. 그만큼 양반들이 법을 지키지 않았다는 것이다. 17세기 울산호적을 보면 양반의 노비 중 솔거노인(주인과 함께 거주하는 남자노비)의 94%가 양인 여자와 결혼했다.

가난으로 스스로 노비가 되는 구활노비(口活奴婢)도 적지 않았다. 경제력 있는 양반이 굶어 죽어가는 양인을 쌍방의 합의 아래 노비로 삼는 것이다. 조선 후기 17세기의 대흉년 등 흉년이 잦았기 때문에 구활노비는 꾸준히 늘었다. 양민들이 흉년으로 굶어 죽게 될 경우 국가가 구휼미를 내거나 싼 이자로 곡식을 관가에서 대출해 주었지만 역부족이었다(이영화, 1998: 246~268).

양인이 줄고 노비들이 계속 증가하자, 조선에서는 1669년 종모법(從母法)을 실시하기도 한다. 이것은 노비가 양인신분 여자와 결혼할 경우 그 사이에서 태어난 아이들에게 양인신분을 부여하는 것이다. 노비가 재산인 양반들의 극렬한 반대가 예상되지 않는가. 결국 종모법은 사문화됐다가 영조시대인 1730년에 재시도 됐다(기시모토 미오·미야지마 히로시, 2003: 315).

이런 노력에도 불구하고 조선후기 양반은 인구의 70~80%를 차지하게 된다. 양반신분을 획득했거나 사칭하는 사람들이 늘면서 양인이 줄어든 것이다. 군역 등 세금을 내지 않는 양반들이 급증하는 바람에 조선후기 내내 국가재정은 쪼달렸다. 결국 조선 왕실은 19세기 양반신분을 돈 받고 파는 공명첩(空名帖: 돈많은 양인이 합법적으로 양반이 되는 방법)을 통해 허약한 국가의 재정을 충당하려고 했다(이영화, 1998: 314~316).

일본 사학자 시카타 히로시가 경상도 대구 지방의 호적을 분석한 결과 1690년 9.2%에 불과하던 양반은 1858년이 되면 70.3%로 160여년 만에 수직 상승한다. 같은 시기 양인의 인구비율은 53.7%에서 절반 수준인 28.2%로 뚝 떨어진다. 담세자들이 20%대로 줄어든 것이다. 노비 등 천민은 37.1%에서 1.5%로 비중이 떨어졌다(기시모토 미오·미야지마 히로시, 2003: 321).

이는 조선후기 해방노비가 급증한 덕분이다. TV 드라마 〈추노〉처

시카타 히로시의 경상도 대구 지방의 호적 분석 결과

〈 신분별 호수와 비율 〉

연도	양반호		양인호		노비호		총수	
1690년	290(호)	9.2(%)	1,694	53.7	1,172	37.1	3,156	100
1729년	579	18.7	1,689	54.6	824	26.7	3,092	100
1783·83·89년	1,055	37.5	1,616	57.5	140	5.0	2,811	100
1858년	2,099	70.3	842	28.2	44	1.5	2,985	100

〈 신분별 인구수와 그 비율 〉

연도	양반		양인		노비		총수	
1690년	1,027(명)	9.2(%)	6,894	49.5	5,992	43.1	13,913	100
1729년	2,260	14.8	8,066	52.8	4,940	32.4	15,266	100
1783·83·89년	3,928	31.9	6,415	52.2	1,957	15.9	12,300	100
1858년	6,410	48.6	2,659	20.1	4,126	31.3	13,195	100

출처 : 기시모토 미오·미야지마 히로시, 2003 : 321

럼 도망 노비가 속출하기도 했는데, 자신의 노동력을 팔아 충분히 생계를 유지할 수 있을 만큼 조선의 사회적 경제적 토대가 변하고 있었기 때문이었다. 도망 노비는 섬이나 광산, 목장 또는 상업이 발달한 서북 지방에 숨어들어 양인들처럼 살았다(이영화, 1998: 327~328).

공식적으로 조선은 1886년 노비세습제 폐지령을 내렸고, 1897년에 대한제국이 탄생하면서 노비제도는 종말을 맞았다. 그러나 조선시대 말에서야 비인간적인 세습노비가 사라진 상황은 이웃나라와 비교해 보면, 너무 늦었다는 생각이 든다. 일본은 900년대에 이미 노비제를 폐지했다. 다른 형태의 천민제도인 게닌(下人)이 나타나 1871년 해방령이 내려질 때까지 지속됐지만, 공식적으로 노비제는 10세기에 폐지됐다.

중국에서는 노비가 세습되지 않았고, 옹정제 때 마지막으로 남은 세습적인 천민집단이 거의 없어졌다. 18세기 초 옹정제가 해방시킨 것이다. 옹정제는 1723~1731년에 걸쳐 중국 사회에서 전통적으로 '사회적 법외인'으로 천대받고 차별받았던 집단들을 해방하는 칙령을 잇따라 선포했다.

결혼식이나 상가에서 노래하고 악기를 연주하는 산시(山西)지방의 노래하는 사람들, 저장(浙江)지역의 천민들, 안후이(安徽)지역의 세습적 하인들, 장쑤(江蘇)지역의 세습적 걸인들, 동남 해안지역 뱃사공, 굴채취와 진주조개 어부로 살아가는 사람들, 저장성과 푸젠(福建)성 경계지방에서 삼과 대마와 쪽물 재료들을 모아 살아가는 사람들, 가내 노비들이 그 대상이었다.

옹정제는 이들 천민집단에도 염치있는 마음을 가지고 스스로 고결한 인간이 되려고 하는 뜻있는 인물이 반드시 있을 것이라고 생각하고 신분해방의 기회를 주고, 천업을 그만둔 자손에 대해 과거응시 자격도 부여했다. 천민해방의 힘은 단기적으로는 별로 효과가 없었으나, 장기적으로 효과가 있었다. 천민집단이 중국 사회에서 안정된 위치를 차지하면서 사회 안정에 기여한 것이다(기시모토 미오·미야지마 히로시, 2003: 288 ; 이삼성, 2009: 607).

신성한 노동은 양인과 노비들에게 맡기고 자신들은 국가를 경영한다는 이유로 세금부담도 지지 않고, 군역도 기피한 조선 후기의 양반들을 어떻게 봐야할지 모르겠다. 21세기 한국에 사는 대다수의 사람들이 조선시대 양반의 족보를 가지고 있는 상황에서 "양반은 사회적 책임을 지지 않았다. 그들은 나빴다"고 한다면, 자신들의 조상을 욕보인다고 싫어할 것인가? 높은 사회적 신분에 상응하는 도덕적 의무를 강조한 서양 귀족들의 '노블리스 오블리제'와 비교하면 조선의 양반은 얼마나 특권적인가.

서양의 노블리스 오블리제는 초기 로마시대에 왕과 귀족들이 보여준 투철한 도덕의식과 솔선수범하는 공공정신에서 비롯되었다. 초기 로마 사회에서는 사회 고위층의 공공봉사와 기부·헌납 등이 전통이었다. 이런 행위는 로마시민의 의무이자 명예였다. 카이사르의 시대에 귀족들의 기부와 헌납은 자발적이고 경쟁적으로 이루어졌다. 특히 귀족 등의 고위층이 전쟁에 참여하는 전통은 더욱 확고했다. 한 예로 한니발 장군이 이끄는 카르타고군과 벌인 16년 간의 제2차 포에니전쟁 중 로마의 최고 지도자인 콘술(집정관)의 전사자 수는 13명이다.

로마 건국 이후 500년 동안 원로원에서 귀족이 차지하는 비중이 15분의 1로 급격히 줄어든 것도 계속되는 전투에서 귀족들이 많이 희생되었기 때문이었다.

일본의 작가 시오노 나나미의 《바다전쟁 3부작》에 따르면 십자군전쟁 등 전쟁이 일어나면 유럽 각 나라의 귀족들은 첫째 아들을 제외한 둘째 셋째 아들들이 전쟁에 나가 가문의 명예와 조국의 영광, 자신들의 가치관을 지키기 위해 최선을 다하도록 교육했고, 실제로 그들을 전쟁터로 내몰았다. 신라시대 '소년 관창' 같다고나 할까. 그리고 이런 로마귀족의 전통은 서양사회의 근대와 현대로 이어졌다.

노블리스 오블리제는 유럽에서 계층 간 대립을 해결할 수 있는 최고의 수단으로 여겨졌다. 제1차 세계대전과 제2차 세계대전에서는 영국의 고위층 자제가 다니던 이튼 칼리지 출신 중 2천여 명이 전사했고, 포클랜드전쟁 때는 영국 여왕의 둘째 아들 앤드루가 전투헬기 조종사로 참전하였다. 한국전쟁 때에는 미군 장성의 아들이 142명이나 참전해 35명이 목숨을 잃거나 부상을 당했다. 당시 미8군 사령관 밴플리트의 아들은 야간폭격 임무를 수행하던 중 전사했다. 아이젠하워 대통령의 아들도 육군소령으로 참전했다. 중국 지도자 마오쩌둥이 한국전쟁에 참전한 아들의 전사소식을 듣고 시신수습을 포기하도록 지시했다는 일화도 있다(두산백과사전).

병역의 의무를 기피한 우리나라 고위층과 고위층의 자제, 대기업의 오너와 그의 자제들을 보고 있으면, 조선후기 군역을 면제받았던 특권층 양반의 화신을 다시 만나는 것 같아 입맛이 쓰다.

국력의 격차를 벌린 조선과 일본의 해양진출

16세기 말 17세기 초 30년간 일본과 청의 침략으로 조선 국토는 커다란 피해를 입었다. 셀 수 없이 많은 사람들이 죽었고, 또 많은 조선인들이 포로나 노예로 일본이나 청나라로 끌려갔다. 노동력의 커다란 손실이 아닐 수 없다. 농토도 황폐화했다. 임진왜란 직전 국가가 파악한 경지는 100만 결이었으나, 전쟁이 끝난 뒤 경지는 30만 결로 대폭 줄었다. 그리고 오랫동안 조선 조정은 양전법(量田法)을 시행하지 않았다. 여러 가지 이유가 있었겠지만 조세의 기본을 파악하지 않고 조세한 것이다.

조선 왕실은 17세기 대동법을 시행했으나 토지를 많이 소유한 양반들은 대동법을 환영하지 않았다. 성인 남성을 중심으로 매기던 인두세를 토지의 양과 비옥도에 따라 세금을 매기는 지세로 전환했기 때문이다. 원래 17세기 초인 1623년 충청, 전라, 강원 등 3개도에서 실시했다가 2년 만인 1625년에 충청도와 전라도는 그 시행을 취소하기도 했다. 대동법은 17세기 후반에야 정착됐다(기시모토 미오·미야지마 히로시, 2003: 244).

전쟁으로 황폐해진 경지에서 받아들이는 조세는 형편없었고, 조선 후기에 나라의 재정은 개선되지 못했다. 물론 대동법 시행 이후 공인 (貢人), 즉 공납 청부업자인 어용상인이 등장해 산업자본가로 성장하여 수공업과 상업발달을 촉진시켰다고 한다. 즉, 화폐의 유통을 촉진시키고, 운송활동의 증대를 가져와 교환경제 체제로 전환되도록 해 상공인이 성장하고, 농민이 분화돼 신분제도가 와해되는 데 영향을 주었다는 것이다. 그러나 수공업이나 상업의 발달이나 경제력의 수준은 중국과 일본에 미치지는 못했다.

중국과 비교해 보자. 명나라 말기 16세기 말에서 17세기 초 각 성 (省)의 자급자족적 지역경제가 와해됐다. 즉, 지역시장 또는 원격지 시장을 위해 가격이 높은 직물이나 상품을 전문적으로 생산하기 시작한다. 예를 들어 16세기 중국에서 생산된 설탕의 약 90%는 광둥성 (廣東省)과 푸젠성(福建省)산이었다. 저장성(浙江省) 북부의 경지 대부분에서는 양잠용 뽕나무가 재배됐다. 면화는 산둥, 허난, 허베이성의 여러 지방에서 주요한 환금작물로 생산됐다. 양자강 하류의 송강부와 소주부는 면화의 주산지로 유명했다.

환금작물을 특화생산한 지역 주민들은 자신들에게 필요한 식료, 도구, 의복을 시장에서 구입했는데 산둥성 6부의 소비재 상품의 70%가 강남지역에서 온 것이었다. 그 결과 상업과 운송이 크게 발달했고 공장형 수공업이 확대됐다. 소주지역에 173대의 직기와 500명을 고용할 만큼 큰 견직물 공장이 생겼고 청나라 때인 1685년에는 800대의 직기와 2,330명으로 더 커졌다(로이드 E. 이스트만, 1999: 194~196).

이처럼 수공업과 상업의 발달 수준에 큰 차이가 드러난다. 그 결과 300년 뒤 조선을 방문한 외국인들의 눈에 비친 조선은 여전히 가난한 나라의 전형이었다.

"산업과 수출입으로 판단할 때 한국은 가장 가난한 나라 중 하나다. 경작 가능한 토지의 20%도 경작하지 않는다. 외부 시장을 장악할 만한 제조업이 하나도 없고, 광물자원은 풍부하지만 조금 개발하고 있는 자원조차 가장 조악하고 비경제적인 방식으로 개발하고 있다. 또 다른 가치가 있는 수익원인 어업도 등한시 한다. 반도의 서쪽과 북쪽은 숲이 우거져 있어 중국과 일본에 목재를 팔아서 큰 수입을 얻을 수 있지만, 두 나라 시장을 전혀 이용하지 않고 있다."(윌리엄 길모어, 2010: 98~99)

19세기 말 조선을 방문했던 미국인 윌리엄 길모어는 당시 조선의 경제상황을 비판했지만, 19세기 말 민둥산이 펼쳐진 조선의 풍광은 더 암담하다.

"조선에는 수도 인근 지역의 숲은 벌거벗은 상태였고, 벗겨진 산은 작열하는 태양과 빗줄기에 노출돼 홍수로 연결됐다. 해안을 따라 여행할 때도 일본의 내륙 해안을 지날 때와 같은 세련되고 아름다운 광경이 보이지 않았다. 오로지 황량한 작은 산, 울퉁불퉁한 바위, 후미진 어촌에 흩어져 있는 낮은 오두막집이었다. 일본에서는 감각을 매혹하는 것들과 흥미로운 얼굴, 아름다운 복장, 깔끔한 집, 정성스럽게 짓는 농업, 희한한 나무, 활기, 기지와 우아함, 천성적인 상냥함이 돋보인다. 반면 조선

서울 성문 밖의 거리, 1911년. 홍순민 외, 2009: 30

사람들은 얼굴은 멍해 보이고 복장은 단조로우며 집은 가난하고 장식이 없고, 농업은 등한시 되고 있다. 조경은 귀족 무덤의 조악한 조경을 제외하면 잔디를 볼 수가 없다."(윌리엄 길모어, 2010: 14~16)

그는 중국과 일본과 비교해 조선의 사원은 숫자도 적고, 사원에도 국가의 빈곤이 반영돼 눈길을 끌 만한 요소가 부족하다고 서술했다. 그의 시선에는 장식과 현물이 넘치는 장엄한 일본이나 중국식의 화려한 사원들이 거의 없었다는 것이다(윌리엄 길모어, 2010: 89~90).

이는 조선시대는 유교의 시대였고, 불교가 융성했던 일본과 달리 불교가 철저히 금지돼 있었기 때문이다. 성리학적 사고에 철저했던 양반들은 조선의 수도 한성에 장엄한 불교 사원이 존재한다는 것을 견딜 수 없었을 것이다. 조선에서 절을 만나려면 깊은 산중으로 들어가야 하니 눈에 쉽게 띄지 않았다. 성리학을 교조적으로 받아들여 전 영역으로 확산시킨 조선은 유교의 원조 중국이나 뒤늦게 유교를 받아들인 일본이 '공존'을 허용했던 것과 다른 길을 갔다.

한반도에는 금광과 은광이 적잖이 있었다. 페르시아 등에 신라가 '황금의 나라'로 소개되거나 고려시대의 탱화가 금빛이 찬란하고 세계 최고의 수준이 된 것도 우리나라에서 금의 산출이 많았기 때문에 가능했다. 반면 일본에는 은광과 구리 광산은 있었지만 금광은 드물었다. 일본은 무역을 위해서 은광을 개발했지만 조선 왕실은 신라나 고려와 달리 금·은 광산 개발을 꺼렸다.

광산개발을 꺼린 조선 왕실의 태도는 16세기 동아시아가 은 유통권으로 연결되고 통합됐을 때 더욱 분명하게 나타났다. 조선 조정은 해외와 연결된 은의 유통을 국내 경제와의 관계에서 끊으려고 노력했다. 조선은 원래 금과 은이 풍부하게 생산됐지만 도리어 그 채굴을 금지했다(기시모토 미오·미야지마 히로시, 2003: 262~264).

조선이 은광 개발 등에 소극적이었던 이유는 명으로부터 조공 부담을 덜기 위해 세종 이후 금·은광의 채광 억제정책을 폈기 때문이다. 하지만 조선의 기술자가 16세기 초 새로운 은 채광법을 개발하면서 사태가 급변했다. 새로운 채광법이란 연(鉛, 아연)에서 은을 추출하는 것이다. 회취법이라고 하여, 불순물을 포함한 은광석을 아연과 함께 가열해 불순물을 제거한 은과 아연의 혼합물을 얻은 뒤, 이를 다시 재 위에서 가열하면 아연이 먼저 녹아 재에 흡수되면서 순수한 은을 채취할 수 있게 된다. 1503년 김감불과 김검동이 이를 발견했다. 덕분에 아연의 산지로 유명한 함경남도 단천에서 은이 많이 산출됐다. 이렇게 생산된 은은 조선 정부의 수출금지의 망을 뚫고 중국으로 빈번하게 수출됐다. 국내에서 금과 은이 산출되지 않는다는 이유로 명나라에 은을 바치는(貢銀) 부담을 피해왔던 조선 왕실은 은(銀)의 밀수출이 발각되면 조공 그 자체를 위기에 빠뜨릴 가능성이 있다고 우려했다. 이에 조선은 계속 은 수출을 엄금하는 조치를 내렸다.

단천은광이 발견된 이후 은은 한동안 조선에서 일본, 중국으로 흘러갔다. 그러나 1530년부터 일본에서 조선으로 은이 대량 유입되는 역전현상이 나타난다. 회취법이 조선을 통해 일본으로 들어가 쉽게 은을 분리해낼 수 있게 되자 1540년대부터 일본의 은은 중국으로 향하게 된다. 중국 생사와 일본 은 교역이 극적으로 증가했다. 15세기 중반 이후 수요가 급증하는데도 은 생산량이 줄어들던 중국에 은이 몰려들었다(기시모토 미오·미야지마 히로시, 2003: 144).

중국 국내의 왕성한 은 수요에 의해 16세기 후반부터 17세기 전반에 걸쳐 중국은 블랙홀처럼 전 세계 은을 대량 흡수했다. 16세기 마지막 40년 동안 매년 평균 3만 4천~4만 9천 킬로그램이 교역됐다. 일본의 정련기술이 개선되고 도쿠가와 막부가 정치적 안정을 찾게 되자 중국과 일본의 교역은 17세기 초 공전의 규모에 도달한다. 1615~1625년 사이에 일본의 대중국 은 수출량은 연평균 13만~16

만 킬로그램이었다. 이는 일본을 제외한 세계 은 산출량의 30~40%에 해당했다(로이드 E. 이스트만, 1999: 177).

일본 학자들도 16세기 후반 중국에 유입된 은은 2,100~2,300톤으로 이중 일본 은은 절반 가량인 1,200~1,300톤을 차지했다고 분석했다. 17세기 전반에는 중국으로 들어간 은이 5천 톤인데 그 중 일본 은은 절반 가량인 2,400톤으로 추정한다(기시모토 미오·미야지마 히로시, 2003: 152).

안드레 군더 프랑크는 일본에서 중국으로 흘러들어간 은의 양을 훨씬 더 많은 것으로 계산했다. 프랑크 역시 17세기 초까지 일본을 중국시장 최대의 은 공급자로 평가했다. 1560~1640년 일본의 은 생산량은 8천~9,600톤 가량인데, 거의 전량 중국에 수출됐다는 것이다. 당시 세계 유동 은의 30~40%를 일본이 공급한 것이다. 특히 1615~1625년 사이에는 매년 130~160톤의 은이 중국에 유입됐으니 10년 동안 1,300~1,600톤이 유입된 것이다. 같은 기간 중국에 유입된 아메리카 은은 1천 톤이었다(안드레 군더 프랑크, 2010: 253~254).

금, 은 광산을 개발하지 않으려는 조선 왕실의 소극적인 태도는 개항기에도 지속됐다. 길모어는 "독일과 미국회사들이 광산을 개발하여 수입의 적절한 비율을 조선 정부에 주겠다고 괜찮은 제안을 몇 번 했지만, 항상 거절당했다. 한번은 정부가 자체적으로 광산을 개발하기로 결정하고, 채굴기계를 구입했으나 기계는 한 번도 조립된 적이 없다. 녹이 슬고 고철 가치 때문에 도난당하여 부품이 분실된 채로 온

나라에 흩어져 있다"라고 말했다.

존재하는 광산도 개발하지 않는 조선은 이처럼 서양인에 눈에 너무나 가난했다.

"한국인들은 너무 가난해서 비싼 서양 상품을 살 수도 없었다. 대부분 궁궐이나 정부를 상대로 무기, 개틀링 총, 가구, 포도주와 술 등을 직접 거래했다. 이들 상품의 가격이 너무 비싸서 독한 술로 한국 민중을 타락시킬 개연성이 없었다. 영국에서는 표백하지 않은 모슬린 옷감이 수입되고 일본에서 쌀과 비단이, 중국에서 비단이 수입됐다."(윌리엄 길모어, 2010: 106~107)

중국에서 아편이 아편굴 등 사회적 문제로 비화할 수 있었던 이유도 어찌보면 중국 중산층 등이 아편을 살 수 있는 보편적 경제력이 있었던 덕분인데, 조선의 경제력으로는 수입 아편으로 문제가 발생할 여지조차 없었던 것이다. 비싼 수입 아편을 살 수 있는 경제력을 가진 사람들이 조선에는 거의 없었다.

조선의 극심한 가난에 대해 강진아 경북대 사학과 교수는 "중국에 대한 지불수단으로서 금, 은 등 귀금속 매장량에서 조선은 일본과 같은 천혜의 조건이 없었고, 또한 대표상품이 없다는 것"이라고 지적했다. 강 교수는 "대마도-조선 라인이 18세기 중반까지 상당한 규모였음에도 불구하고, 왜관으로 유입된 은이 조선을 경유해서 중국으로 빠져나갔다는 것을 의미하는 것"으로 "조선은 국내 상업유통망에 유입 자본이 투입돼 국내 상업과 긴밀한 연관성을 맺고 또한 구매력의 확대로 생산을 촉진시켜 경제를 자극하는 순환구조의 효과는 상대적으로 왜관의 은 유입량에 비해 적었던 것으로 추정"하고 있다(강진아, 2005).

즉, 조선에는 인삼을 제외하면 수출할 만한 수공업 대표상품이 없었다. 조선의 면포가 일본에 수출됐지만, 그것은 조선의 농민들이 농한기에 제작했던 제품으로 일본의 수요를 충분히 감당할 수 있는 물품이 아니었다. 조선 왕실은 국내 면포 수요를 충당하기 위해 면포의 일본 유출을 막아서곤 했기 때문이다.

하지만 화폐를 대용하는 금, 은과 같은 천혜의 조건이 조선에는 없었다는 강 교수의 판단은 사실과 다를 수 있다. 단천은광의 존재나 개항 이후 외국인들에 의해 은광, 금광이 개발된 상태를 보면 조선의 가난은 중국에 대한 지불수단인 은의 부족 때문만은 아니었다.

차라리 조선 정부가 성리학적 근검절약 정신에 의거해 백성들을 경제적으로 부유하게 살게 하겠다는 의지가 없었던 탓이 아닐까? 중국 황실에 가난한 나라로 보여, 침략해도 별로 가져갈 것이 없다는 것을 증명하고, 자신들의 지배권을 유지하고 싶었던 것은 아닐까? 그렇지 않고서야 조선의 왕실과 지배계층이 백성들을 배불리 먹이고 외침으로부터 백성의 목숨을 보호하는 정책을 펴지 않았는지 이해할 수 없다.

조선의 가난을 성리학의 철학에서 찾을 수도 있다. 그러나 조선의 가난은 청빈과 지조를 지키는 수준이 아니라, 죽느냐 사느냐의 문제와 직결됐다. 조선 후기 지방의 양반들은 큰 가뭄으로 대흉년이 들면, 굶어 죽을 망정 체면 때문에 관청에 구휼을 요구하지 않았다는 기록들도 있다. 조선에서는 권문세가를 제외하고 지방의 양반도 먹고사는 일이 농민들만큼이나 각박했던 것이다.

조선이 가난했던 원인을 도시의 미발달에서 찾기도 한다. 물론 경제력이 빈약해 도시가 발전할 수 없었지만, 조선의 한성에 모든 것이 집중된 것도 문제였다. '말은 제주도로 보내고 사람은 한성으로 보내라'는 속담은 한성에 중요한 것이 집중돼 있는 상황을 단순하게 표현한 것일 수도 있다.

19세기 말에서 20세기 초에 "한국은 수도 한성을 제외하고는 거의 시골인 나라"라는 기록들이 나온다(엘라수 와그너, 2010: 107). 개항기인 19세기 말에도 그랬을 지경인데, 그 이전 시기는 말할 것도 없었다.

18세기를 살았던 정약용은 서울과 지방의 현격한 차이를 이렇게 설명하고 있다.

"중국은 문명이 풍속이 되어 아무리 궁벽한 시골이나 먼 변두리 마을에 살더라도 성인이나 현인이 되는 데 방해받는 일이 없으나, 우리나라는 그러지 못해 서울 문밖으로 몇십 리만 떨어져도 태곳적처럼 원시사회인데 하물며 멀고 먼 시골이랴. 권세를 날릴 때는 빨리 산비탈에 셋집을 내 살면서 처사로서의 본색을 잃지 말아야 한다. 그러나 만약 벼슬이 떨어지면 빨리 서울 가까이 살면서 문화(文華)의 안목을 잃지 않도록 해야 한다."(정약용, 2009: 161)

이어 정약용은 전남 강진에서 유배된 상태에서 숨어살고 있는 그의 자식들에게 이렇게 당부하고 있다.

170

"지금 내가 죄인이 되어 너희들에게 아직은 시골에서 숨어서 살게 하고 있지만, 앞으로 계획인즉 오직 서울로부터 10리 안에서만 살게 하겠다. 만약 집안의 힘이 쇠락하여 서울 한복판으로 깊이 들어갈 수 없다면, 잠시 서울 근교에 살면서 과일과 채소를 심어 생활을 유지하다가 재산이 조금 불어나면 다시 도시 복판으로 들어가도 늦지 않다."(정약용, 2009: 161)

정약용의 생각은 수도권에서 서울로 출퇴근하며 언젠가 서울에서 집 한 칸 마련하겠다는 21세기 샐러리맨의 모습과 비슷하다.

일본 사학자인 기시모토 미오와 미야지마 히로시도 조선이 경제적으로 발달하지 않은 이유로 도시의 발달 정도가 매우 낮은 것을 손꼽는다. 조선의 서울인 한성은 20만~30만 명의 인구를 가진 큰 도시지만, 그 이외는 1만 명을 넘는 인구를 가진 도시가 아주 적었다는 것이다. 군현의 관아 소재지를 읍내라고 하는데, 읍내의 주된 거주자는 향리와 공노비들로, 양반은 읍내에 거주하지 않았다.

이처럼 조선의 읍내는 상업도시의 기능을 가진 중국의 도시인 성이나 일본의 조카마치(城下町)와는 주민 구성이 달랐다. 조카마치란 전국시대 이래 영주의 거점인 성을 중심으로 형성된 도시로, 행정도시이자 상업도시의 역할을 했다.

회례사로 1420년에 일본을 사행한 뒤 송희경이 쓴 기행문에서의 일본은 300년 뒤인 18세기 일본과 완전히 다르다. 세종 즉위 직후인 1419년 조선군은 왜구의 본거지로 보이는 대마도를 공격하는 기해동정(己亥東征)을 한다. 이 사건 다음해인 1420년 무로마치 막부가 보낸 사절을 따라 조선 사절이 일본에 가는데, 그 사절의 대표가 송희경이다. 그는 조선인이 쓴 첫 기행문《노송당 일본행록》을 펴낸다. 이 중에는 '니시노미야의 점(店)을 지나며'라는 한시가 있다.

"곳곳에 신당이요 곳곳에 승려/ 노는 손은 많고 농사꾼은 적네/ 밭갈고 물긷고 여가가 없다 해도/ 늘상 들리느니 굶주린 자의 구걸 소리/ 일본은 사람이 많다. 굶주린 사람도 많고 또 병든 사람도 많다. 곳곳의 노변에 모여 앉아서 행인을 만나면 돈을 구걸한다."(기시모토 미오·미야지마 히로시, 2003: 47~48)

이는 명나라 동월이 1488년(성종19년) 명나라 황제 효종의 황제 등극을 조선에 알리기 위해 와서 쓴 기행문《조선부》라는 운문체 기행문과 내용이 유사하다. 동월은 의주에서 한양까지 오면서 지켜본 조선의 모습을 적었다.

"가난한 집의 벽은 대로 엮되, 새끼줄로 얽어 튼튼하게 하고, 그 위에 띠풀로 엮었으며, 그 구멍은 진흙으로 막았다. 가시나무가 처마 끝까지 나온 집도 있고, 건물이 겨우 둥근 상만 한 집도 있다." (김풍기, 2009: 340~342)

이처럼 15세기의 조선과 일본은 경제수준이 비슷했던 것 같다. 비슷하게 가난했다. 그러나 그 후 200~300년이 지나면서 조선과 일본의 거리 모습은 완전히 달라졌다. 18세기 상업이 발전했지만 자급자족 경제에서 크게 벗어나지 못한 조선은 15세기 이후 19세기까지 큰 변화가 없었던 것 같다. 반면 16세기부터 유럽 등과 도자기와 가구 교역을 하던 일본은 그 후 상당한 부를 쌓았던 것으로 보인다. 이는 17~18세기 일본에 통신사로 갔던 관리들의 눈을 통해 21세기에도 전달되고 있다. 조선의 관리는 17세기 초 통신사가 파견돼 도쿄까지 가는 길에서 일본의 경제력이 조선보다 훨씬 앞서 있는 것을 목격했고, 기록했다.

1607년에 일본에 통신사로 간 경섬(1562~1620)은 자신의 저서 《해사록》(海槎錄)에서 일본 국부에 대해서 외국과 교역을 활발히 하고 국내 상업이 활성화되어 그 수준이 중국과 같다고 평가했다. 경섬은 임진왜란 후 첫 사절로 일본에 건너가서 국교를 다시 열고 포로 1,340명을 데리고 돌아왔다.

"거리는 반듯반듯하고 여염집이 즐비하며 시장에는 물화가 쌓여있다. 중국과 남만, 남반, 유구 등 나라와 서로 물화를 유통시키는데 아무리 먼 곳이라도 통하지 않는 곳이 없다. 관동 지역의 여러 주와 석견, 단후, 장문주는 금, 은을 많이 생산하고, 중국의 동전을 가져와 시장에서 사용한다. 이 때문에 상인들이 사방에 운집하고 국내가 부유하며, 시장 점포의 제도는 중국과 같다."(한국18세기학회, 2007: 130)

1624년 일본을 방문한 강홍중(1577~1642)은 교토에서 에도에 이르는 풍경을 자신의 문집 《동사록》(東槎錄)에 이렇게 묘사했다. 강홍중은 일본에서 화포술을 배워서 국내에 보급한 관리다.

"20일 동안 민가가 계속되는데, 민호(民戶)가 만 이하로 내려가지 않는 것은 연해 일대가 다 그렇다. …웅장한 성과 커다란 진용이 곳곳에 포진하고, 비취빛 대나무와 푸른 소나무가 곳곳에서 숲을 이룬다. 도로는 평평하면서 곧고, 밭 모양은 네모 반듯한데 네 모서리에는 반드시 차나무를 심었다. 시장에는 물화가 쌓여 있고, 여염집에는 쌀이 넘쳐난다. 그 백성들의 부유함과 물자의 풍부함에 있어서 우리나라와 비교할 바가 못된다." (한국18세기학회, 2007: 128~129)

1719년 통신사로 갔던 신유한도 그의 저서 《해유록》(海遊錄)에서 오사카에 도착해 관광 나온 사람들에 대해 썼는데, 화려하게 단장한 일본인의 모습이 고스란히 묘사되어있다.

"관광하는 남녀들이 양쪽에 담처럼 늘어섰는데, 모두 비단옷을 입었다. 여자는 검은 머리에 기름을 바르고, 꽃비녀 대모빗을 꽂고 연지와 분을 바르고, 붉고 푸른 채색 그림의 긴 옷을 입고, 보배 띠로 허리를 묶었는데 허리는 가늘고 길었다. 바라보기에 불화와 같았다. 수려한 어린 남자아이의 복색과 단장이 여자보다 더 예뻤다. 나이 8세 이상만 되면 보배 칼을 왼쪽 옷깃에 꽂지 않은 자가 없었고, 강보에 있는 어린아이도 모두 주옥을 감고 무릎 위에 안겨 있거나 등에 업혀 있었다. 그 모습이 일천 수풀에 붉고 푸르고 노란 꽃 1만 송이가 있는 것과 같았다. …자리에 앉거나 풀 위에 앉았으며, 화려한 자리나 비단장막을 깔고 앉기도 했다. 술과 차, 밥, 마실 것 등 여러 가지 음식물을 준비하고 있었다." (한국18세기학회, 2007: 128~129)

174

서울을 포함한 수도권의 발달과 지방의 미발전이 21세기 한국에서도 화두가 되고 있다. 오늘날 메트로폴리탄이 된 서울과 제 2의 도시 부산, 제 3의 도시 인천을 비교해 보면 발전의 수준에서 큰 차이가 있음이 느껴진다. 조선 후기 한성은 21세기 대한민국의 서울과 수도권 집중 현상과 닮아 있다.

서울과 수도권에 집중된 발달은 대한민국의 전반적인 발전을 위해서도 바람직하지 않다. 인구의 밀집은 주택과 교통문제만을 만드는 것이 아니라, 오수처리 등 환경오염 문제도 심각하게 유발할 수 있다. 서울 이외의 거점 도시들이 발전해야 인구가 분산되고, 운송과 물류가 발달하면서 도시들이 활기를 띨 수 있을 것이다.

2010년 신문사 체육부에 있으면서 배구경기 취재차 지방으로 내려가 보면 스타벅스나 커피빈 같은 세계적인 커피 체인점을 발견하기 쉽지 않았다. 광화문 근처에만 10여 군데가 되지만, 서울에서 겨우 자동차로 1~2시간 떨어진 도시에서는 지점 1곳을 찾기도 쉽지 않은 것이다. 커피 마시기도 일종의 문화라면 문화인데, 아침 저녁으로 다국적 기업의 원두커피 맛에 길들여진 사람이라면 커피 때문이라도 지방에서 산다는 것은 끔찍할 수도 있다. 이런 현상은 지방 경제가 서울만큼 발전하지 않았기 때문에 나타난다.

많은 인구를 서울과 수도권에 빼앗긴 지방에서는 발전의 방향을 찾기가 어렵다. 경제를 비롯해 전반적으로 지방이 발전해야 대한민국 전체의 수준을 끌어올릴 수 있다. 그런 수준이 되어야 정약용이 '중국은 문명이 풍속'이라고 감탄했던 것처럼 '한국은 문명이 풍속'인 나라가 되지 않을까.

일본, 쇼군이 나서 부국강병을 꾀하다

최근 한국에서 박정희(1917~1979) 전 대통령에 대한 추모열기가 뜨겁다. 그 이유는 박정희 대통령이 재임하던 18년 동안 자유와 민주화에 대한 국민적 요구는 묵살하고 억압했지만, '한강의 기적'이라 불리는 경제적 업적을 이뤘기 때문이다. 배고픔에서 벗어나게 한 지도자라는 '영웅' 모습은 1997년 외환위기가 불거지자 더욱 강조됐다. 박정희 대통령은 1961년 1인당 국민소득 82달러인 나라를 그가 사망하기 직전인 1979년 1,693달러까지 끌어올렸다(한국은행). 한국은 '절대빈곤'에서 벗어났다. 박 전 대통령은 한국인들의 먹고사는 문제의 많은 부분을 해결했다. 그의 경제적 업적에 대해서는 진보 진영마저 일부 수긍하고 있다.

박정희 대통령은 1960년대에 "필리핀만큼만 살았으면 좋겠다"며 필리핀을 부러워했다고 한다. 서울 광화문에 있는 주한미대사관이나 대한민국 역사박물관 건물은 쌍둥이 건물인데 건설과정에 일부 필리핀 기술자가 참여했다. 1960년대에 한국의 일부 엘리트 학생은 필리핀 대학원에 유학가는 것을 선망하기도 했다. 그러나 우리는 경제적으로 필리핀을 넘어선 지 오래다.

물론 1970년대를 배경으로 한 영화 〈고고 70〉이나 〈님은 먼 곳에〉 등은 군사정부의 강력한 장발단속, 청년문화 억압, 유신헌법, 중앙정보부, 군사문화 확산, 전 국민의 반공의식화 등의 불쾌한 기억을 불러내며 정치사회적으로 시민사회를 억압했던 독재자의 모습을 상기시킨다.

박정희 대통령의 주요한 업적은 1950년 한국전쟁 등으로 본원적 축적을 해볼 만한 겨를이 없었던 한국에 미국 등에서 차관을 들여와 그것을 종잣돈 삼아 역동적인 경제개발을 추진한 것이다. 그가 제시한 경제개발 5개년 계획이나 '새마을 운동' 등은 한반도에 사는 국민들에게 목표를 세우고 살아가는 방법, 잘살고 싶다는 물질적 욕망을 제시하고 일깨워 주었다. 어찌 보면 '박정희식 경제개발'은 조선 후기 300~400년간 잠자고 있던 우리에게 목적의식을 심어주고 만주에서 말 달리며 중원을 위협하던 고구려 유목민족의 DNA를 자극했을지도 모르겠다. 19세기 말 한 외국인의 한국인에 대한 긍정적인 평가가 인상적이다.

"한국인의 성품이 가난하고 무례한 것이 아니다. 백성들이 노동하고 싶게 만드는 유인책이 없다. 한국인의 게으름은 본성이 아니다. 그들이 게으른 이유는 자신들의 노고의 열매를 생존에 필수적인 최소치만 빼놓고는 만족을 모르는 부패한 관리들에게 빼앗기게 될 것이고, 자신들은 그들에게 대항하지 못할 정도로 무기력하다는 것을 알고 있기 때문이다."(윌리엄 길모어, 2010: 22~23)

특히 박정희 대통령의 집권 시기는 자본의 축적이 미약해 국가가 주도적으로 경제를 이끌어나가는 것이 자원의 효율적 분배와 회수, 재투자 등에 효과적일 수 있었다. 수출드라이브 정책의 한계로 외부 변수에 크게 변동하는 경제를 구축했다는 비판도 나온다. 하지만 김근태 전 국회의원은 "수출드라이브 정책이 파생한 부작용을 정책적으로 해결해야 할 사람들은 박정희 대통령의 뒤를 이은 대통령들의 몫이 아니었느냐"고 말했다(뉴스피플, 1998).

일본이 부패한 관료의 폐해를 억제하며 국가가 중심이 돼 경제발전을 시도한 것은 16세기 초에 그 싹이 보인다.

16세기 이전 조선에는 있고, 일본에는 없는 아주 중요한 생산품 3가지가 있었다. 첫째는 도자기이고, 둘째는 직접 재배한 면화로 만든 면직물이다. 셋째는 생산품이라고 하기는 뭐하지만 중국에서 효능을 인정받은 인삼이다. 당시 인삼은 밭에서 인공적으로 재배한 것이 아니라 산에서 직접 채집한 것이니, 요즘 용어로는 산삼이라고 하는 것이 맞다.

도자기 생산은 앞서서 말했듯이 요즘의 반도체 기술과 같은 최첨단 기술이었다. 우리는 고려시대 초부터 도자기를 만들었다. 9세기 말 10세기 초다. 일본은 임진왜란 때 조선의 도공을 끌고 가 섭씨 1,300도의 고온에서 구워내야 하는 자기 생산의 비밀을 깨닫게 됐다. 일본은 17세기 초부터 자기를 만들기 시작했다. 도자기에 관한 한 조선이 일본보다 무려 700여 년 앞선 선진국이었다.

면화의 수확과 면포의 생산도 한반도가 일본보다 무려 200년 이상 앞섰다. 한반도에 목화가 전래된 것은 고려시대인 1363년. 원나라에 사신으로 갔던 고려의 관료 문익점이 목화씨 10개를 갖고온 것이다. 이 중 3개의 씨에서 싹이 나 3년 뒤 목화재배에 성공했다. 목화씨를 문익점이 몰래 들여왔다는 이야기도 있지만, 원나라 여기저기에서 목화를 재배했고 유출금지 품목도 아니라 쉽게 고려로 들여올 수 있었다고도 한다. 사실이야 어찌됐든 문익점이 목화를 들여오겠다고 마음먹고 실천에 옮긴 덕분에 100년이 지난 뒤인 15세기 말과 16세기에 목화재배와 면직물 직조는 조선에 광범위하게 확산됐다. 조선 면포를 일본에 수출할 수도 있었다. 일본은 한반도보다 230년 뒤인 1594년 면화재배에 성공했다. 일본은 면화 생산에 성공했지만, 자국의 면화로 면직물을 생산하고 보급하는 데는 18세기까지 가야만 한다.

인삼도 고려시대 이래로 독보적인 지위를 누려왔다. 약효가 특출한 덕분이었다. 중국과 일본에 수출해 은 등 현금을 긁어모으는 '캐시 카우'였다. 조선 말 일본과 중국 등의 폭증하는 인삼 수요를 충족시키려 인공재배에 들어가기 전까지 조선의 인삼은 자생 삼을 채집한 것이었다. 그러니 조선의 인삼은 매년 꾸준하게 똑같은 양을 공급할 수 없다는 한계가 있었다. 일본 막부는 1723년 일본산 인삼의 생산에 성공했다. 공급부족으로 폭등하는 조선 인삼가격을 안정시키려는 노력의 일환이었다.

일본은 조선의 3가지 선진적이고 중요한 수출품을 차근차근 국산화해 대체했다. 17~18세기는 일본의 기회이자, 조선의 위기였다. 국부의 유출을 막고, 자립 경제체제를 확보하기 위한 일본의 이런 조치는 1960년대와 1970년대 국가주도형 경제를 이끌어온 한국을 보는 것 같다. 구체적으로 들여다 보자.

현재 세계적인 자기 브랜드 노리다케를 가지고 있는 일본 자기의 원천기술은 임진왜란 때 조선에서 약탈해간 것이다. 전쟁포로로 조선의 도공을 일본으로 데려가 정착시켰다. 일본에서 임진왜란 이전 규슈(九州) 사가현 북부의 도자기 가마에서는 섭씨 1,300도 이상에서 구워야 하는 자기를 생산하지 못했다.

일본으로 옮겨간 조선의 도공들은 17세기 초 중국풍의 도자기를 만들기 시작했다. 17세기 중반 네덜란드 동인도회사의 주문에 따라 '짝퉁 중국 도자기'를 만들어 유럽에 수출했다. 명나라와 청나라 교체기에 중국 전역이 전쟁에 휩싸이고, 바다를 봉쇄하는 해금정책을 쓰자 중국의 청화백자가 필요했던 네덜란드 동인도회사는 1659년 일본 도요지에 청화백자 5만 6,700개를 주문했다. 일본은 서양 시장을 겨냥한 도자기를 만들기 시작했고, 비약적으로 성장했다. 18세기부터는 조선 도공의 도자기 기술에 중국의 회화기법을 접목시킨 일본 스타일의 채색자기를 유럽에 수출했다. 중국의 회화기법을 접목시킨 도자기로 이마리야키(현재 아리따야키)가 탄생한 것이다.

17세기 조선은 청화백자를 만드는 데 필요한 코발트 염료를 구하기가 몹시 힘들어 철화백자라는 대체품을 만들었다. 반면 일본은 비슷한 시기에 청화백자를 만들어 수출까지 했다. 어떻게 가능했을까. 일본의 국제무역항인 나가사키를 들락거리는 중국인 상인이 있었다. 일종의 산업스파이였던 중국인 상인은 일본 도자기 공장에 코발트 염료를 공급해 주고 채색자기의 회화기법까지 전수해 줬다. 여기에 네덜란드 동인도회사는 유럽 시장을 제공해주고 이마리야키의 발전을 도왔다(강진아, 2005: 50~51). 외부와의 접촉을 피하지 않고 소통하며 자신들에게 유리하게 상황을 전개한 것이다.

면포산업을 보자. 일본의 전국시대에 면포는 의복은 물론 조총의 심지에도 쓰이는 전략물자였다. 면화 생산을 하지 못하는 일본은 필요한 수요의 전량을 조선과 중국에서 수입했다. 특히 조선 면포의 수입량은 엄청났다. 조선에서 면포는 15세기 후반 현물 화폐로 광범위하게 쓰일 정도로 공급됐고, 일종의 필수품이었다. 대외 무역에서도 주요한 상품으로, 여진과 일본 등 면직물 생산기술이 없는 지역과의 교역에서 중요한 카드로 사용됐다. 여진은 말, 사슴가죽, 삵, 매 등을 조선에 넘겼다. 일본은 유황, 소목, 금, 은, 후추와 같은 상품을 조선 국왕에게 진상했다. 조선 국왕은 여진과 일본에 사여품(나라나 관청에서 내려주는 물품)의 형식으로 조선의 면포를 내주었다.

일본은 조공무역이 지속될수록 점차 더 많은 면포를 요구했다. 세종 즉위년인 1481년 일본의 면포 수요는 1,539필에서, 세종 재위기에 1회 1만 필을 넘어섰다. 중종 18년(1523년)에는 10만 필 이상을 요구했다. 그러나 조선은 늘어나는 국내 수요부터 충족해야 했다. 따라서 조선 왕실은 면포의 대일무역 통제령을 종종 내렸다. 일본은 면포에 대한 국내 수요가 확대되는 상황에서 공급이 불안정해지자 자급의 필요성을 절실하게 느끼게 되었다(강진아, 2005: 52).

일본에서는 막부의 쇼군이 문익점의 역할을 했다. 일본 풍토에 적합한 품종인 중국 면화를 조선에서 수입해 자급화한 것이다. 일본은 면화나 면포의 존재를 조선보다 먼저 알았다. 일본은 헤이안 시대인 799년과 800년에 인도계 면화를 이식하려고 시도했다. 그러나 자생화에 실패했다. 이후 13세기 초 일본은 송나라와 사무역을 활발히 전개하면서 면포를 본격적으로 수입했다. 일본은 15~16세기 중국과 조선산 면포를 다량 수입하면서 국내 수요를 광범위하게 형성했다. 자급화의 필요성도 강하게 느꼈다. 일본은 1594년 면화의 이식에 성공했다. 면포를 자급자족한 이후 일본에서 면포는 19세기 중엽인 막부 말에 주요한 수출품목이 되었다. 또한 근대화 초기 일본 면방직 산업 발전의 토대가 됐다(강진아, 2005: 53).

개항으로 일본에서 기계로 짠 면포가 조선에 유입되자, 조선의 가내수공업적인 면포산업은 사양사업으로 전락했다.

일본의 '조선 인삼 국산화' 과정은 더욱 집요하고 비밀리에 진행됐다. 일본의 인삼 국산화는 요시무네의 '교호(享保)개혁'을 대표하는 '식산흥업정책'의 일환이었다. 국민경제학적 발상으로, 값비싼 수입품을 국산화하여 골고루 일본의 국민들에게 제공하기 위해 대체산업을 육성하는 것이다(다시로 가즈이, 2005: 260~261). 일본은 조선에 30여 년 동안 산업스파이를 심었고, 그 결과 조선의 인삼 생초를 확보해 국산화에 성공했다.

제8대 쇼군으로 즉위한 요시무네(재위 1716~1745)는 1718년(숙종 44) 1월 의학서《동의보감》을 대마도를 통해 헌상받았다. 이 책은 요시무네가 요청한 것이다. 당시 조선은 의학 선진국으로, 고려 말부터 단순히 중국의 의학을 모방하는 단계를 뛰어넘어 독자적으로 의학을 발달시켰다. 조선 왕조에 들어서 간행된 의학서만 200여 종이었다. 그 최고봉이 1613년(광해군 5년)에 허준 등이 편찬한《동의보감》이었다. 당시 조선이 이 책을 간행한 이유 중 하나는 중국의 비싼 약재를 조선의 약재로 대체해 수입 약재비용을 줄이자는 경제적인 것이었다. 요시무네는《동의보감》에 나온 약재 1,400여 종에 대해 조사하라고 명령했다. 새, 짐승, 풀, 나무 등의 종류가 일본에 있는 것과 조선의 것이 같은지, 조선에 없는 것, 그 반대의 것 등을 문서로 작성하도록 요구했다(다시로 가즈이, 2005: 254).

요시무네의 이런 지시에는 숨겨진 목적이 있었다. 인삼의 생초를 얻어서 일본에서 재배하고자 했던 것이다. 조선의 인삼을 사오는 대가로 일본의 은이 대량으로 조선에 흘러들어가고 있었다. 요시무네는 인삼의 모종을 입수해 일본에서 재배해 대량 생산을 한다면 대마도를 통해 빠져나가는 은의 유출을 차단할 수 있을 것이라고 생각했다. 그러나 조선은 외화획득의 중요한 자원인 인삼 생근을 외국으로 가지고 나가는 것을 엄격하게 금지했다. 그래서 요시무네는《동의보감》에 나타난 약재를 조사한다고 연막을 쳐 놓고 인삼 뿌리를 빼내기 위한 노력을 기울인 것이다(다시로 가즈이, 2005: 260~261).

아무튼 대마도는 1721년(경종 1년) 인삼 생근 3뿌리를 얻어 쇼군

도쿠가와 요시무네

에게 바쳤다. 그 후 1722년 6뿌리, 1723년 7뿌리, 1727년 4뿌리와 7 뿌리, 1728년 8뿌리와 씨앗 60알 등 모두 35뿌리의 생초와 씨앗 60 알이 요시무네에게 헌상됐다. 일본에서 인삼의 실험재배 시기를 맞은 것이다. 이 과정에서 역관 등 조선인이 도와준 흔적이 역력하다(다시 로 가즈이, 2005: 267).

일본의 인삼 국산화 정책은 순조롭게 진행됐다. 1723년(경종 3년) 닛코, 에도의 약원, 요시무네의 고자쇼(御座所) 등 3곳에 심었다. 약원 과 고자쇼의 생육이 대단히 좋았는데, 얼마 지나지 않아 열매를 맺은 인삼의 씨앗을 쇼군이 직접 심었다는 에피소드가 소개될 정도였다. 채종, 파종이라는 기본적인 재배경험을 되풀이하면서 인삼은 닛코 등 기후가 적합한 장소에서 재배에 성공했다. 에도의 니혼바시 혼고쿠쵸 에 있는 약종상에서 일본산 인삼종자를 발매한 것이 1738년이다. 일 본 국산 인삼(오타네닌징)의 대량생산 시대를 맞게 된 것이다(다시로 가즈이, 2005: 302).

30년이 걸린 일본의 '인삼 국산화' 프로젝트는 당시 일본 사람들 의 인삼에 대한 이상열기 탓이었다. '18세기 한류'라고 볼 수도 있 겠다. 귀중한 약재로 널리 알려진 인삼은 돈 많은 사람들이 아니 면 살 수 없는 약이었다. 그런데 5대 쇼군 쓰나요시의 겐로쿠 시대 (1688~1703)로 접어들 무렵부터는 서민들까지 너도나도 고가의 인 삼을 구입하려 시도했다. 그 결과 에도의 인삼 소매가격은 1700년 (숙종 26년)에 엄청나게 올랐다. 요시무네가 쇼군이 될 무렵 인삼 1근 (600g) 가격이 은으로 1관 440돈(금으로 24냥)까지 올랐다.

인삼은 공급독점 시장이었고, 에도의 인삼좌 앞은 장사진이었다.

인삼좌는 품절을 염려해 미리 정해 놓은 하루 매출분이 다 팔리면 낮에도 폐점했다. 인삼을 사지 못한 사람들이 "우리집 주인어른께 뭐라 드릴 말씀이 없다. 할복을 해서라도 사죄를 드리고 싶다"라고 아우성치며 자살소동을 벌일 정도였다. 부모의 병을 고치려는 효녀가 몸을 팔았다는 소문은 이미 흔해빠진 이야기였다. 조선의 인삼은 투기 대상이 됐고, 정작 필요한 환자들에게 돌아갈 수 없으니 심각한 사회문제가 됐다.

인삼이 일본에서 만병통치약이 된 시점을 거슬러 올라가면 15세기 후반 조선에서 시작된다. 당시 조선에서는 값비싼 중국 약재의 대용으로 조선약인 향약의 사용이 성행했다. 이에 향약의 대표라 할 수 있는 인삼이 크게 주목받았다. 인삼을 더 다양하게 배합, 조제하는 의학서가 간행됐다. '인삼의학'은 조선의학의 주류가 되었고, 허준의 《동의보감》 집대성도 커다란 역할을 했다. 간단히 말해 조선의 향약인 인삼의학이 대마도를 통해 일본에 전달된 덕분이다(다시로 가즈이, 2005: 261~262).

인삼의 국산화로 요시무네는 조선으로 빠져나가는 은의 유출을 막게 된다. 일본 은의 유출은 1740년에 크게 줄었고, 1753년 (영조 29년) 1월 은화를 실은 선박 2척이 부산의 왜관에 입항한 것을 끝으로 일본에서 조선으로의 은 이동은 끝났다.

일본산 비단의 생산량이 늘어나 인삼과 마찬가지로 수입대체화가 진행된 것도 이 무렵이다. 일본의 고대 잠사업은 저렴하고 질이 좋은 중국 생사와 견직물에 밀려 16세기 후반 거의 맥이 끊어졌다. 16세기 말에 중국의 대규모 방적기술이 일본에 전해졌으나 중국과의 기술 격차는 뛰어넘을 수 없었다. 1685년 막부는 '백사 수입제한령'을 발표한 뒤 수입 1위의 중국 생사를 국내용으로 대체하려고 노력했다. 이후 일본 잠사업은 부흥하지만 여전히 양적 질적으로 중국산에 대적할 수 없었다. 류큐와 조선을 통해 여전히 30만근이 넘는 막대한 중국의 생사가 수입되는 해도 있었다. 일본 막부는 은 유출을 막을 수가 없었다. 일본 무역사가 다시로 가즈이에 따르면 일본의 잠사업 기술 수준이 중국에 근접해 중국 생사에 대한 수요가 확실히 줄어든 시점은 1740~50년대, 즉 18세기 중엽이었다(강진아, 2005: 49~50). 백사 수입제한령 발효 이후 약 70~80년이 더 걸렸지만, 막부의 수입대체화 정책이 실효를 거둔 것이다.

조총의 도입과 확산에서도 오다 노부나가(1534~1582)와 같은 일본 영주들의 역할이 주요했다. 페르낭 멘데스 핀투는 1543년 포르투갈인 동료 2명과 함께 중국 해적선을 타고 여행길에 나섰다가 폭풍우를 만나 일본 규슈 남쪽 섬 다네가시마(種子島)에 떠밀려 내려왔다. 서양식 총을 본 다네가시마의 영주는 거금을 들여 철포를 구입하고 가신들에게 그 제작법을 연구하게 했다. 철포(총)는 단기간에 일본 전국에 퍼져나갔다. 이즈미노쿠니사카이(和泉國堺) 등의 지역에서 대량생산이 시작됐다. 군웅할거의 내전상태가 계속됐던 전국시대의 일본을 통일로 가게 한 원동력이었다. 영주 오다 노부나가는 철포의 위력에 주목해 그 사용법을 연구했다(정형, 2009: 72).

1566년 일본에 30만 정 이상의 총이 있었다. 처음에는 총 한 발을 쏘는데 10~15분 걸렸다. 개선은 했지만, 총 한 발을 쏘는 시간에 화살 15발을 발사할 수 있었다. 오다 노부나가는 특히 사수들이 열을 지어 연속 발사하는 방식을 개선해 1560년대에 실험했다. 유럽에서는 1590년대에서야 개발된 것인데, 일본이 30년이나 일렀다. 오다 노부나가는 1575년 5월 경쟁상대였던 다케다 가쓰요리의 기병대와 전투를 벌여 승리했다. 당시 나가시노 전투에서 오다 노부나가는 전투원 3만 8천 명 중 1만 명에게 총을 소지하게 한 뒤 사수를 23열로 배치해 총을 쏘도록 했다. 20초마다 1천 발의 발사가 가능했다. 총을 사용한 보병부대가 기마부대를 대파했다(주경철, 2009: 306~307).

그러나 임진왜란 이후 일본은 17세기에 이르러 총포 대신 칼로 다시 돌아갔다. 이는 사무라이의 미학에 부합하지 않기 때문이었다. 또한 소총 사수들이 농민이나 도시 하층민으로 충원된 보병이다 보니 이들의 무력이 강해지면, 전통적 귀족 집단인 사무라이의 존재이유가 없어지고 만다는 것이 이유였다(주경철, 2009: 308, 311, 313).

일본 사학자 다시로 가즈이는 영주나 쇼군들이 나서서 수입대체상품을 만들고, 산업을 발전시키려는 일련의 행동에 대해 "근대산업의 산업패턴과 유사하다"라고 평가하고 "18세기 초반에 이를 실천하고 시도했다는 사실이 주목할 만하다"라고 지적했다.

강진아 경북대 교수는 수입품들이 일본의 수공업과 상업을 발전시켰다는 시각을 제시했다. 일본은 16세기에서 중국과 조선에서 필요한 물품을 수입해 국내에 유통시킴으로써 일본 내부에서 막대한 수요를 불러일으켰다는 것이다. 수요가 있어서 대량 수입이 지속될 수도 있지만, 역으로 대량 수입을 통해 선진 공산품에 대한 소비층이 확산되고 안정적 시장이 형성돼 이를 바탕으로 충분한 내수시장이 확보되자 국산화를 통해 수입품을 대체했다는 것이다. 즉, 중국과 조선의 상품들이 일본에 유입돼 수요를 자극하고, 시장규모가 확대되고 상업 조직이 정교화됐다는 설명이다. 18세기 일본은 수입품에 대한 기술 자급을 이루면서 생산-소비-성장의 선순환으로 국내 산업과 상업이 발전할 수 있는 토대를 마련했다(강진아, 2005: 57, 61~62).

조선의 왕실과 조정은 사치품을 금지시키고, 성리학의 이념에 맞추어 상업의 발달을 억제했지만, 일본은 수입 대체상품을 개발하고 국부를 확보하기 위해 노력했다. 1960~1970년대 한국에서 만났던 지도자 상이 일본에는 16~18세기에 이미 존재했던 것이다.

조선·중국·일본의 쇄국은 수준이 달랐다

19세기 흥선대원군이 나타나기 전에 조선은 공식적으로 쇄국(鎖國)을 선언한 적이 없다. 그러나 조선 전체를 이전 왕조인 신라나 고려와 비교하거나, 같은 시기의 중국이나 일본과 비교해 보면 쇄국의 수위가 높았음은 명백하다.

고려는 수도 개경 근처 벽란도를 개방해 송나라는 물론 아랍과도 무역을 했다. 일본과 교역하는 곳으로 부산이 있었지만, 이를 제외하고 국제 무역항을 가지지 못한 조선의 경제적 지위에 대해 생각해보게 된다. 송나라와 원나라와 밀접했던 고려의 세계교역에서의 지위는 중원을 지배했던 두 나라와의 교역 상대국을 살펴봄으로써 유추해 볼 수 있다.

송나라와 원나라가 해상무역을 통해 맺은 국가와 지역이 140여 개국으로 서아시아와 아프리카도 무역상대 지역에 포함됐다. 당시 송나라와 원나라에서 해상무역이 발달한 이유는 서북부에서 빈번한 전란이 일어났기 때문이다. 실크로드를 통한 무역이 어려워지자 항해기술과 선박제조기술이 발달한 것이다. 송나라와 원나라와 긴밀한 관계를 맺어온 고려도 국제 해상무역의 일원이었다. 남송 건국 직후 해상무역에서 얻는 수입이 한 해 재정수입의 15%를 차지했다고 한다. 당시 국제항구로는 상하이와 취안저우(泉州), 광저우가 있었는데, 취안저우가 가장 컸다. 13세기의 마르코 폴로가 "세계 최대 항구. 상인들이 구름처럼 모이고, 진주, 보석 등이 끝없이 쏟아져 놀랍다"라고 기록할 정도였다(류웨이·장첸이, 2009: 262).

이렇게 대외 개방적이던 중국은 명나라 왕조가 들어서면서 중국 상인들이 해외와 교역하는 것을 제한하는 등 폐쇄성을 띠게 된다. 개국 이후 14세기 내내 무역에 대한 일련의 제한들이 시행됐는데, 일테면 1394년 민간에서 외국 향수나 다른 제품들을 사용하는 것을 금했다. 해외무역은 중국과 조공 관계를 유지하는 것으로 한정했다.

그러나 왜구가 발호하는 등 주변 국가들로부터 무역의 압력이 커지자 1567년 무역금지령은 부분적으로 철회됐다. 푸젠성의 한 항구를 동남아시아 교역에 종사하는 중국의 개인 상인에게 개방한 것이다. 매년 90척으로 정크선의 수를 제한하고 수입품에 관세를 부과했다. 이 시기에 중국인들이 동남아 전역으로 이민을 가서 '화교'가 생겨나기 시작했다(로이드 E. 이스트만, 1999: 175). 또한 이른바 감합무역이라는 무역면허장 제도로 교역을 통제하고자 했다.

유교가 지배적인 중국 사회에서 상인의 지위나 신분은 사회의 최하위였지만, 상업활동은 많은 부를 가져다줬기 때문에 여러 제약에도 불구하고 상인이 되려는 사람이 많았다. 명나라 말기에 무역금지 법령이 다시 발효됐다. 1620~1660년 사이 세계 무역의 불황은 주로 아메리카 대륙에서 중국으로 들어오는 은의 흐름을 막았기 때문이라는 해석도 나왔다.

2005년 중국 정부가 발행한 정화함대 600주년 기념우표

명나라가 망한 뒤에는 청나라와 대항했던 중국인 아버지와 일본인 어머니 사이에서 태어난 정성공(鄭成功, 1624~1662, 유럽이름 '콕싱가')은 영웅 해적으로, 화교(華僑)라고 불리는 첫 번째 중국인 집단을 만들었다. 이런 대청 대항세력에 맞서 청나라는 1660년 거주민을 해안에서 10리 가량 내륙으로 철수시키고, 해안마을을 불태우고 주민들의 배를 파괴했다. 중국 정부가 해상무역을 막아서자 동남아시아와 동아시아에서의 공백을 포르투갈과 스페인, 네덜란드 상인들이 메우게 되었다. 청나라가 1683년 정성공의 근거지인 대만을 정복한 뒤 해외무역은 허용됐지만, 이민은 해외 중국인 거류지가 반정부 세력의 근거지가 된다는 우려로 허용되지 않았다.

청나라는 해외무역을 조절하기 위한 상인조합인 공행제도를 유지하면서, 고립주의를 택했다. 그러나 1757년 광둥을 해외무역을 할 수 있는 유일한 법정 항구로 열어 놓았다(데이비드 문젤로, 2009: 34~35).

중국은 16세기 중엽 명나라 때 일본인을 중심으로 구성된 해적들인 왜구의 피해를 막기 위해 중국인·일본인 상인이 항구를 들락거리는 것을 막았다. 그러나 중국의 해금정책에도 불구하고, 해양무역의 주도자로서 서양인들이 나타나면서 상황이 변화했다. 그 시작 테이프는 1514년 포르투갈 상인이 끊었다. 포르투갈 상인들은 처음에는 광저우와 푸젠성의 많은 항구에서 교역을 했지만, 1535년 이후 마카오에 집중했다. 포르투갈 상인들은 1557년까지 중국의 지방 행정당국으로부터 거주를 허가받지 않고 무단거주 했다. 1560년대 마카오에 거주하는 포르투갈인은 900명이었다. 그 후 중국과 교역을 시도한 나라는 스페인(1575년), 네덜란드(1604년), 영국(1635년) 등이다.

중국은 자급자족 경제였기 때문에 해외무역이 전체 경제에서 차지하는 비중이 극히 주변적이고 제한적이었다. 때문에 무역수지는 중국에게 절대적으로 유리했는데, 역사학자 슈르츠(W. L. Schurz)는 16세기 뉴 스페인에 들어간 중국비단에 대해 이렇게 서술했다.

"아름다운 실, 광둥 비단, 꽃무늬의 광둥 견직물(스페인 사람들은 이를 '봄의 계절'이라고 불렀다). 벨벳, 호박비단, 명주, 금실과 은실로 채색된 비단 등의 품목이 있었다. 비단 의복으로는 갈레온 선마다 수천 짝의 스타킹, 스커트, 벨벳 보디스, 외투, 로브, 기모노 등이 있었다. 비단의 침대보, 손수건, 테이블포, 냅킨이 채워졌고, 교회와 수도원의 호화로운 미사복이 포함됐다."(로이드 E 이스트만, 1999: 175~176)

중국과 마찬가지로 일본도 16세기 중반부터 스페인, 포르투갈과 교역했다. 그러나 이 나라들이 적극적으로 가톨릭을 전파하려고 하자, 봉건체제의 붕괴를 우려해 약 100년 만인 1636년 경에 쇄국령을 내렸다.

일본을 제외하면 해양교역을 하지도 않았고, 유럽의 나라들과 바다를 통해 교역을 활발히 한 적이 없는 조선은 19세기 말 개항기를 제외하고는 사실 해금령(海禁令)을 내리거나 할 이유가 없었다. 명나라 또는 청나라가 쇄국령을 내릴 때 정책적 공조를 하며 항시 쇄국령을 내린 상태를 유지할 수 있었기 때문이다.

일본과 중국은 16세기 초부터 유럽과의 교역을 시작했고, 쇄국령이나 해금령을 내린 뒤에도 교역을 지속했지만, 왜 조선은 그러지 못했을까. 가장 쉽게 할 수 있는 지적은 그 당시 유럽인들이 조선을 찾아오지 않았다는 것이다. 그러면 외국에 개방하지 않은 것이 우리의 뜻이 아니기 때문이다.

실제로 국사를 전공하는 학자들 중에 일부는 조선이 개방적이지 않았던 것이 아니라, 외국인들이 찾아오지 않았기 때문에 개방할 수 없었다는 의견을 내기도 한다. 지리적으로 조선의 위치가 궁벽지고, 해류가 조선으로 흘러들지 않았다는 것이다. 이를테면 한영우 서울대 명예교수는 다음과 같이 말했다.

"조선후기 기술문명이 청나라나 일본보다 뒤진 것은 서양인들이 조선을 교역국으로 생각하지 않고 찾아오지 않은 것이 주된 원인이었다. 청과 일본이 문호를 서양에 개방한 것이 아니라, 서양이 능동적으로 찾아와

문호를 열어 놓았던 것이다. 이것은 지리적 요건이 가장 크다".(한영우,
2010: 120).

그러나 당시 바다에서의 항해술이라는 것은 아무리 나침반이 있고,
대형 선박이라고 해도 먼 바다로 나가면 위험해지기 때문에 항해를
할 때는 육지를 중심으로 항구와 항구들을 연결해서 옮겨가기 마련이
다. 중간 기항지들이 존재하는 것이다. 태평양을 건넌 마젤란도 섬과
섬들을 연결하고 이어서 옮겨가면서 항로를 개척했다. 바닷길을 통하
려면 일본을 거칠 수밖에 없었다고 하더라도 이웃나라 조선을 찾지
않은 이유가 무엇인지 정치 사회적 이유와 경제적 이유를 잘 생각해
봐야 한다. 일본이나 중국에 도달했던 유럽인들은 조선의 존재를 모
를 수가 없었다. 1590년대 제작된 서양의 세계지도에도 코리아는 중
국 옆에 섬이나 반도의 형태로 그려져 있다. 따라서 한영우 교수가 지
적한 '서양인들이 왜 조선을 교역국으로 생각하지 않았을지'를 고민
해야 한다.

스페인과 포르투갈은 종교개혁으로 개신교가 유럽에서 광범위하
게 확산되는 상황에서 아시아를 새로운 가톨릭 선교지로 정했다. 따
라서 그들로서는 조선이 극동의 구석에 있다고 해서 선교에 태만했
을 리는 없다. 21세기 한국의 기독교인들이 교전 중이거나 테러의 위
협이 있음에도 불구하고 중동이나 그 밖의 이슬람 국가에 선교를 떠
나는 것과 비교해 보면 된다.

조선도 18세기 초에는 자신의 존재를 서양에 널리 알릴 기회가 있
었다. 그러나 그 시기를 놓쳤다. 1668년 조선의 존재를 유럽에 처음으

로 소개한 문헌《하멜표류기》는 네덜란드어판과 영어판, 프랑스어판, 독일어판으로 발간됐지만, 그것은 최초의 소개서일 뿐이다. 조선 후기의 사회와 풍속, 생활을 이해하는 귀중한 자료지만, 책 한 권으로 유럽 지식인층 전반에 또는 대중에게 조선을 알렸다고 보기는 어렵다.

조선후기의 학자 이기지(李器之, 1690~1722)는 1720년 아버지 이이명(李頤命, 1658~1722)이 숙종의 서거를 알리기 위한 고부사로 청나라에 갈 때 자제군관 자격으로 수행했다. 그는 그때의 기록을《일암연기》로 남겼다.

그는 아버지를 따라간 사행에서 서양인 신부 쾨글러(독일), 사우레스(포르투갈) 등을 만나 천주교와 천문, 역산에 관한 서적을 얻어왔다. 그는 9월 18일 북경에 도착해 11월 14일 떠날 때까지 55일간 머물면서 20여 차례 서양인들과 대화를 나눴다. 북경 도착 나흘 만에 남당을 방문해 처음으로 천주상, 자명종, 천리경, 만년필, 성냥 등을 보고 정신적인 충격을 받았다. 당장 선교사들을 사신의 관아로 초청해 필담을 나눴다. 5일 후인 9월 27일에는 아예 통역을 대동하고 아버지와 함께 천주교당을 방문, 선교사들과 대화를 나눴다. 다음날 선교사 일행이 숙소로 찾아와 서양책을 사신 일행에게 선물했다.

이에 정사인 이이명은 며칠 후 편지를 보내 혼천의, 유리청와, 역법 세차 등의 제조방법을 알려줄 것을 청했다. 사신 일행이 조선의 실력자임을 안 선교사들은 조선의 지도, 천문도서, 서양서, 서양화, 향수, 고약, 자명종, 잠열 등을 선물하면서 육로와 해로를 통한 조선 입국의 방법과 가능성을 타진했다. 또 천주교당을 서울에 세우고 싶다는 의견도 밝혔다. 이에 이기지는 국가의 허락이 있어야 가능하다고 답한 뒤 역법에 관한 책을 구입하려고 했으나 중국 조정이 유출을 금해 얻지 못했다.

이기지의 10월 28일 일기엔 선교사 백보(白晋)가 백두산 정계비의 중국쪽 책임자인 목극등과 함께 백두산에 올라 조선 땅을 본 적이 있음을 적시하고 있다. 백보는 1712년(숙종 38년) 조선과 청나라가 백두산정계비를 세울 때 청국 일행의 일원으로 참여했던 것이다. 서양 선교사들의 조선에 대한 관심이 어느 정도인가를 알게 해주는 대목이다(이상주: 2009).

이런 기록 등을 살펴보면 조선도 중국이나 일본보다는 늦었지만, 18세기 초라도 서양에 자신의 존재를 알릴 수도 있었다. 청나라 북경에 있는 서양 선교사들과 조우했던 조선시대 사신들은 서양의 과학에 매료됐지만, 이들이 조선 왕실과 지배계층으로부터 환영받지 못할 것임을 잘 알았기에 이들의 입국에는 소극적이었다. 특히 조선 후기는 주자학이 아니면, 사문난적(斯文亂賊)이라고 해서 모두 이단으로 취급하기 때문이다.

결국 한 나라의 개방성과 포용성 여부를 결정하는 것은 조선의 일부 선진적이거나 진보적인 학자와 관료들에 좌우되는 것이 아니라, 그 사회 지배층의 확고한 의지나 태도에 달려있다. 그런 점에서 조선 후기는 새로운 세계와 문물을 받아들일 자세를 갖추지 못했다.

경제적 관점에서 보면, 이윤을 추구하는 상인자본들은 이윤이 확보되면 그 대상이 멀리 있든 찾아가기 어렵든 상관없이 달려가기 마련이다. 흔히 유럽의 15세기 말 '대항해'와 '지리상의 발견'의 배경으로 서양인들의 개척정신과 용감한 정신, 모험에 대한 욕구 등을 든다. 공식적인 그런 면과 함께 비공식적으로는 '인간의 탐욕'에 신세를 지고 있다.

유럽의 선원들이 죽음을 무릅쓰고 세계를 향해 나아가려고 한 심리적 요인의 근저에는 동쪽 어딘가에 에덴동산이 있다는 신앙적 이유와 황금의 나라라고 알려진 인도를 찾아 부자가 되겠다는 세속적 이유가 있었다. 페레르 가문은 황금을 찾아 떠났고, 비발디 가문은 고가의 이익을 보장하는 향신료를 찾아서, 세비야의 라스카사르 혹은 페라사 가문은 노예를 찾아 떠났다. 카나리아 제도 정복사업에 참여한 장 드 베탕쿠르는 세비야에서 자신을 '카나리아의 국왕'으로 선포하기도 했다. 여기에 지구 전방의 풍향 시스템을 재구성하는 등 과학기술의 발전이 이들을 대항해로 몰아넣은 것이다(주경철, 2009: 136~137).

사정이 그러하니 '대항해'를 통해 신대륙을 발견하고 태평양 항로를 개척해 놓고 그 결과를 지도로 만들어 전 유럽에 공급했던 포르투갈, 스페인, 네덜란드 상인들이 조선이 지리적으로 구석에 있다고 해서 찾아오지 않았다는 분석은 작은 마음의 위로가 될지언정 논리적인 해석이라고 받아들이기는 어렵다. 조선이 통일신라나 고려처럼 '황금의 나라'라고 계속 알려져 있었다면, 그들이 조선을 외면할 수 있었을까. 조선의 어떤 물품이 매력적이었더라면 이웃나라인 중국과 일본에 상관을 만들고 교역하던 스페인과 포르투갈은 물론 17세기 제해권을 장악한 네덜란드와 영국 등이 당장 찾아왔을 것이다. 그러나 조선은 점차 '황금의 나라'라는 과거의 영광을 잃어갔다.

결과적으로 조선에는 서양 상인들을 유혹할 만한 상품이 없었던 것이다. 19세기 말 조선을 방문한 외국인의 눈에 비친 극빈국(極貧國) 조선은, 17~18세기에도 마찬가지가 아니었을까 추정해 본다.

중국은 이미 송나라 때부터 실크로드를 통해 아라비아 상인들과 교역했고, 도자기와 비단을 유럽에 팔았다. 18세기에는 중국산 수출상품에 홍차가 추가됐다. 화려하고 이국적인 이런 중국산 물건들에 대해서는 서양에서도 잘 알고 있었다. 일본도 16세기에 유럽과 교역을 시작한 이후 도자기와 칠 가구, 우키요에, 일본산 비단 등을 팔았다.

유럽의 왕실과 귀족들이 환호할 만한 수출 상품이 없었다는 이유를 제외하고, 16~18세기 서양과 동양이 활발히 교역하고 문물을 주고받던 시절에 조선이 소외된 이유를 설명하기 힘들다. 유럽 상인들에게 인도, 태국, 미얀마, 인도네시아, 말레이시아 등은 유럽인들에게 고가의 이윤을 보장하는 후추, 정향 등 향신료와 마호가니, 티크 등 아름다운 가구를 만드는 나무들의 나라였고, 중국과 일본은 도자기, 실크, 우키요에 등 예술의 나라였던 것이다.

주요 아시아 국가들은 아시아 지역 내 교역은 물론 서양과의 교역을 위해 항구들을 개방해 국제항구로 발전시켰다. 같은 시기에 조선은 이렇다할 만한 국제적 항구를 만들어내지 못했다.

일본은 1630년대 공식적으로 쇄국을 선언한 뒤에도 국제무역항으로 나가사키를 열어 놓았다. 해외무역의 끈을 놓지 않았다. 쇄국정책을 선언한 에도시대에도 4개의 해외무역 창구가 있었다. 나가사키와 대마도(쓰시마), 사쓰마번, 마쓰마에번이었다. 에도 막부는 나가사키를 막부 직할지로 하고 중국인 상인들만의 특별거주지를 만들었고,

나가사키 앞바다의 작은 인공섬 데지마(出島)에는 네덜란드 상인의 거류지를 만들었다. 이들과 일본인은 교류를 제한하면서 무역을 했다. 생사, 견직물, 약제, 설탕을 수입하고, 금은동과 도자기, 해산물을 수출했다. 해외정보를 수집해 유럽이나 중국의 정세가 나가사키를 통해 전해졌다. 쓰시마는 조선의 부산 왜관을 통해 교역을 250년간 평화롭게 진행했다.

사쓰마번은 1609년 류큐(오키나와)를 침공해 지배하에 두었다. 류큐 왕국은 사쓰마번의 지배하에 있으면서 계속 중국과의 조공-책봉 관계를 유지했다. 중국 푸저우(福州)에 설치된 류큐관을 통해 무역했다.

마쓰마에번은 홋카이도 남부에 있는 번인데, 원주민인 아이누족과 교역을 통해 아이누 사람들이 아무르강 유역에서의 교역으로 입수한 중국 남부에서 생산한 견직물을 들여왔다. 이런 무역 통로를 활용해 무역 이외의 정보수집도 게을리하지 않았다. 네덜란드 상인에게 입수한 서적과 중국 서적을 통해 서구학문의 사정을 어느 정도 파악할 수 있었다(정형: 2009: 73). 이런 점에서 보면 막부의 쇄국령은 에도 막부가 다이묘들의 재정능력을 축소하고 그들을 지배하에 두면서 해외무역의 이익을 독점하기 위한 것으로 이해할 수 있다.

일본은 중국과의 사무역을 통해 최첨단 고급기술을 이전받고 정보도 획득했다. 사무역이나 밀무역을 영위하는 영리적 집단을 산업스파이로 활용해 기술을 빼낸 것이다. 네덜란드 등 유럽 상인들도 새로운 기술과 정보의 제공자였다. 특히 일본의 면화 재배 및 생산, 일본식 채색 도자기의 개발, 비단 등의 자급화 과정에서 유용한 기술을 전해준 것은 일본을 방문했던 중국 상인과 서구 상인들이었다(강진아,

2005: 64).

 명나라에 이어 청나라도 계속 대외무역을 제한했지만, 중국 상품에 대한 해외의 수요가 줄어들지 않았다는 것은 조선과 달랐다. 17세기 초 매년 58~80톤의 은이 라틴아메리카에서 중국으로 유입됐고, 18세기에는 매년 230톤으로 늘어났다. 라틴아메리카 은의 유입은 1800년대 초까지 계속 증가했다. 18세기에는 유럽시장에서 비단, 차, 도자기 등 중국 상품에 대한 수요가 커지고 있었다. 수출이 늘어나니 당연히 중국 내부에서 부도 축적되었다.

 1684년 이래 중국의 국제무역은 16세기 규모를 크게 앞지르며 팽창했다. 1720년대 초에서 1760년대까지 무역량은 5배가 증가했고, 18세기 말까지는 8배가 늘었다. 이런 팽창은 중국의 비단, 차, 도자기가 아시아 주변 국가와 유럽에 더 많이 수출되었다는 의미이다. 유럽의 수출상품은 중국시장에 거의 침투하지 못했다. 17~18세기 라틴아메리카에서 생산된 은의 70%가 유럽으로 흘러들어갔는데, 이중 40%가 다시 중국과 인도로 재수출되었다(강진아, 2005: 43).

 블랙홀처럼 전 세계 은을 빨아들이던 중국이 은 순유출국으로 돌아선 것은 아편전쟁 15년 전인 1826년부터였다. 중국에 아편이 수입되기 시작했고, '아편굴'과 같은 단어가 만들어질 정도로 아편은 중국의 문화양식이자 유행이 됐다.

 청나라 강희제(재위 1661~1722) 시절 포르투갈 상인들이 매년 200상자 정도의 아편을 들여왔다. 그때만 해도 아편은 고가의 진통제로 부자만 사용할 수 있는 약품이었다. 1781년 영국 동인도회사는 중국무역을 독점한 뒤 인도의 벵골산 아편을 대량으로 중국에 수출했다. 중국에서 일반인들까지 아편 흡연이 확산됐다. 아편의 가격이 싸졌고, 중국인들은 손님접대 용품으로 쓸 정도로 아편을 남용하기 시작했다. 1818년에는 인도 비하르주의 수도인 파트나에서 싸고 강력한 효과를 내는 파트나(Patna) 아편이 개발됐다. 1836년 인도의 아편 수출은 그 나라 전체 수출액의 3분의 1을 차지했다. 엄청난 양이다.

영국은 중국산 차를 우아하게 마시기 위해 중국산 도자기도 수입해야 했다. 수입대금으로 은을 유출해야 했던 영국으로서는 아편을 통해 무역역조를 개선해 보려고 시도했다. 같은 해 중국의 아편 수입액은 1,800만 달러로 증가한다. 아편무역 연구자 칼 트로키에 의하면 "19세기 단일 교역품목 중 가장 큰 것"이었다고 한다. 아편 수입은 1839년에 4만 상자까지 증가했다(주경철, 2009: 267~269).

청나라가 대외개방을 한 결과 영국과의 1, 2차 아편전쟁(1840년, 1856년)이 일어나고 서양의 반(半)식민지로 전락했다고 오해할 수도 있다. 그러나 이것은 새롭게 닥친 위기에 대해 청나라 왕실이 무감각하거나 적절하게 대응하지 못했기 때문이다. 서양을 야만의 나라로 바라본 중화주의적 태도로서는 새롭게 발생한 변화에 적응하기 어려웠던 것이지, 단순히 대외개방의 결과로 등치시키기는 어렵다.

이처럼 16세기 이후 조선, 일본, 중국 등의 쇄국 수준은 완전히 달랐다. 14세기까지 고려는 국제적 국가로서 흠잡을 것이 없었다. 그러나 조선에 들어서면서 국제적 지위를 잃기 시작했다. 그리고 16세기 이후로 아무도 쳐다보지 않는 '조용한 은둔의 나라'가 됐다.

설상가상으로 조선은 1644년 명나라 멸망 이후 항청복명(抗淸復

明)이란 명분으로 18세기 중엽까지 거의 150년간 선진문물의 통로인 청나라를 거부했다. 한반도의 국가들은 지리적으로 일본보다 중국에 가까워 문물을 먼저 획득하고 정치, 경제, 문화적으로 앞서갈 수 있었던 장점을 스스로 저버린 것이다. 반면 일본은 중국과도 꾸준히 교역했을 뿐만 아니라 유럽에서 들어오는 문물을 직접 받아들이는 혁신적인 태도를 유지했다.

인구증가와 구황작물의 전래

근대 이전 한 나라의 경제적 수준이나 생산력을 평가하는 일반적인 척도 중 하나는 인구다. 18세기 산업혁명으로 증기기관이 발명되기 전에는 노동집약적 농업 등에 말과 소 등 대형 동물들과 인간의 노동력이 생산력을 결정했기 때문이다. 따라서 인구가 많았다는 의미는 그 사회의 생산력이 높았다는 증거이기도 하고, 역으로 그만한 인구를 부양할 만큼 농업생산력이 늘어 식량을 확보하고 있었다는 이야기도 된다.

미국의 자연사박물관을 둘러보면 18~19세기 남북 아메리카의 생산력이 높은 단계까지 발전하지 못했음을 보여준다. 한때 황인종인 원주민들이 열등했다는 식으로 악용됐지만, 최근에는 북아메리카와 남아메리카에는 말이나 소와 같은 대형 동물이 없어 생산력을 충분히 끌어올리지 못했다는 연구들이 속속 나오고 있다. 1만 년 전 홍적세 빙하기에 아메리카의 대형 동물들이 멸종한 탓이다.

1만 년 전 홍적세 빙하기를 뚫고 말이나 소 등 대형동물이 살아남은 지역은 유럽과 아시아였다. 남북 아메리카와 오스트레일리아, 아프리카 등에서는 대형동물이 대부분 멸종했다. 우크라이나에서 말을 길들인 것은 약 BC 6천 년이고, 말이 가축화된 후 BC 2천 년쯤 서유럽에 등장했다. 아라비아와 서유럽에서 잘 성장한 말과 소, 돼지 등이 홍적세 이후 신대륙인 아메리카에 다시 등장한 것은 16세기다. 대항해에 나선 포르투갈과 스페인이 아메리카 대륙에 이들을 퍼뜨린 것이다. 남아메리카에서 1518년 스페인 왕에게 제출된 보고서에는 남아메리카(멕시코 북부, 아르헨티나 풀밭)에서 스페인 등에서 배로 신대륙에 온 돼지와 소가 놀랍게 번식했다는 기록들이 나온다.

말은 초기에 번식 속도가 느렸지만, 16세기 말에는 부에노스아이레스 주변의 평원이 야생말 천지였다고 한다. 18세기 중엽 말은 남아메리카 원주민들의 가축 도둑질과 매매 등을 통해 자발적으로 멕시코를 거쳐 캐나다까지 퍼져나갔다(앨프리드 W. 크로비스, 2009: 62~63, 83). 말을 자유자재로 타고 다니며 백인을 공격하던 서부영화 속의 인디언들에게 익숙한 사람들은 18세기 이전까지 북아메리카에 말이 없었다는 점을 언뜻 이해하기 어려울 것이다. 하지만 북아메리카 인디언들은 18세기 전에 말이 없었다.

동식물의 가축화, 작물화는 더 많은 식량을 생산하고 더 많은 인구를 확보함을 의미한다. 사회문화의 발전은 잉여식량이 발생하고, 또한 일부 지역에서 말과 소와 같은 대형동물을 이용해 이 같은 잉여식량을 운반할 수 있는 수단이 생겨나야 한다. 정치적으로 중앙집권화가 진행되고, 사회적으로 계층이 발생한다. 대형동물의 가축화와 식물의 작물화는 경제적으로 복잡하고, 기술적으로 혁신적인 정주형 사회로 발전하는 데 필요한 선행조건이었다(재레드 다이아몬드, 2009:

125~127). 즉, 북미의 인디언들은 백인들보다 열등했기 때문에 중앙 집권적 정치체제를 만들지 못한 것이 아니라, 자연환경과 조건이 적합하지 않았기 때문에 부족사회 이상의 발전을 이루지 못했던 것이다.

근대 이전의 인구 수는 밀과 쌀 등 주식의 생산력에 달려 있었다. 따라서 농업이 주된 나라에서 여아보다 남아의 출산을 요구하고 축하한 것은 남자가 가진 노동력이 여자보다 더 컸기 때문이다. 밀이나 쌀 등 주식이 아니더라도 생명을 유지시킬 수 있도록 하는 작물은 감자, 옥수수, 고구마, 땅콩 등이다. 이들 작물이 16세기 이후 아메리카에서 유럽과 아시아에 전래되기 시작해 21세기에는 세계를 먹여 살리고 있고, 세계 식량의 3분의 1을 차지하고 있다.

임진왜란 이후 조선 말까지 조선후기의 인구는 적게는 8백만 명, 많게는 1천 3백만 명이었다고 추정된다. 임진왜란과 병자호란 등으로 인구가 급격히 줄고 많은 농경지가 황폐화됐다. 17~18세기 대홍수와 가뭄으로 인한 기근(1696년, 1697년, 1734년, 1737년, 1794년)과 전염병의 유행(1663년, 1668년, 1708년, 1742년, 1770년)으로 인구가 크게 늘지 못했다.

일부는 조선 후기인 순조 무렵에 1천 8백만 명까지 인구가 늘어났다고도 주장한다. 병자호란 뒤인 1650년 인구가 다시 증가해 1680년 임진왜란 직전 수준으로 회복해 약 1천 4백만 명에 이르고, 18세기에 1천 850만여 명에 도달했다는 것이다(이세영, 1998: 195~224). 그러나 일반적으로는 조선후기의 인구는 8백만~1천 3백만 명이라는 것이 정설이다.

유럽과 아시아에서 17~18세기 인구증가의 가장 중요한 변수는 농업 생산성의 증가와 감자, 고구마 등 구황작물의 확보였다.

북유럽의 예를 보자. 감자는 1560년 남미 잉카제국의 금은보화를 스페인이 강탈해갈 때 유럽에 딸려간 식물이었다. 초기에는 '악마의 식물'이라고 폄하했지만 17세기에 폴란드와 러시아 등에서 대대적으로 감자를 심어 먹기 시작했다. 그 무렵 감자가 없었다면 북유럽은 1750년 이후의 인구증가를 감당할 수 없었다. 특히 산업혁명 초기 100년 동안 가난한 근로자들이 무엇을 먹고 살 수 있었을지 의문이다.

유럽인의 주식인 호밀은 수확이 많지 않았다. 특히 호밀밭은 지력 회복을 위해 휴경해야 하는데, 이때 유럽의 농부들은 감자나 옥수수를 심었다. 옥수수는 1670년 포르투갈 북부와 프랑스 남부에서 '스페인의 밀'로 불리며 가난한 사람들의 양식이 됐다.

감자를 가장 먼저 주식으로 받아들인 나라는 영국의 식민지였던 아일랜드였다. 17세기에 영국은 아일랜드를 식민지로 삼았고, 아일랜드 농부들은 소작민으로 전락했다. 수확한 밀 대부분을 영국으로 보내 식량이 부족해진 아일랜드 농부들은 감자를 대용식품으로 먹고 살았다. 6천㎡(약 1,815평)의 땅에 감자를 재배하면 약간의 우유와 함께 한 가족이 먹고 살 수 있었다. 1754년 320만 명이던 아일랜드 인구는 감자를 주식으로 받아들이며 1845년에는 820만 명으로 늘어났다. 아일랜드 농부의 5분의 2인 3백만 명 이상이 감자를 주식으로 살아갔다. 아일랜드 농지의 3분의 1에서 감자가 재배됐다.

19세기 중엽 미국 이민 길에 올라야 했던 아일랜드 국민의 비극은 이 감자 때문에 발생했다. 1840년 아메리카 대륙의 감자 곰팡이가 유럽으로 들어와 퍼지면서 유럽 전역에서 감자가 썩어들어 갔던 것이다. 감자마름(Potato late blight)병이었다. 1846년에서 1856년 10년간 1백만 명의 아일랜드인이 굶주림과 이와 관련된 질병으로 사망했다. 150만 명이 다른 나라로 이주했다. 아일랜드 인구는 그때 이후로 기근 이전의 수준인 8백만 명 선을 회복한 적이 없다.

아일랜드 사람들은 그 후 무더기로 미국으로 이민을 떠났다. 1847년 이후 굶주림을 피해 이민 간 아일랜드 농부들의 투쟁과 뉴욕시의 형성을 보여주는 영화가 〈갱스 오브 뉴욕〉(2002년)이다. 아일랜드 사람인 윌리엄 포드는 1847년 아일랜드 호크 지역에서 미국으로 이주했고, 1863년에 아들을 얻는데 그가 '미국 자동차의 왕' 헨리 포드다. 사정이 그러하니 미국의 자동차 산업을 이끈 것은 아일랜드의 감자마름병이었다는 분석도 나온다.

감자와 인구증가에 대해 역사연구가 허핑티는 17세기 중국의 상황을 다음과 같이 말하고 있다.

"단위면적당 쌀 생산량 능력이 한계에 도달했던 17세기부터 200년 동안 들어온 작물들은 중국의 식량 증산에 크게 기여했을 뿐 아니라 인구 증가에도 기여했다."(앨프리드 W. 크로비스, 2009: 88~91)

조선의 경우 구황작물인 고구마가 국내에 전래된 시점은 18세기 후반이었다. 구황작물이 전래된 시점과 널리 퍼져 일반화되는 데 걸리는 기간은 전근대의 경우 보통 2세기 정도가 걸린다. 고려 말 문익점이 목화를 가져와 재배에 성공한 것이 14세기 중엽이지만, 이 목화가 면포가 돼서 활성화된 것은 16세기다. 18세기 후반 조선에 전래된 고구마가 전국적으로 퍼져 구황작물로 제대로 역할을 한 시점은 20세기 초였다. 일본에서 근대 개량종이 들어오기 시작하면서부터다(주영하, 2005: 33). 조선의 인구폭발 시점이 일제 강점기가 되는 이유가 고구마의 보급에 있지 않을까 하고 생각한다.

고구마를 조선에 소개한 사람은 통신사로 일본을 다녀온 조엄(1719~1777)으로 알려져 있다. 주영하는 고구마의 존재를 먼저 알았던 것은 이광려였다고 말한다. 이광려는 명나라 책《농정전서》(農政全書)에서 고구마의 존재를 확인하고 그것을 구해오게 부탁했으나 뜻을 이루지 못했다. 이후 일본에 통신사로 간 조엄에게 1763년에 구해 달라고 부탁했다고 한다. 또한 강계현에게 "부산과 동래에 고구마를 재배하는 농가가 있을 것인데, 그들은 그것이 고구마인지 모른다. 그곳을 뒤져서 종자를 구해 달라"라는 요청하기도 했다.

결국 이광려는 고구마 종자를 구했으나 서울에서 재배하는 데 실패했다. 동래부사 강필리는 이광려가 제공한 정보에 자극을 받아 동래에서 직접 고구마 재배해 성공했다. 박제가는 왕실에서 고구마 재배를 권장하도록 상소문을 올리기도 했다. 김장순은 전라도 보성에서 고구마 재배에 열 올리던 사람을 만나 서울서 고구마 재배에 성공했다(주영하, 2005: 32~33).

또 다른 구황작물인 감자는 1824년에 만주의 간도 지방으로부터 전래됐다. 서울에는 19세기 말인 1883년 선교사에 의해 처음 재배되었다.

감자 고구마 등 구황작물의 전래가 너무 늦었고, 17세기와 18세기,

19세기에 혹독한 가뭄과 흉년, 전염병이 지속적으로 이어져 조선후기에도 인구는 크게 늘지 못했다.

중국에 고구마와 감자 등이 전래된 것은 1560년대였고, 일본은 1615년 나가사키 현 북서부에 있던 히라도(平戶)의 영국 상관에서 류큐에서 가져온 고구마를 처음으로 재배해 영주 마쓰라에게 바쳤다는 기록이 나온다. 그 출처가 중국의 속국인 류큐이다 보니 일본에서 고구마를 일명 '당(唐)감자'나 '류큐 감자'로 불렀다(김희영, 2006: 417).

중국과 일본이 감자, 고구마 등의 구황작물을 받아들인 시점이 이르면 16세기에서 늦어도 17세기였다는 점을 감안하면 소통하지 않고 개방하지 않은 조선 후기의 정치사회 체제는 조선의 백성들에게 질곡(桎梏) 그 자체가 아니었을까 싶다. 특히 17~18세기 조선의 심각한 대기근을 감안하면 구황작물이 일찌감치 전래됐더라면 초근목피로 연명하다 굶어 죽어야 했던 조선의 백성들을 좀더 일찍 구제할 수 있었을 텐데 하는 아쉬움이 남는다.

조선에서는 구황작물이 전래되기 전에 식사대용으로 허기를 달래려 오이를 많이 먹었다. '물외'라고 부르는 오이의 원산지는 인도 히말라야다. 고려사에 통일신라 시대에 오이(黃瓜)와 참외(胡瓜)의 재배에 관한 기록이 나온다. 통일신라와 고려 때 해양교역이 활발했던 터라 비교적 일찍 전래됐을 가능성이 높다.《해동역사》(海東繹史)의 기록에는 한반도에 오이가 도입된 시기가 1500년 전, 삼국시대로 더 일찍 전래됐다고 추정한다.

조선 후기에 인구가 크게 불어나지 못한 또 다른 이유로 전염병을 다스리지 못한 점이 손꼽힌다. 조선의 수도인 한성의 인구는 조선말에 이르러도 20만~30만 명을 넘지 못했다. 한성이 왕실과 관료들이 사는 특수한 도시이기도 했지만, 대도시 형성 및 발달의 기본인 상하수도 정비가 이뤄지지 않았던 것을 이유로 꼽기도 한다. 상하수도 정비가 이뤄지지 못하면 많은 인구가 모여 사는 도시는 전염병을 감당하지 못해 발전할 수 없다. 전쟁과 전염병, 가뭄과 홍수로 인한 대기근 등의 이유 때문에 조선 후기에는 생산력의 증대에 필수적인 인구의 증가가 거의 이뤄지지 못했다.

전염병이 인구에 미치는 악영향은 16세기 신세계였던 북아메리카의 사례로 살펴볼 수 있다.

북아메리카의 그 넓은 땅에 1백만 명 정도가 살았던 것으로 20세기 초만 해도 알려져 있었다. 따라서 유럽에서 이민 온 청교도들이 그 땅을 차지하는 데에는 큰 저항이 없었을 것이고, 도덕적으로도 큰 문제가 없었을 것이라고 위안했다. 그러나 20세기 이후 고고학적 연구가 진행되고 초기 탐험가들의 자료를 면밀히 조사한 결과 콜럼버스의 발견 이전 북아메리카에 살던 원주민은 2천만 명을 상회한 것으로 나타났다. 북아메리카 원주민들의 인구수가 20분의 1 이하로 대폭 줄어든 것은 유럽인들과 함께 들어온 전염병 때문이었다.

홍역이나 천연두 등은 신대륙에는 없던 질병이었다. 유럽 이주민들이 아메리카로 들어오자 이런 전염병도 함께 들어왔다. 홍역이나 천연두 등은 대형동물을 가축화하는 과정에서 동물에게서 인간으로 전달된 병이다. 일찍이 그 병원균에 노출된 적이 없었던 아메리카의 원주민들은 홍역이나 천연두가 나돌자 심한 경우 전체 인구의 99%까지 목숨을 잃었다.

가축화된 동물에게서 얻은 병원균들은 나중에 유럽인들이 아메리카, 오스트레일리아, 남아프리카공화국, 태평양의 여러 섬 등지의 원주민들을 정복할 때 결정적 역할을 했다. 총을 쏘지 않아도 병원균으로 원주민들이 몰살당한 땅을 접수하면 됐기 때문이다. 1837년 대평원에 정교한 문화를 가지고 있던 만단족 인디언은 세인트루이스에서 미주리 강을 타고 거슬러온 한 척의 증기선 때문에 천연두에 걸렸다. 불과 몇 주 사이에 만단족의 인구는 2천 명에서 40명으로 곤두박질쳤다(재레드 다이아몬드, 2009: 309).

　11세기 이후 일본의 인구는 굴곡을 겪지만 급격하고 지속적으로 증가했다. 1000년에 3백만~4백만 명에 불과했던 일본 인구는 500년이 지난 1500년에 1천 5백만~2천만 명으로 증가했다. 교역으로 나라를 살찌우던 일본의 1750년 인구는 3천만 명에 이른다. 그리고 20세기 초인 1900년에는 4천 4백만~4천 5백만 명으로 늘었다. 현재 일본의 인구는 1억 3천만 명에 이른다. 심지어 일본은 18세기 자신들의 삶의 질을 유지하기 위해 영아살해와 같은 방식으로 인구증가를 막기도 했는데 자연스럽게 놓아 두었다면 인구가 더 급증했을 가능성이 높다.

　이 같은 인구증가의 추이는 중국에서 더 경이롭다. 경제적으로 풍요로워진 중국의 인구폭발은 놀라운 수준이다. 서기 1000년에 중국 인구는 5천만~8천만 명이다. 명나라 중반인 1500년의 인구는 1억 명을 돌파해 1억 5천만 명까지 추정된다. 명나라 말기에 고구마 감자 등 구황작물이 전래됐고, 옥수수나 고구마는 17~18세기 고원지대로 이주한 농민들의 식사대용이 됐다. 청나라의 황금기를 지나던

	1000년	1500년	1750년	1900년	1975년
중국	50~80	100~150	190~225	400~450	800~900
일본	3~8	15~20	29~30	44~45	111

〈 일본·중국의 인구추이 〉

(단위:100만 명)

출처 : 기시모토 미오·미야지마 히로시, 2008 : 18에서 재작성.

1750년에는 최대 2억 2천5백만 명으로 다시 인구가 2배로 늘어났고, 1900년에는 4억~4억 5천만 명에 이르렀다(기시모토 미오·미야지마 히로시, 2003: 18).

다른 문헌에서도 구황작물이 인구증가에 절대적으로 기여했다고 기술하고 있다. 북송 때 중국 인구는 1억 명을 넘어섰고 청나라 때에는 3억 명에 육박했다. 인구가 급증한 것은 명나라 후기에 4대 작물인 고구마, 옥수수, 땅콩, 감자가 중국에 전달된 덕분이라고 한다. 남아메리카 원산의 이들 작물은 적응력이 강해 여러 지역에서 재배가 가능했고, 쌀의 대체재가 된 것이다(류웨이·장첸이 2009: 236).

현재 13억 명에 이르는 중국의 인구는 세계 제조업체들의 '꿈의 시장'이다. 중국에 T셔츠를 판다고 가정하면, 1인당 1장씩만 팔아도 13억 개를 팔 수 있다. 한국 시장에서는 고작 5천만 개인데 비해 무려 26배의 판매효과가 있는 셈이다. 일본도 1억 3천만 명으로 내수시장이 활성화돼 있고, 그 정도 인구라면 수출업체 입장에서도 버리기에는 아까운 시장이 된다.

인구문제만 가지고 보면 한국 시장은 수출시장으로서의 매력이 떨어진다. 저출산은 국가 경쟁력과 관련해 여러 가지 문제를 유발한다.

한국 기업들도 5천만 명의 한국 인구로서는 내수시장이 활성화될 수 없다고 평가하고 있다. 수출하지 않고 내수시장만으로 기업을 운영하려면 최소 1억 명의 인구가 필요하다고 한다. 생산량이 많을수록 제작 단가가 낮아지기 때문이다.

인구문제는 국내 스포츠시장, 문화시장 등의 발전도 저해하는 요인이다. 스포츠만 예를 들어보겠다. 국내의 프로축구, 프로야구, 프로배구, 프로농구 등은 중국이나 일본의 프로구단과 함께할 수 있는 국제대회를 만들기 위해 애를 쓴다. 현재 한국의 스포츠 소비층이 너무 얇아서 투자대비 수익률이 마이너스이기 때문이다. 그러나 내수시장만으로 충분한 중국이나 일본에서는 한국 체육계의 제안에 별로 관심이 없다. 남한의 인구 5천만 명으로는 지속가능한 경제, 스포츠, 문화는 모두 한계에 부딪힌 상황이다.

구황작물 전래가 늦었든, 전염병과 기근으로 그랬든 정체된 조선 후기의 인구는 조선의 수공업과 상업의 발달에 악영향을 미쳤을 것이다. 소비할 수 있는 내수층이 극히 얇아 대량생산이 곤란했던 탓이다. 내수층이 얇으면 20세기 한국처럼 수출로 부를 축적했어야 하는데, 그러지도 못했다. 네덜란드와 영국, 포르투갈 등 외국상선과 연결됐던 일본과 달리 수출 통로가 확보되지 않은 상태였다. 또한 가내수공업 제품의 품질도 뛰어나지 못했다.

17~18세기 일본 시장에서 각광을 받았던 조선의 면포에 대한 평가도 혹독하다. 19세기말 영어교사로 조선에 왔던 윌리엄 길모어는 "농업 생산물로 면화가 있는데 품질도 좋지 않고 재배량도 적다"라고

평가했다. 길모어는 비단 산업에 대해 "남부 지방에서 뽕나무를 기르는데, 한국은 비단 짜는 솜씨가 서툴러서 천이 아주 얇으며, 중국산 명주와 비슷해서 상품화되기 힘들다"라고 설명했다. 마직물과 관련해서도 조야(粗野)한 아마포가 적잖이 가공된다고 설명했다. 길모어는 또한 "조선의 가구는 독창성은 보이지도 않고 투박하다. 각각의 가구들은 하나의 제품을 아주 정확하게 모방했고, 모든 형태는 정형화됐다"라고 말했다(윌리엄 길모어, 2010: 102~105).

조선은 수세기 동안 가내수공업으로 면포나 비단, 삼베, 가구 등을 만들어왔기 때문에 수출할 만한 상품을 생산할 제조업이 거의 없었다. 이에 대해 또 다른 미국인 엘라수 와그너는 "고운 아마천과 비단부터 깔개, 신발, 밀짚모자까지 집에서 필요한 것을 가정에서 만들었기 때문이다. 집의 가구도 각자의 집에서 직접 만들거나 이웃에게 받아 생산물과 교환했다"라고 확인시켜 주고 있다(엘라수 와그너, 2010: 107).

다시 말해서 그럴싸한 제조업 상품이 없었고, 가내수공업으로 제작하다 보니 전문성이 떨어졌던 것이다. 비슷한 시기에 일본이 유럽에 고가의 정교한 서양식 가구를 만들어 수출했던 것과 비교하면 조선의 질박한 목공예품의 발전 정도를 알 수 있다.

정양모 전 국립박물관장은 조선의 목가구에 대해 "우리나라 목가구 중에는 칠(漆)한 것이 있고, 자개로 장식한 것도 있지만, 일부 권문세가나 부유한 상인들의 안방에서 선호한 것이고, 정말 나무를 사랑한 사람들은 아무 칠이 없는 자연의 맛과 향기를 벗삼을 수 있는 목가구를 사랑했다"라고 설명한다(조선목가구대전, 2002).

권문세가는 자개장이나 칠가구를 사랑하고 나머지 조선 사람들은 칠이 없는 자연스런 목가구를 사랑했다는 이분화한 해석에 동의하기 어렵다. 예쁘고 화려하고 정성이 많이 들어간 물건을 좋아하지 않을 사람이 어디 있으랴. 다수가 좋아해서 대종을 이룰 수는 있지만, 대종을 이뤘다고 해서 권문세가의 안목을 깎아 내릴 수는 없다고 본다.

조선의 조촐하고 소박한 목가구 역시 조선의 도자기처럼 정치적 규제와 경제적 이유 등으로 화려한 목가구를 제작하지 못한 결과일 수 있다. 우리 조상들이 많이 사용했다는 이유만으로 무작정 훌륭하고 세계 최고의 목가구라고 주장하는 것은 억지스럽다. 소박하고 조촐한 목가구를 예찬할 수 있지만, 그것이 조선인 더 나아가 한국인의 본성이자 미감이라고 못 박는 것은 바람직하지 못하다. 조선의 백자를 돌아보듯이 경제적 이유 또한 살펴봐야 한다.

일본이나 중국에는 화려하고 섬세한 칠가구가 많았다. 특히 중국의 가구에는 자개와 각종 보석과 옥으로 화려하게 장식한 가구가 많았다. 얇은 금박지를 박아서 화려하게 장식하는 일본의 마키에도 놀랄 만하다. 중국이나 일본의 가구들은 전문적 기술을 가진 장인들이 만들었다. 반면 조선 목가구가 소박한 것은 조선시대 가구가 전문적 목수들의 작업이 아니라 거의 가내수공업으로 만들어진 탓이다. 마치 미국 서부 개척시대의 가구들이 소박하고 질박한 것과 같은 맥락으로 보면 될 것이다.

일본의 1500년 된 장수기업의 의미

세계에서 가장 오래된 기업은 578년에 설립된 일본의 건축회사 콘고구미(金剛組)이다. 세계의 패밀리 비즈니스 분야의 권위자인 미국의 윌리엄 오하라 브라이언트 대학 명예총재나 영국의 경제전문지 〈이코노미스트〉(2004년 12월 8일자)는 세계 최고(最古) 기업으로 콘고구미를 손꼽았다.

콘고구미의 창업자는 일본의 쇼토쿠 태자의 초청으로 백제에서 건너간 건축가 콘고 시게미쓰(金剛重光)다. 한반도인이다. 그와 그의 동료들은 일본에서 가장 오래된 사찰인 시텐노지(四天王寺)를 593년에 건립했다. 콘고구미의 건축 실력은 이들이 지은 고베시 가이코잉(戒光院, 계광원)의 대웅전이 1995년 고베지진으로 10만 채의 건물이 완전히 파괴됐을 때에도 손상 없이 건재한 일화로 유명하다.

이 대목에서 콘고구미는 역시 우리나라 사람(백제사람)의 기술로 세운 건설회사 아니냐며, 일본 문화의 원조는 모두 한반도에서 건너갔다고 손뼉 치며 흥을 내지 말자. 그럴 일이 아니다. 무려 1500년 이상이나 일본의 사회가 기업을 어떻게 유지할 수 있었느냐에 초점을 맞추었으면 좋겠다.

콘고구미 외에도 일본은 세계에서 가장 오래된 기업 2위와 3위를 보유하고 있다. 708년 창업한 온천 여관업의 케이운칸(慶雲館)과 718년에 창업한 역시 여관업을 하는 호시(法師)이다. 세계 4위의 오래된 기업은 독일의 와인제조 기업으로 786년 창업한 슐로스 요아니스베르크(Schloss Johannisberg)이다. 전 세계적으로 천년 이상 된 기업에 일본의 제과업체 도라야쿠로가와(794년) 등 4개가 추가돼 일본이 7개, 독일이 1개 있다. 일본과 독일이 기술력에서 세계 최고 수준의 나라가 될 수 있었던 배경에는 이런 오래된 기업의 정신들이 면면히 이어진 덕분이 아닌가 싶다.

일반적으로 장수기업이란 창업한 지 100년 이상 된 기업을 말한다. 일본에서 100년 이상 된 기업은 5만 개이고, 200년 이상 된 기업도 3,146개나 된다. 한국에서 가장 오래된 기업은 두산(1886년)과 '활명수'로 잘 알려진 동화약품공업(1897년)이다. 한국과 일본의 장수기업들의 존재와 그 숫자는 일본과 조선의 경제적 수준이 1853년에 개항했느냐, 1876년에 개항했느냐의 문제가 아니라는 점을 보여준다.

일본의 100년 이상 된 장수기업 5만여 개의 창업 시기는 에도시대 이전이 2.0%이고, 에도시대(1603~1867년)가 25.9%, 메이지시대(1868~1912년)가 67.3%이다. 즉, 개항기 이전에 장수기업의 약 28%(1만 4천여 개)가 창업했다.

일본의 장수 기업들은 6~7세기부터 시작된다. 한반도나 중국으로부터 새로운 문물이 전래돼 직물, 금속공예, 도예, 토목, 제과와 관련된 기업들이 창업을 시작한다. 건축회사 콘고구미와 여관업의 호시,

〈 세계 장수기업 현황 〉

국명	기업명	창업년도	업종(제품)
일본	Kongo-gumi(金剛組)	578	건설
독일	Schloss Johannisberg	768	와인
오스트리아	Benediktierstift Admont	1074	목공
이탈리아	Frescobaldi	1106	와인
프랑스	Eyguebelle	1239	와인
중국	Beijing Glazed Products Factory	1267	자기제품
폴란드	Browar Namslow	1321	주류
인도	Neemrana Fort-Palace	1464	호텔
시리아	Zanabili Beg Khan	1510	비누
네덜란드	Christoffel BV	1516	주류
스페인	Codorniu	1551	와인
헝가리	Alföli Nyomda Rt.	1561	인쇄
스웨덴	Berte Qvarn AB	1569	가공식품
덴마크	Hotel Dagmar	1581	호텔
미국*	Zildjian Cymbal Co.	1623	악기
러시아	Tysmenytsia Fur Company, PubJSC	1638	섬유
핀란드	Frenckellin Kirjapaino Oy	1642	인쇄
남아프리카	Rustenberg Wines(Pty)Ltd	1682	와인
크로아티아	Belje D.D`	1697	음료식품
포르투갈	Quinta do Noval	1715	와인
룩셈부르크	Villeroy & Boch Sa'rl	1748	자기제품
칠레	Via Los Vascos S.A.	1750	와인
멕시코	Tequila Cuervo, S.A.	1758	주류
아일랜드	Waterford Wedgwood	1759	유리제품
캐나다	Molson	1786	주류
호주	Corrective Services Industries-CSI	1788	직물
뉴질랜드	Benjamin Bowring Printing	1803	인쇄

* 최초 창업지는 아르메니아 콘스탄티노플, 1929년 미국으로 이전.
출처 : 정후식, 2008 : 7.

제과업의 도라야쿠로가와 등이 이때 창업하여 과거의 전통을 계승하고 있는 기업들이다. 일본 야마토 정권(4~8세기 초)의 쇼토쿠 태자가 백제 등에서 도래한 기술자를 모아서 시나베(品部)라는 세습적 직업 집단을 조직해 적극적으로 활용한 것이 장수기업의 원천이었다. 백제에서 일본으로 기술자들이 건너갔지만, 이들이 고향으로 되돌아가지 않은 것은 아마도 일본의 최고위층이 이들 기술자들을 융숭하게 대접하고 정착할 수 있도록 배려했기 때문일 것이다. 백제도 장인을 소중히 하고 존중했지만, 백제 멸망과 함께 그 정신이 사라진 반면 일본에서는 계승 발전됐다는 추측을 하게 된다.

6세기경 한반도에서 불교와 함께 건축기술, 불상과 불교용품 제작을 위한 금박기술, 나전기술과 먹과 붓의 제조기술이 건너갔다. 일본은 이 기술들을 계속 발전시켜 15세기에는 축성기술에서 놀라운 재능을 발휘한다. 금박기술도 18~19세기에 고도로 세련되고 화려한 일본 마키에가 돼 유럽 수출품으로 활용됐다. 외부에서 기술과 문명을 받아들여 자신들만의 문화로 발전시키고 재창조하는 능력을 드러낸 것이다.

일본이 통일되기 전인 12~16세기에는 다이묘들이 자신의 세력을 확장하려고 광산을 개발하고, 무기를 제조하며, 수리공사와 개간, 도로정비, 특산물 산업들을 장려한다. 이에 따라 전국 각지에서 특산품이 나타나고, 기업 창업이 증가하기 시작했다.

현재 장수기업으로 주목받는 대표적인 기업으로 일본 된장인 미소를 만드는 마루야핫초미소가 1337년 창업했다. 이어 소바의 혼케 오하리야(1465년), 목재품을 만드는 히고시나카바야시 죽재점(1467

년), 제과회사 도라야(1520년), 기모노의 치소(1555년), 총포와 화약을 만드는 다이고쿠야(1555년), 석유제품 도매상인 키치지야 본점(1568년), 스미토모 금속광산(1590년) 등이 창업했다. 14~15세기에 이미 일본인들이 상용하는 두부나 일본식 된장인 미소 등을 전문적으로 만드는 제조업체들이 등장했다는 데서 일본 사회의 상업화 정도와 경제적 수준을 파악해 볼 수가 있다.

전국시대에 치열한 내전을 거치며 국가를 통일한 에도막부 시대에는 정치 사회적 안정을 기반으로 해외에 문호를 개방하고, 상업이 크게 발달하면서 생활필수품, 금융, 수송 관련 분야에서 근대적 창업기업들이 생겨나기 시작했다. 일본 전통술인 약주를 만드는 요메이슈(1602년)나 무라타 안경포(1613년), 세계적인 간장회사 기코만(1630년), 산와은행(三和銀行, 1656년), 금박기술 후쿠다 금속박문공업(1700년), 청주회사 사우라(1724년) 등이 생겨났다.

해외에 연수를 가거나 하면 한국인들이 주로 사먹는 기코만 간장은 지바(千葉)현 노다(野田)에서 8개 가족이 세운 회사에서 만드는 제품이다. 미국·중국·네덜란드 등에 7개 해외공장을 두고 2007년 기준으로 총 4,139억 엔(약 5조 3천억 원)의 매출을 올린 세계 최대 간장기업으로 성장했다. 산와은행은 2002년 현재 합병을 통해 미쓰비시(三菱)도쿄UFJ은행으로 상호를 바꾸었다.

17세기 세계 최초의 선물(先物)거래가 일본에서 이뤄지기도 했다. 17세기 도쿠가와 막부는 지방 다이묘들의 세력 확장을 막으려고 1년 중 6개월 동안을 에도에 강제로 살도록 했다. 쿠데타를 막기 위한 인질로 잡아 놓은 것이다. 이렇게 에도에 묶여 지내던 제후들 중 일부는 경비가 부족해지면 가을에 수확 예정인 쌀을 담보로 물표를 발행해 경비를 조달했다. 이 물표들이 상인들 사이에서 거래되곤 했다. 상인들 중 요도야라는 거상이 있었는데 오사카 근교 도지마에 있는 그의 집은 항상 많은 상인들이 몰려들어 정보를 교환하고 거래를 성사시키는 거래소 역할을 했다. '도지마 쌀거래소'로 이름이 알려진 일본 최초의 상품거래소는 21세기형 선물거래와 일치하지는 않지만 매우 흡사한 기능을 했다(안상수, 2002: 38).

오늘날의 거래소 형태를 갖춘 최초의 선물거래소는 1848년 미국의 시카고에 설립된 시카고 상품거래소이지만, 17세기 일본에서 원시적 형태의 선물거래를 했다는 사실에 깜짝 놀랄 수밖에 없다.

메이지 유신(1868년) 전후로는 스시의 이즈우(1830년)나 전기전자 회사인 도시바(1875년), 가오(花王, 1887년), 미쓰이 금속(1874년), 다이니혼 인쇄(1876년), 다이니혼 방적(1889년), 철도를 따라 역에서 도시락을 파는 에키벤의 스료켄(1888년), 화장품 회사 시세이도(1872년), 가래제거제 용각산을 만든 제약회사 류카쿠산(1871년) 등이 생겨났다.

19세기 말 20세기 초 일본은 메이지 유신으로 서구의 근대적 경제제도가 도입되고, 공업화하면서 후발 산업혁명이 진행된다. 그 무렵에 창업되는 기업들은 세계 최강의 독보적 기술을 차지하는 덕분에 해당 기술 분야에서 세계 시장의 80~90%를 점유하고 있다.

예를 들면 21세기에 반도체용 포토마스크를 만드는 돕판인쇄(1900년), 세계 제1의 철강회사 신일본제철(1901년), 전세계 PDP용 유리기판 시장의 85%을 점유하는 아사히가라스(1907년), 세계

시장 점유율 80%의 DVD용 기판재료를 만드는 데이진(1910년), 세계 시장 점유율 80%를 점유한 하드디스크용 유리기판 제작사 호야(HOYA, 1941년), 액정용 시야각 보정필름 시장 90%를 점유한 후지사진필름(1934년), 디스플레이용 투명수지필름 회사 니혼제온(1950년) 등이다.

일본에 천년이 넘는 기업이 7개, 200년이 넘는 기업이 약 3천 개, 100년이 넘는 기업이 5만 개 등 장수기업이 넘쳐나는 이유는 무엇일까. 정후식 한국은행 해외조사실 부국장은 기업 내부적으로는 창업한 이후 고유의 기술과 노하우를 축적해 놓고 본업의 연장선상에서 기술을 개발하는 장인정신을 지적한다.

일테면 붓펜을 만들어 아시아권에서 히트를 친 구레다케(呉竹, 1902년 창업)는 한반도에서 먹을 전수받고 이 기술을 끊임없이 개발한 결과 먹(카본-탄소) 제조기술을 기초로 깜깜한 산길 도로 등의 길 안내를 위한 '자동발광표지'를 개발했다. 도로 중앙선을 구별하기 위해 점멸하는 '도로등'도 이 회사 제품이다.

얇게 금을 입히는 금박기술 전문회사 후쿠다 금속박문공업(1700년 창업)도 금박기술을 응용해 전해동박(電解銅箔: 전기분해로 동을 얇게 입히는 기술)을 개발했다. 이는 휴대전화의 접는 부분과 내부 배선 기판에 사용되는데 세계 휴대전화기에 사용되는 전해동박의 약 40%를 공급하고 있다.

고구마 전분으로 물엿을 만들던 하야시바라(1883년 창업)는 '꿈의 당질'이라 부르는 트레할로스(Trehalose)를 개발해 저가로 공급하고 있다. 이 물질을 주먹밥, 컵라면, 각종 냉동식품, 과자류, 요구르트 등에 넣어 장기보관하거나, 개복수술 후 발생하는 장기유착 후유증을 막는다든지, 물을 끼얹어 혈액으로 사용할 수 있는 '건조혈액'을 개발해 혈액의 장기보존과 운반에도 기여했다.

일본의 장수기업들은 지역 주민들의 신뢰를 얻으려 최선을 다한다. 2대, 3대로 내려가면서 계속 장사하거나 제품을 팔아야 하므로 소비자나 거래처를 속이거나 배반하는 행위는 사회적으로 용서될 수 없었기 때문이다. 지역주민들과 신뢰를 형성한 우베 홍산(1897년)이나 고자카제련(1884년, DOWA홀딩스로 개명)은 경영위기를 맞았을 때 지역 주민들이 대량으로 주식을 매입하는 등의 도움으로 위기를 모면했다.

상대방의 입장을 먼저 생각하는 가치관도 중시한다. 이익창출 및 매출확대 등에 대한 기업의 신뢰를 유지하기 위한 가치관은 전 종업원에게 숙지됐다. 예를 들면 스즈키 주조점(1689년 창업)은 호황기에 조차 생산량을 전년대비 5%이상 늘리지 않았다. 크게 증산하면 불량품 발생의 가능성이 높기 때문에 신용을 훼손시킬 우려가 있다는 것이었다. 이는 오사카 상인들의 정신적 바탕이자 일본이 경제대국으로 성장하는 기반이 됐다. 이런 기업정신, 즉 오사카 상인들의 정신이 사회적으로 확대돼 일본은 '고신뢰 사회'를 형성할 수 있었다.

일본의 상도(商道)를 집대성한 이시다 바이간(石田梅岩)의 '석문심학'(石門心學)은 '의'를 앞세우고 '이익'을 뒤로 해야 한다는 것이다. 기술이나 솜씨도 중요하지만, 고객이 기뻐할 수 있는 제품을 만들겠다는 마음가짐이 더 중요하다는 의미다. 이런 정신은 일본의 '경영의 신'으로 알려진 마쓰시타 코노스케(松下幸之助) 등으로 계승됐다.

일본에 장수기업이 많은 이유로 외부 침략이 적고, 평화가 유지되는 시기가 길었다는 점도 생각하지 않을 수 없다. 일본은 가마쿠라 시대에 원나라가 침입했던 것과 제2차 대전을 제외하고는 외부의 침입을 받지 않았다. 섬나라의 이점을 누린 것이다. 내전도 전국시대와 메이지 유신 때뿐이었다.

게다가 일본 사회에는 장인을 존중하고 우대하는 문화가 널리 퍼져 있었다. 왕이나 귀족들이 직접 물건을 만들기도 하고, 건축과 도로 공사 등에 직접 참여했다. 일본에서 장인기질이란 말은 상당한 찬사로 이해됐다.

가마쿠라(1192~1333년)시대 이후 권력을 잡은 고위층 무사들이 직접 노동을 하거나 칼, 갑옷, 투구를 제작해 기술자의 위상이 더욱 상승됐다. 1191년에 만든 진자(神社)인 쓰루가오카하치만구(鶴岡八幡宮)을 건설할 때 가마쿠라 막부 초대 장군인 미나모토노 요리토모가 직접 공사를 지휘했고, 그의 장인인 호조 토키마사(北條時政)가 토석을 날랐다. 에도시대의 다이묘 가토 기요마사는 1606년 축성과 치수의 전문가로 구마모토성과 나고야성을 축조하는 등 직접 건축에 참가했다.

데라코야(寺子屋: 에도시대 서민의 자녀들을 가르치던 민간교육기관)에서 높은 수준의 교육이 이뤄져 문맹률이 낮았고, 다신교의 종교관 등으로 다양성이 존중된 것도 일본 장수기업의 성장에 도움이 됐다.

제도적으로는 무로마치 시대 이후 상업이 발달해, 각지에서 누구든 자유로이 상업활동을 할 수 있는 리쿠이치가 출현하여 번창했다. 16세기 중엽 오다 노부나가가 이 제도를 아즈치(安土)성에 도입했다.

도시의 번영을 기하려 한 것이 노부나가의 정책이었다. 아즈치는 수년 만에 수천 명의 인구를 가진 도시로 발달했다. 노부나가는 상업거래에 방해되는 관소도 폐지했다(김희영, 2006: 312).

조선이 백성들에게 자유롭게 상업활동을 허용한 것은 18세기 말, 정조 말년이었다. 18세기 중엽 서울에서는 종루(鐘樓)나 광교통(廣橋通)을 중심으로 하는 시전상가 이외에 남대문 밖의 이현(梨峴)·칠패(七牌) 등지에 새로운 시장이 형성되기 시작했다. 그러나 시전(市廛) 상인들이 상품판매보다 난전을 잡는 데 전념하여 채소나 기름, 젓갈까지도 마음대로 사고팔 수 없게 하자 지방 백성들이 가져오는 사소한 상품을 받아 팔며 살아가는 서울의 영세상인들은 살길을 잃을 정도였다. 금난전권(禁亂廛權)의 폐해였다. 금난전권이란 일부 상인에게 독점판매를 허용한다는 것이다.

금난전권의 폐단이 심화되자 1794년에 정조는 재상 채제공의 건의를 받아들여 육의전(六矣廛) 이외의 다른 시전이 가졌던 금난전권의 특권을 폐지했다. 자유상인과 수공업자들도 도성 안에서 자유로이 상행위를 할 수 있도록 조치한 '통공발매정책'(通共發賣政策)을 발표했다. 이것이 갑인통공이다. 상업을 억제하는 정책을 써왔기 때문에 상업의 발전이 일본보다 3세기, 즉 300여 년 늦어졌다.

18세기 초까지 조선 왕실이 상업을 억제한 사례도 있다. 해양무역은 꿈도 꾸지 않은 조선의 무역은 청나라와의 국경 주변에서 이뤄졌다. 주로 양국 변경의 시장교역으로 중강, 회령, 경원 등 3곳의 시장이 발달했다. 이 가운데 중강후시가 가장 흥했는데 청나라는 후시에 개방적이었다. 1700년 청 조정의 예부는 조선에 공문을 보내 사영시장인 중강후시에 참여하는 중국 상인들에 대해 3%의 영업세를 징수한다고 통보했다. 청나라 왕실이 조선 상인과 청나라 상인 간의 사무역을 공인한 것이었다.

그러나 조선은 중강후시에 반대했다. 이듬해 중국 상인이 백은 3만 냥에 해당하는 비단, 겨울모자, 솜 등을 중강에 운반해왔는데 조선 상인들이 없어 그냥 돌아간 일이 있었다. 1735년 중강에 파견된 청나라 세무관이 조선국왕에게 각서를 보내 중강후시 허용을 청원하기까지 했다. 청나라의 이런 요청에 조선은 적극 금지하지도 않고, 허용하지도 않으면서 어물쩍대며 세월이 지나가기만을 기다렸다(이삼성, 2009: 629).

조선 후기 상업의 발달은 주로 의주상인과 송상(개성상인)들을 중심으로 발달했다. 김주영의 대하소설《객주》를 통해 우리가 익숙하게 알고 있는 장돌뱅이 보부상들은 지금으로 치면 영세상인, 영세자영업자에 불과했다. 17세기부터 18세기까지 의주상인과 개성상인의 숫자가 얼마나 됐는지는 기록이 없다. 조선 후기의 중농주의 정책이 조선의 사회를 얼마나 변화시켰는지를 파악하자면 이들의 세력화 수준을 파악해야 한다.

21세기의 시각으로 18세기의 의주상인과 개성상인들을 돌아보면 이들이 일본의 상인계급처럼 사회적 변화를 적극적으로 추진하지 못했다. 제조업자와 유통업자인 상인은 동전의 앞뒷면처럼 관련이 돼 있는 것이다. 상업이 발전하면 상품을 만드는 기업들이 많이 늘어날 수밖에 없다. 그러나 조선에는 이렇다할 만한 제조업체가 없었다.

조선의 백자나 청화백자 등 최고급 도자기는 조선 조정인 사옹원이 관리하는 관요에서 나온 것들이었다. 자신들의 이름을 내걸고 기업형으로 가마를 운영하던 도공들이 존재하지 못했다. 숙종 때부터 도공들에게 노임을 주고 일을 부렸다는 기록들이 있지만, 수공업적 재능을 가진 사람들은 충분한 대가를 받지 못했다. 도공들은 주로 관요에서 필요에 따라 일하고 남는 시간에 별도의 물건을 만들어 살림을 꾸려나갔다.

금난전권을 가진 시전 상인들은 관리들에게 끊임없이 돈을 뜯기는 등 시달림을 받았기 때문에 그들이 관리하는 수공업자들에게 충분한 사례를 할 수 없었다.

개성상인들이 '신뢰'를 목숨처럼 여겼다고 하지만, 그것이 조선 후기 이후 사회적 가치로 정착되지 못했다. 21세기 한국 사회가 여전히 저신뢰국의 어려움을 겪는 것은 상업의 미발달 탓에 신뢰가 뿌리를 내리지 못했기 때문이다. 조선에서 대한민국으로 건너온 21세기 한국인들이 교역을 통해 형성된 신뢰의 중요성을 깨닫기에는 시간이 충분하지 않았다.

또한 조선의 정책은 상업을 억압했기에 상인들은 기본적으로 관을 끼고 관의 비호 아래 영업을 했다. 상품에 대한 정직함이나 사회적 신뢰를 쌓기보다는 정부의 눈치를 보는 것이 더 많은 이익을 가져다준 셈이다. 또한 육의전과 시전 등은 독점판매권을 가졌으므로 장인들에게 좀더 빼어난 상품을 만들도록 압력을 넣을 필요도, 장치도 없었다. 왕실에 보내는 공물을 제외하고는 공급 자체가 부족하다보니 조잡하더라도 팔려나갔다.

대한민국의 현존하는 기업은 대부분이 1945년 이후, 더 집중적으로는 1960년대 정부의 경제개발 5개년 계획을 전후로 창업됐다. 더 안타까운 일은 정권이 교체될 때마다 특정 지역의 특정한 기업들이 집중적 세무조사를 받으며 몰락한다는 점이다.

사회적 신뢰로 기업을 키워나가기보다는 한탕주의를 선호한다. 음식 맛이 소문나 유명하고 돈 잘 버는 식당을 운영하다가도 프리미엄을 받고 식당을 넘기거나, 유명세에 맞지 않는 음식을 만들어내 '소문난 잔치에 먹을 것 없다'는 속담처럼 허망해지기도 한다. 사회 분위기가 기술이나 특별한 능력에 대해 높이 평가하지 않기 때문이다.

또한 조선 성리학의 사농공상이란 신분제가 한국 사회에 여전히 영향력을 발휘하고 있기 때문이다. 식당으로 돈을 벌어 식당을 물려주기보다는 자식들이 관료나 대학교수, 대기업 임원 등 더 '폼나는' 직업을 갖길 원한다.

언젠가 외식사업을 준비하는 중견기업의 오너로부터 "우리나라 요리사들은 이름이 나면 자기 이름으로 식당을 내고 나간다"라며 불평하는 소리를 들었다. 요리사를 유명인으로 키워 봤자 식당 오너에게 돌아오는 것이 없다는 지적이다. 그 원인이 무엇일까.

우리나라 식당은 요리사 덕분에 식당이 유명해져도 요리사에게 제대로 대우해 주지 않기 때문이다. 요리사가 자신 덕분에 손님들이 몰려들고 덕분에 식당주인은 돈을 버는데, 막상 요리사 당사자는 월급이나 연봉으로 충분히 보상받지 못한다는 생각이 든다면 이들은 어떤 선택을 할까. 스타 요리사들은 경영에 대해 잘 모른다는 위험에도 불구하고 식당을 차린다. 요리사 덕분에 식당이 돈을 많이 벌면, 요리사의 월급도 충분히 올려주고, 대우를 잘해 준다면 어떨까. 요리사는 식당을 차리는 위험과 월급이나 연봉이 주는 혜택을 비교한다. 그러니 식당주인은 요리사가 "차라리 내가 음식점을 차리고 말지"라는 불만을 갖지 않도록 대우해야 할 것이다. 외국에는 스타 요리사들이 주인인 식당도 많고, 또 고용 요리사로 엄청난 대우를 받는 경우도 많다.

중국은 어땠을까. 송나라(960~1279)부터 발달한 수공업은 청나라 때 전성기를 누렸다. 송나라 때부터 중국은 바닷길로 통하는 해양무역이 번성했다. 운하를 따라 발달한 내수 시장도 탄탄했다. 북송 때 이미 인구가 1억 명에 가까웠기 때문이다. 때문에 수공업이 발달하고 운송 등 물류도 활발했고 상업도 발달했다.

송나라 때에 이미 저작권으로서의 상표에 대한 인식도 있었다. 송나라 때의 금은 세공제품에 판매한 점포의 이름, 기술자의 이름이 새겨진 유물이 발견됐을 정도다. 10세기부터 제조업자나 유통업자들이 상표경쟁을 했을 가능성이 있다는 것이다. 이런 경향은 원나라와 명나라로 시대가 진행되면서 더욱 확산됐다. 그 시절 유명한 기술자들은 제품에 자기 이름을 새겨 넣었다. 당시 사람들이 서명이 있는 제품을 더 선호했기 때문이다.

명나라 후기에 국영공장에서 숙련 기술자들이 의무적으로 황실, 관청을 위해 일해야 하는 제도도 사라졌다. 기술자들이 돈 내고 복역을 면제받을 수 있도록 허가하고 조정은 그 돈으로 개인 수공업자들을 고용했다. 덕분에 민간 수공업 공장과 전문 수공업 기술자들이 크게 늘어 수공업이 빠르게 발전했다(류웨이·장첸이, 2009: 250~251). 조선은 17세기 말 숙종 때에 국가가 숙련된 기술자를 고용하는 제도가 생겼다.

기술자들에 대한 국가적 착취가 일찍 사라졌던 중국과 일본에서는 수공업이 발달했다. 반면 조선은 필요하면 농사를 짓는 기술자를 불러오곤 했다. 오랫동안 착취구조 안에 있었던 조선의 기술자들은 신제품에 대한 특허권 등 권리가 없었다. 가내수공업이 발전하지 않은 상태에서 상품의 유통을 담당하는 상업이 크게 발달하기도 어려웠다.

3
사회

중·일보다 3백 년이 늦은 조선의 가톨릭 전파

고려시대에는 멀고 먼 아랍과 교역했다. 통일신라는 10세기 중엽 고려에 나라를 헌납했지만, 11세기 아랍에서 만들어진 지도에도 신라의 이름이 표기된 것을 보면 통일신라 말까지도 아랍과의 교역이 활발했을 것 같다. 역사서에 따르면 아랍인들은 조선 초기에도 조선의 수도 한성을 들락거렸다고 한다(송기호, 2010). 그렇다면 조선의 교역 대상이 중국, 일본, 류큐(오키나와) 등으로 한정되기 시작한 것은 조선 후기인 듯하다.

조선이 건국하며 표방한 사대교린(事大交隣) 정책은 큰 나라인 중국에 복종하고 이웃 나라인 일본 등과 친하게 지낸다는 것이다. 그러나 어느 순간 외교정책의 근간이 중국에 대한 '몰빵'으로 변질됐다. 조선은 명나라 초기의 해금(海禁)정책에 동조했다. 명나라가 부분적으로 해금정책을 폐지했을 때에도 조선은 별도의 태도를 취하지 않음으로써 여전히 해금정책을 유지했다. 소극적이고 명시적이지 않았지만 쇄국상태였다.

명나라는 건국 직후 일본 해적들의 습격이 빈번하자 바닷길을 봉쇄하고 조공무역만 허용했다. 해금령은 명나라가 개국하던 1368년 처음으로 반포됐다. 넓게 보면 명나라에서 청나라로 교체된 1644년을 지나, 청나라가 대만에서 활동하는 명나라 부흥 세력을 완전히 소탕했던 1684년까지 3백 년 넘게 지속됐다(데이비드 문젤로, 2009). 바다를 통한 자유로운 사무역을 막았다는 차원에서의 해금령이다.

특히 역관인 정화(鄭和, 1371~1433)가 인도, 아프리카까지 돌아봤던 '정화의 원정'(1405~1433)을 고무했던 명나라는 이 원정 이후 선박을 파괴하고, 개인이 선박을 만들어 해외 무역에 종사하는 일도 금지했다. 정화의 원정 이후 50여 년 뒤인 15세기 말부터 유럽은 아프리카 희망봉 등으로 '대항해 시대'를 열고, '지리상의 발견'을 시작했다. 그 결과 지구 역사상 최초로 세계적 규모의 동서양 교역이 시작됐다.

조선 후기 고종의 아버지인 흥선대원군이 약 10년간 해안을 봉쇄하는 '쇄국정책'을 발표하기 전까지 조선은 공식적으로 쇄국정책을 편 적이 없다(정수일, 2009). 하지만 조선의 해외교역 상태를 돌아보면 쇄국을 선언하지 않았을 뿐 조선왕조 5백 년 내내 쇄국한 것과 크게 다르지 않다. 특히 동아시아는 물론 동남아시아의 바다를 중심으로 '상업의 시대'가 펼쳐졌던 16~19세기에, 조선은 내부로 내부로만 파고 들어갔다.

16~19세기에 중국과 일본은 대외적으로 문호를 크게 개방했다. 이들 국가는 공식적으로 '쇄국정책'을 선언했지만, 서양과 교역할 수 있는 기회를 완전히 차단하지 않았다. 일본, 중국의 공식적 쇄국정책이 조선의 비공식적 쇄국정책과 다른 이유다. 때문에 중국과 일본은 그 시기에 종교, 문화, 건축, 미술, 무역 등 전 분야에서 유럽과 광범위

긔독도 십자가에 다다
르죄 짐을 벗스니 텬스
가 흰옷슬 닙히다

〈턴로력뎡〉 삽도 제12장면
(크리스천이 십자가에 다다라 죄 짐을 벗으니 천사가 흰옷을 입히다),
숭실대 한국기독교 박물관.

234

하게 교류했다. 가톨릭 등 종교를 전파하기 위해 적극적이었던 유럽의 열정과, 이들이 가져온 서양 문명에 대한 강렬한 동양의 호기심이 결합된 형태였다.

유럽의 가톨릭 전파는 신앙의 문제뿐만 아니라 동서양 문명이 교류하고, 새로운 형태의 문명이나 문화가 생겨나는 과정이었다. 예수회 설립자의 한 사람인 스페인 출신의 프란시스코 하비에르(1506~1552)도 16세기 일본과 동인도를 방문했다. 그는 중국 선교를 위해 중국에도 들어가길 원했다. 이렇게 16세기 초 스페인과 포르투갈 등은 중국, 일본과 교류했다. 하지만 16세기부터 동서양 교류에서 소외된 조선은 서양의 과학기술도 적게는 150년에서 많게는 200여 년 늦게 유입되는 결과를 가져왔다.

포르투갈 신부들이 중국을 방문한 첫 기록은 1514년에 나타난다. 최초의 공식적 사절단은 1517년에 토메 피레스가 단장이 돼 말라카에서 광둥으로 들어갔다. 중국 당국은 피레스 일행이 수도인 북경에 들어가도록 허락했다. 포르투갈은 1550년 무렵 마카오에 교역의 거점을 구축했다. 마카오는 포르투갈의 식민지로 450년간 존속하다 1999년 중국에 반환됐다(데이비드 문젤로, 2009: 36).

일본이 처음으로 포르투갈 사람들과 만나고 교류하게 된 시점은 중국보다 약 30여 년이 늦었다. 하지만 그 차이는 거의 동시대라고 볼 수 있겠다. 1543년 표류한 포르투갈인 선원들이 일본의 다네가시마(種子島)에 떠밀려 왔다. 다네가시마 영주 도키타가는 포르투갈 사람들로부터 철포를 구입해 부하들에게 철포 제작을 가르쳤다. 임진왜란 때 대단한 위력을 발휘한 일본 조총의 탄생이었다. 1년 후 일본 다네가시마에서 수십 정의 철포 제작에 성공했다. 다네가시마 영주가 조총 생산에 열심이었던 것은 당시 일본은 군웅할거 시대인 전국시대로 군사력에서 우위에 서야 살아남을 수 있었기 때문이다.

이런 교류를 시작으로 포르투갈 상인들은 매년 7~8월 서남 계절풍을 타고 일본에 왔다가 10~11월경 다시 동북 계절풍을 이용해 규슈를 떠났다. 일본 사람들은 포르투갈 사람을 남쪽에서 온 야만인이란 뜻으로 '남만인'(南蠻人)으로 그들의 무역선을 남만선이라고 불렀다(김희영, 2006: 320).

이같이 포르투갈 상인들에게 철포를 전수받고, 포르투갈 상선들이 들락거리기 시작한 지 5~6년이 지나고 1549년에 이르러 가톨릭이 일본에 전해졌다. 예수회 선교사 프란시스코 하비에르가 세계적인 동·서양 국제교역 항구로 발전하던 말레이시아의 말라카에서 가고시마로 건너온 것이다.

하비에르는 스페인 북쪽 프랑스와의 국경에 가까운 나바르국 성주의 아들로 포르투갈 예수회 창립자 중 한 사람이었다. 그는 1550년 히젠(지금의 사가현과 나가사키현 일부)의 히라도시마(平戶島)로 이동했고, 일본 천황을 만나려고 교토까지 올라갔다. 그러나 천황이나 쇼군이 아무런 실권이 없기에 실망하고 돌아왔다고 한다.

하비에르는 야마구치의 다이묘 오우치에게 여러 선물을 보내고 야마구치에서의 설교를 허가받아 선교활동을 시작했다. 또한 붕고(현재의 오이타현)의 다이묘 오토모 요시시게(大友義鎭) 초청을 받아 그 지역에서도 선교를 시작했다. 하비에르는 정치가로서 식견도 높아 선교외에 포르투갈과의 무역문제에도 많은 조언을 하다가 1551년 일본을 떠났다(김희영, 2006: 322).

궁금한 점은 왜 프란시스코 하비에르는 중국에 가면서 대한해협만 건너면 될 조선에는 갈 생각을 하지 않았냐는 것이다.

바다를 통해 중국과 일본으로 건너간 예수회 소속 신부들은 가톨릭을 효율적으로 전파하기 위해 16~17세기 최첨단 서양식 문물을 싸들고 들어왔다. 시계와 같은 유럽의 최첨단 과학기계문명은 물론 흥미로운 유화, 인체해부학 등이 포함된 서양의술, 완전히 새로운 시각의 세계지도, 역법(달력) 등이 동양으로 들어왔다. 유행은 위에서 아래로 흐르는 것임을 간파한 포르투갈 신부들은 포교를 좀더 효과적으로 하기 위해 중국의 황제나 일본의 다이묘나 쇼군 등 높은 신분의 인물들에게 적극적으로 접근했다. 자신들의 문물이 뛰어남을 입증함으로써 선교에 있어서 훨씬 이로운 위치를 점하려 했다.

낯선 문물에 대한 경외와 호기심이 맞물려 중국과 일본의 최고 지도자들은 이들의 문명을 적극적으로 받아들이고, 자국의 실정에 맞게 활용했다. 일본의 당시 지도자들은 16세기 말에 로마 교황청에 소년들을 직접 파견하거나, 17세기부터 '근대'(Modern)라는 새로운 흐름을 만든 네덜란드 레이덴 대학을 찾아가도록 지시하기도 했다(주경철, 2009: 59). 일본은 문명의 산지인 유럽을 직접 찾아가 적극적으로 문물을 받아들이고자 시도했다.

일본 오이타 시에서 가톨릭은 서양의 새로운 의술을 베풀면서 신도와 교세를 확장했다. 일본 고위층에 대한 선교는 효과적이어서 오토모 요시시게 같은 다이묘는 1578년에 프란시스코란 세례명을 받기도 했다. 1578년 당시 일본 수도인 교토에는 남쪽 야만인들의 교회인 난반지(南蠻寺)가 건립됐다. 불교 사원의 건축양식을 본떠 지붕을 기와로 이고 방은 다다미로 깐 3층 교회였다. 이어 오다 노부나가는 이즈치 성 밑의 토지를 기부해 난반지와 똑같은 교회를 짓도록 지시했다.

1581년에는 교토에서 알렉산드로 파리니야니 신부를 환대했다. 일본의 전국 통일을 시도하던 오다 노부나가가 가톨릭을 보호하는 상황에서 1579년 가톨릭 신자는 15만 명에 이르렀다. 짧은 시간에 일본인들은 아주 열정적으로 가톨릭 신자가 된 것이다. 1582년에는 일본의 소년 4명이 로마까지 여행해 교황의 발밑에 무릎을 꿇고 가톨릭을 받아들이겠다고 약속하고 9년 만에 귀국하기도 했다(김희영, 2006: 323~324). 동아시아 3국에서 서양으로 자국민을 파견한 첫 번째 사례다. 새로운 문화에 대한 일본의 적극적인 움직임이 놀랍지 않은가?

센다이의 봉건영주 다테 마사무네는 1613년에 로마에 개인 사절단을 파견한 일도 있다. 하세쿠라 쓰네나가(支倉常長, 1571~1622)는 500톤짜리 서양식 배를 건조하여 일행 180명과 함께 멕시코, 스페인을 거쳐 1615년 11월 3일 교황을 알현하고 1620년 9월 22일 귀환

난반지

했다(박성래, 2002: 186).

예수회원 중 마테오 리치 신부(1552~1610)는 1582년 마카오에 도착해 1601년 명나라 황실로부터 수도 베이징에 예배당을 지어도 좋다는 허락을 받아냈다. 마테오 리치 신부는 천부적 언어능력으로 유교의 경전을 줄줄 외워 중국 지식인들을 감동시켰다고 한다.

그는 유럽의 지도제작법을 이용해 한자로 모든 지명을 적은 세계지도 〈곤여만국지도〉를 만들어 큰 반향을 일으켰다. 그는 세계지도에서 중국의 위치를 한가운데에 넣으면서 중국인들의 환심을 사려고 했다. 서양에서 발명된 자명종과 클라비코드(피아노의 전신) 등 중국인들의 선망의 대상을 포교에 영리하게 이용할 줄도 알았다.

그 결과 1601년에 북경에 예배당을 짓게 되었다(데이비드 문젤로, 2009: 51~52).

명나라에서 청나라로 교체되면서 중국에서 가톨릭 선교를 위한 여건이 악화됐다. 예수회원들은 황실에서 유리한 지위를 얻으려고 지속적으로 노력했다. 특히 17세기 후반에서 18세기 내내 걸출한 예수회원이 나타난 것은 중국에 파견된 선교사의 자질과 능력이 뛰어나기도 했지만, 이들을 이용해 새로운 문명을 싹틔우려는 청나라 황제 강희제(재위 1661~1722)의 의지가 반영된 결과이기도 하다.

프랑스 예수회원인 조아생 부베가 1687년 처음 중국에 갈 때 프랑스 과학원은 그에게 중국에서 사용할 과학기기를 마련해 줬다. 부베 신부는 결국 강희제 아래에서 일하게 된다. 1693년 부베는 강희제의 요구로 루이 14세와 교류를 넓히고 더 많은 예수회원의 모집을 위해 유럽으로 돌아가기로 했다. 부베 신부는 당시 유럽에서 대단한 인기를 얻은《강희황제전》을 1697년에 출간해 루이 14세에 헌정하기도 했다(데이비드 문젤로, 2009: 162).

시계에 관심이 많았던 강희제는 루이 14세가 과학원에 설치한 것과 똑같은 작업장을 북경 황실에 만들게 해 수백 명의 기술자와 장인을 고용하기도 했다. 명나라와 청나라에 소개된 유럽의 자명종은 시간을 알려주는 기계라기보다는 사회적 신분을 과시하는 물건이었다. 그만큼 유력인사들에게 인기였다. 중국의 황실과 관료들은 '명품족'이었던 셈이다. 북경의 황실 공방에서 궁정용 시계가 만들어지고, 마카오와 가까운 남쪽의 광저우는 중국 시계제작의 중심지가 됐다. 중국의 시계수요는 유럽의 시계기술자 100명 이상을 바삐 움직이게 했고, 시누아즈리라는 중국 스타일의 시계를 완성시켰다.

독일의 아담 샬(1591~1666)과 벨기에의 페르디난트 베르비스트(1623~1688)는 중국의 천문대장을 맡은 최초의 유럽인이었다. 수학 지식이 뛰어난 예수회원들은 북경 천문관측소에서 일하며 거기서 150년 이상 높은 지위를 유지했다. 북경 천문관측소는 몽골 통치기에 처음 건설됐지만 그곳에 베르비스트는 천문기구를 제작하고 1673년부터 운영했다(데이비드 문젤로, 2009: 77).

강희제는 예수회가 황실에 봉사한 보답으로 1692년 가톨릭에 관용적 칙령 등을 내려 자유롭게 선교할 수 있게 해주었다(데이비드 문젤로, 2009: 67). 그러나 그의 아들 옹정제(재위 1722~1735)는 1724년 가톨릭에 관용적 칙령을 무효화하는 칙령을 반포해 가톨릭을 이단으로 규정하고 교회를 폐쇄하도록 명령했다. 선교사들 대부분은 1724~1736년 사이에 처음에는 광저우로, 그 후에는 다시 마카오로 추방당했다. 강희제의 손자인 건륭제(재위 1736~1795)는 긴 재위기간 동안 더욱 엄격하게 가톨릭의 선교를 통제했다(데이비드 문젤로, 2009: 114).

중국과 일본에 전파된 가톨릭은 포르투갈과 스페인 사람들이 직접 선교를 시작했지만, 조선이 가톨릭과 처음으로 만나는 경로는 좀 특이하다. 1592년 임진왜란 때다. 조선을 침략한 도요토미 히데요시가 포르투갈인 가톨릭 종군신부를 일본군과 함께 보내면서, 가톨릭 신부가 조선에 처음으로 방문한다. 그러나 임진왜란을 끝으로 가톨릭은 사라졌다.

그 후 100여 년이 지난 뒤 가톨릭은 조선의 사신들이 북경을 방문해 포르투갈 신부를 직접 만나거나, 그들의 책을 전달받아 선비들이 공부하는 형태로 전파됐다. 가톨릭이 본격적으로 종교로서 받아들여지기 전에 조선의 지식인층은 가톨릭을 '서학'(西學)이라 부르면서 하나의 학문으로 취급하였다.

가톨릭과의 직접적 접촉은 17세기 말부터 18세기에 시작됐다. 조선에 본격적으로 가톨릭이 종교로서 받아들여진 것은 18세기 후반이다. 1779년 겨울 경기도 광주에 있는 천진암에서 권철신의 제자인 이벽, 정약용, 정약전, 정약종, 권일신 등을 중심으로 가톨릭 서적 강학회가 열렸다.

가톨릭 사제가 국내에 처음 들어온 시기는 18세기 말 중국인 가톨릭 사제 주문모(야고보, 1801년 순교) 신부였다. 동양인과 완전히 얼굴이 다른 파란 눈의 외국인 신부가 나타난 것은 19세기 중엽으로,

1836년 프랑스 출신 피에르 모방 신부가 조선에 입국하면서였다.

　외래종교의 전래는 삼국시대 불교의 전래와 마찬가지로 신앙뿐만 아니라 선진적 문물의 도입을 촉진한다. 때문에 가톨릭의 선교를 위해 16세기 초 중국과 일본을 방문한 포르투갈, 스페인 신부들이 조선에는 발길을 돌리지 않은 것이 아쉽다.

　일부에서는 조선이 직접 유럽인 신부들과 접촉하지 못한 이유가 해상무역의 통로에서 조선이 완전히 고립됐기 때문일 것으로 추측하기도 한다. 16세기 이래 동서양 상선이 만났던 세계적 항구로 말레이반도의 말라카, 중국 광저우, 일본의 나가사키 등이 있지만 한반도의 항구들은 완전히 소외됐다.

　그러나 뱃길이나 지리적 약점보다는 벽안의 외국인을 국내에 들이기를 꺼려했던 당시 조선의 신료들과 왕실에서 그 원인을 찾아볼 수도 있다. 18세기 북경에서 만난 서양의 선교사들은 조선의 사신들에게 백두산 쪽을 통한 육로로 조선을 방문하겠다는 의지를 밝히기도 했다는 기록이 있기 때문이다(이상주, 2009).

　16~17세기 비약적으로 발전하던 서양 문명을 직접 목도하지 못한 조선은 150년에서 300여 년 뒤에야 중국을 통해서 간접적으로 유럽과 접촉했다. 이 사실이 아쉽기 짝이 없다. 특히 19세기 중국, 일본, 한국의 역사 진행 방향과 속도를 고려할 때 더 안타깝다.

'중국적 세계화'에 만족한 조선의 세계관

한국인들은 때때로 듣고 싶은 이야기만 듣고, 듣고 싶지 않은 이야기에는 버럭 역정을 내거나, 외면하는 태도를 보인다.

2010년 2월 20일자에 "오바마, 다시 한 번 '한국 본받아야'"라는 제목의 기사들이 쏟아진 적이 있다. 오바마가 공식석상에서 한국의 놀라운 성장을 거론하며 미국인들에게 분발을 촉구했다는 내용의 기사들이다. 그러나 이 기사를 잘 읽어 보면 오바마가 한국만 적시한 것이 아니라 중국, 인도, 한국 등 아시아가 성장하고 있으니 미국인들도 더 노력해야 한다는 내용이었다. 아시아의 발전에 대한 관심을 쏟고 있는 것이다. 구체적으로 살펴보자.

오바마 대통령은 한 연설에서 외국과의 경쟁 강화를 강조하던 도중 한국을 언급했다. "중국이 40개의 고속열차 노선을 건설 중인데 우리가 1개만 건설한다면 미래의 인프라는 우리가 가질 수 없다"면서 "인도나 한국이 우리보다 더 많은 과학자나 기술자를 양성한다면 우리는 성공할 수 없다"고 강조했다. 그는 이어 "민주당과 공화당을 막론하고 모두

가 사태의 심각성을 인식하고 공동의 목적을 향해 나가길 바란다"라고
덧붙였다.

오바마 대통령은 이에 앞서 헨더슨에서 가진 타운홀 미팅에서도 재
생에너지와 관련한 주민들의 질문에 대답하던 중 한국을 거론했다. 오
바마 대통령은 "우리는 뒤처지길 원하지 않는다"면서 "우리는 여전히
20세기 기술을 사용하지만 다른 모든 사람들은 21세기 기술을 만들고
있다"고 지적했다. 그는 또 "자동차에서 무슨 일이 일어나는지 보라"
면서 "청정(에너지) 자동차를 원하는 소비자들이 일본이나 한국 차를
사기로 마음먹은 뒤에야 (우리는) 이에 대해 대응하기 시작했다"고 말
했다. 그는 풍력 터빈이나 태양열에서 이 같은 일이 반복되지 않길 바
란다고 전했다. 오바마 대통령은 앞서 교육개혁과 원자력발전소 건설
과 관련해서도 한국을 예시로 들며 미국인들의 분발을 촉구한 바 있다
(〈머니투데이〉, 2010년 2월 20일).

원자력발전소와 관련한 기사도 살펴보자. 2월 18일 기사로 "오바
마 대통령, 한국 원전(原電)을 보라"라는 제목이 붙어 있다. 그러나
기사의 내용도 제목과 꼭 맞지 않는다.

버락 오바마 미 대통령이 16일 한국을 인구 10억이 넘는 중국, 인도와
나란히 언급하며 30년 만에 처음으로 새로운 원전건설 계획을 발표했
다. 오바마는 "현재 세계에서 건설 중인 원자력발전소 56기 가운데 중
국에서만 21기, 한국에서 6기, 인도에서 5기가 만들어지고 있다. 이 국
가들은 원전에서 일자리뿐만 아니라 전문성과 신기술 수요를 발생시키

고 있다"라고 말했다(〈조선일보〉, 2010년 2월 18일).

　기사들은 대체적으로 세계 최강국인 미국 오바마 대통령과 한국을 엮어서 한국의 발전상을 돋보이게 하려는 의도를 깔고 있다. 그러나 오바마의 한국에 대한 언급은 중국, 인도 등 아시아의 부상에 대한 경계를 드러낸 것이다. 미국의 추락에 대한 우려이기도 하다. 어쩌면 2000년 초부터 부상한 '강한 중국과 미국과의 충돌'에 대한 우려 등이 반영된 것일 수도 있다.

　그런데 우리는 그저 미국이 우리의 눈부신 성장에 대해 칭찬하고, 감탄하고 있다는 식으로 과장해 포장하고 있다. 눈에 즐겁고 귀를 즐겁게 하는 아부형 기사는 누구를 위한 것인가. 이는 이명박 정부와 기업이 경제계획이나 운용을 잘하고 있다고 오바마 미국 대통령의 입을 빌려서 국민들에게 홍보하는 것이다.

　이것은 마치 조선시대에 중국 사신들이 한성을 방문해 융숭한 대접을 받고는 '조선은 동방예의지국'이라거나 '조선은 소중화'라고 한마디 하면 만면에 회색을 띠던 조선의 왕실과 벼슬아치들을 생각나게 한다. 중국 사신의 발언으로 '우리는 오랑캐가 아니다'라고 위안하고, 일본을 무시했던 조선의 사대부와 비슷한 감정을 갖게 한다. 우리 스스로 자신감을 찾기보다는 강대국이 우리를 어떻게 평가하는가에 목매고 쩔쩔 매는 느낌도 든다.

　미국이나 유럽 등 이른바 선진국에서 한국의 발전상에 대해 감탄하는 것을 자랑스럽게 받아들이지 말자는 것이 아니다. 적당히 하자는 것이다. 이른바 서양과 선진국이 우리를 어떻게 생각하는지에 과민 반응한다면 우리가 아직 개도국이나 다름없다 하겠다. 정치인인 미국 대통령들이 한국을 칭찬할 때는 여러 가지 복선이 깔려 있을 것이다. 순수한 칭찬으로 받아들인다면 너무 순진한 생각이다.

오히려 같은 동양권이나 우리가 개도국이라고 보는 나라에서 한국을 어떻게 평가하는지 관심을 기울일 필요도 있다. 산업인력으로 한국에서 일하고 있는 동남아시아 국가의 노동자들에게 색안경을 끼고 대하지는 않았는지, 혹은 너무 가혹하게 하지는 않았는지에 대해 검토해 봐야 한다. 이런 국제기사는 어떠한가.

캄보디아 정부가 캄보디아인과 한국인과의 결혼을 잠정금지했다. 19일 외교통상부에 따르면 캄보디아 정부는 지난 5일 캄보디아 주재 한국 대사관에 국제결혼과 관련한 인신매매를 예방하는 절차를 마련하기 위해 한시적으로 국제결혼 신청서 접수를 중단한다고 통보했다. 이에 따라 한국 대사관은 지난 8일부터 국제결혼에 관한 영사확인 신청서 접수를 중단했다. 이번 결혼금지 조치는 한국에 대해서만 취해진 것으로 알려졌다.

캄보디아 정부가 한국인만을 겨냥해 일시적으로 캄보디아인과 결혼하지 못하게 한 것은 한국인 한 사람이 여러 명의 캄보디아 처녀를 놓고 고르도록 하는 중매결혼 방식이 현지인들에게 거부감이 높기 때문이다. 주한 캄보디아 대사관 관계자는 "지난해 9월 국제결혼 중개업자가 캄보디아 여성 25명을 모아 한국인 1명에게 맞선을 보인 게 당국에 적발돼 중개업자에게 10년 징역이 선고됐다"며 "현지 여론이 악화되자 캄보디아 정부가 제도정비를 위해 이 같은 조치를 내린 것"이라고 말했다.

캄보디아 정부는 2008년 3월 국제이주기구(IOM)가 "국제결혼 사례 중 일부가 인신매매 성격이 있다"는 내용의 보고서를 발간하자 중개를 통한 국제결혼을 금지했다. 이후 캄보디아 정부는 같은 해 11월 한국인이 한 달 가량 캄보디아에 머물면서 신원확인과 허가신청 절차를 밟는 것을 조건으로 한국인과 자국인의 결혼을 허용했다.

외교통상부 관계자는 "캄보디아 정부의 이번 결정은 한국인들이 인신매매를 한다는 의미가 아니라 한 달간 체류 등 국제결혼 의무 요건을 지키지 않은 데 대한 조치"라며, "기본적으로 캄보디아 정부의 결정을 존중한다"라고 밝혔다(〈매일경제〉, 2010년 3월 20일, 이근우 기자).

한국인과 결혼한 캄보디아인 수는 2004년 72명, 2005년 151명, 2006년 365명에 이르다가 2007년 1,759명으로 급증했고 2008년에는 551명으로 줄었다. 2009년 한국 남성과 결혼한 캄보디아 여성은 1,327명으로 다시 늘었다.

농촌 노총각들의 신붓감을 동남아시아에서 구한다고 하지만, 2000년 초부터 수도권에도 "국제결혼, 베트남 처녀 보장" 등 낯 뜨거운 문구의 현수막이 눈에 띄곤 한다. 한국 남자들이 동남아시아 출신의 어린 신부들과 결혼한 뒤 인권을 침해하거나 폭행하고, 심지어 살해까지 해 사회면 기사에 등장하는 일이 종종 있다. 또한 한국 신랑이 신부가 출생한 나라의 문화를 이해하려는 노력은 거의 없고 오히려 무시하면서 한국식 문화를 강요해 마찰을 빚는 일이 적지 않다.

가난을 피해 부자나라로 시집왔으니 '로마의 법을 따라야 한다'고 말하고 싶은 사람들도 적지 않을 것이다. 그러나 입장 바꿔 생각해 보자. 한국전쟁 이후 한국 여성이 주한미군과 결혼해 미국으로 떠난 일이 적지 않았다. 만약 한국인 여성이 미국에 정착한 뒤 미국인 남편으로부터 한국문화를 무시당하고 미국문화를 강요했다고 상상해 보자. 김치도 먹지 못하게 하고, 고추장 된장 등을 야만적 음식으로 비난했다고 상상해 보라. 속이 부글부글 끓지 않는가. 가난을 피해 한국으로 시집왔다고 해서 제3세계 나라들의 문화가 하등하거나 열등한 것이 아닌데 우리는 너무 그들 문화를 얕잡아보는 것은 아닐까.

외국인들이 한국을 어떻게 생각할까에 대한 지대한 관심은 주로 유럽과 미국 등 부자나라거나 백인들일 때가 많다. 다음은 한국인들의 잠재된 서양인과 동양인에 대한 이중적 잣대를 보여주는 설문결과다.

한국인들이 서양 관광객에게만 친절하다는 조사결과가 나왔다. 한국문화관광연구원은 올해 상반기(1~6월) 한국을 방문한 16개국 5,822명의 외국 관광객을 대상으로 '한국은 친절한가'라고 질문한 결과 독일 출신 관광객(79.7%)이 가장 후한 점수를 줬다고 밝혔다. 이어 프랑스인(77.9%), 영국인(77.1%), 캐나다인(73.2%), 미국인(73.1%) 등의 순이었다. 서구 국가 출신 관광객은 대부분 한국인들이 친절하다고 본 것이다. 반면 한국을 방문한 관광객 대부분을 차지하는 동양권 관광객들은 한국인의 친절도를 상대적으로 낮게 보고 있었다. 대만의 경우 32.8%, 홍콩·싱가포르인(44.5%), 일본인(48.6%) 등 동양권 관광객의 친절 만족도가 상대적으로 낮았다 (〈동아일보〉, 2009년 11월 16일, 박재명 기자).

16세기에서 19세기까지 초강대국 중국에 기대어 살았고, 20세기 후반 역시 초강대국 미국에 기대어 살았다. 우리의 망령된 조선의 사대주의가 20세기 미국으로 나라만 살짝 바꿔 재현되는 것은 아닌지 고민될 때가 많다. 16~19세기 조선 후기에 조선 왕실과 사대부는 조선이 독자적으로 생존하기 위해서 무엇을 어떻게 해야 할지 전략을 세우지 못했다. 19세기 이후에는 그저 강대국에 기대서 눈치를 보며 정권을 유지하는 데 정신이 팔려 있었다. 조선은 중세국가라서 그렇다고 변명이라도 가능하다. 그러나 윌슨의 민족자결주의 원칙으로 1948년 탄생한 대한민국에서 조선과 비슷한 외교관계를 강조해서는 곤란하지 않겠나.

한국은 미국, 일본, 중국, 러시아 등 세계에서 최강이라는 나라들에 둘러싸여 있다. 냉전이 끝난 뒤에 한국 정부는 북방외교를 강조하는 등 '4강 외교'에 힘을 쏟겠다고 약속했다. 하지만 소련이 해체된 이후 러시아가 힘을 잃은 것처럼 보이자 바로 찬밥처럼 취급하는 것은 아닌지 궁금하다. 현재 대한민국의 외교정책이 미국과 혈맹관계를 강조하면서 일방적으로 특정 국가에 치우쳐 있지는 않았는지 검토해야 한다. 일본, 중국, 러시아 등 3개 국가에 대한 각각의 전략이 존재해야 하기 때문이다.

한 나라가 자강(自强)하기 위해서는 스스로 생존을 보장할 수 있는 세계관이 필요하다. 이를테면 만약 한국이 미국이라면 어떻게 세계를 경영할 것인가. 또한 지금 한국의 국력으로 세계와 어떤 관계를 가져야 하는지를 고민해 봐야 한다. 국가를 경영하거나 경영할 의지가 있는 사람들은 이런 문제에 대해 고민해야 한다.

한국의 외교정책을 보면 늘 플랜 A만 존재하는 것처럼 보인다. 플랜 A가 잘못됐을 때의 플랜 B, 플랜 C 등도 필요하다. 중국이 G2로 일어서고 있고, 소련의 해체 이후 한때 힘을 잃었지만 여전히 유엔 상임이사국이자 자원부국으로 성장하는 러시아가 버티고 있다.

또한 우리 스스로도 동양에 속해 있고, 한때 누나와 언니의 머리카락으로 가발을 만들어 팔아야했을 정도로 가난했던 나라가 50년 만에 조금 먹고살 만해졌다고 이웃나라나 저발전국가를 무시하는 것은 성숙하지 못한 자세다. 어쩌면 과도한 자신감은 열등감의 표현일 수도 있다. 주변의 벼락부자를 손가락질하면서 우리의 행동이 그들과 닮아가는 것은 아닌지 점검해야 한다. 21세기에는 부끄러운 한국의 자화상에서 벗어나야 한다.

최근 인터넷을 타고 실시간으로 다른 나라의 정보들이 들어오고 우리나라의 정보들이 나가고 있다. 미국, 일본, 중국 등 강대국에만 관심을 쏟을 것이 아니라 약소국이나 가난한 나라 등 지구촌 전반으로 관심의 폭을 넓히는 것이 맞다. 신문의 1면에 국내 문제보다 국제 문제가 가득찬 나라가 발전된 나라다.

몇 년 사이에 중국이 아프리카나 동남아시아 국가 등의 풍부한 자원을 독식한다는 보도가 국제 기사로 많이 보도되고 있다. 자원외교의 중요성 때문이다. 중국은 어떻게 아프리카 나라들의 마음을 얻을 수 있는지 알고 있는 것이다. 중국은 아프리카의 독재자를 지원하면서 자원외교를 한다는 비난도 받고 있다. 그러나 아프리카에 대체 어떤 나라가 있는지, 그들 나라의 문제가 무엇인지도 전혀 모르면서 중국과 다른 한국식 자원외교를 펼칠 수는 없다. 자원 부국으로 떠오르

는 아프리카와 라틴아메리카 등이 도대체 어떤 나라들인지 자세히
알아볼 수 있는 충분한 연구와 자료의 축적, 그를 통한 미래 대비가
필요하다.

해외 정보와 문물에 예민했던 일본

바둑전문 잡지사에서 일하는 최 차장은 아시아 바둑게임 취재로 일본, 중국 출장이 잦다. 그는 출장지 중국에서는 중국중앙방송(CCTV)을, 일본에선 공영방송인 NHK TV를 주로 본다. 그는 이들 두 방송에서 한국 방송들과 다른 특이한 점을 발견했다.

중국 방송과 일본 방송에서는 세계에서 벌어지는 뉴스를 실시간으로 전달했다. 동남아에서 쓰나미가 일어났거나, 아프리카에서 쿠데타가 일어났다든지 하는 뉴스도 자세히 전달했다. 한국식 편견에 따르면 못사는 나라의 일인데 "우리나라와 무슨 상관이 있겠어?" 하는 식이 아니었다. 그가 서울에서 듣고 보는 세계 뉴스는 미국 중심의 해외 뉴스가 태반이고 간혹 일본, 중국의 뉴스를 접한다. 동남아시아의 대형 쓰나미나 칠레의 지진 등이 세계적으로 파장이 크다고 해도 한국 교민이나 한국인 여행객 등이 얽혀 있지 않으면 국내 언론은 크게 보도하지 않는다. 때문에 중국이나 일본 언론의 보도태도가 신기하게 느껴졌다고 한다.

그는 또한 할리우드와 관련한 뉴스도 질적으로 차이가 난다는 사실을 발견했다. 국내 언론에서는 할리우드 뉴스로 유명 여배우가 파경을 맞았다는 소식 등 가십 기사가 태반이다. 하지만 일본이나 중국의 언론이 전하는 할리우드 소식은 배우들의 사회적 참여에 대한 것들이 적지 않다. 그에게 신선한 충격이었다. 더 이상 할리우드 배우들의 멋진 얼굴이나 몸매만 보지 않고, 그들의 세계관에 대해 관심을 갖게 됐다고 했다.

또 한 번은 2010년 2월 중국 광저우에 바둑 취재를 갔을 때 중국 중앙방송인 CCTV에서 방영하는 〈다보스 포럼 라이브 인 차이나〉라는 프로그램을 시청했다고 한다. 물론 주로 중국어로 진행되는 탓에 구체적 내용을 잘 알 수는 없었지만, 패널이 외국인 석학이나 관료일 경우에는 취재기자가 영어로 진행한 덕분에 경제 주제나 이슈를 이해할 수 있었다고 한다. 한국에서 접하는 다보스 포럼은 매년 경제부 장관들이 다수 참석키로 했다가 정부 개각과 관련해 출국을 포기했다는 식의 단편적 기사들인데, 이와는 너무나 다르게 느껴졌다고 한다.

최 차장은 "우리나라 사람들은 특정 국가를 제외하고는 애써 다른 외부 세계에 눈을 닫고 있거나 알려지지 않는 느낌이 든다. 방송이나 언론들이 그런 국민들의 취향을 조장하는 것인지, 국민들의 취향이 방송이나 언론의 취재보도 성향을 결정짓는 것인지, 어느 쪽이 먼저인지 궁금하다"라고 말했다.

우리는 역사의 어느 시점부터 은둔의 국가가 됐다. 중동에 '황금의 나라'라고 환상을 품게 했던 신라나, 왜구를 소탕하며 해상무역을 통해 부를 키웠던 장보고 장군을 키워낸 통일신라, 중국의 송나라와 요나라, 금, 아랍 등과 해외무역을 활발하게 벌이던 고려 등은 교역을 활발히 하던 나라였다. 교역에 열을 올리던 그 시절, 한반도는 은둔과는 거리가 멀었다. 문제는 '고요한 아침의 나라' 조선이다.

우선 교역이나 교류가 발달하면 다른 나라의 변동에 관심이 급증하기 마련이다. 교역 상대국의 정치적 사회적 변화에 민감하냐 아니냐에 따라서 그만큼 경제적 이익의 수준이 달라지기 때문이다. 일테면 21세기의 한국은 중동에서 일어나는 갈등과 분쟁에 대해 미국의 뉴스 만큼이나 관심을 보인다. 전체 수입품 가격에서 절반 이상을 차지하는 상품이 석유인데, 석유가격이 아랍과 이스라엘의 분쟁, 아랍 국가 간의 분쟁에 따라 큰 폭으로 움직이기 때문이다.

대만에 지진이 발생하면 발 빠르게 삼성전자의 주식을 사는 국내외 투자자들이 있다. 각 증권사 애널리스트들은 국제 반도체 가격에 큰 영향이 없을 것이라는 분석을 내놓지만, 증시에서는 삼성전자의 가격이 살짝 상승한다. 대만의 반도체 업체들이 지진의 영향을 받으면서 일시적으로 세계 시장에서 반도체의 공급이 달리고, 삼성전자의 반도체가 더 많이 팔리기 때문이다. 이런 일이 한두 차례 같은 패턴으로 일어나면 대만에 무슨 일이 생기면 삼성전자의 주식에 관심을 기울이는 사람들이 더 늘어나게 된다. 정보에 민감해지면 각 나라에서 필요한 물건을 간파해 먼저 수출하거나, 18세기 일본의 채색자기나 다색판화인 우키요에처럼 수출로 유행을 선도하며 상품을 더 많이 팔기도 한다.

교역이 활발해지면 인적 교류도 활발해진다. 인적 교류가 활발해지면 세상의 뉴스에 관심이 커질 수밖에 없다. 재미교포가 늘면서 미국

동부지역에 큰 눈이 내리거나 홍수가 났다는 등의 보도가 있으면 국제전화가 불이 나는 것도 친인척이나 친구 등 '나의 관심사'들이 그곳에서 살고 있기 때문이다. 전에 미국에 거주하는 여동생이 "남편이 영국 출장을 떠나기로 했는데 아일랜드 화산폭발로 비행기가 뜰 수 없어 출장이 한 달 연기됐다"고 전해왔다. 2010년 4월 아일랜드 화산폭발과 화산재에 관심을 갖지 않을 수 없었다.

21세기처럼 16, 17세기에도 교역의 중요성을 잘 알던 나라들은 교역을 더 잘하기 위해 세상 돌아가는 소식에 민감하게 반응했다. 이런 경제적 관점을 들이대면 국내 상업은 물론 해외교역을 등한시했던 조선시대에는 오로지 정보의 '빨대'를 초강대국 중국에게만 꽂아놓고 다른 나라 돌아가는 소식에는 무관심하게 살지 않았나 싶다. 중국이 명나라에서 청나라로 교체되는 등의 정치적 군사적 변고가 일어나지 않는 한 조선은 큰 문제가 없었다. 세상은 중국을 중심으로 돌고 있었고, 중국의 등에 올라탄 조선은 중국의 변화를 따라갔다.

조선의 건국이념인 성리학적 정신은 사농공상(士農工商)이다. 신분제의 조선에서 글 읽는 선비가 가장 높은 지위이고, 다음이 농부, 장인, 상인의 순으로 서열이 결정돼 있었다. 법적으로 선비와 양반은 상업적 이익을 추구할 수 없었다. 상업은 말단의 이익만을 챙기는 직업이어서 선비나 양반들이 종사할 수 없는 경멸하는 분야였다.

이런 의식은 대한민국 국민들의 잠재의식 속에 여전히 남아 있다. 21세기 대한민국의 인사청문회에서는 청렴한 관료나 사회지도층에 대해 크게 칭송하고 부자들에 대해 곱지 못한 시선을 보낸다. 특히 국무총리나 행정부의 장관들, 대법원장 등 행정 사법부 고위직에 대한

국회 인사청문회에서 부동산 투기와 축재 규모, 축재 방식이 때론 국민들에게 강한 혐오감을 유발할 경우, 대통령이 끝내 임명하지 않고 내정자 신분으로 끝나기도 한다.

상업을 경멸했던 만큼 조선은 중국과 일본뿐만 아니라 태국, 인도, 말레이시아, 인도네시아 등 동북아시아와 동남아시아 국가들이 수백 년 동안 사무역(私貿易)에 열을 올리는 동안 조공(朝貢)이라는 소극적인 공무역을 진행하는 수준에 그쳤다. 국가 간 조공으로는 사무역의 수준을 뛰어넘을 수는 없었다. 교역에 소극적이다 보니 다른 나라들의 정세를 살피는 일에도 게을러질 수밖에 없었다. 다른 나라의 정세를 살피는 일은 책상머리에서 월드와이드웹(www)을 이용해 파악할 수 있는 21세기가 아닌 만큼 엄청난 비용이 들어가는 일이니 말이다. 경제적 이익이 따르지 않는데 지속할 이유가 없었다.

조선의 관심국가는 통역사 육성상황을 봐도 알 수 있다. 조선 시대엔 통역사인 역관을 양성하는 사역원(司譯院)을 운영했는데, 한어(漢語, 중국어), 왜어(倭語, 일본어), 만주어(滿州語, 여진족의 말), 몽골어(蒙古語) 등 인접한 나라의 말을 위주로 통역사를 키웠다. 조선과 국경을 맞대고 있거나 조선 주변에 있는 나라들을 제외하고는 관심이 없었다.

일본은 주변 국가인 조선, 중국, 류큐(오키나와), 필리핀 등 동남아시아뿐만 아니라 유럽과 아메리카까지 정보를 수집하려고 애썼다. 일본은 15~16세기 동남아시아를 시작으로 칠기를, 17~18세기에는 칠기에 도자기까지 유럽에 수출했다. 일본은 유럽이나 아메리카에서 들어오는 정보에도 민감했고, 네덜란드 등은 일본에서 자신들의 위치를 공고히 하기 위해 일본에 대한 정보를 국내에 전달하려고 애썼다. 임진왜란 시기 등을 제외하고 일본은 조선과도 전 시기에 걸쳐 적극적으로 교역하며 정보를 얻는 데 최선을 다했다.

오다 노부나가와 도요토미 히데요시를 거쳐 패권을 잡은 도쿠가와 이에야스는 혼란의 전국시대를 종료시키고 막부체제를 형성한 뒤 적극적으로 해외교역에 나섰다. 중국과 동남아는 물론 조선, 필리핀, 멕시코, 류큐 등에 당장 교역을 요구했다. 해외무역은 막부가 독점했다. 각 지역 영주인 다이묘의 무역활동을 제한함으로써 막대한 이익을 챙기기 위해서였다. 무역을 하는 과정에서 막부는 자연스럽게 유럽에서 흘러들어오는 정보도 독점할 수 있었다. 해외상선을 타고 수입된 서양문물을 이용해 유럽형 범선을 제작하고 조총을 만드는 등 문명의 발전을 추구했다.

일본인들은 포르투갈 상인 등을 남쪽의 야만인이라는 의미로 '남만인'이라고 불렀지만 그들이 가진 새로운 문물에 대해 무한한 관심을 기울였고 배우려는 열정을 아끼지 않았다. 일테면 8대 쇼군 도쿠가와 요시무네는 1712년 나가사키 데지마에 와 있는 네덜란드 상관장의 인사를 받은 뒤 여러 차례 네덜란드 사람들을 성으로 불러 해외에서 일어나는 새로운 소식을 물어봤다. 나이프와 포크 사용법을 신기하게 지켜봤을 뿐 아니라 권총의 발사와 말 타는 모습을 관찰하기 위해 되풀이해서 다시 할 것을 요구하고 철저히 관찰했다(김희영, 2006: 450~451).

네덜란드에 나가사키를 열어준 덕분에 일본에서는 네덜란드 언어로 된 '난학'(蘭學)이 발전했다. 네덜란드 언어로 서술된 서양의 과학기술과 생리학, 해부학 등 새로운 학문이 들어왔다. 1700년대 일본의 서양문물 수용은 대단한 수준이었고, 1800년대 초에는 네덜란드어와 네덜란드 의학(서양의학)을 익힌 난학 전문가들이 약 1천 명을 넘어섰다. 19세기 중엽 일본은 미국 등의 강제 개항압력을 받았고, 유럽 정세 및 세계정세에 대해 네덜란드 국왕으로부터 조언을 얻기도 했다. 일본은 네덜란드 국왕의 조언을 받아들이지는 않았지만 깜깜한 밤에 어쩔 줄 모르면서 개항한 것은 아니었다.

난학의 파급효과에 대해 과장됐다는 평가들도 있지만 개항기에 보여준 일본의 어학실력을 보면 난학의 효과를 무시할 수는 없을 것 같다. 일본이 쌓아온 인문학적 축적이 개항기에 놀라운 성과를 낸 것이다.

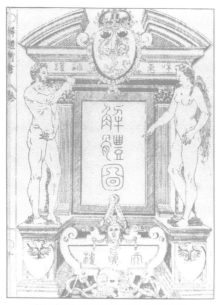

일본 최초의 번역 해부학 서적《解體新書》.
1774년 스키타 겐파쿠 등 독일인이 저술한 해부학의 네덜란드어 판을 일본어로 번역한 것이다.

미국 군함으로부터 개항요구를 받은 일본은 1854년 미·일 화친조약 협상을 할 때 네덜란드 언어로 교섭을 진행했다. 일부에서는 서툴지만 영어를 사용하기도 했다. 조선에는 미개한 나라, 야만국으로 알려진 일본이 유럽의 언어인 네덜란드 언어와 영어로 미국 측과 직접 대화를 진행했다고 하니, 때때로 조선의 왕실과 신료들이 말하던 미개의 수준과 야만의 평가기준이 무엇인지 궁금해진다. 한자로 중국인 수준의 한시 짓는 능력을 기준으로 말하는 것이라면, 공정하지 않다.

아무튼 일본 사람들이 직접 의사소통에 나선 것은 다른 나라 출신의 통역이 중간에서 농간을 부리지 못하게 하고, 자신의 의사를 정확하게 전달할 수 있는 도구를 가졌다는 의미다. 다른 한편으로 상대방의 의사 또한 비교적 정확하게 스스로 파악할 수 있었다.

다시 조선으로 돌아와 보자. 조선은 개항할 때 어떤 방식을 사용했을까. 조·미 수호통상조약이 맺어지는 1882년 조선과 미국의 외교 교섭은 한문본 번역문으로 이루어졌다. 1879년 청나라의 이홍장은 조선에게 미국과 수교하도록 설득해 성공했다. 조·미 수호통상조약은 조선과 미국이 당사국으로서 서로 논의해서 맺은 것이 아니다. 조선을 중국의 속국으로 이해했던 미국이 조선과 직접 통상조약을 맺는 것을 거부했기 때문이다(김동노, 2008).

이런 이유로 우리에게 영어를 통역할 통역사도 없었지만, 중국인 통역관이 끼어들 수밖에 없었다. 미국인 → 미국측 중국어 통역관(영어 → 중국어) → 조선측 중국어 통역관(중국어 → 조선말) → 조선 관원을 통하는 복잡한 절차를 밟았다. 당시 청나라가 미국과의 수교를 종용한 것은 조선에 대한 청나라의 독점권이나 지배권을 강화하고, 일본의 접근을 막기 위한 것이었다. 때문에 중국인 통역 사이에서 이른바 '조선의 국익'이 침해당했을 가능성이 크다.

이런 복잡한 절차는 또한 오역, 오해라는 문제를 낳는다. '책상=데스크'와 같이 사물을 지칭하는 명사는 그런대로 번역이 어렵지 않다. 하지만 정신적, 정치적, 사회적, 문화적, 철학적 영역의 언어들은 번역하기가 여간 까다롭지 않다.

덜 복잡하지만 필자도 통역의 어려움에 대한 비슷한 경험을 한 적이 있다. 2009년 프랑크푸르트 북페어에서 만난 중국의 소설가 위화(余華)와 인터뷰했을 때다. 《인생》, 《허삼관 매혈기》 등으로 국내에 잘 알려진 위화는 영어를 전혀 하지 못했다. 위화의 눈을 보면서 그의 통역인에게 영어로 질문하면, 통역인은 위화에게 중국어로 설명하고,

1871년 대원군이 세운 쇄국정책의 상징 척화비

위화가 중국어로 답변하면, 통역인은 영어로 답변했다. 통역에 필요한 절차가 복잡하고 시간은 많이 소요되는 반면, 주어진 인터뷰 시간이 짧아서 몇 가지 간단한 질문밖에 못했다. 그런데 통역 과정에서 어떻게 질문이 바뀌었는지 엉뚱한 답변이 종종 돌아왔다.

기자와 외국인 소설가 사이에서의 통역이 이럴진대, 국익이 달린 서양과의 수교에서 사용하는 언어의 틀과 의미가 다르다면 그 과정에서 얼마나 많은 오해와 오역이 생기겠는가. 특히 조선과 미국 사이에 중국인 통역자들이 끼어들었다는 점을 감안하면, 원하지 않는 결과를 얻었을 수도 있다.

직접적인 이해관계가 없는 나라에는 큰 관심을 쏟지 않았던 조선의 대외인식과, 교역을 위해서는 멀리 멕시코까지 정보를 구하고 전달하는 등 넓은 수준에서 정보를 구했던 일본의 대외인식의 차이는 21세기에도 이어지고 있는 것 같다.

우리는 한국인이 관련되어야만 해외 보도의 양을 확대한다. 한국에 대한 외신의 반응도 제대로 보여주기보다는 우리 입맛에 따라서 재단하려는 경향이 강하다. 한국 언론들이 의도하는 측면도 있지만, 국민들이 '우리와 관련 있는 기사'에 대체적으로 강렬하게 반응하기 때문이기도 하다. 한국과 관련 없는 정보에 대해서는 너무나 무심하게 흘려보내므로 언론들도 중요한 기사라고 해도 한국과 직접적인 관련이 적으면 보도의 양과 빈도를 대폭 줄인다.

문제는 이런 과정이 지속되면 정보의 편식과 무지가 확대돼 정부 당국자나 국민들이 국제정세를 오판할 수 있다는 것이다. 또한 정보를 편식한 국민들은 정부가 국익에 맞는 정책결정을 한다면서 국민들을 오도하더라도 그것을 바로잡을 능력을 잃어버린다. 당파적 정치인들이 자신들의 입맛에 맞게 또는 거대기업의 이익에 맞게 정책을 짜거나, 비준을 체결해도 국민들은 깨닫지 못할 수도 있다. 다양한 채널의 다양한 견해에 귀를 열어둬야 하는 이유다.

'한글'의 위기를 불러온 한국인의 배타성

"형, 반가사유상 보여주지 말자. 일본에서 연구해서 우리보다 더 많이 알아내면 어떡해."

일본의 국보(조각분야) 1호는 고류지(廣隆寺)에 소재한 목조미륵보살 반가사유상으로, 우리나라 국보 제83호인 금동미륵보살 반가사유상과 꼭 닮았다. 일본 것은 목조로, 우리 것은 청동으로 만들어 금박을 입힌 것이 다를 뿐이다. 그래서 쌍둥이 불상처럼 느껴진다.

일본의 목조미륵보살 반가사유상은 경상북도 봉화에서만 나오는 춘양목으로 7세기에 만들어져 한반도에서 건너간 것으로 알려졌다. 이런 인연으로 일본 학자들이 국립박물관이 소장한 국보 제83호를 연구하고 싶어 한다. 이것 역시 6~7세기 삼국시대에 만들어진 작품이기 때문이다.

문제는 우리나라의 연구원이 일본 연구원들의 방문을 탐탁해하지 않는다는 점이다. 꺼림칙한 마음을 때론 이렇게 언어로 나타나기도 한다. 우리나라의 소중한 국보를 남에게 보여주고 싶지 않다는 독점욕과, 특히 일본에 도움이 되는 일을 하고 싶지 않다는 과도한 민족주의 같은 것들이 느껴진다.

일본의 목조미륵보살 반가사유상은 7세기경 신라나 백제를 통해 흘러들어간 것으로 추정된다. 이 불상은 일본 아스카 시대 불상의 기본이 됐다. 금동미륵보살 반가사유상은 국보 제83호뿐만이 아니다. 역시 삼국시대(고구려) 작품으로 추정되는 다소 딱딱한 분위기의 국보 제78호도 있다.

한국의 금동미륵보살 반가사유상을 위해 가장 좋은 일은 무엇일까. 한국 고미술학자들만이 연구할 수 있도록 꼭꼭 숨겨 놓고 외국인 학자들의 손이 타지 않도록 하는 것일까? 아니다. 오히려 많은 외국인 학자들이 관심을 갖고 연구를 해주는 것이 좋다. 외국인들이 가능하면 자국 언어로, 또는 세계 공통어라는 영문으로 쓴 연구논문을 많이 발표할수록 우리에게는 도움이 된다. 그렇게 되면 한국의 금동미륵보살 반가사유상은 세계적으로 더 잘 알려질 수 있기 때문이다. 과거 한반도의 국가들이 중국이나 일본의 속국으로 세계에 알려진 상황에서, 한반도에 독자적인 문화를 가진 나라가 존재했다고 알리려는 노력은 계속 필요하기 때문이다.

외국인을 두려워해서 제대로 발전할 기회를 놓친 사례로는 문서작성 소프트웨어인 '훈글'을 들 수 있다. 요즘 문서작성은 '훈글'보다 마이크로소프트사의 MS 워드를 많이 쓴다. 이렇게 된 배경에는 무분별한 배타성, 앞뒤 안 가리던 민족주의가 도사리고 있다.

미국에서 MS 워드가 퍼져나갈 때 한국에서는 서울대 학생인 이찬진이 만든 '훈글'이 독보적 지위를 확보하고 있었다. 초기 '보석글'이니 '훈민정음'이니 하는 문서작성 프로그램이 있었지만, '흔글'의 인기를 따라갈 수 없었다. 문제는 외환위기 무렵 '흔글'을 만든 이찬진의 한글과 컴퓨터사가 재정난에 처했다는 것이다. 당시 젊은이들 사이에서 들불처럼 '흔글'을 지키자는 운동이 사회운동으로 확산됐다.

1998년 무렵 정부의 문서는 거의 100% '흔글'로 작성됐고, 기업들도 거의 '흔글'을 사용했다. 그 무렵에는 '흔글'을 사용하지 않으면 역적이나 민족의 배신자라는 분위기가 강렬했다. 덕분에 '흔글'의 시장점유율은 80%에 육박했다. 이어 '한글과 컴퓨터 주식 한 주 갖기 운동'을 펼치는 등 애국심이 동원된 마케팅도 나타났다. 그때 애국심 때문에 한글과 컴퓨터 주식을 샀던 사람들은 손해를 많이 봤을 것이다.

'흔글'이 시장지배적이었기 때문에 마이크로소프트(MS)사에서는 한글과 컴퓨터사에 코드쉐어를 요청했다. 한글에서 작성한 문서가 MS 워드로 전환될 수 있도록 하자는 것이었다. 이런 MS사의 제안은 '흔글'이 외국인에게 먹힐 수 있다는 공포 때문에 거절됐다. 그 무렵 MS사가 '흔글'을 인수·합병할 것이라는 주식시장에 떠도는 악소문도 영향을 미쳤을 것이다. 코드쉐어를 거절한 지 10여 년이 지난 현재의 상황은 어떠한가.

'흔글'의 완패다. 대한민국에서만 문서를 주고받는다면 '흔글'만 사용해도 큰 문제가 없다. 그러나 해외와 문서를 교환할 때 '흔글'로 문서를 작성하면 상대방이 그 문서를 열어볼 수 없다. 미국에서 살고 있는 여동생은 문서를 보낼 때 꼭 MS워드로 보내 달라고 신신당부한다. 반면 '흔글'로 문서를 작성해 보내면 MS워드로 전환이 되지 않아 문서가 온통 깨져 보인다. 사정이 이렇다보니 해외와 교역하고 정보를 활발하게 주고받아야 하는 기업들은 문서작성을 '흐글'에서 MS 워드로 바꿔나가기 시작했다.

이제는 정부 부처들도 '흐글'과 함께 MS 워드를 같이 사용하는 곳이 많아졌다. 파리 유학생인 한 친구는 한국에서 지인들이 '흐글'로 쓴 문서를 보내는데 열리지가 않아 불편하다고 투덜거렸다. '흐글'의 호환불가능은 아이폰의 등장으로 더 첨예한 문제가 됐다. 스마트폰 체제에서 '흐글'의 입지는 더욱 좁아지는 분위기다.

외국인에 대한 배타성은 100년 전 구한말을 돌아본 외국인들의 눈에도 드러나 있다. 선교사로 들어와 대한제국의 고등교육기관에서 일한 미국인 엘라수 와그너는 《한국의 어제와 오늘 1904~1930》이란 저서에서 한국을 이렇게 소개했다.

1876년 일본의 영국대사는 일본에 온 첫 한국 대사에게 "친하게 지냅시다"라고 말했다. 그러나 불신에 가득 찬 한국 대사는 "우린 외국인과 교제하지 않습니다"라고 답변했다. 1880년까지도 조선의 큰길 표지판에 이렇게 쓰여 있었다. "외국인을 만나면 죽여라. 외국인과 친분을 맺는 사람은 조국의 반역자다."

프린스턴 대학을 나온 뒤 조선 정부가 만든 육영학원에서 영어교사로 일했던 윌리엄 길모어도 자신이 조선에 머물렀던 4년 동안의 기록을 적은 《서울을 걷다 1894》에서 조선의 외국인 혐오에 대해 "(조선 조정의) 중국파인 보수주의자들이 외국인 혐오감정을 부채질하고 있다. 며칠 동안 이 나라에서 모든 외국인을 쫓아내려는 폭동의 위험이 있었다. 서서히 흥분이 가라앉고 백성들은 문제가 외국인 때문이 아니라 일을 천천히 진행시키지 못한 조급하고 중심 잃은 관리들 때문에 발생했다는 것을 알게 됐다"라고 설명했다.

그는 같은 책에서 "대체로 백성들 사이에 외국인에 대한 일말의 반감이 없다. 중국인들이 외국에서 온 사람들을 부르는 '외국 악마' 호칭을 한반도에서 들어본 적이 없다. 한국인들과 교류하는 중에도 외국 태생이라는 이유로 따라붙는 경멸적 단어를 들어본 적이 없다. 대중은 서구인을 우월한 능력을 가진 사람으로 우러러봤다. 외부의 개입이 없다면 백성들은 모두 점진적이고 분별력 있는 서구적 방식의 수용을 환영할 것"이라고 분석하고 있다.

그는 조선인들이 외국인을 배척하는 것이 아니라 정치인과 관료들이 보수파(중국파)와 개혁파(일본파)로 파당을 조성하여 배타성을 강화하고 한국의 진보를 방해한다고 비판했다.

현재 대한민국에서도 정치인들이 정치적·경제적 필요에 의해 미국이나 중국, 또는 일본의 편에 각각 서서 국민들을 오도하는 경향이 있다. 정치인들의 주장이 '국익'이라는 외피를 쓰고 있지만, 때때로 국민들의 생존과 발전으로 가는 길을 가로 막거나 잘못된 길로 인도할 수 있다.

한반도에서 거주하는 외국인의 수와 그들의 질적 수준이 외국인들을 대하는 사람들의 사고를 결정짓는다. 노출의 빈도가 많을 때 인식이 바뀌기 때문이다. 최근 많은 외국인들이 여기저기서 돌아다니고, 버스와 지하철을 이용하기도 한다. 요즘 사람들은 20~30년 전처럼 뚫어지게 그들을 바라본다든지, 호기심어린 시선을 보내거나 하지는 않는다.

우리가 흑인이나 백인 등 다른 인종들에 대해 노골적으로 거부감을 드러내는 이유 중 하나로 조선 후기에 중국이나 일본과 달리 다른 인종들을 만나볼 기회가 거의 없었기 때문이 아닐까 추정해 본다.

16세기 말 일본이 가톨릭 선교를 금지하기 전까지 교토와 오사카, 규슈 북부에는 1549년 프란시스코 하비에르가 일본에 첫 선교를 시작한 이래로 교회가 200개, 100명이 넘는 외국인과 일본인 직원을 가진 병원이 20개, 또 개종자 15만 명이 있었다. 이는 로마의 예수회 대표에게 해마다 보낸 선교사들의 보고서에 나타난 기록이다.

여기에 17세기부터는 나가사키에 네덜란드 상관이 메이지 유신으로 폐쇄될 때까지 존속했던 점을 감안하면 일본에서 16~19세기까지 외국인을 만나는 일이 조선에서만큼 어려운 일이 아니었다. 물론 일본은 네덜란드 상관을 나가사키의 데지마 섬에 격리시켜 자국민과의 접촉을 줄였지만 그들의 존재 자체를 완전히 가릴 수는 없었을 것이다. 게다가 16세기 쇼군들은 자신들이 행차할 때 거구의 흑인들을 내세워 호위병을 시키며 일본인들에게 눈요기감을 만들었다는 이야기도 있다.

반면 조선은 크게 알려진 바로는 17세기 후반인 1653년 대만에서 일본 나가사키로 항해하려다가 제주도에 표류해 서울로 이송된 네덜란드 선원 하멜과 그의 일행인 36명 선원의 흔적이 있을 뿐이다. 이들이 조선에서 14년간 강제노역 등을 당하며 살았지만, 그들과 의사소통을 한 조선인들은 거의 없었다. 붉고 꼬불꼬불한 머리에 하얀 얼

제주도에 표류한 하멜 일행

굴을 한 야만인에 불과했기 때문이다(주경철, 2009: 56).

그 후 외국인들을 만날 기회는 개항 이후에 시작됐다. 19세기 말 20세기 초에 한반도를 찾은 외국인들은 대사관이나 영사관 등의 외국인 주재관들이었다. 이들의 대화 상대는 주로 대한제국의 관리들이나 왕실 관계자로 평범한 조선인들이 광범위하게 외국인과 접촉할 기회가 많았다고 보기 어렵다.

또 한 번의 기회는 해방 이후의 미군정기와 1950년 이후 한국전쟁 때 유엔군과 미군의 등장이었다. 미군이 주력부대였지만 터키 등 많은 나라에서 유엔군으로 참전했다. 이 역시 전쟁이라는 극한상황에서 외국인과 접촉한 것이기에 외국인에 대한 긍정적 인식이 형성되기는 어려웠다. 무력을 가진 군대였고, 점령군의 이미지가 강했다.

《은마》등 한국전쟁을 소재로 한 소설이나 영화를 보면 한국 여성과 흑인 미군 사이의 부적절한 관계, 1950년대 초반에서 1960년대에 양산된 미군 주둔지 근처의 '양공주' 등 심리적으로 불쾌감을 주는 요소들이 많았다. 또한 19세기와 한국전쟁 등은 한국인들에게는 정치 사회적으로 불행한 시기로 외국인에 대한 배타적인 감정이 더 커졌을 수도 있다.

우리는 언제부터 외국인들을 불쾌하지 않은 시선으로 편안하게 바라보게 되었을까? 서울과 수도권에서 한국인 남자와 금발의 백인 여성들이 손을 잡고 돌아다니는 광경을 자주 보게 된 것은 오래되지 않았다. 10여 년이나 됐을까. 오산, 평택, 의정부, 동두천 등 주한미군 주둔지가 아닌 서울 광화문 거리뿐만 아니라 수도권에서도 외국인들을 발견하게 된 것은 1997년 외환위기 이후가 아닌가 싶다.

한국을 찾는 서양 관광객들이 크게 늘지는 않았지만, 외환위기를 넘기려 한국의 금융기관과 제조업체 등이 외국인의 손으로 많이 넘어갔기 때문이다. 이들 일자리에 유럽과 미국 등에서 파견된 직원들이 늘어났다. 이 시점부터 거리에서 만나는 미국인 남자와 한국인 여성 커플을 두고 1960~1980년대식의 '양공주'라는 시선으로는 보지 않았던 것 같다. 한국 여성이 외국인 남자를 좋아한다고 민족정신이 없다는 식의 비난을 할지언정, 최소한 경제적 이유로 불평등한 남녀관계를 맺었다고 보지는 않는다. 대등하다고 보는 것이다.

2010년 전후로 서울과 경기 일원에서 외국인들을 자주 볼 수 있게 된 이유 중 하나는 한국이 그럭저럭 해외에 알려지고 있기 때문이라고 봐도 큰 무리가 없을 것 같다. 특히 2008년 미국에서 시작된 세계금융위기 이후 이른바 선진국들이 경기침체 위기를 겪는 상황에서 한국은 민주주의 국가로 경제적으로 빠르게 성장하는 나라로 알려지게 되었다.

'세계 속의 한국'이고 싶은 우리의 희망대로 한국, 서울이 알려지기 시작한 시점은 1988년 서울올림픽이다. 상업적으로 가장 성공한 올림픽으로 알려진 서울올림픽이 열리면서 유럽과 미국에 한국전쟁을 벗어나 '한강의 기적'을 이루고, 민주화된 나라 한국을 알렸다.

2002년 한·일 월드컵에서 아시아 최초로 4강에 오른 한국은 축구 경기에 죽고 못 사는 유럽에 강한 인상을 남겼다. 당시 개최국 프리미엄을 감안해도 한국이 16강에 오르면 어디냐고 했는데 이변을 낳은 것이다. 한국은 세계적 축구강국인 포르투갈(당시 국제축구연맹 랭킹 5위), 이탈리아(6위), 스페인(8위)을 꺾고 4강에 올라갔다.

그 후 유럽의 젊은이들은 한국출신 유학생을 만나면 한국 축구의 '4강 신화'를 이야기한다. 거의 나라 이름도 거의 들어보지 못한 극동의 코리아가 유럽의 강호들을 꺾고 4강에 올랐다는 사실은 그들에게는 충격이었고 잊지 못할 기억으로 남은 것이다. 1990년 이탈리아 월드컵에서 아프리카의 카메룬이 8강 신화를 이루며 '검은 돌풍'을 일으키자 한국 축구팬들이 늘 카메룬을 기억하는 것과 비슷한 효과가 아닐까 싶다.

2009년 한 TV 광고가 꽤 솔직하게 한국의 세계적인 위상을 말하고 있어 인상적이었다. 미국 초등학교에 입학한 어느 초등학생이 반친구들에게 "I am from Korea"(나는 한국에서 왔어)라고 말했지만, 아무도 코리아를 알지 못했다. 그래서 그 소년은 지구본을 들고 다니며 설명해야만 했다. 그런데 그 소년이 자라 어른이 되자 한국이 계속 발전해서 이제는 지구본 없이도 한국을 세계인들이 알 수 있게 됐다는 내용이다. 21세기를 사는 한국인들의 민족적 자존감을 크게 높여주는 광고이지만, 이 광고가 이야기하는 진실에도 귀를 기울여 봐야 한다. 이제 30대 초반으로 보이는 젊은이의 경험으로 볼 때 한국은 1980년대에도 거의 알려지지 않았다.

또 다른 한편에서 세계인들이 코리아를 알아주지 않아서 슬프고 속상했다면 과연 우리는 미국과 캐나다, 영국, 독일, 프랑스 등 부자 나라를 제외한 제3세계 국가들을 잘 알고 있는가 질문하고 싶다. 한국 사회는 "I am from ~"라고 동남아시아나 아프리카, 남아메리카, 러시아를 포함한 동유럽 나라에서 온 친구들을 이해하려고 노력하고 따뜻하게 포용해줬는지 궁금해진다.

해외로 나가는 한국인들이 점차 많아지는 만큼 한국인의 유난스런 민족주의가 해외에서 갈등을 빚는 일도 그만큼 많아지고 있다. 한국에서 너무 당연하게 배웠고 확신하는 대로 한국인의 자존심과 자긍심을 아시아의 다른 나라 국민들과 만나서도 지나치게 강조하다 보니 불필요한 마찰을 빚는 것이다. 한반도 역사와 주변 국가들의 역사에 대한 충분한 이해 없이 민족주의를 앞세우다 보니 나타나는 현상이기도 하다.

최근 중국과 한국 젊은이들이 '우렁각시'나 '베 짜는 학' 등 전래동화의 원조를 가지고 다툰다든지, 한국이 단오제를 유네스코의 무형문화재에 등재하자 중국 네티즌들이 '한국이 중국의 단오를 훔쳐갔다'

고 인터넷에서 흥분하는 일도 민족적 배타성에 근거한 것이다.

미국에서 중국인 유학생과 한국인 유학생 사이에 갈등이 점차 증폭돼서 위험수위에 이르고 있다는 지적도 있다. 중국이 고구려와 발해를 중국의 역사로 끼워 넣는 것이 아닌지 의심이 가는 '동북공정' 등 '한·중 역사논쟁'도 만주와 간도를 우리 땅이라고 주장한 한국이 먼저 시작한 것이라는 학계의 지적에도 귀를 기울일 필요가 있다. 현재 중국 땅으로 국제적으로 인정되는 만주와 간도에 대해 한국 땅이라고 주장할 때는 그만큼 국제관계에서 위험이 따른다.

한국의 문화는 대체로 중국에서 흘러들어왔다. 한반도-중국의 관계는 한반도에 사람이 살기 시작하면서부터 맺어져서 길고, 가장 오랫동안 지속됐다. 아시아에서 중국과 조공(朝貢)관계를 최종적으로 이어나간 나라는 베트남과 조선 둘만 남은 상태에서 1884년 베트남은 전 국토가 프랑스의 식민지가 되면서 중국의 조공국에서 먼저 떨어져 나갔다. 조선은 청나라의 마지막 조공국으로 1894년까지 관계를 이어갔다. 청일 전쟁에서 청이 패배했기 때문이었다.

한국이나 베트남은 중국에서 들어온 문화와 문명을 재해석하고 변화시킨 것들이 많다. 한국 축구대표팀의 서포터즈 '붉은 악마'의 귀면상(鬼面像)도 한국적으로 변형되기는 했지만 원형은 중국에 있다. 전쟁의 신인 치우천왕이다. 2008년 제작된 1만 원권 뒷면에 혼천의(渾天儀)가 들어가자 중국 네티즌들이 중국의 과학기계를 홍보해 줘서 고맙다고 해서 한참 논란이 됐다. 혼천의는 중국에서 들어온 천문기계를 조선식으로 변형한 것이다.

조선만의 독창성을 주장하면, 우리의 독창적 유물로 제시할 만한 것이 그리 많지 않다. 우리의 조상들은 그 사실을 인정했었다. 지금에 와서 우리가 읽는 역사책들이 중국과 조선의 관계가 마치 대등했던 것처럼 서술돼 있는 것은 번역자들이 독립국가인 현재 한국의 위상을 반영해서 번역한 덕분이다.

조선이 병자호란 이후 중국의 제후국(諸侯國)인 탓에 생긴 일화 하나를 소개하겠다. 임진왜란 이후 무너진 전국적 강우량 측정을 위해 영조는 1770년 5월에 서울 등 8도에 측우기를 재건한다. 이 측우기 받침에 측우기 만든 시점을 밝혀 '건륭경인오월조'(乾隆庚寅五月造)라고 써놓았다. 제후국은 황제나라의 연호를 써야 했으므로, 청나라의 연호를 사용한 것인데, 이 때문에 이 측우기가 조선이 아니라 중국의 것으로 세계에 알려져 수정되지 않고 있다(박성래, 2002: 173). 이 것을 보면 중국의 번국(藩國)이었던 조선의 측우기는 우리의 기쁨이자 슬픔이다.

무작정 우리의 역사가 최고라고 할 수는 없다. 조선의 역사를 중국, 일본, 세계사와 연결해서 인식하고 겸손해질 필요가 있다. 중국·일본의 역사를 깊이 공부해야 한다. 배타적 한국인이 아니라, 세계적 한국인으로 거듭나기 위해서는 자신의 못난 역사는 물론, 남들의 잘난 역사도 잘 꿰고 있어야 한다. 과거에 우리는 이러저러했지만, 현재는 중국이 한국을 배워가고 있다고 하는 것이 맞지 않겠는가. 그렇지 못한 상태로 중국 네티즌들을 맹목적으로 공격한다면 역사에 무식한 한국인으로 전락하게 될 것이다.

전통, 조선식이냐 고려식이냐?

"아들 이율곡은 5천 원 모델이고, 마누라 신사임당은 5만 원 모델인데, 대체 신사임당 남편은 누구야? 뭐하는 인사인데 이름도 알려져 있지 않고 말야."

금융계 고위인사는 2007년 11월 고액권 인물로 신사임당이 결정되자 이렇게 투덜댔다. 그는 신사임당의 남편 이 모씨가 21세기 한국의 가장들 자존심에 상처를 주고 남자들 망신을 주고 있다는 것이다.

그 자리에 동석했던 사람들, 주로 남자들은 "맞아, 신사임당 남편은 뭐하던 사람이냐?"며 맞장구를 쳤다. 문득 생각해 보면 신사임당과 아들 이율곡은 알아도 그녀의 남편에 대해서는 잘 알려지지 않았다. 우선 이름조차 가물가물하거나 전혀 모르거나 한다. 한국 남성들이 가장 사랑하는 조선의 여성은 신사임당이지만 그의 남편은 이렇게 무명씨인 것이다.

신사임당 하면 한국 남성들은 현모양처를 떠올린다. 덕분에 전 국민을 대상으로 한 여론조사와 고액권 모델 선정을 위한 전문가 모임에서도 통과해 대한민국 5만 원권의 모델이 됐다. 국민들 여론조사에서는 10만 원권의 인물초상으로 김구 선생이 선정되었지만, 막상 추천위원회에서는 갑론을박 끝에 간신히 선정됐다.

하지만 노무현 정부에서 결정된 10만원권 모델인 김구 선생은 이명박 정부에서 10만원권을 발행하지 않기로 결정함에 따라 결국 고액권 지폐의 모델이 되지 못했다. 이명박 대통령이 존경하는 안창호 선생이나 특정 언론이 선호하는 건국의 아버지 이승만 대통령보다 '독립된 국가의 문지기'가 되고 싶어했던 상해 임시정부 출신의 김구를 앞세우기 싫어했다는 소문이 나돌았다.

요즘에는 알음알음 알려졌지만, 신사임당은 한국 남성들이 기대하는 현모양처의 기준에 한참 미달이다. 조선 중기 대학자 율곡 이이를 키워냈으니 신사임당은 현명한 어머니가 맞지만, 아침마다 밥상을 차려내고 아침저녁으로 시집에 문안인사를 드리는 착한 마누라를 기대하는 21세기 한국 남성들의 기준에 비춰보면 완전히 소박데기 감이다.

신사임당은 똑똑하고 재능 많은 여성이었다. 그러나 '순종하는 아내'와 '도리를 다하는 며느리'와는 거리가 멀었다. 대한민국의 중산층 현모양처에게 주는 주부클럽의 상 이름이 '신사임당 상(賞)'인 것을 생각하면 역사적 사실과 상상의 이미지 사이에 얼마나 거리가 있는지 알 수 있다. 섹시함이나 활발함이라고는 한 점의 그림자도 찾아볼 수 없는 신사임당의 표준 영정도 현모양처의 이미지를 강화하고 있다. 영정을 이종상 서울대 미술대 교수가 가부장제적 사회적 분위기가 왕성했던 1960~70년대에 그린 점을 감안하면 영정이 실제 신사임당과 닮았다고 생각하기 어렵다.

사임당은 딸부잣집의 장녀였다. 그의 아버지 신명화는 딸 다섯 가운데 재능이 유난히 뛰어난 맏딸을 편애했고, 신랑감을 고를 때 여간 고심하지 않았다. 그 덕분에 신사임당은 19살에 결혼했다. 당시 풍속으로 볼 때 노처녀였다. 신명화는 사윗감을 고를 때 집안은 명문가이지만 사위 그 당사자는 다소 한미(寒微)하길 원했다.

그래서 덕수 이씨 집안의 이원수를 사위로 결정했다. 집안은 명문가였지만, 이원수 자체는 홀어머니의 외아들로 아직 벼슬길에도 오르지 못했다. 그래서 장인은 사위에게 "내가 여러 딸을 두었지만, 네 처만은 내 곁에서 떠나게 할 수 없다"라고 당당하게 말할 수 있었다(이영화, 1998: 123).

사실 신사임당의 아버지도 강릉 출신의 무남독녀와 결혼하였기에 자신은 주로 서울에서 관직을 살았고 그의 아내, 신사임당의 친정 어머니는 주로 강릉 친정집에서 살았다. 결국 신사임당은 결혼한 직후 아버지가 사망해 3년 상을 치르는 기간과 이율곡을 낳고 기르는 20여 년을 강릉 친정에서 살았다. 그리고 38살이 돼 시집에 들어가 9년 남짓 살았다(이영화, 1998: 123).

결혼하면 시집살이가 일반화된 요즘과 비춰보면 어떻게 조선시대에 그럴 수 있을까 싶다. 하지만 신사임당이 살았던 16세기 조선 중기에는 처가살이가 대세였으니, 신사임당은 당시에는 그렇게 나쁜 며느리도 아니었다.

물론 그의 남편 이원수는 애가 닳았을 수 있었겠다. 홀어머니가 언제 며느리를 볼 수 있느냐고 재촉했기 때문이었다. 그렇게 결국 시집으로 들어가게 된 신사임당은 소박한 시어머니가 이런저런 조선의 풍속에 대해 물어보자 "문밖 출입을 한 적이 없다"면서 혼자 요조숙녀인 척 새치름하게 답변하기도 했다(이성수, 2009: 276~294).

이처럼 남편을 제외하고는 모든 것이 낯설어서 몸과 마음이 고달픈 시집살이를 하지 않고 친정살이를 했기 때문에 신사임당은 조선 여성으로서는 드물게 시, 글씨, 그림을 잘하는 '시서화'(詩書畵) 3절로 불릴 수 있게 됐다.

성리학적 기반에 나라를 세운 조선의 왕가는 건국 이후 친영제(親迎制)라고 해서 여자가 시집에 들어가 사는 중국식 시집살이 풍습을 보급하려고 애썼다. 중국 한족의 풍속이 아니면 야만적인 풍속으로 평가하던 조선 왕실과 사대부는 어떻게 하든 고려 왕실 및 민간의 풍속으로 굳어진 처가살이를 개선하기 위해 노력했다. 그래서 조선 왕실에서는 세종 17년 딸을 사대부에 시집보내면서 첫 번째 친영제를 실시했고, 양반 등 지배계층에게 딸들을 시집살이 보내라고 강요하기 시작했다.

그러나 신사임당이 살았던 16세기에는 남귀여가제(男歸女家制)라고 해서 남자들이 처가에 들어가서 사는 처가살이가 일반적이었다. 고려시대 이후 지배층, 민간 할 것 없이 깊게 뿌리를 내렸던 처가살이는 고구려의 민며느리제도(데릴사위 제도)를 생각하면 될 것 같다. 고구려를 공식적으로 계승한 고려의 이 풍습도 고구려에서 온 것으로 추정된다. 왕실이 강조하고 강요해온 시집살이 풍속은 17세기에 가야 양반 지배층에서 일반화되기 시작했다. 민간에까지 확산된 시점은 18세기 말엽에나 가야 한다(이영화, 1998: 157).

그러니까 '조선식의 시집가기'가 '고려식 장가가기'를 뒤집은 것은 지금으로부터 겨우 200~300년에 불과하고 그것이 전통이란 이름으로 21세기까지 유지되는 셈이다. 그나마 그 전통도 고유의 전통을 중국의 전통과 맞바꾸면서 가져왔다는 점을 기억해야 한다.

우리들은 가끔 전통이니까 그렇게 해야 한다는 이야기를 흔히 듣는다. 특히 여자들에게 전통을 내세워 불합리한 일을 강요하는 것들이 적지 않다. 그러나 그 전통이라는 것이 길어봤자 300여 년 정도된 조선 후기의 관습과 풍속들에 지나지 않는다. 그래서 가끔 우리나라의 역사는 조선밖에, 또는 성리학적 전통밖에 없는 것이냐고 묻고 싶어진다.

전통의 역사를 고려시대나 삼국시대에서 찾아도 되지 않겠나 싶다. 또한 전통이라도 좋은 전통은 계승하고, 현대의 틀에 맞지 않는 전통은 개선해서 새로운 관습을 형성하는 것이 맞다고 생각한다. 따라서 전통을 절대적으로 신봉하기보다는 조선 후기 이전 한국 역사의 전통은 무엇이었나 생각해 볼 필요가 있다.

요즘은 외동딸만 둔 가정이 적지 않다. 무남독녀(無男獨女)인데, 아무리 사위가 훌륭한 직업을 가지고 집안이 훌륭하다고 해도 여자의 지위를 낮게 보고, 비하한다면 결혼시킬 집안이 많지 않을 것이다. 가끔 자신의 마누라한테는 함부로 하는 남편들도 자신의 외동딸은 너무나 소중한 탓에 "엉뚱한 놈한테 시집보내느니 아예 내가 데리고 살겠다. 시집 안 보낸다"라고 말하곤 한다. 다소 어이없지만 그럴 때 할 수 있는 이야기는 "당신 마누라도 누군가의 소중한 딸이다. 당신 딸 생각해서 잘해 줘라"라고 말할 수밖에 없다.

다시 조선으로 돌아가 보면 고려부터 조선 중기까지는 집안에서 남녀차별이 심하지 않았다. 21세기 대한민국보다 이런 면에서는 훨씬 선진적이고, 개방적이었다고 할 수 있겠다.

부계(父系)중심적 사회구조를 지향했던 조선과 달리 고려시대에는 재산상속, 제사 등에서 남녀가 권리와 의무를 고루 나눴다. 즉, 결혼한 딸이라고 해서 재산상속에서 차별받지 않았다. 고려시대에는 출가외인이란 관념 자체가 없었고, 조선 전기까지도 그런 관념이 유지됐다. 제사를 지낼 때도 아들과 딸을 구별하지 않고 돌아가며 제사를 지냈다. 반드시 장남이나 아들이 제사를 지낼 필요가 없었으니 제사를 위해서 여자들이 아들을 꼭 낳아야 할 이유도 없었다. 족보의 기재방식도 고려와 조선전기의 족보에는 아들과 딸이 출생 순서대로 기재됐다. 딸이 결혼하면 사위와 외손들이 족보에 상세히 기록됐다. 조선 전기에는 장가가기가 일반적 풍속이었던 터라 친정집에 살던 며느리들은 시집식구들의 얼굴을 잘 모르기 일쑤였다(이영화, 1998: 159~160). 마치 21세기를 사는 많은 사위들이 아내 집안의 일가친척들의 얼굴을 잘 모르는 것과 비슷하다.

최근 사회풍속으로 장인장모를 모시는 가정이 늘고 있다. 맞벌이 가정이 늘어가면서 친정어머니가 외손주를 돌봐주는 것이 아내에게 더 편하기 때문이다. 또한 친정식구들과 있을 때의 아내와 시집식구들과 있을 때의 아내는 너무나 다르기 때문에 '사랑하는 아내'를 위해 친정식구들과의 모임을 선호하는 남편들도 늘고 있다. 젊은 부부들 사이에서 아들 낳아 봤자 쓸데없다는 이야기가 나오는 이유이기도 하다.

그래서 고려시대로 회귀하고 있다는 느낌이 들 때도 있다. 아들보다는 딸이 노년의 부모를 모시는 것이 가정 평화와 늙은 부모의 삶의 질을 높이는 길임을 아들과 딸이 모두 암묵적으로 인정한 덕분이 아닐까. 맞벌이 부부가 늘고는 있지만 전업주부의 입장에서 부모를 모시는 당사자는 남자가 아니라 여자라는 점을 감안하면 여자 입장에서 좀더 편하고 잔소리를 해도 뒤끝이 적은 친정부모를 모시는 것이 더 좋을 수도 있겠다.

그렇다면 고려시대 여성들의 풍속을 짐작케 하는 조선 전기의 여성들의 모습은 어떠한가. 그 풍속을 이해하려면 순종적이고 인고(忍苦)의 세월을 견디는 조선 후기 이후의 한국 여성의 이미지를 벗어던져야만 한다.

요즘에도 부부동반 모임을 하면 어느 순간부터 남자는 남자끼리, 여자는 여자끼리 모여서 대화하고 놀게 된다. 남편들이 모여 있는 술자리에 부인이 끼어 있으면 여성들조차 백안시하는 경향이 있다. 조선의 남녀내외법이 21세기에도 작동하는 것이 아닐까 싶을 정도다. 그러나 조선 전기에 양반 여성들은 남녀가 함께 모이는 자리에서 술을 마시고 노래하고 춤추는 일이 적지 않았다. 개방적이고 활달했다. 문밖 출입도 자유로웠다.

조선시대 '전화음'(煎花飮)이란 풍속이 있다. 전화란 진달래꽃을 말하는 것으로 진달래가 피는 봄에 부녀자들이 모여서 유흥을 즐기는 고려부터 내려온 전통적인 풍속이었다. 양반집 여성들도 거리에 나와서 음악이 연주되는 가운데 종일 노래하고 춤추다가 날이 저물어야 집으로 돌아갔다.

《조선왕조실록》에는 양반가 부녀자들이 산이나 물가에 놀러 다녔다는 기록을 쉽게 찾을 수 있다. 고려 이래로 상류층 부녀자들에게 내려오는 전통이었다. 중국 사신의 행렬을 구경하기 위해 부녀자들이 몰려다니기도 했다. 이외에도 석가탄신일을 기념한 '연등회', 구천에 떠도는 원귀들을 공양하기 위해 강에서 벌어지는 '수륙회' 등은 몇날 밤을 새워서 치러졌고, 여성들도 밤을 새워 기도하곤 했다. 무녀들을 불러서 야외에서 대규모 인원들과 함께 치르는 '야제'의 경우는 그 자체로 축제적 성격이 강했다. 무녀의 의례가 끝나면 여인들은 음식과 술을 마시며 여흥을 즐겼기 때문이다. 조선 전기에도 이 야제는 골칫거리였다. 봄마다 왕들이 서울 동대문 용두동에 위치한 선농단에서 농사를 짓는 모범을 보이는 친경(親耕)의식을 치르는데, 이 친경행사도 큰 구경거리였다(이영화, 1998: 161~162).

성리학에 심취한 사대부들은 상소문을 내고 이런 거리행사를 금지시킬 것을 왕에게 요청했다. 태종 때부터 세종을 거쳐, 성종 때까지도 이런 상소문이 끊이지 않았다. 그럴 때마다 조선의 왕들은 "중국에도 연등회, 나례, 산붕잡희와 같은 행사가 있으면 도성의 양반가 부녀자들이 다투어 구경하는 풍속이 있다"며 상소문을 기각했다.

조선 후기 최악의 전통은 '과부 재가(再嫁)금지법'이다. 갑오개혁 때 폐기된 이 과부 재가금지법은 역사학자들도 악법 중의 악법으로 손꼽는다. 본부인을 두고도 첩을 여러 명 둘 수 있었던 조선 양반들과 비교하면 전형적인 남녀 차별법이기 때문에 악법이라고 할 수 있다. 하지만 이 법이 진정 악법인 이유는 인간의 자연스런 본성을 여자라는 이유로 억압했기 때문이다.

조선시대 평균수명이 45세라고 보고, 20세에 과부가 됐다고 하면 25년을 금욕하고 살아야 한다. 30세에 과부가 됐다면 15년이나 금욕하고 살아야 한다. 서양과는 달리 한국에서 여자들은 성욕을 억제하며 혼자서도 잘살 수 있다는 관념이 형성된 배경에는 조선의 과부 재가금지법이 작용하지 않았을까 싶다. 배고프면 밥 먹어야 하는 욕망과 같이 자연스러운 것이 성욕인데 너무 가혹했다.

이런 가혹한 법이 오랫동안 조선에서 존속한 이유는 여성의 '모성'(母性)을 볼모로 잡았기 때문이다. 과부 재가금지법의 구속력은 여성이 재혼해서 낳은 자식들은 벼슬할 수 없도록 규제함으로써 강력하게 발휘됐다. 조선시대에 관직에 나갈 수 없다는 의미는 현재 양반이라고 해도 양반신분을 잃어버린다는 것이다. 조선시대의 양천제도가 비교적 유연한 신분제도라고는 하지만, 4대 이상 관직에 나가지 못하면 양반의 지위를 박탈했다. 평민이라도 벼슬에 나가면 양반이 될 수 있었다.

다시 신사임당으로 돌아가 보자. 신사임당은 원래 몸이 약했는지 미인박명인지 40대에 사망한다. 신사임당은 죽으면서 남편 이원수에게 유언으로 '재혼하지 말라'고 요구했다. 남편 이원수는 사임당이 사망한 뒤 오랫동안 홀로 있다가, 이율곡 등 자식들이 아버지에게 재혼할 것을 요청하면서 후처를 들인다. 16세기 신사임당은 21세기 여성의 시선으로 볼 때 뻔뻔하기도 하고 당당하기도 하다.

순종과 인고의 세월을 거치는 조선 후기의 여인상이 '한국의 어머니상'으로 굳어진 탓에 좀 심하다 싶을 정도로 고생한 어머니들을 찬양하는 경향이 있다. 찬물에 빨래하고 고생해 동상으로 손가락이 삐뚤어진 어머니 손을 보고 마음이 짠해졌다든지, 또는 이런 손을 가진 어머니들이 진짜 어머니 같다는 식의 글들이 올라올 때는 마음이 좀 답답하다. 이렇게 묻고 싶다. 아내의 손이 그렇게 망가질 동안 당신의 아버지는 뭐했느냐, 당신들은 무엇을 했느냐 라고.

요즘 '장한 어머니상'이나 '장한 며느리상'을 받은 분들 가운데 베트남 등에서 한국 농촌 총각에게 시집온 분들이 등장하고 있다. 조선 후기의 여성상을 외국에서 시집온 여인들에게 강요하는 것은 아닐까 고민해 본다.

아들을 유독 사랑하는 유교적 사고방식도 고려의 대상이다. 경제적 이유로 자녀를 하나만 갖는 사회다. 무남독녀 외동딸의 숫자가 늘어가고 있다. 두 자녀 가정이라고 해도 딸 아들로 모두 외동아들, 외동딸로 귀하게 키운다. 21세기에도 조선 후기식의 시집살이가 '전통'이란 이름으로 지속되길 강요한다면 사회적 불화가 심화될 뿐이다. 2천 년 전의 북방 유목민계 조상을 가진 사람답게 고구려의 '민며느리제'나 고려식의 '장가가기'를 장려해 보면 어떨까. 유산도 똑같이 나눠 갖는 시대에 아들, 딸 할 것 없이 제사도 나눠서 지내고 말이다.

단일민족이란 허구의식

수만 명이 대형 스크린 앞에 모여 월드컵 축구경기를 구경하고 응원하는 나라는 한국이 유일할 것 같다. 함께 모여서 공감대를 형성한다는 재미에 외국인들이 월드컵 시즌이 되면 한국에 놀러오기도 한다. 월드컵 개최지가 아니라 한국에 와서 함께 응원하고 놀고 가는 외국인들은 '떼로' 모여 하는 응원문화도, 몰두하는 열기도, 응집력과 과도한 애국심도 다 신기하고 재밌게 느껴질 것이다.

2002년 한일 월드컵 때 '대~한민국'을 목 놓아 외치던 사람들, 서울 잠실야구장에 3만~4만 명이 모여서 집단응원하는 사람들은 일본이나 중국 민족보다 한국 민족이 훨씬 우월하다고 생각한다. 세계 최고의 우수한 민족이라고 평가받는 유태인보다 한국 민족이 더 우수하다는 식의 언론보도는 한두 번이 아니었다. 요즘 "참 우리 민족 대단하다"라는 감탄사도 많이 내놓는다. 경제적으로뿐만 아니라 스포츠나 문화 등 다양한 방면에서 한국 민족의 저력을 발휘하고 있기 때문이다.

한국인은 우리가 5천 년 동안 단일혈통을 유지해왔다고 의식, 무의식적으로 믿고 있다. 이런 믿음의 시발은 단군신화가 아닐까 싶다. 신화는 역사보다도 훨씬 강력하게 사람의 인식을 지배한다.

일연은《삼국유사》에서 단군신화를 소개하고 있다. 하느님의 둘째 아들인 환웅과 마늘과 쑥을 100일 동안 동굴에서 먹고 인간으로 환생한 웅녀가 결혼해 단군을 낳고, 고조선을 건설했다. 그리고 이들의 후손이 한(韓)민족이 된 것이란다. 단군신화의 기저에는 한반도에 사는 민족이 하늘의 자손으로서 단일의 혈통을 이어온다는 믿음이 깔려 있다.

'우리는 하나'이며 단일시조와 단일혈통, 단일민족이라는 인식은 국가를 운영하는 유용한 수단이 된다. 특히 외부로부터의 침입을 막아낸다든지, 식민지 시대의 고통을 견뎌야 한다든지, 전쟁으로 폐허가 된 국가를 재건한다든지, 국민이 힘을 모아 독재정부를 무너뜨린다든지 하는 위기를 돌파하는 집단적 힘, 초월적 힘으로 작용하기 때문이다. 일제 강점기 시절인 20세기 초반 독립운동을 하던 힘이나, 1980년대 한국에서 독재정권에 저항하며 남북통일을 요구하던 사회운동 등은 강력한 민족주의에서 시작됐다.

요즘 민족주의는 세계 스포츠계에서 엄청난 괴력을 드러내서 한국인을 흐뭇하게 만들고 있다. 개개인의 능력은 다소 떨어지지만 팀을 이뤄서 경쟁할 때 한국인들은 개인의 능력을 뛰어넘는 실력과 조직력을 발휘한다. 예를 들면 한국 야구대표팀이 2009년 제2회 월드 베이스볼 클래식(WBC)에서 미국 등 야구 선진국을 따돌리고 일본에 이어 준우승한 것이나, 2008년 베이징올림픽 야구 결승전에서 쿠바를 이기고 금메달을 딴 사례 등이 그렇다. 냉정하게 살펴본 한국 대표선수들의 전력은 미국이나 쿠바에 비해 한 수 아래였지만 민족이란 이름 아래 집단화되면 괴력을 발휘했다. 민족 앞에서 불굴의 힘을 발휘하는 한국인의 속성을 잘 보여줬다.

김성근 프로야구 감독도 2010년 1월 일본 프로야구의 거장으로 손꼽히는 노무라 가쓰야 전 라쿠텐 감독을 만나 "한국은 개인 기량보다 팀 기량이 높은데, 이는 조직력과 승부욕이 있기 때문"이라고 말했다. 김 감독은 "일본이 한국보다 야구 역사가 50년을 앞서고, 선수 개개인의 기량은 분명 일본이 한국보다 낫다"면서 "한국과 일본 야구의 격차가 빠르게 좁혀지고 있음을 간과해선 안 된다"라고 지적했다.

축구도 마찬가지다. 2002년 한일 월드컵에서 한국 축구대표팀은 홈그라운드의 이점을 감안하더라도 4강까지 올라갈 실력은 아니었다. 하지만 한국이 '4강 신화'를 쓰면서 한국 축구는 새로운 전기를 맞았다. 박지성, 이영표, 설기현 등 대한민국의 젊은 선수들이 유럽 명문 구단주와 감독들에게 자신의 존재를 알렸다. 차범근 이후 해외파 축구선수들이 탄생한 계기였다.

또한 한국(Korea)이라는 국가 이름이 포르투갈, 이탈리아, 스페인 등 한국 대표팀이 꺾은 나라들뿐만 아니라 축구를 사랑하는 유럽의 젊은이들에게 비교적 널리 알려졌다. 극동에 축구 천재들이 나타나다니, 이변이라고 생각한 것이다.

한국 축구대표팀의 개인기는 일본에 비해 떨어지지만, 한국 대표팀은 일본 대표팀과의 상대 전적이 화려하다. 2010년 2월 동아시아 축구대회에서 3-1로 일본에 역전승을 거둔 기록을 포함해 38승 17무 11패이다. 일제 강점기에 경성제대와 동경대 축구팀이 붙으면 경성제대가 거의 이겼다. 정치적으로 일본에 강제 점령됐지만 정신만은 살아서 펄펄 날았던 것이다.

이와 관련해 재밌는 석사논문이 나오기도 했다. 한국인의 유별난 '축구 사랑'은 1919년 3·1운동 실패 이후 축구가 항일투쟁의 성격을 띠면서 비롯됐다는 것이다. 서울대 외교학과 변성호는 축구가 처음으로 전래된 1890년대부터 1920년대까지 발간된 신문과 잡지 17종과 《조선왕조실록》 등을 분석했다. 그는 2010년 〈스포츠를 통한 인정투쟁: 일제 식민지 시기 축구를 중심으로〉(변성호, 2010)에서 "한국 근대화에 큰 영향을 끼친 일본과 미국에서는 야구가 국기로 취급되는데 유독 한반도에서 축구가 인기를 끈 까닭은 일본과 대결해 이길 수 있는 영역이었기 때문"이라고 평가했다.

1910년대까지 11명 한 팀과 전·후반 각 45분 등 가장 기본적인 규칙도 지키지 못할 정도로 원시적이었던 한국 축구는 1921년 제1회 전 조선 축구대회를 기점으로 급성장했다. 1926년 배재중 축구단이 일본 본토 대회에 출전해 우승하는 쾌거를 이뤘고 그해 7월에는 조선 축구단이 일본 원정에 나서 도쿄, 상하이, 조선, 고려 등 네 축구단의 연합리그에서 3전 전승으로 우승했다. 조선 축구단은 1927년에 내한한 일본 리죠(鯉城) 축구단과 1승 1패를 기록했다. 극동올림픽에 일본 대표로 출전해 우승한 와세다 팀을 2승 1패로 꺾었다. 조선 축구단은 1928년에는 당시 축구의 '메카'였던 상하이 원정에서 서양인 팀과 대결해 4승 2패의 성적을 올렸다.

이러한 선전에 힘입어 축구는 1930년대 민중의 심정적 지지를 받는 사실상의 국기로 자리잡았다. 〈조선중앙일보〉는 1936년 3월 1일자 기사에서 "우리의 국기인 축구"라는 표현을 썼고, 같은 해 4월 16

일자에서는 "우리 겨레가 사는 그 어떤 곳에서도 뿔차기를 모르는 이가 별로 없다"고 보도했다. 식민지에서 억눌렸던 민족의식이 국가 대항전 성격의 단체경기를 통해 발현된 것이다.

이처럼 괴력을 발휘하는 한국의 민족의식, 특히 단일민족 의식은 허구에 가깝다. 한국인은 생태학적으로 단일민족이 아니다. 단일민족이라는 것은 신화의 세계에 속해 있다.

100년 전에 조선을 방문한 영국의 화가이자 여행가인 아널드 헨리 새비지 랜더(Arnold Henry Savage Landor)는 자신의 저서 《고요한 아침의 나라 코리아 또는 조선》(Corea or Chosen: Land of Morning Calm)(1895)에서 조선을 다민족의 혼혈사회라고 분석했다. 래더는 두상과 체형이 다른 38장의 인물 묘사도를 그렸다(정수일, 2009: 103~104).

이방인들의 눈에는 한국 민족이 완전히 서로 다른 혈통을 가진 사람들로 구성됐다고 확신할 만큼 우리는 서로 다르게 생겼다. 우리는 몽골계로 직모에 높은 광대뼈와 낮은 코, 넓은 얼굴이 특징이라고 했다. 하지만 주변을 봐도 한국인이지만 백인처럼 새하얀 피부에 오뚝한 코, 빨간 머리를 가진 사람이 있는가 하면 중동 쪽 혈통이 아닐까 싶을 정도로 까무잡잡하고 곱슬머리를 가진 사람들도 있다. 최근에는 영양상태가 개선된 것인지, 유전자의 변이인지 젊은층의 얼굴은 과거 1950~1960년대 얼굴과 전혀 다르다.

인간게놈연구회(HUGO) 아시아지역 컨소시엄은 2009년 12월 초 한국, 일본, 중국을 포함한 아시아 73개 민족의 염색체를 조사해 각 민족들의 이동경로를 밝혀내고 이를 세계적 과학 학술지 〈사이언스〉

에 발표했다.

연구결과에 따르면 아프리카에서 10만 년 전에 탄생한 현생 인류는 유럽과 아시아로 퍼져나갔다. 인도 북부에 도착한 이들은 험준한 티베트 고원을 피해 동남아시아로 이동했다. 인도차이나 반도 등에 정착한 아시아인 중 일부는 인도네시아와 필리핀을 비롯한 남태평양의 섬으로 이동하고, 다른 집단은 북쪽으로 향해 중국과 한국, 일본에 정착했다. 이 연구의 컨소시엄에 몽골 등 중앙아시아와 북아시아 연구진이 참가하지 않았다. 때문에 다소 정확성은 떨어진다.

이 연구에 참여한 김형래 국립보건원장도 "다른 연구를 보면 현생 인류 일부가 북쪽으로 이동해 동아시아로 온 것도 맞을 것"이라며, "한국인은 남쪽과 북쪽에서 온 인류가 합쳐진 것으로 보인다"고 말했다. 김상수 숭실대 교수는 "그림만 놓고 보면 인류가 남쪽 해안을 따라 돌면서 한반도까지 온 셈"이라고 말했다. 연구팀은 그 증거로 동남아시아 사람들이 동아시아 사람들보다 유전적으로 훨씬 다양하다는 점을 제시했다.

생명공학연구원에서 염색체 분석을 맡았던 박종화 테라젠 바이오 연구소장은 "한국인과 중국인의 유전자적 차이가 5%, 한국인과 일본인과는 4.2%"라고 밝혔다. 한국인 유전자는 유럽인과 비교하면 58%나 차이난다. 또한 언어를 공유하는 민족이 대체적으로 유전자가 비슷하다는 사실도 이번 연구로 알아냈다.

박기현은 저서 《한국 역사를 바꾼 귀화 성씨》에서 한국인의 DNA가 중국인 DNA 타입 21.9%, 한국인 타입 40.6%, 오키나와인 타입 17.4%, 아이누인 타입 1.6%, 정체불명 타입 18.5%라고 밝히고 있다.

2003년 단국대 생물과학과 김욱 교수가 동아시아인 집단에서 추출한 염색체 표본을 대상으로 부계를 통해 유전되는 Y염색체의 유전적 변이를 분석한 결과도 한국인은 크게 북방계와 남방계의 혼합 민족이라는 사실을 보여준다. 주로 몽골과 동·남부 시베리아인에게서 흔히 볼 수 있는 유전자형과 동남아시아 및 중국 남·북부에서 흔히 볼 수 있는 유전자형이 모두 발견됐다.

 한국인은 동아시아의 여러 민족 가운데 중국 동북부 만주족과 유전적으로 가장 유사했고, 중국 묘족이나 베트남 등 일부 동남아시아인과도 비슷하다는 말이다. 2300여 년 전 농경문화와 일본어를 전달한 야요이족이 한반도를 거쳐 일본 본토로 이주했음을 나타내는 유전학적 증거이기도 하다. 한국인은 3명 가운데 1명 꼴로 몽골과 중국 중북부의 동북아시아에 많이 분포하는 유전형질을 보인다. 전체적으로 한국인의 60% 가량이 북방계, 40% 가량이 남방계로 분류됐다. 이처럼 첨단과학을 동원한 한국인의 유전자 검사 결과를 봐도 한국인은 단일민족은 아니다.

 한국에 거주하는 성씨 분포조차도 한국인은 단일민족이라 보기 어려운 증거를 보여준다. 정부의 통계(1985년)에 따르면 한국인의 275개 성씨 가운데 귀화성이 무려 130개나 된다. 시대별 귀화성을 보면 신라 때가 40개, 고려 때가 60개, 조선 때가 30개 등이다. 이들 성씨들 중 중국계가 90%이고 여진계, 위구르계, 회회계, 일본계, 베트남계 등이다. 우리나라의 대표적인 귀화 성씨로는 경주 설씨, 연안 인씨, 청해 이씨, 충주 매씨, 남양 제갈씨, 화산 이씨, 정선 이씨, 덕수 장씨, 우록 김씨 등이 있다(정수일, 2009: 103~104).

한반도에는 신석기 시대 이래 끊임없이 북방민족이 이주해왔다. 중국 본토가 격렬하게 영토전쟁을 하고 있을 때에는 전쟁을 피해 한반도로 들어오는 사람들이 더 많았을 것이다. 삼국시대를 거쳐 통일신라가 성립되면서 한반도에 거주하는 종족이 언어적 문화적으로 단일한 특징을 갖게 됐지만, 북방 유목민족의 유입은 계속됐다. 통일신라말과 고려 초기, 고려 왕조가 성립된 이후에도 혼란기에 처하면 그 틈을 타 북방민족이 들어왔다(이영화, 1998: 343).

고려시대의 귀화정책은 튼튼한 국력과 높은 문화적 자신감을 바탕으로 귀화인에 대해 '내자불거'(來者不拒: 오는 자는 거절하지 않는다)라는 포용정책을 폈다. 귀화인을 호적에 편입시키고 관직을 주기도 하고 주택, 전답, 미곡, 의복, 기물, 가축 등도 마련해 줬다. 고려 초 100년 동안 약 17만 명이 귀화했다. 주요한 귀화인은 베트남 이 왕조(1009~1226)의 왕손으로 옹진반도에 피란해 화산 이씨의 시조가 된 이용상과 25대 충렬왕의 왕비이자 원나라 쿠빌라이의 딸인 제국대장공주의 종관으로 내려와 덕수 장씨의 시조가 된 덕성부원군 장순룡 등이다(정수일, 2009: 103~104).

그러나 고려시대부터 유입되던 북방 유목민들은 농경민으로 정착하지 못하고 유목하던 시절의 습성에 따라 살았다. 고려시대에는 북방 유목민 출신을 '양수척'(楊水尺)이나 '화척'(禾尺)으로, 조선시대에는 '백정'(白丁)으로 불렀다. 이들은 대부분 농경민으로 동화되지 못했고 유랑하며 수렵과 목축업에 종사했다.

조선왕조 초기의 최대 과제는 세금을 낼 수 있는 양인(良人)의 확보였기 때문에, 고려시대 양수척과 화척에게 농토를 주어 농사짓는

법을 가르치는 등 그들을 정착시키기 위해 많은 노력을 기울였다. 일반 농민을 가리키던 백정이란 칭호를 부여한 것도 양인을 확보하려는 노력의 일환이었다. 양수척이나 화척이 백정이란 칭호를 얻게 되자, 백정이란 칭호는 더 이상 일반 농민층을 가리키지 않았다(이영화, 1998: 344~346). 우리가 아는 도살자라는 의미의 백정으로 사용되기 시작한 것이다.

한국인이 다민족 혼혈인데도 '한 핏줄', '단일민족'이라고 무의식적으로 믿고 사는 이유에 대해 정수일 한국문명교류연구소장은 "포용성과 융합성이 남달리 강한 한국인들이 나름대로 강렬한 용광로 속에 귀화인들을 용해시켜 생활문화나 의식구조 면에서 단일민족 구성에 하자가 없는 동질성과 단일성을 확보했기 때문"이라고 해석한다.

이것은 흔히 다민족 국가인 미국이 21세기에 자신들을 '샐러드 보울(bowl)'이라고 규정하면서 각 민족의 문화적 다양성을 유지하기 위해 노력하는 태도와 상당한 차이가 있다. 미국에서는 각각의 다양성을 가진 사람들이 모여서 다양한 사회와 문화를 형성하고, 그 다양성들이 서로 만나 시너지를 낸다. 미국 사회가 교포 2세보다 한국에서 대학교까지 나와 미국에서 박사학위를 받은 한국인 유학생들을 더 많이 채용하는 것은 자신들과 다른 성장배경에 대해 높은 점수를 주기 때문이다.

'미국은 왜 부강하고 초강대국이 됐는가'라는 질문에 대해 '민족과 국가, 성별을 가리지 않고 최고의 지식인과 과학자, 학자들을 미국인으로 받아들였기 때문' 이라는 답이 나온다. 신대륙으로 향해 몰려드는 유럽인 등 다양한 민족들로 구성된 나라를 만든 미국은 제2차 세계대전 이후에도 이민에 적극적이었고 최강국으로 발돋움한 뒤에도 이민에 적극적이었다. 아들 부시 대통령의 재임 중 공화당이 이민법을 강화하려고 했을 때 부시 대통령이 "미국은 이민으로 만들어진 나라"라며 반대 의견을 낸 것은 미국의 힘이 어디에서 비롯됐는지 잘 알았기 때문이리라. 이민을 수용해 각 민족들의 개성을 살려나갔던 다양성의 용인(用人)이 깔려 있다.

따라서 정 소장의 견해를 다르게 따져보면 귀화인은 한반도에서 살기 위해 자신들의 문화와 정체성을 버린 것이다. '우리와 똑같아야 한다'라고 강요하면서 다른 민족적 특질을 사회적으로 제거했을 수도 있다. 조선의 백정(화척, 양수척)은 그러했다. 백정의 처지가 열악해진 것은 조선 중기 이후다. 중국 내부의 정치적 혼란으로 한반도로 유입된 북방 유목민들은 조선에서 농경민으로 정착을 시도했지만, 끝내 농경민으로 동화하지도 못했다. 대신 수렵과 목축으로 익숙한 짐승 도살의 기술을 살려 도살업에 진출했다. 가죽신을 제작하는 갖바치로, 또는 버드나무 가지로 엮은 바구니로 고리를 만들며 살아갔다.

그러나 백정의 사회적 지위는 16세기 초만 해도 조선 후기만큼 열악하지 않았다. 16세기 갑자사화 때 문관 이장곤은 연산군의 추적을 피해 백정의 집에 숨어 들어갔다가 백정의 딸과 혼인했다. 세종 때 4군을 개척한 장군인 최윤덕은 양반이었지만 이웃에 사는 백정의 집에 맡겨져 길러졌다. 그러나 유랑민들을 정착시키기 위해 노력했던 조선정부가 백정들이 이리저리 떠돌지 않도록 통행증을 지참하게 하고, 특정지역에 살도록 지정하고, 호적도 따로 작성하는 등의 차별정책을 펴면서 백정의 지위가 추락했다(이영희, 1998).

농경 정착민으로 구성된 조선인들은 유랑민을 꺼렸다. 특히 백정을 천대하고 멸시했다. 백정은 농촌 촌락의 외진 곳에 집단을 이뤘다. 호호백발의 백정이라도 양인 어린애에게 항상 머리를 숙이고 자신을 소인이라고 불러야 했다. 일반인 앞에서 담배를 피우거나 술을 마시지 못했고, 명주옷을 입을 수도 없고 패랭이를 썼다. 상여를 사용할 수도 없고 묘지도 따로 잡아야 했다. 결혼할 때도 말이나 가마를 타지 못했고 여자는 비녀를 꽂아 머리를 올리지도 못했다.

이런 차별과 불평등에 대한 불만이 백정 평등운동으로 1920년대에 폭발했다. 당시 진주에서 일반인과 백정이 함께 예배를 받으려던 노력이 차단되자 백정들과 일부 뜻있는 신지식인, 양반들이 모여 진주를 기점으로 '형평'(衡平)운동을 벌인 것이다.

농촌으로 시집가려는 한국인 젊은 여성이 줄어들자 한국 농촌의 노총각들은 베트남이나 동남아시아 등에서 외국인 신부를 데려오기 시작했다. 1990년대 전후가 아닌가 싶다. 특히 유교문화권에 속해 있고 한국의 전통적 문화와 유사한 점이 많아 베트남 출신 여성은 특별히 선호됐다. 2010년 국내 거주 외국인은 1백만 명을 돌파했고, 다문화 가정은 베트남 등에서 이주해온 신부들이 낳은 아이들까지 포함해 30만 명에 이른다고 한다. 한국사회는 의식하든 못하든 다문화 가정, 다문화 사회로 변화하고 있다.

우리가 흔히 스스로를 '단일민족'이라고 부르지만 앞에서 살펴봤듯이 오랜 세월을 거치면서 유전적·문화적 동질성을 획득했다는 의미이지 한국인의 혈연적 기원이 하나라는 의미는 아니다. 그러한 만큼 21세기 새롭게 형성되는 다문화 가정의 아이들에 대해 '튀기'니 '짬뽕'이니 하며 부적절하게 부르거나 배타적인 태도를 보이는 것은 온당하지 못하다.

특히 제 3세계 국가의 신부들이 주로 빈곤한 농촌에 자리잡으면서 도시와 농촌 사이의 갈등이나 빈부의 차이로 비화할 수도 있는데 이러한 가능성도 줄여야 한다. 민간단체로부터 '다문화 홍보대사'로 위촉된 가수 인순이는 2010년 7월 한 언론과의 인터뷰에서 "다문화 가정이라는 표현도 또 다른 족쇄가 되고 있다"고 지적했다. 한국에서 교육받고, 한국말을 사용하며 한국에서 세금을 내는 이상 한국인으로 인정해야 한다.

민족적 우월감과 배타성을 벗어버리고, 다문화 가정을 긍정적으로 바라보고 포용하면 새로운 세계가 열릴 수 있다. 이들 외국인 신부들이 가진 문화적 다양성이 폭넓은 한국적 문화를 새로 만들어내는 기초가 될 수 있다. 현재 다문화 가정의 자녀들이 국내에서 잘 자란다면 앞으로 세계에 대한 대한민국의 적응력을 강화하고, 문화적 다양성을 확대하는 자원이 될 것이다. 따라서 이들이 한국에서 더 잘 적응할 수 있도록 정책적 지원이나, 자발적 교육 지원들이 필요하다.

미국 예일대 로스쿨 교수인 에이미 추아는 《제국의 미래》에서 세계에서 가장 독창적이고 진취적이며 숙련된 사람이 한 지역과 민족에서 나올 수 없으므로 어느 특정 국가가 세계를 제패하려면 자본과 인적 자원을 세계로부터 충원해야 한다고 주장했다. 미국이 세계 최강의 나라가 된 이유가 이민정책에서 시작된 것처럼 말이다.

3~4세기 요동과 한반도 북부에서 활약한 고구려는 고조선의 유민

을 품었을 뿐만 아니라 말갈, 여진, 만주족, 중국인까지 다 포함한 다민족 국가였다. 고구려에서 분리해 나와 한강 유역에 나라를 세운 백제 역시 지배층은 고구려 출신이었지만, 백성들은 대체로 한반도 토착인이었을 것이다. 이들 나라 역시 요즘 식으로 하면 혼혈이었다. 다민족 국가에 대해서도 고구려의 웅대한 시선으로 바라봤으면 좋겠다.

토론·소통하지 않는 사회는 발전할 수 없다

〈웨스트 윙〉(The West Wing)은 1999년부터 2006년까지 미국 NBC에서 방영된 미니시리즈다. 미국 대통령의 집무실인 오벌 오피스와 보좌관들의 사무실이 위치한 백악관의 웨스트 윙을 배경으로 그린 드라마로 가상의 민주당 대통령 바틀렛(마틴 쉰)의 8년간의 집권기를 다루고 있다. 노벨경제학상 수상자 출신의 바틀렛 대통령과 '변화'를 위해 돈 잘버는 변호사 직을 포기하고 합류한 30대의 젊은 보좌관들이 등장한다. 당시 클린턴 대통령 시절 대변인이 각본 제작에 참여해 극의 사실성과 정확성을 확보했다고 해 화제가 됐다. 클린턴 대통령과 젊은 보좌관들이 청바지를 입고 피자를 씹으면서 토론했다는 자유분방한 분위기가 드라마 전반에서 재현되고 있다.

〈웨스트 윙〉은 시즌 7에서 민주당 출신이자 라틴계로 이민 1.5세대인 산토스의 당선으로 끝난다. 유색 대통령의 등장을 예고했다는 점에서 버락 오바마가 제44대 미국 대통령에 당선되자 크게 화제가 되기도 했다. 작품성과 배우들의 연기력도 뛰어났다. 2000년에서 2003년까지 4년 연속 '에미상 최우수 TV 드라마 시리즈상'을 수상했고 주연급 배우들이 차례로 '에미상 TV부문 주연상 및 조연상'을 연이어 받을 만큼 미국 내에서 수작으로 평가받았다.

〈웨스트 윙〉은 대통령과 대통령을 최측근에서 보좌하는 참모진과의 갈등과 문제 해결의 과정을 보여준다. 세계 최고의 권력을 가진 백악관이 어떻게 작동하는지는 물론 이라크 파병과 북한 핵문제에 대처하는 방법, 아프리카 독재자들에 대한 미국의 태도, 대통령 딸의 납치 등 위기상황에서 미국이 어떻게 정책적 판단을 내리는지를 보여준다. 이 드라마에서 가장 인상적인 장면은 대통령과 보좌관들이 계급장을 떼고 솔직한 의사소통을 하는 것이다. 계급장을 뗀 토론이라고 해서 보좌관이 대통령의 권위를 인정하지 않는 것도 아니었고, 대통령이 보좌관의 이야기를 귓등으로 듣지도 않는다.

〈웨스트 윙〉에서 미국 대통령의 측근 보좌관들은 '예스 맨'이 아니었다. 참모들은 대통령과 얼굴을 붉혀가며 설전을 벌이기도 하고 대통령에게 호통도 친다. 이들은 미국 대통령의 권위를 인정하지만 그 권위에 굴복해 자신들이 반드시 해야 할 정책적 조언을 포기하거나 물러서지 않는다. 하지만 결론을 내야 하는 시점에서는 의견을 교환하고 대화하는 과정에서 각각 자신의 소신에서 한 발짝씩 양보한다. 대통령도 물론 자신의 소신을 일부 거둬들이면서 정치적 타협을 하기도 한다.

대통령의 보좌관인데도 정치적 이상을 실현하기 위해 언론의 내부 고발자 역할도 마다하지 않는다. '딥 스로트'(Deep Throat, 내부제보자)로 자신이 밝혀졌을 때 대통령에게 사과하고, 대통령은 그 순간 격노하지만, 그의 신념과 충정을 이해하려고 노력한다.

TV 속 백악관의 '세계의 파수꾼'을 자처하는 미국 수뇌부는 세계의 여러 정치적 군사적 문제를 두고 이상과 현실이 끝없이 충돌하는 긴박한 상황에서 토론을 통해 최선이든, 차선이든 정치적 선택을 한다. 야당인 공화당과 국익을 위해 정책적 타협을 이끌어내고 반대의견을 내는 여당인 민주당 하원이나 상원의원과도 끊임없이 '거래'를 통해 의회대결에서 표를 단속한다. 이들에게 정치적 거래는 너무나 당연한 것이다.

미국의 대법원 판사 임명과정, 대통령 후보들의 선거운동 등을 철저하게 묘사해 절차와 제도로서의 미국의 민주주의가 어떻게 작동하는지 보여주는 대단히 사실적인 드라마였다. 안방에서 배우는 미국식 대통령학이었다. 우리나라에서는 제16대 노무현 대통령이 즐겨보았다고 공식적으로 밝히면서 유명해지기도 했다.

이런 미국의 〈웨스트 윙〉을 보면 한국의 청와대 집무실은 어떠할까 궁금해지지 않는가. 우리나라의 조직문화는 많이 개선됐다고 하지만 여전히 상명하복에 가깝다. 1960년대 이래로 25년의 군부독재를 거쳤고 개헌으로 탄생한 6공화국 헌법에 의해 오랜만에 국민의 직접 선거로 노태우 대통령이 당선됐다.

그 후로 '호랑이를 잡으려면 호랑이 굴로 들어가야 한다'며 민정당과 합당해 여당인 민자당의 대통령 후보로 정권을 잡은 '문민정부' 김영삼 대통령, 정계은퇴를 번복하고 '4수' 끝에 대통령이 된 '햇볕정책'의 전도사 김대중 대통령, 변호사 출신이지만 한국사회 비주류로서 임기 내내 '주류의 융단폭격'에 시달렸던 노무현 대통령, 경영인 출신의 이명박 대통령, 박정희 대통령의 딸이라는 후광을 업고 한국 최초의 여성 국가원수가 된 박근혜 대통령까지 6명의 민선 대통령을 뽑았다. 하지만 한국의 사회적 문화적 환경이 제왕적 대통령을 만드는 우리나라의 정치현실과 〈웨스트 윙〉을 비교하면 한국 민주주의의 갈 길이 멀다고 생각한다.

내가 비교적 잘 알고 있는 신문사 편집국을 예로 들어 보겠다. 자유롭게 의사를 표현하고, 토론한 끝에 결정내려야 하는 신문사의 편집국장 주재회의를 살펴보자. 정치부, 경제부, 사회부 등 각 부서의 회의는 부장 주재로 기자들과 차장들이 어울려서 비교적 대등한 위치에서 회의한다. 각 기자들은 출입처에서 일어나는 일을 보고하고, 자신이 맡은 기획기사 준비상황을 보고한다. 주요한 사건과 관련해 써야 할 기사 등에 대해서 의논하기도 한다. 비교적 자유롭다.

사람들은 자신의 경험을 확대 재생산해서 연상하는 버릇이 있다. 따라서 부서에서 비교적 자유로운 토론에 익숙한 기자들은 부장 이상만이 참여하는 편집국장 주재 부장단 회의도 그럴 것으로 예상한다. 각 부서의 부장들은 주요 안건을 제시하고 각 부서가 준비한 주요기사에 대한 갑론을박을 벌인 끝에 1면 머리기사를 결정할 것이라고 말이다. 또한 편집국장이 전지전능하지 않은 관계로 각 부장들의 생각을 존중하고, 의견의 수렴과정을 거쳐 1면을 확정한다고 믿는다. 때문에 특종이나 '단독기사'거리를 보고했는데 지면경쟁에서 밀려서 엉뚱한 면에 실리면 부장이 '세일'(Sale)을 잘못해서 밀렸다고 판단하고 술자리에서 부장의 무능력을 푸념하곤 한다.

사실 일선 기자일 때 나는 그렇게 생각했다. 막상 보직차장으로 부장단 회의에 참석해 보니 상상과는 엄청난 차이가 있었다. 편집국장 주재회의는 의외로 건조하고 재미없었다. 1면에 대한 격렬한 토론도 없었고 각 부서의 기사에 대한 호응이나 비판도 별로 없었다. 편집국장이 회의의 유일한 권력이다. 여러 언론사의 간부를 대상으로 취재해 보니 대부분 신문사들의 편집국장 회의와 방송사의 보도국장 회의에서 매일 이처럼 무의미한 과정이 반복되고 있었다. 이런 상명하복식의 형식적 회의문화는 조직의 위상이 크고 높아질수록, 회의 참석자의 지위가 높아질수록 두드러진다는 특징이 있다.

이명박 정부의 신재민 문화체육관광부 차관에게 들어본 바에 의하면 국무회의에 올릴 안건을 확정하는 정부의 차관회의는 물론 대통령(총리)이 주재하고 각 부처 장관들이 참여하는 국무회의, 청와대 비서실장이 주재하는 청와대 수석비서관회의 등에서는 모두 자신이 관할하는 분야에서 안건만을 발표할 뿐이다. 주요한 내용들은 이미 실무자선에서 모두 조율해서 올라오는 것이기 때문이다. 이들 주요 회의는 실무자들이 조율한 안건에 대해 추인하는 일만 한다.

잘못된 점이 있다고 해서 그 문제점을 지적하고 개선하는 일은 거의 없다고 이들 회의에 참석했던 신재민 차관은 밝힌다. 그는 이런 식의 회의는 무의미할 뿐만 아니라 효율성이 떨어지는 방식이라고 비판했다. 국가에 긴급한 일이 발생했을 때 문제를 해결할 수 없기 때문에 개선돼야 한다는 것이다. 그의 발언을 듣다가 마치 TV드라마 속의 조선시대 어전회의처럼 "황공하옵니다"하고 끝나는 것이 아닌가 상상해 봤다.

주요한 회의에서 소관 업무 외에 상대방 안건에 대해 거론하지 않는 것을 상대 부처에 대한 예의라고 여기는 풍조가 만연해 있다. 위계에 눌려서 이야기하지 않을 수도 있다. 어차피 의사결정하는 사람은 회의를 주재하는 의장이고 그 앞에서 이런저런 토를 다는 것이 온당치 않다고 생각할 수도 있겠다. 상대 부서나 부처, 수석비서실의 안건에 간섭하거나 참견했다가 자신의 소관분야에 불똥이 튈 수도 있다. 따라서 다른 부처의 업무에 대해 불가근불가원하는 것이다. 이런 행동은 개인과 조직의 보신을 위한 행위일 뿐 세금을 내 그들의 월급을 부담하는 국민에게 전혀 도움이 되지 않는다.

상명하복의 위계적 질서를 타파하고자 노력한 사람이 노무현 대통령이다. 노 대통령은 당선자 시절인 2002년 대통령직인수위 때부터 토론을 강조하고 주요 회의 참여자들에게 토론하기를 강요했다. 2003년 대통령이 된 이후에 청와대 수석비서관 회의는 최소한 한두 마디씩 토론에 참여해야 했다. 공무원 생활을 오래했던 관료출신들에게는 익숙하지 않은 일이었지만 토론을 강요하는 대통령 앞에서 어쩔 수가 없었다.

적극적으로 참여한 사람도 있었다. 군대경험도 조직생활도 거의 해본 적이 없는 변호사 출신인 당시 박주현 국민참여수석이다. 박주현 수석비서관은 노 대통령의 토론활성화라는 명분에 기꺼이 합류해 각종 현안에 대한 자신의 이야기를 충분히 제시했다. 그러자 다른 수석비서관들은 기자들에게 "박주현 수석이 별 필요도 없는 말을 오래 하는 바람에 회의가 길어졌다"라는 식의 뒷담화를 하곤 했다.

대통령 앞에서 장관이나 차관, 수석비서관(차관급) 등이 의사를 표현할 때는 심리적으로 대단한 압박감을 느낀다고 한다. 유교적 위계질서에 익숙한 대한민국에서는 미국의 TV 드라마 〈웨스트 윙〉에서 볼 수 있는 것처럼 대통령의 의견에 맞서서 자신의 정치적 견해를 밝히는 것이 어렵다는 것이다. 노무현 대통령의 복심으로 불린 윤태영 전 청와대 대변인은 "대통령 앞에서 대통령과 반대되는 의사를 밝히는 것은 대단한 용기가 아니면 어렵다"라고 토로한 적도 있다.

물론 TV 드라마 〈웨스트 윙〉이 백악관을 100% 완벽하게 해부했다거나 미국의 대통령 중심제와 백악관 참모들의 모습을 완전하게 재현하지는 못했으리라. 정도의 차이는 있겠지만 현실과 전혀 다른 백악관을 보여줬다고도 생각하지 않는다.

권위에 짓눌리지 않는 토론의 중요성을 어떻게 이야기해야 할까. 요즘 유행하는 인터넷 백과사전 위키피디아식의 '집단 지성'이라고 할 수도 있다. 한 사람의 두뇌보다 여러 사람의 판단과 사고가 잘못된 결정을 줄여준다는 것이다. 이런 사실을 가장 잘 아는 사람이 고대 그리스의 철학자 소크라테스였다. 그는 '대화의 광(狂)'이었다. 홍성기 아주대 기초교육대학 교수가 자신의 블로그에 쓴 소크라테스에 관한 글은 이를 잘 보여준다.

"소크라테스가 가장 좋아했던 '이야기하기'는 정확히 말해 독백이 아닌 대화였다. 그러나 대부분의 사람들이 갖고 있는 철학자의 이미지는 골방에서 혼자 사색에 잠기거나, 그의 머릿속에 들어있는 우주의 진리를 글에 담는 모습이기 쉽다. 누가 칸트나 헤겔의 철학이 '100분 토론의 결과'라고 주장하겠는가? 놀랍게도 서양철학의 아버지 격으로 숭상되는 소크라테스는 이런 고독한 철학자의 모습과는 사뭇 다르다. 그가 가장 좋아했고 죽기 직전까지 했던 것은 토론, 즉 어떤 주제에 대하여 논쟁적

대화를 하는 것이었다. 그는 아테네 토론의 광장 아고라에 나가서 어느 누구와도 격의 없이 이야기하는 것을 즐겼다. 플라톤의 대화편 '변명'에서 소크라테스는 상대방의 나이, 재산을 불문하며 대화를 즐겼다고 말한다. 나아가 아테네의 법이 이 즐거움을 금지시키면 자신은 법을 지키지 않겠노라고 선언했다. 심지어 그는 '스스로 억울한 누명을 쓰고 독배를 마시는 것이 옳은지, 아니면 옥리에게 뇌물을 주고 도망가는 것이 옳은지'에 대해서도 토론했다.… 그러나 소크라테스적 토론은 논쟁기술보다는 토론에 참여하는 사람 모두에게 훨씬 더 중요한 태도를 요구한다. 그것은 '권력이 옳고 그름을 정한다'는 믿음을 깨뜨려야 한다는 것이다. 문제는 어느 누구도 이런 믿음을 옳다고 말하지 않지만, 대부분의 사람들은 이런 믿음에 순종하고 있다는 점이다.…"

2010 밴쿠버 동계올림픽에서 금메달을 딴 이승훈, 모태범, 이상화 등 20대 선수들의 발랄한 금메달 세리머니에 시청자들은 깜짝 놀랐고 화제로 삼았다. 그들은 금메달이 결정되자 눈물을 흘리기보다는 막춤을 추거나 환호했다. 과거 '눈물 젖은 빵과 라면'으로 끼니를 때우며 운동하던 선배 세대들과 큰 차이를 드러냈다. 그들을 글로벌 세대라고 해서 'G세대'라고 부르며 이전 세대와 완전히 차별성을 부여하기도 했다.

그러나 이들도 개인 종목이 아니라 위계를 따지는 조직에 들어있었더라면 그렇게 자유롭게 자신들을 표현하지 못할 수도 있다. 체육회나 감독의 눈치를 보면서 주눅이 들 수도 있고, 그 결과 자신들의 한계를 순간적으로 뛰어넘는 성적을 낼 수 없었을 수도 있다.

사회가 개방적으로 변하고 의사표현이 자유로워지는 상황에서, 조직문화가 지속적으로 위계를 따진다면, 국가경영에서 정말 중요한 회의들이 토론 없이 대통령의 의중에만 관심을 쏟는다면, 대한민국의 미래는 밝지 않다. 대통령 주변에는, 권력자 옆에는 '안됩니다'라고 이야기할 수 있는 사람들이 필요하다. 최고 권력자들과 '맞짱'을 뜰 수 있는 토론문화가 필요하다. 그러려면 아랫사람이 노력하기보다는 조직의 윗선에서 분위기를 잡아나가야 한다. 들으려는 자세와 노력이 필요하다.

과거 청와대에서 근무한 관료들은 이렇게 말했다. 집권초기 1년 때가 대통령이 가장 유연하단다. 아직 충분한 정보를 가지지 않았기 때문에 정치적 방향은 정해 놓지만 구체적 정책에 대해서는 관료들의 전문적 의견을 듣는다는 것이다. 그러나 집권 2년차, 3년차가 되면 대통령은 국가정보원이나 경찰청, 검찰 등으로부터 각종 정보를 얻어 듣기보다는 '지시'하려고 한다. 3년차 대통령보다 한국에서 더 많은 고급정보를 가진 사람이 없기 때문이다. 과잉 정보에 휩싸여 자신이 가장 올바른 판단을 내린다고 착각하게 된다.

조직의 꼭대기에서 다른 이의 의견을 들으려 하지 않으면, 아래에서 의견을 개진하거나 전달할 방법이 없다. 보스의 생각을 잘 파악한다고 믿는 측근에 의해 쉽게 게이트키핑이 되기 때문이다. 창조적, 천재적 문제해결 방법들도 찾아낼 수 없다. 나 또는 우리와 다른 생각에 귀 기울이지 않는다면 해결방식은 늘 그 밥에 그 나물일 수밖에 없다.

조직의 위계질서에 둘러싸인 토론과 회의문화는 개선돼야 한다. 그럴 때만이 대한민국은 더 창조적으로 변하고 발전할 수 있다.

한민족 최고의 발명품 '한글'을 박대하다

1980년대 대학생들 사이에는 5공화국의 전두환 대통령을 의도적으로 무시하기 위해 이런 농담이 성행했다. 미국을 방문한 전두환 대통령과 그의 부하들이 커피를 마시러 커피숍에 갔다. 금발의 아름다운 종업원이 다가와 주문을 받자 장세동은 "Coffee, please", 노태우는 "Me, too"라고 말했다. 이를 보고 있던 전두환 대통령은 "Me, three"라며 커피를 시켰다. too와 two의 발음이 같은 것을 가지고 상황을 비틀어 버린 것인데, 군인 출신은 역시 무식하다는 식으로 비아냥거릴 때 회자되는 유머이다.

무력으로 정권을 장악한 군부에 대한 총체적 불만을 다소 유치한 지적 우월함으로 풀고자 했던 것이다. 2005년 미국에서 1년을 살면서 그 조크가 유효하지 않다는 사실을 알게 됐다. 미국 젊은이들을 보니 '커피 주세요'라고 한 뒤 '나도', '나도', '나도'를 "커피, 플리스"라고 한 뒤 "미, 투", "미, 쓰리", "미, 포"하는 식으로 사용했다. 'Me, three'는 미국의 실용영어였던 셈이다.

영어와 관련해서 원초적 열등감을 가진 사람으로서 미국에서 연수하는 동안 한국에서 영어를 배운다는 것의 문제점을 절실하게 깨달았다. 영어가 모국어가 아닌 사람들을 위해 커뮤니티가 마련한 영어반(ESL)에 들어갔다. 한국인 교수나 법률가, 고위 공무원들은 영문법 시간이 되면 미국 고교 영문학 교사인 강사에게 "우리가 한국에서 배운 문법과 다르다"고 어필하는 일이 종종 있었다. 제2차 대전 종전 후 미 해군으로 일본 오키나와에서 근무했다던 강사는 "미국에서 더 이상 그런 표현을 사용하지 않는다"고 자상하게 말해 주었다. 그때마다 1970~80년대 한국에서 풍미했던 한국식 문법교육의 폐해를 절실히 깨달았다.

이런 이야기를 왜 그리 장황하게 늘어놓느냐. 매일 밤 케이블 TV에서 미드(미국 드라마)를 방영하고, 할리우드 영화가 국내에 범람하며, 인터넷으로 세상 못가는 곳이 없는 21세기에도 한국과 미국에서 영어를 한다는 차이가 이런 지경인데, 인터넷도, 텔레비전도, 영화도 없던 삼국시대에서 조선까지 1600년간 한반도에 사는 지식인들이 중국 한족의 언어인 한자를 공부하고 그 지식으로 국가를 경영한다는 것의 의미는 어떠했을지 다시 한 번 상기하려는 것이다.

언어는 살아 있는 생물과 같아서 새로운 말이 늘 생겨나고, 지금까지 사용하던 말의 뜻이 바뀌고, 또 사용하지 않는 표현들은 사라진다. 간자체를 사용하는 중국의 학자들이 요즘 고대 한자발음 등을 공부하기 위해 한국의 한자를 연구한다고 한다. 한자어들은 중국 발음과 한국 발음이 완전히 다른 것도 있지만 어떤 경우에는 한국 발음과 아주 유사해서 중국어의 변화를 추적하기 위해 한국에서 사용하는 한자어를 연구한다고 한다.

영어를 공식언어로 사용하자고 주장하는 사람들이 꽤 있다. 한글과 영어를 이중언어로 쓰자는 것인데, 한민족이 이중언어를 사용한 시간은 길다. 한글이 20세기 초부터 사용된 것을 감안하면 한글을 전용한 세월은 100년이 채 안된다. 여기에 일제 강점기 일본어를 배웠던 기간을 제외하면 순수하게 한글을 사용했던 기간은 70여 년에 불과하다. 삼국시대 이래로 이중언어로 살아온 세월은 전 기간이라고 해도 무방한 수준이다.

우리나라 말은 중국과 달랐지만 문화와 제도의 수입창구를 중국으로 하면서 4세기 후반부터 한자를 공식문자로 받아들였다. 고대 삼국 중 고구려의 소수림왕이 372년 고등교육기관인 태학을 세우고 율령 체계를 선포했으니, 이중언어를 사용하기 시작한 것이다. 백제는 513년에 일본에 오경박사를 파견했고, 신라는 고구려보다 140년 늦은 법흥왕 때인 520년에 율령을 반포했으니 삼국이 모두 6세기 경에는 이중언어를 사용했다고 봐도 좋겠다. 즉, 입말은 한민족의 언어를 사용하고, 정부의 공식언어는 중국어였던 것이다. 어째 요즘 영어를 공식언어로 사용하자는 일부 지식인들의 주장은 마치 못난 역사를 반복하자는 것 같다.

요즘에는 최첨단 과학과 문화의 유행이 미국으로부터 시작되고, 영문으로 표기된다. 국제협상은 대체적으로 영어로 진행되기 때문에 영어를 공용어로 하자는 사람들의 심리를 이해하지 못하는 것은 아니다. 이명박 정부의 인수위에서 '오륀지'가 파문을 일으켰지만 유학이나 단기연수, 교환교수, 사업상 미국을 방문한 사람들은 한국에서 배운 영어가 별로 소용 없다는 것을 바로 깨닫는다. 발음이 우리가 배운 것과 다르기 때문이다. "미국 갔더니 오렌지라고 말하면 못 알아듣더라. 제대로 영어 배우게 하자, 그러려면 아예 영어를 몰입해서 공부하고, 영어로 강의하고, 영어를 제2의 모국어처럼 사용할 수 있어야 한다"라는 말이 절로 나온다. 미국에서 언어소통의 어려움으로 우유 한 병, 오렌지 한 개 사기도 어려웠던 상황은 이해한다. 하지만 그렇다고 해서 한글이란 모국어를 버리고 영어를 사용하는 것이 바람직한가는 다른 각도에서 고민해 봐야 한다.

일상생활을 한글로 생각하고 말하고 소통하면서, 영어를 공부하고 사고한다는 것은 어떤 의미일까. 번역가이자 고전을 연구하는 전호근 민족의학연구원 상임연구원의 이야기가 단초를 제공한다.

"16세기 조선의 유학자 이황이나 이이는 어떤 언어로 사유했을까. 그들은 고대 한문으로 철학적 주제를 논의했다. 그러나 생각마저도 한문으로 했을까. 그렇지 않았을 것이다. 조선의 말로 말하고 생활했기 때문이다. 한문에 능통한 사람은 우리말보다 한문으로 사유하는 것이 더 편하다고 말하는 이가 있는데 나는 이를 믿지 않는다. 아무리 한문에 능통하더라도 일상에서 우리말을 쓰는 한 우리말로 생각하는 것보다 자유로울 수 없을 것이다. 이이가 언해를 지은 것을 보면 자명하다. 이이나 이황도 조선어로 사유하고, 이를 다시 한문으로 번역해 철학적 주제를 글로 썼을 것이다."(전호근 등, 2010)

언어가 달라지면, 사고방식도 달라진다. 동화작가 채인선 씨는 "뉴질랜드에서 4년간 머물면서 영어로 동화 쓰는 연습을 해봤는데, 한글로 쓸 때와 영어로 쓸 때 동화의 결론이 달라지더라"라면서, "한글로 사고하는 방식과 영어로 사고하는 방식이 완전히 다르다"라고 말했다.

우리가 현재 영어로 고통을 받듯이 조선시대 양반들은 한문 때문에 뼈를 깎는 고통을 겪었다. '나랏말 쓰미 듕귁'과 완전히 달랐기 때문이다. 훈민정음 창제 때는 나라 국(國)자는 '귁'으로 발음됐다. 처음 한자가 들어왔을 때는 아마도 중국 사람들과 같은 발음으로 읽었을 것이지만 세월이 흐르면서 중국과 한국의 한자 발음은 달라졌을 것이다. 같은 한자라도 당나라 독음과 송나라의 독음이 달랐다고 하니 한자를 수입해 익혀야 했던 우리의 경우 세월의 흐름과 함께 한자의 음이 달라지는 것을 따라잡는 데 어려움을 겪었을 것이다.

한자를 읽을 때 중국의 발음과 우리나라의 발음에 너무 차이가 나자 세종은 한자의 음이 되도록이면 중국의 음과 같도록 하기 위해 표준사전인 《동국정운》(東國正韻)을 간행했다. 훈민정음을 창제해 우리 발음을 표기할 수 있게 되자 한자발음 사전을 편찬해 간행한 것이 1448년의 일이다.

정조 때에는 한시를 잘 지을 수 있도록 한자의 사성(四聲)을 한 묶음으로 분류해 놓은 《규장전운》(奎章全韻)을 만들기도 했다. 왜 이렇게 중국의 발음을 제대로 알려고 애를 썼을까. 사성을 잘 익혀야만 한시의 규칙을 잘 지켜서 시를 지을 수 있고, 그래야만 중국 사신에게 소중화(小中華)로서의 조선을 자랑할 수 있기 때문이었다(김풍기, 2009: 167~173).

조선시대 지식인이 한시를 짓는 것은 문학적 행위 이상이었다. 한

시를 짓는 능력이야말로 신분을 유지하고 드러내는 중요한 조건으로 과거시험에 필수적인 능력이었다. 한시를 짓는 것은 정말 어려운 일이었다. 우리나라 발음과 다른 한자의 사성을 이용해 압운, 평측, 대구, 시구의 배치, 용사 등 짧은 작품 속에서 굉장히 많은 규칙을 따라야 했다. 다른 나라 말로 짓는 문학작품을 상상해 보라. 한문으로 읽고 쓰는 일이 일상화된 양반관료들 사이에서도 한시 한 편 지으라면 얼굴이 하얗게 변해서 어쩔 줄 모르는 사람이 대부분이라는 한탄이 괜히 나왔겠나(김풍기, 2009: 126~127).

네다섯 살 때부터 천자문을 외워대던 조선시대 양반들도 이러했다. 영어도 조선의 한문만큼이나 녹록지 않다. 그러니 영어를 공용어로 하자는 분들을 보면, 본인들도 영어로 고통받은 분이라는 점에서 좀 답답하다. 언어는 단지 수단이지, 그 목표가 될 수 없는데, 자꾸만 수단을 가지고 목표로 삼으려는 경향이 있기 때문이다. 영어를 잘하면 미국 주도의 세계에서 도움이 된다. 중요한 최첨단 이론 대부분이 모두 영어로 쓰여 있어 세상의 지식을 빨리 수용하는 데 도움이 된다. 번역할 때까지 기다릴 필요가 없기 때문이다. 그러나 영어 위주로 한국이 재편된다면 영어로 만들어진 지식은 소수의 전유물이 될 가능성이 높다. 영어 해독력이 높지 않은 사람들이 영어책을 읽는다는 것은 불가능하기 때문이다.

한국 어린이들에게 영어교육을 하자는 분들은 1,500자 내외의 단어로 구사되는 생활영어를 염두에 두었겠지만 생활영어와 영어로 쓰인 지식의 세계를 탐구하는 것은 완전히 다른 일이다. 우리나라 말로 쓰인 과학이나 미술 전문서적도 이해를 못하는 경우가 허다한데, 그

것이 영어로 쓰여져 있다면 제대로 이해할 수 없는 것은 자명하다.

기호학자이자 '언어철학'의 아버지라 불리는 비트겐슈타인은 단어를 '사고의 집'이라고 했다. 알고 있는 단어의 수만큼 생각의 수위가 결정된다는 의미다. 영어단어 100단어를 알면 100단어만큼 사고하고, 1,500단어를 알면 1,500단어만큼 생각한다. 어휘력이 표현력을 결정하고 상상력과 사고의 깊이를 결정하는 것이다. 영어를 공용어로 한다면 영어를 아무리 잘한다고 해도 모국어인 한글로 생각하는 만큼 사고의 깊이를 더해 갈 수 있을까.

최근 대학교수들은 글로벌화를 주창하는 사회 분위기의 영향으로 영어로 강의를 많이 한다. 한양대의 한 경제학 교수에게 물어봤다. 영어로 강의하면 어떠냐고. 그는 "영어로 어떻게 설명할까를 생각하느라고 정작 가르쳐야 하는 경제이론을 제대로 설명하지 못하는 경우가 많다"라고 했다. 학생들도 자신의 사고를 발전시켜 질문을 정교하게 하기보다는 영어로 말하는 데 치중하다보니 질문이 산으로 가는 상황이 생긴다고 했다. 가르쳐야 하는 교수나 배워야 하는 학생 모두가 영어라는 진흙탕에서 뒹굴고 있는 느낌이란다.

모든 문물과 제도를 중국에 기대었던 과거에는 우리 문자가 없었으니 중국 언어를 빌려와 쓰는 것이 당연했을 수 있다. 그러나 한글이 만들어진 뒤에는 중국의 선진적인 문물과 제도를 받아오더라도 한글 자체를 발전시켜 철학이나 문학 등의 영역을 크게 발전시켜야 했다.

세종대왕이 한글을 1443년에 창제하고 1446년 반포했는데, 이는 중국 주변 국가와 민족들의 문자창제 시기를 감안하면 이른 것은 아니었다. 돌궐(투르크)은 7세기, 티베트도 7세기 후반이고, 일본도 9세기 초에 자신들의 글자를 만들었다. 거란족은 10세기 초인 920년에, 여진족은 12세기 초인 1119년, 몽골은 13세기 초인 1225년에 만들었다. 만주문자가 16세기 말인 1599년에 만들어졌으니 중국 주변에서 한글보다 늦게 만들어진 언어는 만주어밖에 없다(류웨이·장첸이, 2009).

그 나라 문자가 만들어졌다는 것은 자신들의 언어로 독자적이고 독창적인 문화를 발달시킬 수 있다는 의미다. 일본이 가타가나와 히라가나를 만든 이후 보여준 문학적 성과와 출판의 발전은 그런 점에서 의미가 크다. 일본은 9세기 초에 한자의 초서체를 모방한 히라가나(平假名)와 음가를 표기한 가타가나(片假名)라는 음절문자를 만들어낸 후 가나로 된 문학작품을 9세기 말부터 창작하기 시작한다.

뛰어난 문학작품 중 하나가 9세기말~10세기에 쓰여진 《다케토리 모노가타리》(竹取物語)이다. 대나무 속에서 태어난 가구점 딸이 펼치는 재미있는 이야기다. 딸의 이름을 가구야히메라고 짓고 애지중지 키워 성장하자 귀공자 5명과 황제의 청혼을 받게 된다. 그러나 가구야히메는 모든 청혼을 거절하고 자신을 맞으러 온 달나라의 수레를 타고 하늘로 올라간다. 이 작품은 천년이 지난 21세기에 일본 만화와 애니메이션으로 사랑받는 시미즈 레이코의 〈월광천녀〉의 모티브가 됐다.

11세기 초에는 무라사키 시키부가 쓴 장편소설《겐지 모노가타리》(源氏物語)가 등장한다. 이 소설은 귀족문화가 융성한 헤이안 시대의 문화를 잘 보여줄 뿐만 아니라 세계문학에 공헌한 작품으로 평가된다. 무라사키 시키부는 22세에 남편과 사별한 뒤 좌대신 미치나가의 저택에 출입하다가 미치나가의 딸 쇼시의 시중을 들기 위해 1007년 궁중에 들어갔다. 10년 후에《겐지 모노가타리》54권을 완성했다. '일본판 카사노바'인 겐지는 황족 출신의 젊은이로 미추와 노소를 가리지 않고 많은 여성들과 교제하며 희로애락을 겪게 된다.

황후 데이지의 시중을 들던 세이쇼나곤의《마쿠라노소시》(枕草子)(993년)도 있다. 세이쇼나곤은 한학에도 조예가 깊었는데 어느 날 황후 데이지가 여러 시녀가 있는 곳에서 무심코 "향로봉의 눈은?"이라고 말하자 세이쇼나곤이 즉시 일어나 드리워져 있던 주렴을 걷어올렸다는 일화가 있다. 이는 중국 당나라《백씨문집》(白氏文集)에 실린 '향로봉의 눈을 보기 위해 주렴을 높이 걷어 올렸네'라는 시의 구절을 인용한 것을 세이쇼나곤은 당장 알아차린 것이다.

가타가나가 만들어지자 10~11세기의 궁정 여인들은 자신들의 정서를 31음절로 된 시나 일기 형식으로 표현하기도 하고, 여행기, 궁정의 호화로운 생활, 남녀 간의 애정을 묘사하기 시작했다. 이들은 600~700여년 뒤 조선에서 나타난 기생 황진이의 연애 시조나 17세기《인현왕후전》이나 18세기 혜경궁 홍씨가 쓴《한중록》등을 연상하게 한다.

이런 가타가나로 시작된 일본의 문학은 다마누 시대(1770~1784년)에 유학에 대응해 일본 고유의 와카(和歌)나 국문학을 연구하는 국학(國學)의 발판이 된다. 국학이란 중세 이래 주로 조정 귀족들에 의해 계승 발전된 학문으로《겐지 모노가타리》,《고킨슈》등을 연구했다. 당시 유명한 국학자 가모 마부치는 만요슈의 연구로 이름 떨치고, 모토오리 노리나가는 국학연구에 정진해《고지기덴》(古事記傳)를 완성한다(김희영, 2006: 76~78).

한글은 1446년에 반포됐지만, 진정으로 널리 쓰이기 시작한 것은 17세기에 발표된 한글소설《홍길동》을 제외하면 18세기 이후의 일이다. 한글로 쓴 고전문학은 일본에 비해 매우 적은 편이다. 한글이 서민뿐 아니라 지식인들로부터 제대로 대접받기 시작한 것은 20세기 초기다. 한글 사용이 국권회복 운동의 일환이 되면서 소중하게 여겨진 덕분이다.

한글은 조선의 왕인 세종이 만들었는데도 조선 왕실과 지배층에게 외면당했다. 그 첫째 이유는 단종을 죽이고 세조가 등장한 후 성삼문 등 한글창제에 참가한 집현전 학자들이 대거 저항해, 숙청되었기 때문이다. 또한 한글은 백성들이 집권층을 비판하는 수단이 되었기 때문이다. 연산군 때는 그의 학정을 비난하는 한글 대자보가 나붙었다. 때문에 한글 사용자를 밀고하고 한글 서적을 불태우는 혹독한 한글 탄압책이 펼쳐졌다. '한국판 분서갱유'(焚書坑儒)였다.

조선의 지배층과 지식인들 사이에서 소외된 한글은 궁궐 여성들의 문학이나 서간문에 사용되는 글자 등으로 한정되었다. '암클'이니, '절간의 중글'로 비하됐다. 아이러니한 것은 19세기에 한국에 잠시 머물렀던 중국의 군부 실력자 원세개(袁世凱·위안스카이, 1859~1916)가 중국에서 한글의 우수성을 칭송하고 어려운 한자보다 한글을 보급하자고 주장했다는 사실이다. 원세개의 주장은 작은 나라의 문자를 쓸 수 없다는 중국 지배층의 격렬한 반론에 부딪혀 물론 실패했다.

'문화를 담은 아름다운 그릇'인 한글은 대한제국 말기인 19세기 말부터 지식인들 사이에서 '한민족의 말과 글'로 부활했다. 한글 보급

활동이 독립운동과 같은 맥락으로 확대됐다. 1940년대 일제의 민족 말살정책으로 한글사용 자체가 금지되면서 '조선어학회 사건'이 발생하기도 했다. 해방 이후에야 한글이 한국인의 문자로 자리를 잡아 대학에 국어국문과가 신설됐다.

  그러나 대한민국에서도 한글의 시련은 끝이 없었다. 이승만 정권 때 한글간소화 정책을 표방하는 이들은 한글철자법을 19세기의 성경식으로 돌리자고 주장하기도 했다. 한글을 한자와 병기해야 한다든지, 한글로 표현된 글자의 70%가 한자어이기 때문에 한자를 가르치고 이를 배워야 한다는 주장은 계속되고 있다. 이것은 한글을 여전히 한자에 종속시키려는 노력이라고 볼 수도 있다. 미국의 영향력이 세계적으로 확대되는 상황에서 오늘날에는 한자 대신 영어를 병기하거나 공용어로 사용해야 한다는 주장이 득세하고 있다.

  우리가 사용하는 단어에 순수한 우리말보다 한자어가 많고, 한글

2009년 10월 9일 문화체육관광부가 563돌 한글날을 맞아
광화문 청사에 설치한 김경선 서울대 교수의 작품

사용법이 여전히 어색한 것은 우리가 한글을 잘 사용하는 방법을 아직 제대로 찾아내지 못한 탓일 수도 있다. 한글은 이제 겨우 70~100년 사용했을 뿐이다. 젊은 문자인 한글은 사용자들의 능력에 따라 무한히 발전할 수 있을 것이다.

다행히 2009년 문화체육관광부가 실시한 여론조사에 따르면 20~40대의 수도권의 대학교 이상 졸업자들 사이에서는 한글의 위상을 높이고, 한글날(10월 9일)을 공휴일로 제정해야 한다는 의식을 가진 이들이 80% 가까이 된다(문화관광부 한글과, 2009). 과거와 달리 학력이 높을수록 한글이 자랑스럽다는 의식이 더 많다는 것은 사회 전체의 흐름이 바뀌고 있다는 증거다. 한글세대들이 전면에 나선 것이다. 중국 역사에서 유래한 사자성어(四字成語)를 인용하는 일이 지식인처럼 보이는 것이 아니라 오히려 시대착오적이라고 지적될 만큼 자존감이 강해지고 당당해졌다고 볼 수도 있다.(※한글날은 1991년 이후 22년 만인 2013년부터 공휴일로 재지정됐다.)

그러나 2008년 초 영어 몰입화 교육이 시행된 이후 유치원을 영어 유치원으로 옮기고, 어린이 그림책이 영어와 한글 병용으로 기획되는 사례가 늘고 있다(〈서울신문〉, 2009년 4월 13일). 정부 영어정책에 불만을 가지면서도 자녀의 미래에 불안을 느끼는 엄마들의 심리를 반영한 것이다. 이런 식이라면 머잖아 한글이 한국에서 애물덩어리가 되는 날이 도래할 것 같다. 인도네시아에 한글을 수출했다고 자랑스러워하면서, 오히려 우리나라에서는 한글이 위태위태하니 아이러니다. 자국 문화를 발전시키고 지키기 위해서 가장 확실한 '수단'을 영어의 효율성을 앞세워 버리려고 하고 있기 때문이다.

1904년 한국에 온 미국인 학자 엘라수 와그너가 《한국의 어제와 오늘 1904~1930》(살림, 2010년)에서 쓴 글 중 '한문'을 '영어'로 바꾼다면 그녀의 지적은 여전히 유효하다.

"한국의 글자인 '언문'은 한국인이 마땅히 자랑스러워해야 할 국가적 발명이지만 모든 진정한 학자가 단순한 '여성의 글자'라고 경멸한다. 젊은 한국은 이제 이 유산을 제대로 평가한다. 언문은 세계에서 가장 완벽하고 완전한 글자이며 상당히 쉽고 빨리 통달할 수 있다. 한문을 익히려고 조금이라도 노력한 사람이라면 한문이 대단히 어렵다는 것을 안다."

일본과 청나라는 야만국이었나

"8년 동안 일본에서 공부하면서 한국 친구들이 많이 방문했는데 그 중에 누구도 박물관 구경 가자는 이야기를 한 적이 없다."

일본에서 국제정치학 박사과정을 밟은 조진구 경남대 극동문제연구소 교수의 증언이다.

프랑스 파리에서 국제정치학 박사과정을 하고 있는 국내 공기업의 한 차장도 이와 비슷한 말을 했다. 그는 한국에서 오는 고위 공무원이나 경제인들은 베르사유 궁전을 방문하지만 왔다갔다는 흔적으로 사진만 찍는다고 했다. 비치된 한국어 오디오가이드도 듣지 않는다. 관광가이드의 설명을 듣지 않으면 궁전의 모든 방은 왕과 여왕의 초상화, 멋진 조각상이 있는 유사한 방으로 보인다. 제 1차 세계대전이 끝난 뒤 국제회의를 열었다는 '거울의 방' 정도를 기억할 수 있을까.

문화민족이라는 한국인은 왜 이렇게 다른 나라 문화나 역사에 관심이 없는 것일까. 열등감일까, 과도한 자신감일까. 한국인은 동남아시아로 매년 겨울 골프관광은 떠나도 그 나라의 역사가 어떻고 사람들이 어떻게 살고 있는지는 무심하다. 남에게는 그렇게 무심하면서도, 외국인이 방문하면 꼭 한국이 어떠냐는 질문을 던진다. 일본에 관해서는 일본이 한국보다 문화적으로 우월한 적이 없었다는 자만심 탓일 것이다. 프랑스의 경우는 서양의 디테일한 문화를 꼭 우리가 알 필요가 있겠느냐 하고 무시하는 것이 아닐까 싶다.

다른 나라의 문화에 무관심한 이유를 나는 조선 후기의 '조선 소중화(小中華)주의'에서 찾고 싶다. 조선의 양반들은 청나라는 오랑캐의 나라이고, 일본은 야만의 나라라고 치부하고, 객관적 잣대가 아니라 좁은 성리학적 이념의 잣대로 이리저리 재면서 '우리가 최고'라고 부르짖었다. 조선이 오랑캐, 야만국가라고 했던 청나라와 일본은 과연 야만국이었을까.

청나라는 조선 초기 '아우의 나라'였던 여진에서 출발했다고 비웃을 만한 나라가 아니었다. 그들은 군사력으로 명나라를 제압했지만 중국의 유교적 이념, 즉 덕치를 전면에 내세우고 주도면밀하고 일관되게 밀고 나아가 명나라의 엘리트와 백성을 접수했다.

이삼성 교수는 "청태조 누르하치 때부터 '덕치'(德治)를 주도면밀하고 일관되게 내세웠는데, 한족 백성에 대한 메시지인 동시에 명의 엘리트를 향한 것"이었다고 말한다. 청은 이런 방침을 내세우며 한인 학자와 명나라의 관료들에게 항복을 권유했고, 이들이 청나라를 지지한 뒤로 그 약속을 지켰다.

상가희와 경계무는 1633년에 투항했고, 이 둘은 1650년 광둥을 탈환했다. 청은 이 충성심을 보상했다. 이들보다 먼저 청나라에 가세한 오삼계도 마찬가지였다. 청나라는 명나라를 멸망시킨 뒤 이들 3명에게 영지를 내렸다. 오삼계에겐 윈난(雲南)성 구이저우(貴州)성 전체와 후난(湖南)성과 쓰촨(四川)성 일부를, 상가희에게는 광둥성과 광시(廣西)성 일부, 경계무에게는 해안도시 푸저우에서 푸젠성까지를 내렸다. 이런 보상이 나중에 '삼번의 난'(1673~1681)의 원인이 된다. 오삼계, 상가희, 경계무가 자신들이 받은 영지를 세습하려고 했기 때문이다(이삼성, 2009: 604).

청은 순치제가 재위한 1644년부터 강희제(재위 1662~1722), 옹정제(재위 1723~1735), 건륭제(재위 1736~1795)까지 150년간 황금기를 누렸다. 그 앞의 어느 왕조보다 넓은 영토를 확보해 강력한 중앙집권제를 행사했다. 또한 이 시기 황제들의 유교적 교양은 한인(漢人) 학자 못지않았다고 한다. 청나라 초기 황제들은 초기에 많은 통역요원을 배치했지만 순치제의 치세가 끝나기 전에 통역요원은 불필요한 존재가 됐다. 한어와 그 교양을 익히는 데 들인 노력은 대단해 만주족 출신 황제들은 능숙하게 중국어를 구사했다. 옹정제는 남을 욕할 때만 만주어를 사용했다고 한다.

1664~1911년까지 언어와 문화가 다른 비(非)한족 정권인 청나라가 쉽게 중원의 권력을 확립하고 긴 세월 권력을 유지한 비결은 유교적 통치기술을 마스터한 덕분이었다. 유교적 통치기술을 독자적인 정치제도와 조화시키는 데 성공한 것이다. 제도의 구축에서 청나라는 한족의 방식을 많이 따랐다. 청나라 초기에 한족이 고위관직에 진출하는 데 원칙적으로 제한을 두지 않았다. 다만 최고직에서는 한족과 만주족이 권한을 나눠 가졌다. 모든 부에는 장관인 상서 두 명과 차관

인 시랑 두 명을 각각 뒀다. 만주족과 한족이 권력을 정확하게 절반씩 나눠 가진 것이다. 황제의 비서인 대학사도 절반으로 나눴다(이삼성, 2009: 606~607).

원나라가 약 100년간 중국을 지배한 반면, 청나라가 250여 년 이상 중원을 지배한 원인은 중원문화를 자기화하고 한인을 포용했기 때문이다. 원나라는 한족을 불신해 주요 관직을 맡을 적당한 몽골인이 없으면 색목인이라 불린 이슬람인이나 유럽인을 임명했다. 베네치아의 마르코 폴로(1254~1324)가 궁정 관리로 들어와 17년간 머문 것은 몽골인의 이런 지배전략 덕분이다.

어느 선까지 독자적인 정치, 문화, 사회의 전통을 지켜나갈 것인가 하는 문제는 중원을 접수한 북방 유목민족들의 딜레마였다. 중국 한족의 언어, 의상, 행동양식을 어느 선까지 수용하고 그들과의 교혼을 허락할 것인가도 마찬가지였다.

12세기 이미 금나라를 통해 문화동조의 위험성을 깨달았던 청나라는 자신의 이방인으로서의 기원과 배경, 자신들의 정체성을 잃지 않기 위해 노력했다. 상무적 정통과 군사적 우월성의 상징인 사냥과 기마, 활쏘기 등 무예연마를 중단하지 않았고 만주어도 계속 사용했다. 그 점이 만주인 통치 엘리트 내부에서 정치적 긴장과 활력을 유지할 수 있게 했다. 몽골과도 동맹을 맺었다(이삼성, 2009: 608~609). 그것은 자신들의 뿌리를 잊지 않기 위한 의식적인 노력이었지 오랑캐이거나 야만적인 탓이 아니었다.

청나라를 방문했던 북학자 홍대용의 《담헌서》를 보면 문화적인 청나라의 모습이 보인다.

"유리창(琉璃廠, 중국 베이징에 있는 문화의 거리로 '류리창'이라 부름. 조선의 사신들이 들러 서적을 구입한 곳)이 고아(古雅)하였다. 길을 따라 서서히 걸어가면 마치 페르시아 보물 시장에 들어선 것처럼 황홀하고 찬란할 뿐이어서 종일 다녀야 물건 하나 제대로 감상할 수 없었다. 서점은 일곱이 있는데 삼면의 벽을 돌아가며 수십 층의 책꽂이를 달아 놓았는데 한 점포 안의 책만도 수만 권 아래로는 내려가지 않아 고개를 들고 한참 있으면 책 이름을 다 보기도 전에 눈이 먼저 핑 돌아 침침해진다."(이덕일, 2009: 269)

일본은 어떠했나. 일본은 서양과의 교역은 물론 중국, 동남아시아와의 교역으로 부를 축적하고 독자적 문화를 발전시켜 나갔다.

1650년대 밀양사람 유흥발은 일본인에게 얻은 서양식 시계인 자명종을 스스로 연구해 그 이치를 터득했다는 기록이 있다. 밀양사람인 것으로 보아 자명종은 초량왜관에서 얻었을 것으로 추정한다(박성래, 2002: 276). 이른바 조선 문물이 일본으로 전달되는 통로였던 왜관이 거꾸로 일본 문물이 조선으로 수출되는 관문이 된 것이다. 자명종은 서양 문물이 아니냐고 묻고 싶겠지만 선진문물이 중국에서 한반도를 통해 일본으로 건너가던 15세기 이전의 문명이전 통로가 변경됐다는 것은 놀라운 변화다.

그러니까 18세기 이전에는 서양문물이 들어오면 그 이름이 중국식 한문체계에 따라 번역되었지만, 그 이후부터는 일본식 조어방식에 의거한 한문들이 들어오기 시작한다. 이를테면 전기(電氣)도 그런 이름 중 하나다. 인삼이 본래는 고려 때부터 한반도의 유명한 수출품이었지만, 서양인들이 일본에서 인삼을 접하고 나서 일본어 발음대로 진셍(Ginseng)이라고 알려진 것과 같다.

1800년대에는 정전기 발생장치가 일본에서 초량왜관으로 전해져서 서울로 올라왔다는 기록이 나온다. 수십 명이 손에 손을 잡고 이 장치를 만지면, "소변을 참는 듯한 자극을 받는다"라고 쓰여 있다. 일본에서 전기 발생기를 처음 만든 사람은 히라가 겐우치(1723~1779)인데, 1768년에 '에레키테루'를 만들었다. 전기(Electricity)란 영어와 비슷해 붙여진 이름이다. 일본은 전기 발전기를 만들어 의료용으로, 호기심 많은 사람들의 장난감으로 사용했다. 서양에서 전기에 대한 근대적 과학지식이 생겨난 것은 일본에서 정전기 발생기를 만들기 불과 몇 년 전이다. 1750년 전후 미국의 벤자민 프랭클린이 연 실험을 하고 피뢰침이 보급되기 시작했다. 그때도 전기를 의료용으로 썼다. 프랑스 왕 앞에서 호위병 150명이 손에 손을 잡고 발전된 전기의 양 끝에 손을 대고 전기 쇼크로 팔짝팔짝 뛰었다는 기록도 있다.

일본에서도 많은 사람들이 이 정전기 발생장치에 관심을 갖고 갖가지 제품을 만들어 냈다. 19세기 초에 이미 대도시인 오사카와 교토 일대에서 광고를 내고 의료용으로, 장난감으로 정전기 발생장치를 팔고 있었다. 그 중 하나가 부산 왜관을 통해 서울로 올라온 것이다(박성래, 2002: 274~275).

19세기 말에 지석영이 천연두를 예방하는 우두(牛痘)를 일본인에게 처음으로 배워 국내에 보급하기 시작한 것도 일종의 조선-일본 문화역조 현상이었다. 우두 역시 초량왜관을 통해 들어왔을 가능성이 있다(박성래, 2002: 276). 물론 정약용이 우두에 관심을 갖고 소의 분

비물을 통해 천연두를 예방하려 노력했지만 체계적인 백신의 형태를 조선에 전해준 것은 일본인이었다.

고구마는 18세기 중엽에 일본에서 전래됐다. 담배, 고추, 고구마, 옥수수 등 신대륙의 작물들을 조선에 전래한 나라도 중국이 아니라 일본이다. '문명의 이동'이라는 측면에서 18세기 이후 조선-일본의 관계를 다시 생각해 봐야 한다. 조선 후기에 일본은 선진국이었다.

21세기 일본은 책을 많이 읽는 민족으로 소개되지만, 17세기에도 일본인은 조선인보다 더 많이 책을 읽은 것 같다.

금속활자를 세계 최초로 만든 국가는 고려였지만, 금속활자의 역할, 즉 활발한 출판활동을 통한 지식의 대중화는 이뤄지지 않았다. 고려의 팔만대장경을 얻기 위해 조선에 매달렸던 일본은 17세기 말 출판의 대중화를 이뤘다. 전국시대를 거쳐 정치, 사회가 안정된 에도시대가 열리자 일본에 출판문화 시대가 열린 것이다. 에도에 약 6천명이 넘는 출판업자가 있었고 17세기 말에 교토에는 1만 권이 넘는 서적이 출판됐다(정형, 2009: 74). 이같이 일본에서 출판이 활발했던 것은 글을 읽을 수 있는 독자층과 책을 살 수 있는 경제력 있는 독자들이 존재했다는 의미다.

17세기 이후 에도시대에는 정치적 안정을 바탕으로 상업이 발달하면서 막강한 경제력을 가진 조닌계급(町人階級)이 형성됐다. 또한 에도와 오사카 등 대도시를 중심으로 도시경제가 발전했다. 중국 북경의 인구는 19세기 초(1825년)에 1백만 명을 넘었는데, 이는 18세기 일본 에도의 수준이었다(로이드 E. 이스트만, 1999: 194).

다시 말해 18세기에 에도의 인구는 북경을 앞지를 정도로 도시경제가 발전했다. 또한 상인과 농민의 생활수준이 향상됐다. 여기에 일본 전체로 교육이 확산되자, 문학작품 등 시장성이 높은 상품에 대한 수요가 발생하고 출판업이 발달하게 됐다. 문예 대중화 시대가 이뤄진 것이다. 흥미로운 삽화가 들어간 대중소설이 에도시대 출간물의 주류를 이뤘다(정형, 2009: 105~106). 이 대목에서 출판된 책의 수준이 높았느냐 아니냐를 가지고 일본 출판의 문제를 평가해서는 안된다. 물론 출판의 수준이 높았다는 기록도 있다.

1719년 통신사로 일본을 방문한 신유한은《해유록》에서 오사카의 수많은 서점을 거론하면서 조선의 명현 문집도 많이 보이는데, 특히《퇴계집》을 아끼며 집집마다 외우는 소리가 들린다고 전했다. 서적 밀무역도 성행했다. 김성일의《해사록》, 유성룡의《징비록》, 강항의《간양록》과 같은 책은 양국 사이의 기밀을 기록한 것인데 오사카에서 일본판으로 출판돼 판매됐다.

신유한은 일본의 인쇄·출판의 속도에도 깜짝 놀랐다. 신유한은 에도로 가는 길에 3명의 서기와 일본 측의 장로와 함께 문자를 주고받았는데, 1개월이 지난 후 이를 편집하여 인쇄한 책을 받았다. 신유한은 일본인들이 중국 사람처럼 호사(好事) 취미가 있다고 평가했으나, 중국 남경에서 수입한 책이 1천여 종, 민간에서 특이한 책과 각종 문집을 간행한 것이 조선의 1백 배가 넘는다고 해 일본의 풍부한 서적·출판 문화를 인정했다(김문식, 2009: 187~188).

결국 출판문화의 발달은 일본에서 대중교육이 진행되고 있었다는 방증이기도 하다. 에도시대 교육기관으로 반코(藩校)와 데라코야(寺子屋) 두 가지가 일본인들의 문자해득률을 높여주고 있었다. 반코는

에도시대 각 번에서 교육을 목적으로 설립한 학교로 17세기 설립되기 시작해 19세기 초 전성기를 이뤘다. 전국에 250개의 반코가 있었는데 무사의 자제에게 한자와 무예, 국학과 의학을 가르쳤다. 막부 말에는 양학까지 가르쳤다.

데라코야는 에도시대 서민교육 기관으로 막부의 문교정책과 상인계급의 계도에 따라 무사, 승려, 의사 등을 스승으로 자연발생적으로 개설됐다. 읽기와 쓰기, 주판, 서예, 독서, 산수를 가르쳤고 남녀공학이었다(정형, 2009: 74). 데라코야가 조선의 서당과 비슷하지만, 여성을 포함했다는 대상의 보편성과 지식의 대중화라는 측면에서는 완연히 차이가 났다. 서당에서는 한문을 가르쳤지만 데라코야에서는 일본의 가나문자를 가르쳤다. 학습을 통해 전 국민의 지적 수준을 끌어올린 것은 자국 언어를 가르친 데라코야였다.

조선에서도 18세기에 출판업이 발전하고 구매력이 확대됨에 따라 중국서적 유통망이 급성장했다. 일본도 이것은 마찬가지다. 문제는 조선은 장서가가 경화세족(京華勢族: 대대로 한성에서 살면서 벼슬한 가문으로 권력을 독점하는 경향이 있었음)이었지만, 일본에서는 막

6~13살의 어린이 20~30명을 모아 읽고 쓰기 이외에 도덕, 역사 등을 가르쳤던 데라코야.(좌)
1668년 오카야마 번주(藩主) 이케다 미쓰마사(池田光政)가 세운 시즈타니(閑谷)학교

부와 번주 외에도 다양한 계층의 사람들이 대형 장서가로 이름을 날렸다. 그 결과 조선에서는 서울 경기 일원에서만 명청소품문(明淸小品文)이 애호되고 문학논쟁이 이뤄졌다. 반면, 일본은 에도에 한정되지 않고 교토와 오사카, 나고야, 센다이, 와카야마, 히코네 등 여러 지역에서 다양한 형태로 명청소품문이 수용됐다(한국18세기학회, 2007: 221). 조선에서 이른바 지식인은 한성에 몰려 있었지만 일본은 여기저기 흩어져 지역의 수준을 끌어올리고 있었다.

흔히 일본이 문화적으로 배울 것이 없고 야만인이라고 생각하는 이유의 하나로 일본인들이 조선 통신사들에게 그림과 글씨를 달라고 밤을 새우며 요청했던 점을 들기도 한다. 기록에 따르면 통신사들은 5~8개월간 대마도를 시작으로 에도까지 오가면서 일본 관료나 백성들의 요청에 따라 시를 짓고 글을 쓰고, 그림을 그렸다.

일테면 1643년 조선통신사의 종사관으로 일본을 방문한 남용익은 《부상록》(扶桑錄)에서 "글씨와 그림을 요구하는 자가 밤낮으로 모여들어 서화하는 사람들이 그 괴로움을 견디지 못했다"라고 돼 있다. 같은 책에서 "남도(藍島)에서는 어린아이들까지 와서 화려한 종이를 바치며 시화를 청한다"라고 기록했다. 이전의 1636년 병자사행의 경우 "대판에 도착한 이후로 시문서화를 청하는 왜관(倭官)들이 몰려 학관, 사자, 화원들이 응수하기에 겨를이 없다"라고 했던 것에 비춰보면 그림이나 서화를 요청하는 일본인들의 열기가 확산된 것이다. 1636년에는 〈달마도〉의 김명국, 박지영, 조정현 등이 괴로움을 견디지 못했고, 특히 김명국은 울려고 했을 정도로 곤욕을 치른다고 기록돼 있다. 1719년 기해사행의 제술관 신유한은 "대판(오사카)에서 글을 청하자는 자들이 다른 곳보다 배나 많아서 닭이 울도록 자지 못하고 밥을 대하여도 입에 넣었던 것을 토할 정도로 응수가 괴롭다"라고 썼다.

구름같이 몰려들어 목마른 자가 물을 구하듯이 시와 묵적을 간청한 것이다. 그래서 사자관과 화원들은 쉴 수가 없고 하인들까지 붓을 쥐고 있어야 했다. 구청자들은 서화를 얻으면 반드시 두 손을 들고 땅에 엎드려 절하는데 가지고 온 종이는 모두 생면지와 채당지, 궁전지로 배첩된 것이었다. 조선인의 필적을 갖는 것을 영광으로 삼았지, 그 공졸을 처음부터 염두에 두지 않았다고 1748년 자제군관으로 일본에 간 홍경해는《수사일록》(隨槎日錄)에서 기록하고 있다(한국18세기학회, 2007: 317~319).

일본인들이 조선 통신사들의 서화를 구하기 위해 밤새 줄을 서고, 땅에 엎드려 절하는 꼴을 더 보기 싫었는지 막부는 1811년 조선통신사를 대마도에 머물게 하고 에도까지 들어오지 못하게 했다. 물론 막부는 재정적 이유를 앞세웠다.

이런 모습을 보면 정말 문화를 사랑하고 문화적인 사람들은 누구인가 고민하게 된다. 사소한 것도 소중히 여기려는 일본인과, 아무리 대단한 사람을 만나도 '제가 잘났으면 얼마나 잘났느냐'라고 코웃음 치고 지나치는 조선인 사이에서 어떤 나라에서 더 문화가 보존되고 발전될 수 있었을까. 조선의 막사발을 사랑하고 보존한 것도 일본이었고, 백자의 조졸한 아름다움을 칭송하기 시작한 사람도 일제 강점기 야나기 무네요시(柳宗悅)와 같은 일본 학자였다. 최근 한국에서 일고 있는 막걸리 열풍도 일본에서 한국으로 역수출된 것이다. 이순신 장군의 거북선의 위용을 알게 된 것도 일본이 임진왜란 이후 거북선에 대해 기술해 놓은 덕분이다. 배용준, 이병헌, 송승헌, 장동건 등 '한류 4대 천왕'의 바람몰이도 일본에서 진행되고 있다.

〈부산일보〉 최학림 기자는 시모노세키 조후(長府)박물관에서 3백여 년 된 짚신을 보고 충격적이고 상징적이었다고 보도했다. 조선통신사 일행 4백~5백 명 중 한 사람이 일본 사람에게 선물로 준 짚신 한 짝이 보존되고 전해져 전시까지 돼 있다. '짚신'은 일본이 조선통신사의 흔적을 얼마나 잘 기억 간직하고 있는지를 여실히 뼈아프게 보여준다(〈부산일보〉, 2006년 8월 8일, 최학림 기자).

20세기 일본의 문화적 창의력은 '코스튬플레이'란 놀이에서도 살펴볼 수 있다. 이는 가면무도회나 할로윈데이의 변장놀이와 같은 것으로, 일본에서는 '코스프레'라고 부른다. 원래 영국에서 죽은 영웅들을 추모하며 그들의 모습대로 분장하는 예식에서 유래한 것인데, 미국으로 전해져 슈퍼맨 같은 만화 캐릭터들의 의상을 입는 축제로 발전했다. 다시 일본으로 넘어가서 만화, 애니메이션, 영화, 컴퓨터 게임의 주인공 흉내내기로 확대되고 대중화됐다. 코스프레는 어엿한 독립적 문화가 됐다(한국일어일문학회, 2003: 193~194). 이 장난 같은 취미활동은 일본에서 대중화되고 세계화되고 있다. 한국에서 만화를 좋아하는 학생들이 코스프레를 즐기는가 하면, 최근 한 프랑스 주재원에 따르면 코스프레가 프랑스 파리의 젊은이까지 즐기는 놀이가 됐다.

외부에서 받아들인 문화를 자신들의 입맛에 맞게 재창조해서 그것을 확산시키는 능력에서 일본을 따라갈 나라가 없다. 그렇다면 과연 이들을 야만인이라고 부를 수 있을까.

영·정조 시대, 조선의 르네상스 아닌 역주행

르네상스(Renaissance)의 사전적 의미는 중세와 근대 사이(14~16세기)에 서유럽 문명사에 나타난 고대 그리스 로마의 예술과 과학, 철학 등에 기본을 둔 부흥운동을 말한다. 한국에서는 '르네상스'라고 말하면 걸출한 천재 화가이자 조각가인 미켈란젤로, 라파엘로, 레오나르도 다빈치 등 이탈리아 3대 거장을 떠올리는 경향이 있다. 18세기를 '진경시대' 또는 '조선의 르네상스'라고 부르면 〈씨름도〉를 그린 김홍도나 〈미인도〉를 그린 신윤복이 자연스럽게 떠오르는 이유다.

그러나 르네상스는 이들 3대 거장의 출현뿐만 아니라 유럽 사회 전반의 변화를 포괄한다. 유럽 중세시대에 로마 교황과 유럽의 군주들은 자신의 신앙심을 자랑하고 널리 알리기 위해 화가들에게 가톨릭이란 종교를 중심으로 한 세계관을 보여주는 그림을 그리게 했다. 반면 르네상스 시대의 거장들은 인간과 자연을 중심에 넣어 그린 그림들을 새롭게 선보였다.

예를 들면 레오나르도 다빈치는 〈암굴의 마돈나〉나 〈최후의 만찬〉과 같은 종교화를 그렸지만, 다른 한편에서는 피렌체의 부자 프란체스코 델 조콘다를 위하여 그의 부인을 모델로 〈모나리자〉를 그리기도 했다. 미켈란젤로도 종교화 〈최후의 심판〉을 그렸지만 완벽한 인간의 모습을 한 수많은 조각상과 건축물을 통해 고대 그리스 로마에 대한 향수를 불러일으켰다. 고대 그리스와 로마의 인본주의적 철학을 바탕으로 한 예술관을 보여준 것이다.

르네상스 시대에는 과학 부문에서도 근대의 태동에 영향을 준 사실주의적 세계관이 융성했다. '르네상스'란 기본적으로 중세의 기독교적 세계관을 떨치고 일어나는 저항정신, 과거 세계와의 단절 등을 포함하는 개념이다. 그래서 14~16세기의 르네상스는 문화·예술뿐만이 아니라 정치, 경제, 종교, 사회, 철학 등 모든 분야에서 유럽의 총체

영조 어진. 영조는 탕평책을 실시해 왕권을 강화하려 했다. 국립고궁박물관

영월에 있는 정조의 태실과 태실비. 정조는
선대의 탕평책을 이어받고 규장각을 설치했으며, 꿈의 도시 화성을 축성했다.

적 변화를 가져왔다(임병철, 2008: 152~154).

르네상스가 단순한 문예부흥운동이 아니라는 인식을 확고하게 한
뒤 최근 유행처럼 번지는 조선 후기 영조와 정조시대 약 1백 년을 '조
선의 르네상스'라고 부르는 경향을 검토해 볼 필요가 있다.

영·정조 시대에는 임진왜란과 병자호란 두 차례의 전쟁을 거친 뒤
황폐해진 국가경제를 상업 등을 통해 부흥시켰다. 또한 영조 때는 소
론과 노론, 정조 때는 노론 중 벽파와 시파 등으로 나뉜 양반들을 탕
평책으로 통합하며 정치적 안정을 이뤘다. 조용조(租庸調)의 복잡한
세제를 대동법으로 일원화시켜 백성의 조세부담을 경감하고 민생을
안정시켰다. 정조는 금난전권을 폐지해 시전상인의 독점권을 없애고
상인들의 진입장벽을 낮췄다. 이런 정치적 안정과 경제적 풍요를 배
경으로 사대부와 평민들 사이에서 '조선적'인 주체적 문화부흥 활동
이 나타났다는 것이 영·정조 시대를 '조선 르네상스'로 보는 이들의
주장이다. 평민들이 문화의 주체로 나선 것도 주요한 특징이다.

이를테면 광해군 때 사대부 허균이 쓴 최초의 한글소설 《홍길동전》이 나타났지만, 영·정조 시대에는 정치적 안정과 경제적 혁신을 자양분으로 삼아 《춘향전》, 《심청전》, 《배비장전》, 《이춘풍전》, 《옹고집전》, 《토끼전》 등 풍자소설이 나타났다. 전쟁에서 나라를 구한 인물을 중심으로 한 영웅소설 《임경업전》, 《곽재우전》, 《유충렬전》, 《박씨전》 등도 인기였다. 평민문학의 전성기를 이룬 것이다.

화원 출신인 겸재 정선의 진경산수화가 나타나 중국 산수와 중국인을 그리던 화풍에서 벗어나 금강산, 인왕산 등 조선 산하와 조선 선비를 그렸다. 정조 때는 화원 출신인 단원 김홍도, 혜원 신윤복, 긍재 김득신 등의 풍속화가 출현했다. 순조 때는 추사 김정희가 추사체를 창안했고 그의 문하생인 소치 허련은 개성 있는 문인화를 그렸다.

숙종 때는 판소리가 평민들 사이에 널리 보급되기 시작했다. 영·정조시대에 하한담(河漢潭), 최선달(崔先達), 우춘대(禹春大) 등 명창이 나와 판소리의 기틀을 잡았다. 이런 정황만 살피면 영·정조 시대에는 정치, 경제 뿐만 아니라 사회, 예술 등 모든 부문에서 쇄신과 혁신, 부흥이 일어났다고 할 수 있겠다.

그런데 여기에서 우리가 놓친 한 가지 사안이 있다. 영조와 정조는 왕권을 강화했다. 이 두 왕은 무엇을 위해 왕권을 강화했을까. 왕권 강화의 철학적 배경은 무엇일까. 왕권 강화가 봉건적 사고방식을 잘라내고 새로운 시대를 잉태하기 위한 것이었는지, 아니면 봉건적 사고방식을 강화하기 위한 '역사적 역주행(逆走行)'이었는지 살펴봐야 한다.

조선은 겉모습은 왕의 나라였지만 운영방식을 들여다보면 신하의 나라였다. 조선의 왕은 통치권한을 하늘에서 인정받은 것이 아니었다.

중국의 천자로부터 권한을 부여받은 제후로서, 조선의 왕은 양반과 사대부의 대표였을 뿐이었다. 건국공신인 정도전이 청사진을 마련한 조선은 신하들의 권한이 강한 나라였다. 세계문화유산으로 등재된《조선왕조실록》도 전제 군주국가가 아니라 양반 관료국가를 지향한 조선 양반의 상징물이었다. 왕들의 일거수일투족을 모두 기록해 옴짝달싹하지 못하게 하려는 의도를 담고 있다는 것이다(이영화, 1998: 103).

조선 전기 태조의 아들 이방원(태종)과 조카인 단종을 몰아내고 왕위에 오른 수양대군(세조), 당쟁을 기반으로 왕권 강화를 꿈꾼 숙종 등이 집권하던 시절에 일시적으로 왕권이 강화되기도 했지만 조선 후기로 갈수록 왕권은 약화됐다. 특히 왕위의 정통성을 내세운 반정(反正), 즉 쿠데타가 성공하면서 왕권은 약화됐다. 대표적으로 청나라와 실리외교를 펴고자 한 광해군을 몰아내고 인조를 내세운 사대부의 반정을 두고 조선이 왕의 나라가 아님을 방증하는 것이라고 해석한다. 즉, 조선의 사대부들은 자신들과 이념이 다른 왕을 갈아치울 만한 힘을 가지고 있었다는 의미다.

조선 후기 왕권이 약화된 상황에서 영조와 정조는 공자, 맹자, 주희로 이어지는 중국의 고전을 내세워 왕권을 강화하고자 했다. 정조 때 한문의 문장체를 순수하고 바른 문체로 돌리려는 '문체반정'은 그 특질을 잘 보여준다. 정조는 당시 유행하기 시작한 참신한 문장이나 청나라의 문물을 소개한 박지원의《호질》(虎叱)과 같은 소품 소설체를 잡문체라고 규정하고 탄압했다.

정조는 문체의 모범을 주자의 시나 문장을 비롯하여 당송 8대가(唐宋八大家)의 문장과《역경》(易經),《서경》(書經),《시경》(詩經),《예기》(禮記), 《춘추》(春秋), 두보의 시에서 찾았다. 이를 위해《5경발초》 (五經拔抄)와 두보의《육유시》(陸游詩) 등을 새로 발행했다. 특히 정 조는 한문체가 순정하지 않다고 해 북경 사행사를 따라가 적은 청나 라 문물기행기인《열하일기》를 쓴 박지원을 꾸짖고 그의 저서를 금지 서적으로 정했다. 또한 '서얼 괴짜 선비'인 이옥의 경우에는 세 차례 나 꾸짖고 관직을 박탈했다.

다시 말해서 '계몽 군주'로 알려진 정조는 조선 후기에 새롭게 싹 트고 있던 문화적 경향을 억압하고 언로를 봉쇄하며 과거로 회귀하 려고 시도한 군주였다. 일종의 사상탄압이자 언론통제였다. 정조가 설치한 도서관 규장각(奎章閣) 역시 학문을 사랑하고 중흥시키려는 목적의 결과물이기도 하지만, 문체반정을 강화할 수 있는 책만을 골 라놓은 도서관이기도 했다. 그래서 '계몽 군주'라는 정조에 대한 TV 드라마나 영화, 소설 등 대중매체들의 호들갑에 대해 역사학계 일부 에서 부정적 의견이 나온다.

고전으로 돌아가서 문예를 부흥하고 정치 경제 사회체제를 변화시 킨 조선의 르네상스는 유럽의 르네상스와 외견상으로 닮았다. 그러나 '무엇을 생의 근본으로 삼으려고 했느냐'라는 질문에 도달하면 명백 한 차이가 드러난다(임병철, 2008: 152~154). 르네상스나 계몽군주라 는 개념을 인용하려면 이전 세계에 대한 비판과 절연이 불가피하다. 기존의 권위에 대한 도전과 새로운 세계관의 도입이 필수적이다. 유 럽에서는 그것이 로마 교황에 대한 저항, 신에 대한 부정, 인간의 합 리적 이성에 의한 인본주의 정신의 부각으로 나타났다. 유럽의 국왕 들은 철인(哲人)이 돼 국내 봉건영주를 누르고, 국왕이 직접 국민들을 편제하는 제도적 변화를 추진했다. 자국의 이익을 추구하기 위해 부국강병을 추진했다.

조선에 '중세 유럽의 교황'과 같은 존재는 무엇이었을까. 그것은 조선을 지배했던 세계관, '중화주의'(中華主義)였다.

조선 후기에 유럽처럼 르네상스를 거쳐 계몽주의로 진입하기 위해서는 유럽이 가톨릭 중심의 중세적 질서를 부정했듯이 조선도 한족 문화에서 발화된 중화주의적 질서를 부정했어야 했다. 조선은 공자와 맹자, 주희로 이어지는 유교의 권위주의를 부정했어야 했다. 한족이 만들어낸 중국의 문화가 최고라는 중화주의와 사대주의적 사고방식에서 탈피했어야 했다. 그러나 앞에서 돌아봤듯이 영조와 정조는 주자학적 유교질서의 회복 및 강화를 추진했다. 이는 '중세적 가치의 배척'이라는 르네상스의 정신과 계몽정신에 어긋난 것이다(계승범, 2009b: 7).

조선 후기에 잠깐 출현했던 주체적이고 진취적인 지식인들로 손꼽히는 '북학파'의 정신적 뿌리도 중화를 벗어나지 못했다. 아니 중화주의에 더 침잠해 들어갔다. '조선이 최고'라며 조선 후기 왕과 사대부들이 청나라를 거부했지만 이는 조선을 자주적으로 인식했기 때문이 아니라 청나라가 여진족이라는 오랑캐가 세운 나라라는 인식 때문이었다. 오랑캐 국가를 따라갈 수는 없다는 것이었다. 명나라가 망한 이후 유일하게 중화문화를 보존하고 실천하는 나라는 조선밖에 없으니 조선이 최고라는 식의 '비뚤어진' 의식이었다.

오랑캐가 세운 청나라의 새로운 문물과 제도가 아무리 선진적이었다고 해도 조선인들은 그들의 선진성을 인정하지 않았다. 청나라는 공자나 주희가 만들고자 한 한족(漢族)의 중국이 아니었기 때문이다. 자신들이 한족도 아니면서 한족 문화인 중화주의의 수호자를 자처한 것이 코미디 같다. 조선 후기의 문화적 자부심의 뿌리는 아쉽게도 조선, 조선인이 아니라 모화(慕華)나 종화(從華)에 불과했다(계승범, 2009b: 7).

시기적으로 1700~1800년대는 15~16세기 유럽에서 시작된 '대항해의 시대'와 '지리상의 발견'이 전 지구적 차원에서 확산되고 있었다. 대항해의 결과로 15~16세기 동남아시아와 동아시아의 바다는 유럽과 남아메리카를 연결하는 활발한 중계무역 지대가 됐다. 또한 서양 문물이 흘러들어오던 지역이었다. 12~15세기에 아시아와 유럽을 연결하며 중계무역을 하던 페르시아 등의 이슬람 상인들이 밀려나고 있었다. 유럽과 아시아는 직거래를 시작했다. 그 직거래의 국제항구들이 향신료 무역의 중심지인 말레이시아의 항구 말라카와 인도의 고야, 인도네시아의 자바, 일본의 나가사키, 중국의 마카오와 광저우, 필리핀의 마닐라 등이다(홍석준·임춘성, 2009: 73~84).

이들 항구에 포르투갈, 스페인, 베네치아, 네덜란드, 영국 등의 상선들이 들고나면서 중계무역으로 막대한 이익을 남겼다. 남미의 은과 중국의 도자기, 차, 비단이 교환돼 유럽으로 실려 나갔고 인도의 면포와 인도네시아의 후추 등도 유럽으로 수출됐다. 중국의 생사와 일본의 은은 조선의 중계무역으로 교환됐다. 이 시기에는 서양과 동양이 본격적 교류를 시작했다. 21세기 식으로 말하면 최초의 광범위한 세계화, '평평해진 지구'를 만들던 시대였다.

이처럼 유럽과 일본, 중국 등이 서로 교류하며 근대(modern)의 정치, 경제적 토대를 쌓아가던 시절에 영조와 정조는 과거의 철학에 매달려 역주행을 시도했다. 3차선에서 1차선으로 갈아타 액셀러레이터를 밟아야 하는 시점에서 거꾸로 과거로의 역행을 시도한 것이다. 국사학적 관점에서 18세기 조선 약 100년을 놓고 보면 영·정조 시대가 당쟁에서 벗어나 정치 안정을 누리고 중국과 일본 사이의 중계무역을 통해 경제적 풍요를 누렸으며 평민문화가 발달하는 등 르네상스처럼 보인다. 그러나 세계사적 관점에서 영·정조 시대를 돌아보면 아쉬움과 함께 '시대 역행'이 또렷해진다.

조선 후기 왕실과 사대부는 유교의 발생지인 중국보다 더욱더 유교적 관행에 집착하고, 성리학을 예학으로까지 발전시키는 '순정주의'를 내보인다. 그러나 주자학은 명나라 말기에는 양명학이 등장하면서 세력이 약화됐고, 일본도 16세기에는 주자학이 현실에 맞지 않다고 비판하고 고학(古學)으로 규정했다. 그러나 조선은 이미 통치철학으로서 효력을 상실한 주자학으로 18세기를 재무장하고자 했다. 그 결과 19세기 개항을 타고 들어온 제국주의적 음모를 읽어내기 어려울 정도로 무력했다.

세계 질서와 완전히 유리된 조선은 17세기 중반 이후 19세기 중엽까지 2백여 년을 '우물 안 개구리'처럼 살아갔다(계승범, 2009b: 20). 조선은 주자학의 사회적 확산으로 왕권 강화를 노리면서 스스로의 대외 경쟁력을 제거한 것이다.

조선후기를 망쳐놓은 이데올로기, 북벌론

한국인이 좋아하는 역사 이야기는 고구려 광개토대왕의 영토확장과 조선 후기의 '북벌론'(北伐論)이다. '오랑캐'라고 깔보던 일본에게 임진왜란으로 치이고, 청나라에게 두 차례의 침입을 받았으니 무너져 내린 긍지를 어떤 식으로든 만회해야만 했다. 일본이나 청나라를 가만두고 싶지 않다는 심리적 반발이 생길 만도 하다. '5천 번의 외침을 견디며 살아남은 평화로운 민족'이라는 정의는 왠지 소극적이고 못난 과거에 대한 변명 같다. 때문에 17세기 중반 이후 아시아의 맹주로 자리잡은 청나라를 치겠다는 발상을 드러낸 '북벌론'은 실현 가능성 여부를 떠나서 조선의 기개를 보여주는 듯해 심리적 위안이 된다.

17~18세기의 청나라는 아시아의 맹주였을 뿐만 아니라 영국과 프랑스 등 유럽을 포함해도 세계에서 가장 잘사는 나라였다. 17세기 청나라는 인구 3억 명의 대국으로 유럽과의 교역에서 최대 수혜국이었다. 차, 비단, 도자기, 면직물, 양탄자, 보석 세공품까지 청나라의 수출품들은 유럽 왕실과 귀족 등 상류층의 살롱에 없어서는 안 될 물건들이었다(로이드 E. 이스트만, 1999). 유럽의 스페인과 포르투갈은 남아

메리카에 식민지를 개척해 어렵게 얻은 은을 모두 청나라의 물건을 사는 데 소모해야 할 정도였다. 현대적 개념으로 바꿔 보면 청나라를 치겠다는 조선의 북벌론은 21세기의 미국을 치겠다고 나선 것과 같다. 그런 탓에 북벌론은 사실상 내부 통치용이자 과시용이었지 구체적이고 현실적인 정책이라고 말하기 어렵다.

'북벌론'을 내세웠던 효종(1649~59)은 인조의 둘째 아들인 봉림대군이었다. 그는 형 소현세자와 함께 병자호란 직후 청나라에 볼모로 끌려갔다. 봉림대군은 청에 붙잡혀 있으면서 반청(反淸)감정을 키워나갔다. 반면 나라를 실질적으로 경영해야 하는 소현세자는 청에 머물면서 다른 생각을 했다. 포르투갈과 스페인, 영국인들이 들락거리는 국제적인 나라 청에서 소현세자는 가톨릭을 비롯한 서양의 새로운 문물을 접했다. 또한 청나라와의 관계도 현실적이고 실리적인 측면에서 바라봤다. 청나라의 실력자들과도 교류했다.

이런 소현세자의 활동은 모두 조선으로 전해 들어갔고 그의 아버지 인조를 불편하게 했다. 청은 인조를 압박하기 위해 "남한산성에서 항복을 받을 때 왕을 소현세자로 교체하지 않은 것이 후회스럽다"라든지, "여차하면 인조를 퇴위시키고 소현세자를 즉위시키겠다"라고 공언했다. 인조와 조선 지배계층은 세자가 선양에 있으면서 청의 비호 아래 아버지 인조의 정치적 입지를 위협하는 것으로 간주했다. 당시 조선 조정은 오랑캐의 왕 앞에서 문명국의 왕인 인조가 땅에 머리를 찧으며 신하가 될 것을 맹세했다는 치욕스러움 때문에 청에 대해 '하늘 아래 함께 공존할 수 없는 오랑캐'라는 극단적인 반감을 키워나간다.

이런 정세 속에서 1645년 4월 청에서 돌아온 소현세자는 귀국 두

달 만에 '의문의 죽음'을 당했다. 소현세자가 독살당했다는 소문이 당시에도 파다했다. 소현세자 사후에 세자비 강빈도 곧 숨졌다. 소현세자에게는 아들이 있었지만, 왕위는 장손이 아니라 둘째 아들 봉림대군으로 넘어갔다.

이런 분위기에서 왕위에 오른 효종은 즉위 직후 김상헌과 송시열 등 반청 척화론자를 좌의정, 우의정 등 고위직에 등용했다. 송시열이 효종에게 "일(북벌준비)이 잘못돼 멸망의 화를 당할 수도 있는데 어쩌겠느냐"라고 묻자, 효종은 "멸망한들 무엇이 두렵냐. 만세에 이름을 떨칠 것이다"라고 답변했다고 한다(《현종실록》 즉위년 9월 계해).

이삼성 한림대 교수는 조선의 명분론은 이렇게 생겨났다고 평가하고, 병자호란 직전 김상헌이나 홍문관 관원들이 주전론(主戰論)을 펴며 '나라가 망하는 것이 그렇게 중요한가'라고 망언한 것과 비슷하다고 비판한다(이삼성, 2009: 586~587). 나라를 잘못 경영한 탓에 전쟁이 일어났고 백성들은 목숨을 잃고 고통받는데 그런 식의 발언은 지금 생각해 보면 무책임하기 짝이 없다.

효종이 북벌을 위해 준비한 내용을 한번 살펴보면 이런 식으로 북벌이 가능했겠나 하는 의심도 생긴다. 효종은 우선 남한산성 방비를 강화하기 위해 수어청의 군사력을 정비했다. 이완을 대장으로 삼아 어영청을 확대했다. 어영청군은 7천 명이 3개월 단위로 교대근무하던 비(非)상비군이었다. 이것을 2만1천 명으로 증강하고 21패로 나눠 1천 명은 항상 서울에 상주토록 했다. 원래 서울에 상주하는 군대는 훈련도감 군인들만이었다. 국왕 친위병인 금군(禁軍)을 기병화하고 그 규모도 6백 명에서 1천 명으로 늘렸다. 훈련도감과 어영청의 기병부대를 강화했다. 어영청에는 대포부대를 편성하고 서울 상비군 성격의 훈련도감을 1만 명으로, 어영청군은 2만 명으로 증강할 계획을 세웠다. 그러나 재정난으로 실행하지는 못했다. 임진왜란으로 무너진 조선의 경제는 30여 년 만에 정묘호란(1627)과 병자호란(1636)의 두 번의 전란으로 더욱 피폐해졌다. 그럼에도 민생을 추스르기보다는 북벌을 내세워 군비증강을 시도했다(강만길, 1994: 64).

북벌 준비보다 왕이 사는 서울에 친위대를 강화했다는 느낌이 든다. 임진왜란 때 선조는 한양을 버리고 피란을 떠났고, 병자호란 때도 인조는 강화도로 도망갔다. 왕실과 지배층에서는 전쟁 후유증인 민심의 이반을 막기에 급급할 수밖에 없었다. 특히 병자호란의 굴욕적인 항복 때문에 인조반정을 일으킨 명분은 상당히 훼손됐다. 광해군이 구사한 실용적 대외정책처럼 조선의 왕실과 사대부가 명나라와 일정한 거리를 뒀더라면 정묘호란은 물론 병자호란도 일어나지 않았을지도 모른다.

쿠데타의 명분이 훼손된 상태에서 효종은 물론 인조반정으로 정권을 잡은 사대부들은 임진왜란으로 거의 멸망직전에 구원해준 은혜인 '재조지은'(再造之恩)에 충실해야 할 강박관념에 시달렸다(한명기, 2009: 518). 그러니 효종과 당시 사대부는 왕성 경비 군사력을 강화하고 북벌론을 앞세워 백성을 긴장시켰다. 백성들의 관심을 밖으로 돌려 전쟁 패배에 대한 책임과 전쟁 후의 정치적 경제적 위기를 덮으려 했다. 이것이 효종과 조선의 사대부가 추구했던 북벌론의 실체다(이삼성, 2009: 154~155). 외부의 군사적 위협을 문제 삼아 내부적 결속을 강화하고 지배력을 강화하려는 국가경영 전략이었다.

이는 한국에 민주화 정부가 들어서기 전까지 군사정부가 반공을 강조하고 북한의 남침야욕을 부각시킨 것과 비슷하다. 문제는 지배층이 주도한 '북벌론의 정신 = 살아 있는 권력 청나라를 배척하고 죽은 권력 명나라에 의리를 지킨다는 배청복명(排淸服明)' 의식이 이후 200년간 조선 왕실과 지배층, 지식인들의 머리를 지배한다는 것이다. 숭명배청에 의거한 조선중화주의는 이후 조선인들의 사고의 족쇄가 됐다.

1592년 임진년에 일본의 도요토미 히데요시가 "명나라를 쳐들어갈 테니 조선은 길을 내달라"고 요청했을 때 조선은 이를 망언으로 받아들였다. 액면 그대로 조선을 목표로 하는 것이 아니라 명나라와의 전쟁을 목표로 한다고 해도, 명나라 정벌의 길을 내준다면 자칫 일본과 명나라의 전쟁이 조선 국토 안에서 일어날 수 있었다. 또한 명나라의 오해를 받을까 전전긍긍하기도 했다. 그러나 선조 때 거부했던 이런 위험천만한 일을 시도했던 왕이 있었다. 청나라에 대한 복수로 불타오르던 인조와 숙종 등이었다.

인조는 대만에 웅거해 있던 반청주의자 정성공(콕싱가) 세력, 명이 망한 뒤 남중국으로 옮겨 명부활을 꿈꾸던 명의 잔당, 청에 항복했다가 나중에 돌아서 '삼번의 난'을 일으키는 오삼계 세력, 몽고 준가르 등 여러 세력집단에게 사신을 보내 청나라를 협공하자고 제안했다. 심지어 조선은 일본과 대만 정성공의 연합에 참여해 일본 군대가 지나갈 수 있도록 길을 내주어 지원병을 송출토록 해줄 것이라는 약속도 했다. 숙종 때는 영의정 허적의 제안을 받아들여 일본과 정성공의 배들이 조선의 부두를 자유롭게 사용할 수 있도록 해주기도 했다. 청나라를 협공하기 위해 대만세력과 일본에 조선의 영토와 영해를 중간기지로 활용하도록 동의한 것이다. 국가를 경영하는 책임 있는 지배층의 태도라고 보기 어려웠다. 결국 청나라가 3국의 움직임을 간파하고 추궁하는 6사 힐책사건이 발생하게 된다(이삼성, 2009: 588).

북벌론은 결국 무엇이었나. 조선 후기 몰락하는 왕실과 지배층의 국내 지배전략이었다. 무력시위를 하는 청나라 앞에서는 신하의 나라가 될 것을 약속하며 머리를 조아리던 조선 왕실은 진짜로 백성들과 일치단결하여 청나라를 정벌하려고 노력하지 않았다. 성난 여론이 무서워 그냥 시늉만 한 것이다. 능력이 없으면 능력을 키우려고 노력해야 했는데 쓸데없는 자존심만 내세우며 금쪽같은 시간을 허비했다. 오히려 실현되지 못한 도발적인 발상은 이데올로기가 돼 조선 후기 사회를 짓눌렀다. 조선이 내부적으로 청나라를 '주적'으로 설정한 상황에서 청나라에 흘러들어온 서양의 신기술과 과학은 무시의 대상이 될 수밖에 없었다.

조선은 동지를 맞아 명나라로 사행을 나가던 사신(동지사)이나 명나라 황제의 생일 등을 축하하기 위해 간 사신들을 통해 명나라의 문화와 문물, 제도를 받아들였다. 그러나 청나라가 들어선 뒤에 사신들은 북경에서 본 새로운 문물을 무시했다.

잘 알려졌다시피 17세기 청나라는 3대 황제 순치제 재위 1638년을 시작으로 강희제, 옹정제를 거쳐 건륭제 재위 끝무렵인 1795년까지 150년간 황금기를 누렸다. 유럽 가톨릭 사제들이 중국에 선교하기 위해 유럽의 최첨단 과학이나 기계류, 건축기술, 천문기술, 미술품, 새로운 철학과 학문 등을 들고 들어왔다. 이 나라들과의 활발한 교역이 바탕이 돼 남아메리카로부터 옥수수, 감자, 고구마 등 기근을 이기는 식품들도 전래됐다. 청나라에서 가내 수공업적으로 만들어진 상품은 세계 최고 수준이었고 유럽의 기술들이 들어오면서 복합문명이 발생하고 있었다.

청나라가 싫어도 청나라의 선진문물을 받아들여 부국강병하자는 북학파들이 18세기 후반에 나타나기 전까지 조선은 청나라의 선진문물을 병자호란 이후 150년이 넘도록 거부했다. 청나라의 문물을 받아들일 수 없다는 아집의 저변에는 이반되는 민심에 대한 두려움도 있었을 것이다. 선진문물의 수입 통로를 스스로 막아놓은 조선은 그 후 150여 년 동안 세상이 어떻게 변화하는지 모른 채 우물 안의 개구리처럼 혼자서 으스대고 살았다. 그나마 청나라의 선진문물을 배우자고 주장하던 북학파의 주장도 정조가 붕어하고 세도정치가 들어서자 바로 힘을 잃었다.

그 사이 꾸준히 유럽과 교역하며 경제력을 키우고 새로운 학문을 받아들인 일본은 1840년 아편전쟁으로 거대한 아시아의 맹주 청나라가 영국에게 패배하는 모습을 보자 퍼뜩 정신을 차렸다. 이대로 가다 보면 절벽 아래로 떨어질 것으로 판단한 것이다.

조선 후기를 숭명(崇明)사상으로 시작한 조선은 북벌론으로 세월을 보내고 영·정조 시대에 잠깐 반짝 회생하는 듯하다가 세도정치로 이어지면서 3백여 년 동안 도끼자루가 썩는지 모르며 세월을 보냈다. 조선 후기의 왕실과 사대부는 우물 안의 개구리였다.

사대, 조선의 전유물은 아니야

작은 나라가 큰 나라와 군신(君臣)관계를 맺고 군사·외교적으로 의존하는 사대(事大)정책은 조선시대의 전유물처럼 느껴진다. 식민사관(植民史觀)이라고 비판받지만 일본은 조선이 자멸한 이유로 과도한 사대주의와 유교적 문약(文弱), 치열한 당쟁을 손꼽았다.

사대와 사대주의를 같은 것으로 생각하는 경향이 있는데 사실 좀 다르게 봐야 하지 않을까 싶다. 권위와 권위주의가 다른 것처럼 말이다. 권위 그 자체가 나쁜 의미가 아닌 것처럼, 사대도 그 자체는 나쁜 것이 아니었다. 그러나 권위를 앞세워 자신의 주장만이 옳고 나머지 의견들을 무시하거나 물리적으로 억압하고 탄압하는 권위주의가 나쁜 것처럼 사대주의는 나쁜 것이다. 사대했던 나라와의 의리나 명분을 앞세워 지배층이 아닌 국민 전체의 이익, 즉 '국익'이라는 실리를 챙기지 못했기 때문이다.

사대는 원래 맹자의 '유지자위능이소사대'(惟智者爲能以小事大)라는 구절에 어원을 둔 말이다. 작은 나라가 큰 나라를 섬겨 나라의 안위를 꾀하는 정책이다. 동아시아 사대의 본질은 큰 나라가 작은 나라의 군주를 책봉하고, 작은 나라는 큰 나라에 입조하거나 조공하며 황제에게 신하로서의 예를 갖추듯이 하는 것이었다. 오늘날에도 군사적으로 힘이 약한 나라들이 큰 나라의 그늘 아래서 활발하게 교역하면서 경제적으로 큰 풍요를 누리는 것도 일종의 사대다.

어쩌면 현재 대한민국과 미국 간에 한미상호방위조약을 맺고 있는 것도 사대의 변형이라고 볼 수도 있겠다. 팍스아메리카나 체제 안에 있는 일본, 북대서양조약기구(NATO) 안에 들어있는 유럽 등도 마찬가지이다. 물론 21세기의 방위조약 등은 동등한 주권국가 간의 관계라는 점이 과거 중국식 아시아 질서체계인 '사대-조공'관계와 차이가 있지만 말이다.

그러나 사대가 지나쳐서 한 나라의 지배층이 잘못된 사대주의에 물들면 큰 나라나 큰 세력에 의존해 그 존립을 유지하는 주체성을 상실하는 나라가 되기 십상이다. 또한 정권이나 권력 유지라는 측면에서 큰 나라의 비위만 맞추면 되기 때문에 주변의 다른 나라들과 능동적이고 적극적인 외교적 군사적 활동을 펼 필요가 없다. 입만 벌리고 있으면 책봉이라는 감이 떨어지기 때문이다. 사대와 사대주의는 이처럼 명백한 차이가 있다.

14세기 말 이성계와 조선의 개국공신들이 고려 말의 우왕과 최영 장군 등의 "명나라를 쳐라"라는 명령에 반기를 들고 위화도 회군을 한 것은 사대하는 대상의 교체라고 볼 수 있다. 당시 고려의 충신들로 평가받는 최영과 정몽주는 기득권 세력인 '친원파'였다. 그들의 눈에는 원나라가 쇠퇴하는 것이 보이지 않았을 것이다. 아니 보고 싶지 않았을 것이다. 그러나 원나라는 건국 130여 년 만에 중원 통치에 한계를 드러냈고 주원장이 세운 명나라는 태양처럼 일어서고 있었다. 일종의 군사 쿠데타였지만 이성계와 조선을 건국한 그의 측근들인 신흥 사대부들은 당시 동아시아의 국제 정세에 상당히 눈이 밝았다고 하겠다. 이런 과거사를 가진 조선의 건국 세력들은 '작은 나라는 큰 나라를 섬기고, 큰 나라는 작은 나라를 돌본다'는 근사대지례(謹事大之禮)를 전면에 내세웠다(최상용·박홍규, 2007: 189~191).

역사에 가정이 있을 수 없지만 만약 최영 장군의 명령대로 명나라를 치러갔더라면 고려 이후의 한반도인의 역사는 흔적도 없이 사라졌을지도 모른다. 한민족이 현재 55개의 소수민족으로 구성된 중국의 한반도 자치주가 됐을지 누가 알겠나.

원로 사학자 강만길 고려대 명예 교수는 "사대주의를 비판할 수 있는 상황은 첫째 어느 한 나라에 의존하고, 그 동맹의 힘만 믿고 다른 나라와의 관계를 경원시하거나 주체적 전략과 이익의 관점에서 경영하려는 노력을 포기할 때, 둘째 어느 한 나라에 대해 정신적으로 예속됐을 때"라고 지적했다.

그 나름대로 국제정세에 눈이 밝고 외교적으로 건전했던 조선 전기의 사대정책은 조선 후기에 접어들자 사대주의로 변질돼 나라를 휘청거리게 한다. 명·청 교체기라는 중요한 시기에 정신적으로 명나라에 예속돼 중원의 새로운 '큰 나라'로 떠오르던 청나라를 거부했다. 19세기 중후반에는 뒤늦게 청나라의 울타리에 들어가고자 애를 쓰면서 러시아와 일본의 제국주의적 침탈 앞에서 주체적인 전략과 이익의 관점에서 국가를 경영하려는 노력을 기울이지 못했다.

사대는 조선의 전유물이 아니었다. 한민족의 사대의 역사는 길다.

광개토대왕의 나라 고구려도 중국에서 발호한 여러 나라와 전쟁을 했지만 다른 한편으로는 중국의 여러 나라와 사대 관계를 맺었다. 또한 고구려도 스스로를 화(華)로 자처하고 변방민족을 속민으로 삼기도 했다. 고구려는 한나라에서 수나라 사이에 펼쳐진 5호 16국의 혼란 속에서 몇몇 국가에는 조공을 하기도 하고 때로는 거부하다가 침략을 당하기도 하는 등 복잡한 양상을 보였다. 2세기 후한과 조공책봉 관계를 맺었고 4세기에는 연나라에 조공을 했다. 6세기 수나라가 중국 천하를 통일하기 전까지는 북위에 꾸준하게 조공했고 남조에 조공할 때도 있었다.

일본 역사학자 나시지마는 수나라가 중국을 통일하기 이전의 조공과 책봉은 위계질서의 확립이 아니라, 오히려 중국의 땅을 분할하고 자칭 황제를 칭한 여러 나라에서 자국의 정통성을 확보하기 위해 한반도 국가들의 조공을 기꺼이 받아들인 것이라고 해석했다. 이 시기의 조공–책봉관계는 오히려 중국의 여러 나라와 책봉국 사이의 정치적 성숙이 더 돋보인다는 것이다(이삼성, 2009: 98 재인용).

구체적으로 살펴보자. 후한의 계승자를 자처한 삼국시대의 위나라가 244년 관구검을 보내 고구려를 침공했다. 331년 고국원왕(재위 331~371) 시대에 전연(前燕)의 1대 왕인 모용황(297~348)과의 싸움은 더욱 치열했다. 모용황은 337년에 연(燕)나라를 자칭하고 고구려를 침략했다. 고국원왕은 340년 세자를 보내 조공하고 배알(조알) 했다. 342년에 모용황이 다시 군사를 이끌고 고구려를 침공해 고국원왕의 아버지 미천왕의 무덤을 파헤쳐 시신을 싣고 떠났다. 고국원왕의 어머니 주씨와 왕비까지 잡아갔다. 고구려 고국원왕은 이듬해 아우를 보내 자신을 신하로 일컫고 조알하고, 진기한 물품 1천 가지를 조공해 부왕의 시신을 돌려받았다. 고국원왕은 어머니 주씨를 돌려받을 때까지 13년간 열심히 조공해야 했다.

연과의 악연은 광개토왕(391~413) 때도 지속된다. 삼국사기에는 399년(광개토왕 9년) "왕이 사신을 연에 보내 조공하였다"라고 돼 있다. 또한 "2월 연의 왕 모용성이 우리 왕의 예의가 오만하다 하여 스스로 군사 3만 명을 거느리고 습격했다"라고 나온다. 당시 연은 7백여 리의 땅을 넓혔다.

광개토왕이 요동을 차지하고 연과의 조공을 끊은 것은 401년의 일로, 숙군성을 쳤다. 연의 평주자사 모용귀는 성을 버리고 달아났고, 광개토왕은 403년 12월 군사를 출동시켜 연을 침공해 요동을 차지해버렸다. 404년에 연이 쳐들어왔으나 고구려는 고조선 이래 중국민족과의 투쟁의 영역이던 요동을 굳건히 지켰다. 만주 동북부의 숙신도 복속시켰다. 광개토왕의 아들 장수왕(413~491)은 즉위 첫 해부터 남으로는 백제에 대해, 북으로는 거란에 대해, '모용의 나라' 연을 상대로 세력을 뻗쳐나갔다(이삼성, 2009: 269~270).

고구려는 조공을 거부하며 수나라와도 싸움을 벌였다. 수나라는 5호 16국 시대의 혼란을 수습하며 581년 양견이 세웠다. 양견이 진(陳)마저 멸망시키고 중국을 통일한 시기는 6세기 말인 589년이었다. 이때 고구려는 조공국이던 연을 떨쳐내고 요동을 경영했다. 중국을 통일한 수나라의 골칫거리는 북베트남과 고구려였다. 한반도 평양에 도읍이 있는 고구려가 요하가 흐르는 남만주까지 장악한다는 사실을 중국의 새 통일국가는 용인할 수 없었다. 고구려도 수나라의 권위를 인정하지 않았다.

고구려는 입조를 하라는 수나라의 요청을 계속 거절하고, 오히려 598년 초 만주 동쪽에서 온 퉁구스족 계통인 말갈과 연합하여 요하 서쪽의 수나라 영토를 침공했다. 이에 격분한 수나라 문제는 30만 대군으로 고구려 정벌군을 편성해 전쟁을 벌인다. 수의 침략군은 궤멸됐고 고구려는 사절을 보내 사과하는 외교적 제스처를 취했다. 문제의 아들 양광은 황제에 오른 뒤 고구려가 동돌궐과 비밀협상을 해왔다는 것을 알게 되고 다시 중국에 와서 알현하기를 요구했다. 고구려는 거듭 거절했다. 양제는 611년 전쟁을 선포하고 612년부터 615년까지 매년 한 차례씩 4번의 고구려 원정을 시도했다. 그것이 잘못돼 수나라는 결국 멸망했다(《삼국사기 I》, 1998: 406~407; 이삼성, 2009: 273~280).

고구려는 수나라의 조공 압력을 거부했지만 같은 시기에 신라와 백제는 수나라에 조공을 했다. 그 이전에 신라와 백제는 남조에도 조공을 했다. 통일신라와 발해는 당나라가 망하기 전까지 당나라에 조공했다.

고구려를 계승하겠다며 국가의 이름조차 닮게 지은 고려도 대중국 관계는 비교적 자유로웠다. 중국이 5대 10국으로 분열하고 쪼개져 있었기 때문이다. 고려는 조공하다가 조공국과 전쟁을 벌이는 등 '사대'를 능동적으로 활용했다.

10세기는 중국과 한반도, 만주 등에서 왕조의 멸망과 건국이 활발했다. 10세기 초 당나라가 멸망했고 발해도 거란에게 망하고 통일신라가 무너졌다. 중국 왕조의 직접 지배를 받던 베트남은 약화된 중국

왕조 덕분에 독립했다. 거란은 요나라로 발전하고 통일신라를 흡수·통합한 고려가 한반도에 들어섰다. 서북 회랑지대에 서하(西夏) 왕조가 들어섰다(이삼성, 2009: 100~101). 고려는 황제의 나라에서나 쓸 수 있는 독자적인 연호를 쓰기도 했고, 황제의 나라의 수도에 붙이는 '경'(京)을 수도 개성에 붙여 개경이라고 쓰기도 했다. 5대 10국의 혼란기를 수습하고 송나라가 들어서지만 역시 송과 주변국의 관계는 과거의 당나라처럼 일원적이고 압도적인 중화체제가 아니었다. 송은 동아시아 종주국의 위상을 확보하지 못했다. 오히려 송나라는 요나라, 금나라 등과 형제관계나 부자관계를 맺어, 동생이나 아들 노릇을 하면서 세공을 바쳤다.

고려의 태조는 중국과의 관계설정에 대해 《훈요십조》 4조에서 이렇게 후손에게 일렀다.

우리 동방은 옛날부터 당나라의 풍속을 본받아 문물과 예악이 모두 그 제도를 준수하여 왔으나, 나라가 다르면 사람의 성품도 다르니 반드시 구차히 같게 하려 하지 말라. 거란은 짐승이나 다름없는 나라이므로 풍속이 같지 않고 언어 역시 다르니 부디 의관 제도를 본받지 말라. (其四日: 惟我東方舊慕唐風文物禮樂悉遵其制. 異上人性各異不必苟同. 契丹是禽獸之國風俗不同言語亦異衣冠制度愼勿效焉.)

고려 태조 왕건은 거란을 우습게 알고 있었던 것 같다. 또한 본질적으로 북진정책을 펴는 고려는 거란과의 관계가 좋을 수가 없었다. 특히 거란이 발해를 멸망시킨 926년으로부터 10년이 지난 뒤에는 국교까지 단절한다. 고려는 942년 친하게 지내자는 거란의 사절단을 귀양 보내고 선물로 보낸 낙타를 굶겨 죽이기까지 한다. 형제의 나라 발해를 멸망시켰다는 것이 이유였다. 노골적인 도발이었다.

결국 거란은 993년 1차 침입을 했다. 이 무렵 고려는 송나라와 사대관계를 맺고 후당의 후손이 세운 후진에게도 사대하고 있었다. 1차 침입에서 서희의 외교적 노력으로 고려는 거란과의 사대적 관계를 수락하고 송나라와 외교를 단절했다. 그 대가로 고려는 거란으로부터 압록강 동쪽의 6개의 주(의주, 용주, 철주, 통주, 곽주, 귀주)를 넘겨받았다. 고려의 대외정책에 대해 "다원적 국제관계의 현실 속에서 고려가 선택한 대외관계의 특징은 명분을 중시하면서 현실적 실리를 함께 취하는 외교적 노선을 추구했다"고 학자들은 평가한다.

다시 일원적이고 압도적인 책봉-조공의 관계가 한반도에 강요된 시기는 몽골왕조의 등장 때였다. 고려는 원나라가 침략해오자 무신정권을 중심으로 삼별초에서 격렬하게 저항했지만, 국토가 피폐해지고 더 이상 저항할 여력이 사라지자 항복해 원나라 부마국으로서의 지위를 받게 된다. 원자를 원나라에 보내서 자라게 하고 성년이 되면 원나라의 공주와 결혼시켜 책봉하는 것이다. 이런 일원적인 조공책봉관계는 조선시대 명나라와 청나라로 이어졌다.

2차례에 걸친 몽골의 원정이 실패한 덕분에 독자성을 유지했던 일본은 명나라 때 조공책봉 관계를 시도한다. 1391년 일본 통일을 이룬 무로마치 막부의 장군 아시카가 요시미쓰는 1402년 명 왕조로부터 '일본왕'에 책봉된다. 일명무역(日明貿易)의 이권을 차지하기 위해 무로마치 막부측이 적극적으로 노력한 결과다. 이후 명나라와 일본과의 감합무역을 중심에 놓은 조공책봉 관계는 명나라가 해금정책을 편 15세기 말까지 약 150년간 지속됐다.

역사적으로 한반도에 생긴 왕조들이 상대적으로 자율성을 갖게 된 시기는 한족의 왕조들이 약했거나 북방 유목민이 나라를 세웠던 시기이다. 고려 말이나 조선에 비해 삼국시대나 고려 초에는 중국과의 조공책봉 관계가 비교적 자유로웠다. 그것은 당시 고구려 등 한반도의 왕조들이 힘이 세기도 했지만 중원을 차지했던 중국의 세력이 약했기 때문이다(이삼성, 2009).

강대국의 지위를 인정하던 사대는 조선 전기까지 이어졌다. 그러나 17세기 중엽 명나라가 망하고 청나라가 들어서자 중원을 차지한 국가들에게 강대국의 지위를 인정하던 '사대'는 주변국의 태도변화로 인해 문제가 발생했다. 청나라는 조선이 '오랑캐'라고 부르던 여진, 만주족이 세운 나라였다. 조선 건국 후 세종과 세조는 대(對)여진 정책으로 조공을 바치게 했다. 과거 신하의 나라를 '큰 나라'로 인정한다는 것은 조선 사대부와 양반들의 입장에서는 어불성설이었다. 게다가 청나라는 종족으로서는 한(漢)족도, 문화적으로는 화(華)도 아니었다.

명나라와 청나라의 교체기에 조선의 왕실과 지배계층이 취할 수 있는 방법은 두 가지였다. 하나는 동아시아 중화질서의 붕괴라는 현실을 인정하지 않고 명나라의 부활을 고대하거나 새로운 중화를 세우는 길이었다. 다른 하나는 동아시아 중화질서의 붕괴를 인정하고 새로운 질서를 구축하는 길이었다(고영진, 1992: 79). 이미 우리가 역사를 통해 배웠듯이 조선의 선택은 명나라의 부활을 17세기 말까지 고대했고, 그것이 무산되자 조선을 중심에 놓고 새로운 중화의 축을 세웠다.

'조선중화주의'는 조선만의 움직임은 아니었다. 명나라의 재건이 불가능하게 되자 화이(華夷)사상으로 무장했던 조선과 베트남은 물론 유교문화권 밖으로 알려진 일본까지도 스스로를 화(華)라고 지칭하고 나섰다. 조선에서는 소중화주의가 나타났고, 베트남은 대남사상(소천하주의)이, 일본은 코쿠가꾸(국학)가 형성된 것이다(강진아, 2005: 54).

다만 여기서 일본의 국학은 조선의 소중화주의나 베트남의 대남사상과는 다소 차이가 있다. 일본의 국학은 유교와 불교가 들어오기 이전의 일본의 학문을 연구하는 것이다. 이것은 유교적 사고를 중심에 놓고 정치철학적 중심을 찾으려고 했던 것과 차이가 있다. 중국의 조공국들에서 소중화주의가 나타났지만 소중화주의를 교조적으로 확산한 것은 조선이었다.

학자들은 명나라 멸망 이후 아시아 국가들 사이에 자존의식이 높아진 것으로 분석한다. 그러나 조선의 경우 작은 나라가 안보 등에서 실리를 취하기 위해 사대정책을 수용하는 동아시아적 질서에서 멀어졌다. 이를테면 고려의 경우 중원에 힘센 나라가 나타나면 초기에는 전쟁을 마다하지 않았지만, 강압적이라도 사대관계가 형성되면 이제까지의 사대관계를 정리하고 새출발을 하는 등 실리적 외교를 했다. 조선은 17세기 초 명나라에 대한 사대를 버리지 않고 청나라를 거부하면서 정묘호란과 병자호란 등 두 차례나 전쟁을 겪어야만 했다. 그런데 전쟁 이후 고려와 조선이 사대를 받아들이는 태도는 명백한 차이가 나타난다. 두 차례의 호란으로 사대관계를 맺게 된 조선은 겉으로는 사대를 하고 내부적으로는 청나라를 거부한다. 17세기 중엽 급변하는 중국의 변화를 제대로 파악하지 못했을 뿐만 아니라 아전인수적으로 해석했다.

조선의 일부 양반은 조선인들이 중국인들(하태용, 2009)과 같다는 정신분열적 태도마저 내보인다. 조선은 1644년 명나라가 완전히 망한 뒤에도 명나라를 사대하는 기이한 현상을 드러냈다. 1662년(현종 3년) 남명이 온전히 멸망한 것을 계기로 명나라 회복을 기대하는 분위기는 크게 줄었다고 하지만 명나라에 대한 미련은 숙종을 거쳐 영조, 정조 때까지 이어졌다.

숙종은 1681년에 대보단(大報壇)을 세웠다. 대보단은 조선의 존립을 위해 노력한 명나라 황제에 대해 제사를 지내는 제단이다. 우암 송시열은 화양동에 임진왜란 때 도와준 명나라 신종과 의종을 위하여 만동묘라는 사당을 세웠다. 영조는 1757년 정월 29일에 대보단에 망배례를 하고 2월 2일에는 명나라 형개와 양호를 제향하는 선무사에 친림하여 전작례를 거행했다. 같은 날 숭례문 밖의 남관왕묘에 행차해 재배례를 행한 후 금위대장 구선행을 파견해 4일에 치제했다.

대보단을 설립하고 여기에 모신 명나라 황제의 수를 늘리는 등 중화의 계승자로서 조선을 돋보이게 하려는 조선 후기의 기념사업들은 학파와 붕당을 막론하고 아무도 막을 수 없는 정치행위였다. 이는 당시 조선의 정치지형을 고려해 볼 때 송시열과 노론의 정치적 입지를 강화시켜 주는 기능을 수행했다. 또한 왕이 직접 나서서 명나라 황제를 기리는 기념사업을 주도해 정국 운영을 위한 정치수단으로 활용했다(허태용, 2009: 121, 123, 127).

흔히 이승만 동상 건립이나 박정희기념관 설립 등을 두고 국내 정치세력이 찬성과 반대로 나뉘어져 지속적으로 갈등하는 것과 같은 맥락에서 볼 수 있다. 그런 기념사업회는 단순히 기념사업을 목적으로 하는 것이 아니다. 기념 사업회를 발족시켜 유지함으로써 특정한 정치세력들이 사회적, 정치적으로 힘을 얻기 때문이다.

조선 후기 임진왜란을 시작으로 정묘호란, 병자호란까지 약 50년 동안 세 차례의 전쟁으로 민심이 왕실과 지배층을 많이 떠났다. 민심을 회복하기 위해서는 전쟁의 원인이 조선 지배층의 정치·경제·외교적 무능이 아니라, 야만적인 오랑캐의 침략과 약탈이었음을 강조해야 하지 않았을까. 조선의 지배층이 국정운영을 위해 17세기 중엽부터 18세기 말까지의 150여 년 동안 일본은 물론 청나라의 문물을 거부한 배경은 자신들의 권력을 유지하기 위한 선택이었다.

더 황당한 것은 강희제-옹정제-건륭제 등 3명의 황제를 거치면서 구가한 '150년 황금기'동안 청나라를 거부해 놓고, 1차 아편전쟁으로 청나라가 명백히 쇠락하기 시작한 19세기 중엽부터 청나라를 받아들였다는 점이다. 중화질서가 붕괴하기 시작하고, 전 세계적으로 새로운 질서가 탄생하던 그 순간에 조선은 낡은 청나라의 질서를 붙들고 매달렸다. 청나라가 황금기를 구가하던 그 시기에 조선이 '청나라 타도'를 주장할 수 있었던 상황은 조선이 청나라로부터 그 나름대로 정치적 군사적 자율성을 보장받았기 때문이다. 그 덕분에 북벌론의 대두나 대보단 건설 등이 가능했던 것이다.

청나라가 150년의 안정을 뒤로 하고 내부적 민란으로 고전하고 외

청나라와 일본이 강 속의 물고기(조선·CORÉE)를 낚으려는 모습을 러시아가 쳐다보고 있다.

부적으로는 영국 등 서방세력에 흔들리자, 세도정치로 도끼 썩는 줄 몰랐던 조선 지배층과 전통적 지식인은 의지할 곳이 청나라밖에 없다는 점을 새삼 깨달았다.

신사유람단으로 일본을 방문한 김홍집은 1880년 청나라의 외교관 황준헌(1848~1905)과 필담을 나눈 뒤 황준헌이 쓴 《조선책략》을 들고 와 국내에 소개했다. 이 책은 청나라는 물론 미국, 일본과 연대해 러시아를 경계해야 한다는 전략을 조선에 권고한 책이었다(하정식: 2008: 165~166; 이삼성, 2009: 643). 당시 중국의 주요 관심사는 남하하는 러시아였다. 강력한 러시아 짜르가 중국에는 위협의 대상이었기 때문이었다. 그러나 과연 조선의 위협세력은 러시아였을까. 중국과 조선의 주요 관심사와 이해관계가 같은 맥락에서 이해되는 것이 온당했을까. 이런 의문과 재검토 없이 《조선책략》은 고종과 개화론자들,

친청파 세력들의 사상적 토대가 됐다. 조선인의 시각에서 당시에 가장 필요했던 것이 무엇이었는지를 파악하지 않았기 때문이다.

광해군의 실용주의 외교노선을 배척하고 쿠데타로 권력을 잡은 인조반정의 승리자들은 이후 명분과 의리, 착시와 자기암시로 점철됐던 조선 후기의 사대주의를 만들었다. 그 탓에 제국주의가 강화되던 19세기 말과 20세기 초의 격변기에 적절하게 대처하지 못하고 나라를 위기에 빠뜨렸다.

21세기 한국이 북한의 혈맹 중국과 공존하는 법

노무현 정부(2003~2008년) 시절 한국의 외교정책은 '혈맹' 미국과 거리를 두는 것처럼 보인 반면, 중국과는 돈독한 관계를 쌓은 것으로 평가됐다. 외교안보 참모들을 '자주파'니 '동맹파'니 하는 이름으로 부르기도 했다. 미국과의 관계를 과거보다 동등하게 가져가야 한다는 쪽은 '자주파'로 불렸다. 초대 외교부 장관인 윤영관 장관과 서동만 국정원 기조실장, 서주석 국방연구원 연구위원, 이종석 국가안전보장 회의 사무차장(이후 통일부 장관) 등이 이에 속한다. '동맹파'는 말 그 대로 미국과의 동맹을 강조하는 참모들로 당시 반기문 청와대 외교보 좌관(현 UN 사무총장)과 김희상 청와대 국방보좌관 등이었다.

노무현 정부 때는 이라크 파병과 주한 미군부대 이전, 전시 군작전 권 반환 문제 등 국가안보와 관련해 아주 예민한 문제들이 쌓여있었 다. 이 문제들을 해결하는 과정에서 전통 우방이자 혈맹인 미국과의 관계가 불편해질 수도 있었다. 북한과 대치하는 상황에서 혈맹 미국과 갈등할지도 모른다는 우려는 한국의 안보 안정감에 균열을 가져왔다.

당시 미국 정부는 노무현 정부 내부에 직거래할 만한 핵심세력을 확보하지 못한 탓에 대부분의 연락을 '동맹파'에 집중시켰다. 노무현 정부는 민주당 출신의 오바마 대통령과 색채가 비슷하지만, 당시 미국은 한나라당과 색채가 비슷한 공화당 출신의 부시 대통령이 정권을 잡고 있어 두 나라 사이에는 갈등의 요소가 더 많았다.

혈맹인 미국 정부와 사이가 원활하지 않은 상황에서 노무현 정부는 북한 핵문제를 해결하려면 중국과의 관계 개선이 필요했다. 북한에 강력한 영향력을 행사하는 중국과의 관계 개선은 '6자 회담'을 성공시키기 위해서도 반드시 필요했다. 그러나 노무현 정부의 친중국 정책은 미국 정부를 몹시 불쾌하게 했을 뿐 아니라 국내 '전통' 외교라인, 즉 미국에 크게 경도돼 있던 외교부의 심기도 불편하게 했다.

당시 노무현 정부의 역사인식은 21세기 한국을 둘러싼 국제정세가 100년 전 조선의 개항기와 마찬가지로 위태롭다는 것이었다. 잘못하면 강대국들에게 나라를 빼앗기고 그 결과 온 국민이 고통받던 그 시절로 돌아갈 수 있다는 위기의식이었다.

'개항기의 조선'과 유사한 21세기의 한국이라고 설정한 상황에서 두 번 다시 외세로부터 고통받지 않겠다는 각오를 다지는 정부는 무엇을 어떻게 해야 했을까. 노무현 정권은 중국과의 관계 개선을 통해 다소 불평등할 수 있는 미국과의 관계에서 레버리지를 일으키고자 했다. 부시 미국 대통령이 노무현 대통령을 'Easy Man'이라고 부르는 것을 두고 굴욕이냐, 아니냐 하며 한국 언론들 사이에서 논란의 대상이 되기도 했지만, 노무현 대통령은 우방인 미국과의 관계가 유럽 주권국가들처럼 동등해지기를 희망했다.

노무현 정부의 친중국 정책과 관련해 '동맹파'들은 외교부 출입기자들에게 이렇게 경고를 하곤 했었다.

"중국과 한국과의 과거 2천 년의 관계를 생각해 보라. 20세기 한국과 미국과의 관계보다 더 종속적이었다. 한국이 지금 중국과 가까워지고 미국과 거리를 두려는 것은 지난 2천 년의 굴욕적이고 위협적인 관계가 재개된다는 의미다. 한국의 이익을 위해서 멀리 있는 미국과 돈독한 관계를 유지하는 것이 가까이 있는 중국의 위협을 억제하는 힘이 될 것이다. 한국이 위기에 빠지면 도와줄 나라는 중국이겠느냐. 미국밖에 없다."

정말 그렇게 될까. 중국은 한국에 위협이 될까. 중국과 동반자 관계를 형성하는 것은 미국과 친한 것보다 못한 일일까. 새로운 강자로 떠오르는 중국을 외면하고 미국과의 관계만 돈독히 하는 것이 확실한 선택일까. 한국의 미래를 위해 한미동맹이 유일한 길일까. 미래의 중국은 과거 한반도 국가들을 괴롭히던 불편한 관계를 다시 만들어낼 것인가.

역사를 돌아보면 중국은 늘 한반도를 괴롭혔던 것 같다. 위진남북조 시대 이후 수나라가 중국을 통일하자 고구려를 침략했고, 나당 연합 작전으로 삼국을 통일시킨 후 아예 신라를 먹으려는 당나라에 맞서 신라는 수년 동안 전쟁을 치러야만 했다. 고려 때는 중원에 요나라를 세운 거란과, 12세기에 대제국을 건설한 몽골과도 일곱 차례의 전쟁을 치르고 나라가 온통 초토화됐다. 결국 고려의 왕은 원나라의 부마가 됐다. 조선 때는 중국 역사상 영토가 가장 넓었던 청나라와 후금 시절을 포함해 두 차례나 전쟁을 치렀다.

돌아보면 중국이 통일되거나 강력해지는 것은 한반도 입장에서는 재난이었다. 그래서 중국이 점차 강력해지고 있는 21세기, 한국의 불안 심리는 커져갈 수밖에 없다. 정말 걱정해야 할까? 중국은 우리에게 어떤 존재일까?

이삼성 한림대 정치외교학과 교수는 강해지는 중국에 대한 한국인들의 경계심과 불안은 잘못된 역사 이해에서 나온다고 지적한다.

우선 이 교수는 과거 2천 년간 한반도인이 상대했던 중국대륙의 실체는 단일하지 않고 복합적이라고 주장했다.

선비족, 흉노, 몽골, 만주족 등 다양한 북방민족 세력들이 위나라, 원나라, 요나라, 청나라 등의 여러 나라를 세우면서 중국사를 만들어왔다는 것이다. 중국대륙과 동아시아의 전쟁과 평화를 결정한 요체가 '중국'이라는 하나로 뭉뚱그려진 실체의 팽창과 수축의 결과가 아니라 북방민족들과 중국 중원 사이의 역동적인 상호작용의 표출이라는 것이다. '중국'은 늘 한족이 지배하는 거대한 나라가 아니었다.

둘째, 흔히 중화질서라고 불리는 중국적 세계질서는 조공-책봉의 체계를 근간으로 하는 전통적인 동아시아 국제관계 양식으로, 강대한 세력과 약소국가 사이의 전쟁과 평화를 규율하기 위해 전통시대 동아시아가 창안해낸 국제적 규범과 제도라고 설명한다.

흔히 한국인들은 조공-책봉에 근간한 중화질서를 18~19세기 서양의 제국주의가 약소국가를 정치, 군사, 경제, 사회, 문화적인 모든 측면에서 철저하게 착취한 식민주의적 질서와 같다고 이해하지만, 둘은 아주 다르다. 비록 동아시아의 국제질서는 강대국과 약소국 사이에 주권적 평등을 기초로 하지는 않지만 약소국 내부의 외교적, 정치적, 경제적, 사회적 자율성을 인정하고 있었다. 동아시아 국제질서와 가장 비슷한 형태는 현재 미국이 약소국과 맺고 있는 팍스아메리카 체제로 볼 수 있다.

셋째, 한반도인의 지정학적 정체성이 나라마다 서로 달랐다고 말한다. '작은 중국'인 요동(남만주)을 두고 중국과 쟁패했다는 점에서 위만조선이나 고구려는 중국의 북방 유목세력과 유사하다. 하지만 백제와 신라는 한반도의 잠재적 중화세력이라고 평가한다. 중국의 침략전쟁과 보복전쟁들이 있었지만 통일신라 이후 1200년에 걸쳐 비교적 한반도와 중화제국 간에 중화적인 평화가 유지된 것은 한반도 내부에 잠재적 중화세력이 존재했기 때문이었다.

넷째, 통일신라 이후 한반도가 전쟁의 참화를 겪게 되는 구조는 한족의 중화제국과 한반도 사이의 관계에 북방 유목민족 세력이 끼어드는 '3각 구도'이다.

따라서 중화제국이 팽창할 때 한반도가 위험해지는 것이 아니다. 정반대로 중화제국의 세력이 약해지고 내부 혼란이 발생하면 강력해진 북방 유목민족이나 만주 등의 제3세력이 한반도에 침략해온다는 것이다. 고려, 조선 등 중화세력과 사대를 맺어온 한반도 국가는 해당 중화제국이 약해질 때 중원을 치고 들어오는 세력과의 우호적인 관계 형성에 실패한다. 그 예로 10~11세기 고려시대 거란의 누차에 걸친 침략전쟁과 13세기 몽골의 30년 침략전쟁, 17세기 중엽 후금 및 청의 두 차례의 침략전쟁이 그것이다.

이삼성 교수는 이런 중화제국과 북방 유목세력을 분리해서 파악하지 않는 인식의 오류 때문에 '외세의 침탈과 이에 대응하는 민족적 항쟁'이라는 역사인식의 오류가 발생한다고 지적했다. 즉, 한반도인들이 전쟁을 피하고자 하는 어떤 전략과 외교적 노력에도 불구하고 전쟁에 직면하게 된 것은 아니라는 의미다.

한반도가 새로운 강자로 등장한 나라들로부터 침략당하거나 징벌적 전쟁에 노출되는 경우는 대체적으로 사대하던 중화세력에 집착하고 신흥세력에 대해서는 야만인이라고 낙인찍는 과정에서 관계개선에 실패하기 때문이다. 기존 중화세력만 바라보다 보니 새롭게 떠오르는 북방민족이나 일본 등이 보여준 역동성에 한반도 국가의 지배층과 지식인들이 둔감하게 되었다. 때문에 이들과 공존을 모색할 수 있는 논리나 행동양식을 정립하는 데 실패했던 것이다(이삼성, 2009: 11~13).

고대 이래 한반도가 뛰어난 발명과 문명의 발상지인 중국 근처에 위치한 것은 어찌 보면 행운이었다. 중국은 황하강을 중심으로 인류 최초의 4대 문명 발상지 중 하나였다. 아주 가까운 곳에 문명이 있었기에 문명으로부터 멀리 떨어진 나라들과 달리 선진 문화와 문물을 빨리 받아들일 수 있었다. 중국에서 쌀농사에 적합한 벼를 발견했고 이것은 비교적 빠르게 한반도로 유입됐다. 먹는 문제가 해결되면서 다른 나라들에 비해 더 빨리 부족국가에서 고대국가로 발전할 수 있었다.

고대국가 형성 시기에 고구려, 백제, 신라, 고려는 물론 조선 전기까지 사실상 중국을 중심으로 한 조공체제에 적극적으로 참여한 것도 이득이었다. 중국의 선진기술이나 문명을 일본이나 타 지역보다 먼저 흡수하고 이를 사회발전에 이용할 수 있었기 때문이다.

물론 16세기 이전 한반도 문명이 일본이나 타 지역보다 높은 지위를 누렸던 것은 한반도인들이 중국의 선진기술을 받아들여 활용할 수 있는 내부적 역량이 뒷받침되었기 때문이다. 그렇다고 해도 한반도 문명 발전은 기술이전과 교류가 통제되던 시대에 중국과 정치적으로 밀접했기 때문에 가능했다. 고려 초 5대 10국과 같은 중국의 분열기에 청자기술을 들여온다든지, 원나라 말에 목화씨를 들여온다든지, 각종 유교서적이나 통치질서를 가져온 것도 모두 중국을 통해서였다.

그러나 16세기 이후 공식적인 조공무역 체제가 붕괴되고 무역의 활성화로 국제교역의 루트가 달라지며 국제교류의 질적 측면에서 큰 변화가 생겼다. 16세기 대항해가 시작되고 지리상의 발견이 이뤄지면서 해양의 시대가 열린 것이다. 문명의 수입통로가 중국뿐만 아니라 바다로 열렸다. 후추와 황금을 찾아 아시아를 찾아왔던 서양 선박들과 동양의 물산이 만나고, 남아메리카의 은이 중국과 인도 등으로 흘러들어 갔다.

기술이전을 가능하게 하는 중국인과의 접촉은 이제 정부와 정부간의 공식적 루트가 아니라 사무역이나 밀무역을 하는 영리집단을 통해서도 가능하게 됐다. 서양 상인이라는 새로운 기술과 정보의 제공자도 나타났다. 실제로 일본에서의 면화 도입, 채색 도자기 제작, 비단 직조 등의 자급화 과정에서 유용한 기술을 전해준 것은 일본을 방문한 중국상인과 서양상인들이었다. 조공체제 밖에 있던 국가는 상인들 간의 교류를 통해 과거보다 더 용이하게 고급기술과 정보를 획득할 수 있었다(강진아, 2005: 63~64).

이런 관점에서 보면 중국은 15세기 이전까지만 조선에 긍정적이었다고 평가할 수 있다. 그러나 16세기 중반 이후부터 중국을 세계의 중심에 놓았던 조공체제 안에 있던 조선은 '성공의 덫'에 걸려 버렸다.

성공한 사람들의 치명적 위기는 약점이 아니라 자신의 강점에서 온다고 한다. 성공의 공식에 안주해 그 공식을 반복하고 확대재생산하는 동안, 되돌아봐야 할 다른 부분에 소홀하게 되기 때문이다. 성공한 이후에 오히려 성공의 공식이 덫으로 작용하게 되는 것이다.

한 예로 대통령 후보시절 거침없는 화법으로 대중을 사로잡은 노무현 대통령이 당선 이후에도 이 거침없는 화법으로 국정을 운영하자 많은 국민들이 불편해했다. 성공한 뒤에는 자신을 성공으로 이끈 방식에서 멀어져 새로이 적용할 수 있는 방법론을 찾아야 하는 것이 옳다. 개구리가 올챙이 시절을 잊는 것이 아니라, 개구리로서 처지를 자각하고 살아가야 하는 것과 비슷하다.

'성공의 덫'을 조선에 적용하면 중국에만 의존하는 외교정책의 한계가 명확해진다. 약 2천여 년간 한반도의 국가들은 중국의 국가들과 전쟁을 벌이기도 했지만, 가까이 있음으로 해서 많은 혜택을 보았다. 중국에 어떤 정권이 들어서든지 중국만을 바라보면 대부분의 일이 해결됐다. 그러나 이런 방식에 집착하다 보니 새로운 변화가 시작돼야 하는 시기, 해양의 시대에 적응력을 상실했다.

16세기는 해양의 시대였다. 16~18세기를 학자들은 은을 중심으로 해서 서양과 동양이 연결되면서 최초로 세상이 평평해진 세기라고 한다. 지중해권, 아랍권, 아시아권 등 각각의 세력이 지역을 중심으로 한 고립된 교역방식을 뛰어넘었다. 더 많은 이윤을 추구하기 위해 배를 타고 다른 세계권으로 용감하게 뛰어든 것이다. 이를 통해 지중해 교역권, 아랍 교역권, 인도 교역권, 동남아시아 교역권, 동북아시아 교역권 등이 국제항구를 통해 하나로 통합되었다.

거기에 나침반, 한자, 화약, 종이의 발명국인 중국의 과학기술이 명나라를 정점으로 정체하거나 조금씩 하향한 것도 조선의 불행이었다. 중국의 과학과 기술은 14세기 중반(명나라 건국 무렵)에 정점에 달했다. 당시 세계에서 인구도 가장 많았고 문화 보급률도 가장 높았다. 그러나 중국은 그 이후 과학과 기술의 독창성이 떨어지기 시작해 길고 점진적인, 그러나 거의 느낄 수 없는 내리막길로 들어섰다.

이 지적인 창조력의 하락이 경제, 군사, 사회, 문화적인 쇠퇴로 나타나기까지는 수백 년이 걸렸다. 특히 명나라의 경제적 번영과 중국인 특유의 문화적 우월감이 나라의 쇠퇴를 쉽게 알아차릴 수 없게 했다. 1368년 한족이 명나라를 세우면서 중국은 점차 내향적으로 되었다. 이후 청나라가 나타나면서 애국주의와 맹목적 배외주의 등이 1500~1800년에 점차 확산됐고 깊어졌다(데이비드 문젤로, 2009: 74). 외부에 대해 폐쇄적이거나 배타성이 강조될 때 발전하지 못하고 정체되는 것은 불가피하다.

중국은 한족의 나라처럼 느껴지지만 중국 왕조의 역사를 챙겨보면 중국은 북방 유목세력이나 이민족의 지배기간이 훨씬 길다. 송나라와 명나라를 제외하고 중국을 처음으로 통일한 진나라, 수나라, 당나라, 요나라, 금나라, 원나라, 청나라 등은 모두 북방 유목세력들이었다. 그럼에도 중국인들은 한족의 화이(華夷)사상을 중심으로 자기 우월감을 강화했고, 이런 철학은 조선에 고스란히 이식됐다.

명나라 이후 중국이 하향세였던 점을 감안하면, 중국을 통일한 청나라가 중국 역사상 최대의 통일된 영토를 보유했다는 사실은 더 큰 문제를 발생시켰다. 세계적으로 15~18세기는 분열이 힘을 발휘하던 시기였기 때문이다. 분열은 새로운 생각, 발명, 시도를 경쟁적으로 실현하는 힘이 됐고 그 시도들이 현실화됐을 때는 초기에 새로운 사상과 발명을 반대했던 다른 국가들에게 모두 퍼져나갔다.

크리스토퍼 콜럼버스는 이탈리아 사람이지만, 프랑스 앙주 공과 포르투갈 왕의 신하가 되었다. 콜럼버스는 포르투갈 왕에게 서쪽으로 갈 수 있도록 배를 내달라고 요청했지만 거절당했다. 메디나 첼리 공에게도 요청했으나 역시 거절당했다. 마지막으로 스페인 국왕과 왕비에게 호소하자 처음엔 거절했지만 재차 요청하자 허락해 주었다. 콜럼버스는 다섯 차례 시도 만에 성공했는데, 그가 수백 명이 넘는 유럽의 군주 가운데 한 명을 설득하는 데 성공한 것은 유럽이 분열돼 있었기 때문이었다.

스페인이 아메리카를 식민지로 만들고 다른 유럽 국가들이 스페인으로 흘러드는 부를 목격하게 되자 이후 6개 국가가 아메리카 식민지화에 가담하게 됐다. 유럽계 대포, 전기조명, 인쇄술, 소화기 등 무수한 혁신은 유럽 일부 지역에서는 무시당하거나 희한한 이유로 반대에 부딪혔지만, 일단 한 지역에서 채택돼 성공이 확인되면 결국 유럽 전역으로 퍼져나갔다(재레드 다이아몬드, 2009: 603~604).

반면 정치적으로 통일된 중국에서는 명나라 환관 정화가 아프리카까지 가는 해양탐험에 성공하지만, 권력투쟁에서 환관의 반대파가 승리하자 해양파견은 전면 중단되었다. 조선소를 해체하고 해양 항해를 금지하는 등 고립주의로 향하게 됐다. 이런 고립주의의 결과는 돌이킬 수 없는 상황을 만들었는데 나중에 중국 정부가 새로운 조선소를 건설하려고 해도 본보기가 될 조선소가 한 군데도 남아있지 않아 어려움을 겪은 것이다. 정치적으로 통일된 중국의 왕조들이 잘못된 결정을 내릴 경우 이를 회복할 방법은 거의 없었다.

14세기 명나라는 길고 흠결 없는 비단을 짜는 정교한 수력방적기도 포기했다. 이는 유럽보다 3백~4백 년 일찍 산업혁명을 이뤄낼 수 있는 물건이었다. 또한 세계 시계 제작기술을 선도하는 기계식 시계를 먼저 만들었지만 폐기해 버렸다(재레드 다이아몬드, 2009: 603~604). 중국은 725년 탈진기를 이용한 최초의 기계식 시계를 만들었다. 초기 중국의 시계로 유명한 것은 1088년에 소송이 개발한 10미터 높이의 발명품으로, 시계 안에서 물을 이용한 물방아 바퀴가 탈진기를 움직였다. 유럽이 최초로 기계식 시계를 만든 것은 13세기 말쯤으로 물방아 대신 중력을 이용했다. 16세기에 유럽 시계 장인들은 진자를 개발해 정확한 시계를 만들기 시작했다. 그러나 기계식 시계를 가장 먼저 만들어 놓고도 중국은 이를 폐기했다가 1580년 마테오 리치가 유럽의 '자명종'을 소개하자 다시 시계 제작에 들어갔다(데이비드 문젤로, 2009: 82).

16~20세기 신대륙과 아시아에서 제국주의의 첨병이 됐던 총포의 경우도 원래는 중국에서 먼저 사용했다가 폐기한 물건이다. 중국이 세계 최초로 총포를 개발했고, 이를 실전에 널리 사용했음을 9세기 중엽에 나온 도교 문헌인《진원묘도요략》에서 찾을 수 있다. 12세기 전반 스촨성의 한 불교 동굴사원에 무기를 들고 있는 조각상 가운데 총을 들고 있는 모습도 확인된다. 1970년 만주 고고학자가 청동총기를 발굴했는데, 1287~1288년 전투가 일어난 곳 근처에서다. 이는 유럽 최초의 총포에 비해 40년이 앞섰다. 원나라 말과 명나라 초에 벌

어진 여러 공성전에 총포가 많이 사용됐다. 선상에서 총포를 사용한 최초의 기록은 쿠빌라이의 2차 일본 원정에서 찾을 수 있듯이 중국이 유럽보다 먼저였다(주경철, 2009: 88~89).

그런데 중국은 총포를 포기했다. 그 이유는 중국의 주요한 적이 북방 기마민족이었기 때문이었다. 기동성이 뛰어난 기마민족과의 전투에서 초기의 저급한 총포는 거의 아무런 효과를 얻을 수 없었다. 지금도 할리우드 영화에서 자동 소총이나 6연발 권총 등을 마구 쏘는데도 목표물에 거의 맞지 않는 경우를 많이 본다. 요즘도 그런데 총 한 발 장전해서 쏘는 데까지 15분 정도 걸리는 권총이나 소총은 무용지물이었다. 당시 신식 무기인 총 한 발을 쏘는 시간에 재래식 무기인 화살 수십 발을 쏠 수 있었다.

명나라는 1550년대에 왜구를 막는 데 총포가 효율적이지 않다고 단정하고 칼이나 창 같은 전통적 무기로 방향을 바꾸었다. 16세기 1백 년간 전국시대에 각 지역의 영주들이 조총 등 서양식 총포를 받아들이는 데 열을 올렸던 일본도 전국시대가 끝나고 정치적 통일을 이루자 총포를 포기하고 다시 칼로 돌아갔다. 일본도 역시 19세기 개항을 앞두고 총포를 포기한 일을 처절하게 반성하게 된다. 이처럼 정치적으로 통일된 집권층이 잘못된 판단을 하게 될 경우 엄청난 불이익을 겪는다.

중국이 정치적 기술적 우위를 서서히 잃어가는 상황에서도 중국식, 좀더 정확히 말하면 한족의 문화를 받아들이는 것을 최상으로 알던 조선에서는 청나라가 들어서자 커다란 정신적 혼란을 겪는다. 청나라와 새로운 관계를 설정하려는 광해군을 쫓아내고 인조를 내세웠다가 두 차례나 전쟁을 초래한 조선 양반 지배계층으로서는 선택의 폭이

좁았다. 조선은 청나라를 사대하지 않기로 내부방침을 세우고 청나라의 문물이 들어오는 것도 거부했다. 그 거부의 결과는 당시 국제적으로 고립돼 새로운 변화를 인지하지 못하는 것으로 나타났다.

지구는 둥글고, 세상은 변화한다. 과거 성공의 공식에 집착하지 말고, 늘 깨어있는 정신으로 국제정세를 바라봐야 한다. 조선은 16세기까지 과거의 성공 공식에 집착했고, 17세기부터는 국제관계에서 실리를 따지지 않는 '재조지은'이라는 혈맹사관이나 화이사관과 같은 명분에 집착해 국가의 발전을 도모하지 못하고, 참화를 자초했다.

2008년 미국의 서브프라임 모기지 부실로 인해 세계적인 금융위기가 발생하고 일본, 영국, 프랑스가 휘청거리는 틈을 타 2010년 중국은 미국에 이어 세계 넘버 2로 올라섰다. 미국은 G1, 중국은 G2가 된 것이다.

중국이 급속한 경제성장을 시작하자, 한국의 최대 수출국은 중국이 됐다. 중국의 성장은 경제적으로 한국에 유리하다. 한국경제는 수출뿐만 아니라 수입, 금융부문에서도 중국과 엄청나게 밀접하게 연결돼 있다. 과거 한국의 단기자금줄은 미국, 일본 등이었지만, 2008년 중국의 비중이 50%를 넘어섰다. 단기 외채시장에서 중국에 대한 의존도가 심화되고 있는 것이다(〈서울신문〉, 2008년 10월 16일).

그러나 다른 한편 중국의 성장이 즐겁지만은 않다. 중국의 성장은 정치적으로 한국에 부담이다. 특히 한국이 미국과의 혈맹을 강조하면서 북한을 압박할 경우 북한의 혈맹인 중국의 선택은 불 보듯 뻔하다. 2010년 천안함 사태 이후 중국과 미국의 힘겨루기 때문에 한반도에서 긴장이 고조되고 있다. 한국 국민은 천안함 사태에 대해 북한의 재발방지 및 책임 있는 사과를 원하고 있다. 한반도의 긴장이 고조되는 것은 원하지 않는다.

중국과 한국의 관계는 과거 2천여 년 '사대'하던 사이였다. 21세기에 중국과 한국의 관계가 과거로 돌아갈 수는 없을 것이다. 아니 돌아가지 않기를 강력히 희망한다.

조선시대의 교조주의, 주자학

조선 후기 300여 년 동안 조선 왕실과 지배층을 완전히 장악한 철학이자 학문은 주자학이었다. 주자학은 유교경전을 해석하는 여러 경향 중 하나가 아니었다. 조선 후기 학문의 전부이자 세상을 해석하는 유일한 창(窓)이었다. 하나의 유파에 '몰빵'하는 경색된 학문풍토는 공자를 배출한 중국이나, 조선의 선비들이 야만국가라고 비웃었던 일본에도 없었다. 결국 18세기 말 19세기 초 조선과 중국, 일본 등 3국의 학자들이 만났을 때 일본 학자들과 달리 조선의 관료이자 학자들은 당대를 관통하는 중국의 유명한 학자들에 대해 전혀 알지 못하는 상황에까지 이르렀다.

18세기 《국부론》의 저자이자 고전 경제학의 원조 아담 스미스는 알면서, 21세기 노벨상을 수상한 경제학자인 폴 크루그먼은 모르는 식이었다. 아니면 케인즈 학파가 있고 신자유주의 학파(밀턴 프리드먼)가 있다면, 케인즈 학파는 싹 잊어버리고 신자유주의 학파만 맹종했던 것과 비슷하다고 하겠다. 신자유주의적 학파가 20~30년 간의 호황을 마친 뒤 유용성의 한계가 드러나 세계적으로 몰락하고 있는

데도 한국에서는 정치, 경제, 사회, 문화 등 각 분야에서 확대되고 있는 것과 비교해 볼 수도 있겠다.

조선은 유학을 국교로 개국했지만 초기만 해도 주자학 일변도는 아니었다. 비교적 탄력적인 학문풍토를 지녔다. 특히 조선 왕조의 기틀을 마련한 훈구파에게 학문이란 경세유용(經世有用)에 불과한 것이었다. 공리공론(空理空論)에 빠지기 쉬운 경학에만 머물지 않고 실학을 겸수하는 기풍이 살아 있었고 조선 후기에 비해 개방적이었다. 그러나 사림파가 정계의 중심으로 활약하면서 학문을 경학과 실학으로 분류하고, 과학, 의학 등 실학을 잡학으로 칭하고, 실학에 종사하는 사람을 잡류라고 분류해 경멸했다. 경학에 편중하고 실학을 경시했던 조선후기 지식인은 파벌끼리 공리공론을 펴고 자기주장을 옹호하기에 급급했다.

일각에서는 실용학문을 포괄적으로 발전시킨 조선 전기의 학문과 정치의 기념비적 성과를 부각시킨다. 세종 때 훈민정음 제정과 과학의 발전, 조선 왕조의 기본법전인《경국대전》을 편찬한 일, 역사책인《동국통감》과 지리서인《동국여지승람》, 신라시대 시문을 집대성한《동문선》, 세계에 대한 넓은 인식을 보여주며 아시아 최초로 한국, 중국, 일본 등을 한자리에 수록한 세계지도〈혼일강리역대국도지도〉, 신숙주가 쓴 조선 주변국의 정황과 일본의 지도, 외교관례 등을 정리한《해동제국기》(海東諸國記) 등이 그 흔적이다. 신숙주는《해동제국기》에서 '일본을 주시하고 항상 경계하라'는 충고도 했다. 조선 전기만 해도 중국 이외의 세계에 대한 관심사들이 많았다고 할 수 있다(이삼성, 2009: 639).

유학은 크게 춘추전국 시대에 공자와 그의 제자들이 집대성한 전통적인 유학과 11세기 송나라 주희가 집대성한 이른바 '신유학'(新儒學)으로 나뉜다. 한반도에 한자와 유학 등이 들어온 것은 4세기 고구려였는데, 이후 유학이 지배층과 지식인들에게 주요한 학문으로 자리 잡았다. 고려 때는 불교가 유교를 압도했지만, 조선시대에는 이른바 '신유학'이 불교를 누르고 이념의 주도권을 잡았다. 고려시대 말 젊은 신진세력들은 고려가 쇠락한 원인을 불교에서 찾았고 나라를 구하는 방법론으로 유학을 선택했다. 유학이란 방법론으로 고려를 뒤엎고 조선을 세웠으니, 그 유학은 송나라 주희의 주자학에 바탕을 둔 '신유학'이었다.

당쟁이 격화되면서 조선 후기의 학문은 송나라 학문(주자학의 다른 이름)만이 유일한 것으로 자리잡았다. 주자학 이외의 학문은 사문난적으로 지목됐다. 즉, 주자학을 제외한 유학의 다른 해석들을 받아들인다는 것은 곧바로 이단적 행위였고, 조선의 조정에 발을 붙일 수 없었다. 주류가 비주류도 됐다가, 비주류가 또 주류도 되는 순환구조가 아니라 주류는 영원한 주류가, 비주류는 몇 대에 걸쳐 더 이상 벼슬에 나갈 수 없는 '폐족'으로 분류되는 'All or Nothing Game'이 벌어지는 폐쇄적인 구조가 되었다.

17세기 말에 등장해 18세기 조선의 식자층에 그 나름대로의 영향을 미쳤을 것으로 짐작되던 실학(實學)이 실제로는 거의 사회적 영향력을 행사할 수 없었던 이유이다.

일본의 사학자 미야지마 히로시에 따르면 18세기 후반 유학의 가르침은 조선의 일반 백성에게까지 널리 퍼져 있었다. 때문에 18세기에 일제히 나타난 실학 사상가들은 전국적으로는 완전히 고립됐다고 지적하고 있다. 박지원과 정약용은 대대로 서울 또는 근교에서 살았던 명문 출신이었으나 정조가 승하한 뒤 정권의 중심 세력에서 소외되었다. 또한 박지원을 스승으로 삼았던 박제가, 이덕무, 서이수 등 실학 사상가들도 명문가에서 태어났으나 서자란 이유로 출세할 수 없었다. 서얼(庶孼)은 정조 때 일시적으로 정계에 진출했을 뿐이었다. 유형원과 이익과 같은 선구자들도 정권 다툼에서 패배하거나 염증을 느껴 서울을 떠났다. 이들 모두 재경 명문 양반 출신이면서 정권의 핵심에 참여하지 못했다. 정권과 거리를 둠으로써 새로운 사상의 지평을 열었지만 정권의 운영에는 영향을 미치지 못했다.

게다가 실학파들은 전국적으로 흩어져 과거를 준비하는 유생과 양반들, 즉 조선의 지식인들에게 또한 거의 영향을 미치지 못했다. 실학파들은 끼리끼리 만나서 그들만의 리그를 벌인 셈이다.

미야지마 히로시와 기시모토 미오 교수도 한 가지 사례를 들고 있다. 다산 정약용은 18년이나 강진에서 유배를 살면서 《목민심서》 등 주옥같은 저서를 쓰고 자신의 사상을 고양시켰다. 200~300년 뒤인 오늘날까지 한국인을 열광시키고 있다. 하지만 정약용은 자신이 살았던 18세기 말 강진 지역의 양반들에게조차 전혀 영향을 미치지 못했다(기시모토 미오·미야지마 히로시, 2003: 303). 실학자들의 고립을 보여주는 현상이다.

주자학이 일종의 통치철학이었을 텐데 이것이 조선 후기에 와서 제대로 작동하지 못했던 이유는 무엇이었을까. 일본과 중국에서는 명나라 말기부터 다른 학문의 경향들이 나타났는데, 조선에서는 이러한 새로운 학문이 뿌리내리지 못한 이유는 무엇인가.

사림파의 중앙정계 진출은 훈구파를 몰아내는 역할을 했지만, 조선의 사상을 성리학 일변도로 경직시키는 데 결정적 역할을 했다. 젊은 사림파들이 중앙정치에 진출하기 시작한 것은 성종 이후의 일이었다. 주자학자들은 주자학에 포함된 경세학과 고증학적 측면을 떼어내고 성리학에만 몰두했다. '주자학 = 성리학'이 된 것이다. 경학 중시의 기풍 아래서 공리공론으로 벌어지는 싸움을 매개로 정치적 파벌이 고착됐다. 사화를 통한 집단적 삶과 죽음이 반복됐다(이삼성, 2009: 640).

붕당(朋黨)은 본래 중국에서 정치인의 집단을 가리키는 말로, 유교적 정치 이념하에서 붕당을 형성하는 것은 범죄로 인식되었다. 그러나 송나라 이후 성리학 이념은 군자(君子)끼리 모인 '군자당'(君子黨)이 소인(小人)을 배제하고 정치를 주도하여야 한다는 논리를 지지했다. 따라서 이를 받아들인 조선의 유학자들도 조선 중기 이후 붕당을 결집하고 대립하기 시작하였다. 사림이 많아지면서 기성 사림과 신진 사림의 분화가 촉진되고 여러 붕당을 형성해 서로 경쟁했다. 최초에는 훈구파와 사림파가 대립하였으나 도덕적 우위를 앞세운 사림이 우위를 점하게 됐다.

조선에서는 선조 때 김효원(金孝元)과 심의겸(沈義謙)의 대립이 직접적 원인으로 작용하면서 붕당 정치가 시작됐다. 1575년(선조 8년) 이조전랑직 임명 문제로 인한 갈등으로 심의겸을 추종하는 기성 사림인 서인(西人)과 김효원을 영수로 하는 신진 사림인 동인(東人)이 결집해 대립했다.

이조전랑은 5품·6품의 낮은 자리이지만 관료 인사권을 행사하는 요직이어서 삼사(三司)의 하나인 홍문관 출신의 엘리트 관료가 임명되는 것이 관례였다. 전랑과 삼사 사이의 빈번한 인사교류는 각각 전랑과 삼사의 힘을 강하게 했다. 삼사의 공론(公論)을 수렴하여 대신들을 견제하고, 또 물러날 때에는 후임자를 스스로 천거할 수 있었으며 이 자리를 거치면 쉽게 재상에 오를 수 있었다. 따라서 전랑의 자리를 누가, 어느 붕당이 차지하느냐는 권력경쟁의 핵심 쟁점이었다.

이조전랑직을 두고 갈등이 심해진 탓에 영조는 탕평책의 일환으로 1714년 이랑통청법을 폐지했다. 300년 된 규례인 전랑의 제도를 폐지하고 이조전랑직에 대한 천거권을 재상에게 넘겨준 것이다(기시모토 미오·미야지마 히로시, 2003: 315). 그러나 개혁은 늘 부작용을 수반하게 돼 있다. 낭관의 인사권이 재상에 속하게 되자 왕권이 약해지고, 반대로 재상권은 강해졌다. 재상을 견제할 전랑과 삼사의 힘이 약화된 탓이다. 재상권의 강화는 결과적으로 정조 이후 탄생한 세도정치의 씨앗이 된다.

조선은 왕권과 재상권, 공론을 내세운 사림의 3각 구도 아래 팽팽한 긴장감 속에서 균형을 유지했다. 왕은 때론 재상과 손을 잡고 사림을 탄압하거나, 또는 사림과 손을 잡고 재상을 견제했다(기시모토 미오·미야지마 히로시, 2003: 315). 균형적인 3각 대립이 가능했던 이랑통청법의 폐지로 세도정치는 가속화됐고, 견제받지 않는 권력은 내부에서 부정부패하게 됐다.

조선 최초의 붕당은 동인(東人)이다. 16세기 중엽 사림파 중 신진

세력인 김효원, 유성룡, 이산해 등이 연합하여 결성하였다. 동인은 주로 영남의 이황·조식의 문하로 개성의 처사 학자인 서경덕도 가담하는 등 대체로 지방의 청류를 자처하는 한사(寒士)들로 구성되어 있었다. 서인의 정책이 주로 치인(治人)에 역점을 두어 제도개혁을 통한 부국안민(富國安民)에 치중했다면, 동인의 정책은 수기(修己)에 역점을 두어 통치자의 도덕적 자기절제를 통해 부패를 막으려는 데 관심을 기울였다. 동인이자 신진 사림의 급진파가 훈구파의 척신정치의 청산에 대해 강경한 입장을 취한 이유다.

서인은 대체로 서울 근방에 생활 근거를 둔 고관들이 주류를 이루었는데 학문적으로는 이이, 기대승, 김인후(金麟厚)의 영향을 많이 받았다. 왕비는 대체로 서울 근방의 고관 집에서 채택되는 것이 관례여서 자연히 서인 중에는 척신이 많을 수밖에 없었다. 심의겸도 명종비(妃)의 동생으로 외척에 속하는 인물이었다. 초기에 기성 사림 중심이었던 서인은 학문적 구심이 없어 큰 세력을 발휘하지 못했다. 하지만 동인과 서인 사이의 중재역을 자처하던 이이가 서인에 합류하고 성혼도 서인에 합류하면서 두 사람이 서인의 구심을 이루게 되었다.

선조 초에는 서인과 동인의 경쟁체제가 유지되면서 큰 실정은 없었다. 그러나 1589년(선조 22년) 기축옥사(정여립 모반사건)를 계기로 서인은 동인을 배제하고 정권을 잡았다. 그러나 2년 뒤인 1591년(선조 24년)에 동인은 정철이 세자책봉을 왕에게 건의한 사실을 문제삼아 서인이었던 정철 일파를 내몰았다. 당시 선조가 동인의 편을 들어주면서 동인은 세력을 회복하게 됐다. 그러나 동인은 정철의 처벌 문제로 두 파로 갈라졌다. 강경파(급진파)인 이산해 중심의 조식·서

경덕 계는 북인(北人)으로, 온건파인 유성룡 중심의 이황 계는 남인 (南人)으로 갈라졌다.

정철 일파의 실각으로 동인 중 특히 북인이 우세한 가운데 임진 왜란이 일어나자 남인이 정권을 잡았다. 남인들은 일시적으로 서인 과 북인과의 공존 체제를 취했다. 그러나 일본과의 화의 계획이 실패 하면서 강경책을 취했던 북인(北人)이 득세했다. 서인과 남인에 비해 학문적 기반이 부족했던 북인은 왕권 중심의 강력한 정치를 지향하고 다른 당파의 배제를 꾀하였다. 그러나 남인과 서인이 연합하여 1623 년 인조반정을 일으키면서 이후 북인은 정계에서 숙청됐고, 흥선대원 군이 집권하면서 240년 만에 정계에 복귀했다.

다시 정권을 잡은 서인은 형식적으로 남인과 연합정부를 구성하였 으나, 효종이 북벌론을 국시(國是)로 하면서 성리학의 대의(명분론·의 리론과 원칙론)에 충실한 서인의 입지가 더욱 커졌다. 상호 비판을 전 제로 100년 가까이 공존하던 서인과 남인은 숙종 대에 이르러 격렬 하게 대립한다. 경신환국, 기사환국, 갑술환국 등 세 차례의 환국을 거 치면서 남인과 서인은 서로를 정치적으로 숙청하는 데 온 힘을 쏟았 다. 선비들끼리의 모임인 붕당이 정치적으로 변질된 사건은 이처럼 효종과 숙종 시절에 이뤄졌다. 그 서막은 효종 대에 벌어진 1차·2차 예송(禮訟)논쟁이고 본게임은 숙종 때 장희빈과 관련해 벌어진 3차례 의 환국이었다. 이 두 사건을 거치면서 당파가 다를 경우 '적'으로 규 정하고 상대방을 가혹하게 몰아붙였다.

때때로 이런 치열한 조선시대 당쟁의 현장이 세월을 뛰어넘어 21 세기 국회에서 재현된 듯 착각이 들 때도 있다. 정책을 사이에 두고 갈등하는 여당과 야당의 당파적 입장을 조정하여 수렴되도록 하는 것이 선진국형 정치 시스템이다. 그러나 이른바 예학의 입장에서 서로 큰 차이도 없는 사안을 두고 한 치의 양보도 없이 대립하는 것은 조선 시대 당쟁과 크게 다르지 않다.

예송논쟁은 상복을 입는 기간을 결정하는 문제에서 시작됐다. 효종과 효종의 비인 인선왕후가 승하했을 때, 효종의 모친이자 선왕 인조의 계비였던 조 대비(자의대비·장렬왕후)가 상복을 입는 기간에 관한 논쟁이 벌어졌다. 이러한 논쟁이 발생한 까닭은 인조의 둘째 아들이 었던 봉림대군이 효종으로 즉위하여 왕이 되었기 때문이다.

1차 예송논쟁에서 효종이 죽었을 때, 서인은 효종이 둘째아들이라는 데에 착안하여 조 대비(자의대비)의 1년 상을 주장하였고, 남인은 왕이라는 데에 착안하여 3년 상을 주장하였다. 1차 예송논쟁에서는 서인이 승리하여 1년 상을 치렀다. 하지만 2차 예송논쟁에서 인선왕후가 훙거했을 때, 서인은 효종이 차자이므로 조 대비(자의대비)가 9개월 간 상복을 입어야 한다고 했고, 남인은 효종이 왕이었던 점을 감안해 1년간 입어야 한다고 주장했다. 이때는 남인이 승리하였다. 2차 예송논쟁의 패배로 서인은 정계에서 축출되었다.

2차 예송논쟁에서 패배한 송시열은 당시 사약을 받으며 "학문은 마땅히 주자를 주로 하고, 사업은 효종이 추진하고자 했던 북벌을 주로 하라"라고 노론 후학들에게 유언했다. 아울러 그는 화양동에 만동묘를 세워 명나라 황제를 제사 지내도록 당부했다. 그러나 송시열 계열의 서인이 기사회생하는 일이 생겼다. 숙종이 갑술옥사 또는 갑술환국을 통해 남인 정부를 숙청한 것이다. 다시 송시열의 파벌인 노론과 소론의 세상이 됐다. 1694년 송시열의 신원이 복원되고 송시열의 유언이 조선 학문과 정치의 지도논리로 고착됐다(이삼성, 2009: 642). 이후 노론과 소론의 당쟁은 영조 즉위 때까지 이어졌다. 노론은 정조 때 시파와 벽파로 다시 나눠지면서 분열에 분열을 거듭했다.

일각에서는 사랑을 정쟁의 도구로 사용한 숙종은 치열한 당쟁을 활용해 왕권을 강화했고, 그 덕분에 관리들의 부정부패가 상대적으로 적었다고 평가한다. 당쟁에서의 숙청이라고 해도 유배를 보내는 정도이지 '피의 숙청'이 아니었다고 한다. 그러나 조선의 이렇게 치열한 당쟁은 출세를 꿈꾸는 사람과 예비 유학자들을 줄 세우고 학문적, 정치적으로 어느 한쪽을 선택하도록 강요했다. 주자학 이외의 다른 학문의 기운이 태동하거나 배태할 수 없는 이유였다. 여기에 19세기 초 세도정치가 시작되자 줄 세우기가 심해졌다. 세도정치가로서는 정권의 유지가 중요했을 뿐 국가의 쇄신 등은 정책의 우선순위에 두지 않았다(한국역사연구회, 2008: 370~371).

조공과 책봉이라는 중화적 질서 밖에 있었던 일본도 에도시대에 유교를 받아들이고 주류 학문으로 키워나간다. 유교사상이 쇼군을 섬기는 당시의 봉건적 사회조직과 일맥상통했던 것이다. 도쿠가와 이에야스는 유학자 후지와라 세이가(藤原惺窩, 1561~1619)의 강의를 즐겼다. 그의 제자 하야시 라잔을 중용해 유학을 정치에 반영했다. 일본 역시 송나라 시대 주희가 연구한 주자학이 중요시됐다. 조선 선조 때 문인 강항(姜沆, 1567~1618)이 정유재란 때 포로가 돼 억류생활을 하면서 교토의 후시미 성에서 일본의 유학자들과 경학을 토론해 일본

주자학 발전에 크게 기여했다. 그러니까 주희의 주자학은 중국, 조선, 일본에서 널리 퍼진 주류 학문이었던 셈이다.

5대 쇼군 쓰나요시도 유학을 공부하거나 강의 듣는 것으로 만족하지 않고 직접 무사와 다이묘를 모아 강의했다. 일본에서 1691년 공자묘가 완성됐고, 하야시가 학문연구소를 개설해 유학을 강의했다. 일본 유학사상을 퍼뜨린 것으로 유명한 곳은 성당학문소, 창평판 학문소였다. 창평판(昌平坂)은 공자가 탄생한 중국 노나라 창평향에서 딴 명칭이었다. 쇼군이 나서서 주자학 보급에 힘썼기 때문에 무사는 물론 상인과 농민들에게도 유학이 널리 보급됐다(김희영, 2006: 440~441).

일본의 학자들이 주자학에서 시선을 돌린 것은 주자학 이론의 이상대로 세상은 다스려지지 않았기 때문이었다. 오미 성인이라 불리는 나카에 도쥬(中江藤樹)와 그의 제자 구마자와 반산(熊澤蕃山)은 양명학에 정진했다. 양명학은 명나라 학자 왕양명(王陽明, 1472~1529)이 제창한 학설로 지행합일을 강조한 학문이었다. 주자학에 바탕을 두고 신도(神道)를 창설한 야마자키 안사이(山崎闇濟)와 기존 학설에 구애받지 않고 유학의 고전을 연구하여 현실에 적응할 학문개발에 역점을 둔 이토 진사이(伊藤仁齋) 등 유명한 유학자들이 많이 나왔다(김희영, 2006: 442).

일본 고학파(古學派)는 주자학의 사변적이고 형이상학적인 성격을 부정하고 실증적으로 성현의 책을 보고자 했다. 양명학은 실천윤리를 강조하지만, 그것은 자기 내면만을 응시하는 것으로 성현의 서책을 무시하는 경향이 있어서 모두 싫어했다(이삼성, 2009: 649~650).

즉, 일본에서는 주자학을 소중하게 받아들였지만 현실과 맞지 않자 새로운 학문의 경향을 찾아나갔다. 16세기 말과 17세기 초 유학의 고장인 중국에서 명나라 때 양명학, 청나라에서는 고증학이 발생하는 등 학문의 새바람이 불었다. 하지만 조선의 학자들은 주자학에 몰두했고, 이를 계속 발전시켜, 예학으로 승화시켰다. 성리학을 예학으로 발전시켜 나간 나라는 동아시아 3국 중 조선이 유일하다.

양명학과 고증학까지 받아들인 일본은 17세기부터는 네덜란드로부터 도입된 서양의 학문인 난학(蘭學)을 발전시켰다. 동양과 서양의 다양한 학문적 경향이 공존하는 가운데 소통하고, 영향을 주고받으면서 학문의 양적 질적 성숙을 꾀해 나갔다.

조선이 주자학 이외에 중국과 일본 등 밖에서의 새로운 학문 조류에 무관심하고 무지했던 것은 기록에서도 나타난다. 1826년 동지겸사은사로 북경을 방문한 신재식은 필담으로 중국학자들과 토론을 벌였다. 신재식은 그러나 필담에 거론되는 학자들을 거의 알아보지 못했다고 토로했다. 중국과 조선 사이의 학문과 문화의 단절이 얼마나 깊었는가를 보여준다. 중국과 일본에서는 주자학이 쇠퇴하고 새로운 학문이 자리잡는 상황이었다. 조선 후기의 지식인들은 이런 상황에 대해 일본의 유학이 고황(膏肓: 고칠 수 없는 병)에 걸렸다고 개탄했을 뿐이다(이삼성, 2009: 646).

18세기의 학자인 정약용도 다음과 같이 한탄했다. 학문적인 성숙도에서 조선과 일본이 역전되지 않았는가를 짐작해 볼 수 있는 대목이 있다.

"일본에서 유명한 유학자가 배출되었다. 물부쌍백(物部雙栢)은 해동부
자로 일컬어지며 많은 제자를 두었다. 대개 일본은 백제에서 책을 얻어
다 봤는데, 처음에는 매우 몽매했다. 그 후 중국의 절강지방과 직접 교
역을 트면서 좋은 책을 모조리 구입했다. 책도 책이려니와 과거를 통해
관리를 뽑는 그런 잘못된 제도가 없어 제대로 학문할 수 있기 때문이다.
이제 와서 일본의 학문이 우리나라를 능가하게 됐으니 부끄럽기 짝이
없다."(정약용, 2009: 107)

또 다른 차이도 있다. 허균 등 조선의 장서가들은 연경에 가서 책
을 사거나 역관 등을 통해서 중국서적을 구입했지만, 일본은 강남과
나가사키를 오가는 중국상인들을 통해 중국서적을 구했다. 조선은
선비 개개인의 취향과 자발성이 많이 강조됐지만, 일본의 경우는 영
리를 목적으로 한 중국상인들의 유통경로였기 때문에 당시 사회적
수요를 잘 반영한 측면이 있다고 볼 수 있다(한국18세기학회, 2007:
221~222).

중국서적의 구입이 선비의 취향과 자발성에 기초한 조선의 경우
는 정조의 문체반정으로 공안파를 위시해 명청소문집을 반정의 대상
으로 삼고, 양명학을 주로 비판했기 때문에 이에 해당하는 다양한 당
대의 중국 서적출판물이 수입되지 않았을 수도 있다. 새로운 사상이
나 철학의 유입을 통치권을 유지하기 위해 철저하게 막은 것이 아닐
까 생각해 본다.

조선의 과거제도, 사회를 획일화시키다

과거제도는 조선 양반을 중심으로 한 문치주의를 실현시킨 제도였다. 신분에 따라 인재를 쓰지 않고 능력에 따라 인재를 골라 쓰겠다는 좋은 의도로 시작됐다. 그러나 사실상 '능력위주의 등용'이란 제도의 장점은 시간이 가면서 퇴색했다. 또한 후기로 가면서 과거시험 과목을 중심으로 공부에 몰두하다 보니 다른 학문이 배제되고 주자학 일변도로 흐르는 등의 문제점을 노출했다.

한반도 국가에서 중국의 과거제도를 가져온 것은 고려 958년이다. 고려시대 등용문은 음서제도였다. 귀족 자제를 관료로 활용하던 제도였는데, 과거제는 음서제도를 보완하는 수준에 그쳤다. 그러나 유학을 국시로 내세운 조선에서는 3년에 한 번씩 정기적으로 과거를 치는 방식으로 발전했다.

우선 중국의 과거제도를 살펴보자. 조선이 도입한 과거제도의 원형이고, 또한 조선이라는 독특한 환경에서 과거제도가 어떻게 변형됐는지를 보여주기 때문이다. 중국 과거제도의 최대 특징은 개방성이다. 노복이나 배우 등 천민으로 간주되는 자나 전과가 있는 자를 제외하면 누구에게나 수험자격이 주어졌다. 물론 실질적 기회의 평등은 아니었다. 실제로 장기간에 걸친 수험공부에 몰두할 수 있는 사람들은 부유층 자제거나 가난해도 과거시험에 절대적인 의욕이 있는 지식인 가정 출신에 한정됐기 때문이다. 과거를 볼 의향이 있으면 5~6세부터 경전을 읽고, 암기하며, 쉬운 대구를 짓는 방법을 터득해야 한다. 사서(대학, 논어, 맹자, 중용)를 읽고, 참고서 격으로 주자의 주석본이 사용됐다. 과거시험은 역경, 서경, 시경, 예기, 춘추에서 선택했다. 요즘 식으로 '논술형 시험'인 팔고문(八股文) 작성은 중국 특유의 작문방법으로 보통 400~500자를 써야 했다. 4개의 대구를 포함해야 하기 때문에 팔고문이라 불렀다(기시모토 미오·미야지마 히로시, 2003: 81).

　명나라와 청나라 등에서 과거시험을 통해 평가하는 것은 법률의 자잘한 지식이나 징세상의 계산 등 실무능력이 아니었다. 대국적 시야를 가지고 다양한 상황에 대응하여 좀더 적절하게 통치할 수 있는 도덕적 능력을 요구했다. 예를 들어 지방관의 자질은 정확히 법률을 적용해 판결을 내리는 능력이 아니라 나쁜 사람을 변화시켜 사람들을 사이좋게 만드는 전인격적인 높은 도덕성을 말한다. 중국에서 백성들이 관료를 따른 것은 그가 인간으로서 서민보다 훌륭하다는 전제에 따른 것이었고 그의 도덕적 능력은 과거시험으로 인정됐다. 즉, 과거시험은 인간 보증서였다(기시모토 미오·미야지마 히로시, 2003: 84).

　이른바 그에 걸맞는 인간형은 1990년대 TV 드라마로 인기를 끌었던 '포청천' 같은 인물이었다. 또는 고대 철학자인 플라톤의 철인정치가 실제로 중국에서 구현된 것일 수도 있겠다.

　조선 역시 과거시험 과목은 경학과 사장으로 대별됐다. 경학은 철저하게 성리학 중심으로 치러졌다. 경학시험 교재는 4서3경(대학·논어·맹자·중용 + 시경·서경·역경, 5경은 3경 + 예기·춘추)으로 성리학의 기본 경전이었다. 이들을 제외한 다른 유교경전은 이단으로 취급됐다. 또한 참고서로 주자의 주석과 해석만을 따랐다. 다시 말해 과거시험에 합격하기 위해서는 4서3경만을 주로 공부해야 했고, 그 해석은 주자의 유학 해석에 기초해야 했다. 이런 상황에서 유학의 새로운 해석이나 연구는 있을 수 없었다.

또한 중국에서 새로운 학문적 풍토가 형성됐다고 해도 과거시험에 이들 과목과 유형을 포함시키지 않는 한 공부한다는 것도 시간낭비에 불과했다. 과거시험을 포기한 재야 지식인이나, 벼슬에서 떨어져 나와 유배를 간 선비들만이 유학을 새로운 시각에서 연구할 수 있었다. 우리나라에서 유배문학과 유배학문이 나온 이유다.

시와 문장을 보는 사장 과목도 일정한 형식에서 어긋나면 합격할 수 없었다. 형식을 존중할수록 새롭고 창의적인 의사표현을 저해했고, 문예발전에 좋지 않은 영향을 미쳤다. 조선 후기로 내려올수록 시문으로 관료를 뽑는 경향이 높았다. 시와 문장을 잘 짓는다고 관리로 등용해 국가의 행정을 맡기는 것은 기본적으로 난센스였다.

시와 문장을 잘하는 선비를 우대한 것도 사실은 공정한 기회를 제공했다고 보기 어렵다. 서울의 유생은 지방의 유생보다 중국에서 갓 수입된 작품이나 서적을 많이 읽을 수 있었기 때문이다. 따라서 경화세족(京華勢族) 가문의 선비들은 시문 위주의 과거시험을 보았고, 지방의 유생은 경학 위주의 과거시험을 지망했다. 서울 유생은 나라를 어떻게 경영할까에 대해 고민하기보다는 과거시험 때 쓸 수 있는 시문의 대구와 압운만을 중요시했고, 지방 유생은 사서삼경을 읽으면서 뜻을 생각하지 않고 시험용으로 달달 외우기만 했다(이영화, 1998: 84~85).

조선시대 선비들의 학문하는 태도는 21세기 대한민국의 대학입시제도에 대입할 수도 있다. 서울 강남의 고등학생과 지방의 고등학생의 차이와 유사하지 않은가. 또한 암기 위주로 진행되는 현재의 입시 시스템은 그에 맞춰진 참고서와 시험에 나오는 책들 위주로밖에 팔리지 않는 한국의 저급한 독서 분위기를 조장한다. 과거시험이 없었던 일본이 비교적 자유롭게 학문하는 풍토가 형성되고 새로운 학문의 도입에 주저하지 않았던 것과 대비된다. 새로 도입된 입학사정관제도도 서울 강남 출신 학생에게 유리하다.

물론 조선에서 시를 쓰고 문장을 만드는 능력을 강조했던 중요한 이유가 있었다. 외교적 목적이었다. 조선 조정에게 중국은 거대한 권력이었다. 정치적으로도 거대하지만 문화적으로도 거대했다. 조선의 선비들은 글을 읽고 쓸 때 한자를 사용했지만, 조선의 아무리 뛰어난 문장가도 중국의 관료나 학자들 앞에서는 주눅이 들게 돼 있었다. 아니 한문에 뛰어나기 때문에 오히려 자신의 한계를 금방 파악했을지도 모른다. 마치 미국인 앞에서 영어로 말하려면 스트레스 왕창 받는 것과 비슷하다.

이런 탓에 중국 사신을 상대해야 하는 조선의 접반사는 당대 최고의 문신을 골라 발령을 냈다. 중국 사신에게 조선의 문화적 성취를 보여줘야 하는데 그것은 시문 창작능력에 달려 있었다. 조선의 왕실과 조정은 시문 창작능력이 곧 나라를 빛내는 길이란 '이문화국'(以文華

國)의 논리를 펼친 것이다. 따라서 관리 선발과정에서 시문이 중요한 평가도구가 되었다. 조선 관리들의 시문 창작능력을 알게 된 중국 사신들이 귀국해 조선이 얼마나 문명국인지 보고하고, 조선을 대하는 태도를 결정했기 때문이다(김풍기, 2009: 336).

문제는 중국과의 외교적인 관계에서 유리했을지는 모르지만, 문학적 능력과 외국어(한문) 능력으로 뽑힌 조선의 관리들과 과거시험을 치르지도 않은 일본의 관리를 비교할 때, 국가경영이라는 측면에서 차이가 났다는 것이다.

1653년 제주도에 표류한 하멜 일행 36명의 심문과정을 한 가지 사례로 들 수 있겠다. 하멜 일행은 제주도에 표류해 지방 현감과 제주 목사 앞에 끌려가서 조사를 받았는데, 조선 관리들과 말이 통하지 않아서 의사소통이 불가능했다. 하멜 일행은 자신들이 네덜란드 출신이며 일본으로 가는 도중에 사고를 당했다고 열심히 설명했으나 우리 쪽은 끝내 이런 사실을 알아채지 못했다. 하멜과 그 일행은 1657년 이후 강진 병영과 순천 남원 등을 전전했다. 하멜의 동료 중 11명은 굶주림과 병으로 죽었다. 하멜은 1666년 어렵게 모은 돈으로 돛단배를 한 척 사서 7명의 동료와 함께 일본으로 탈출했다.

하멜은 일본으로 탈출한 뒤 나가사키로 인도돼 그곳 지사의 심문을 받았다. 나가사키 지사는 아주 체계적으로 54가지의 질문을 던져서 하멜 일행에게 가능한 모든 정보를 뽑아냈다. 어느 나라 사람이며, 어디서 오는가로 시작해 난파된 지점, 배의 대포수, 배의 적하물, 한성으로 압송된 연유, 조선의 산물, 군사장비, 군함, 종교, 인삼 등 세세한 정보까지 두루 수집했다. 조선이 14년 동안 알아내지 못한 것을 단 하루 만에 모조리 파악해내는 일본 관리의 능력이 실로 인상적이다. 그 후 나가사키 소재 네덜란드 상관은 아직 조선에 남아 있는 네덜란드인의 송환을 위해 일본 정부를 통해 조선에 압력을 가했고, 이에 조선 조정은 마지막 생존자인 7명을 모아 일본으로 보냈다. 100년 전 다네가시마에 표류한 포르투갈 선원들에게서 얻은 지식으로 일본이 유럽식 총기를 제작한 사례와도 비교가 되지 않는가(주경철, 2009: 56~58).

주경철 교수는 일본과 조선의 차이는 "어느 관리 한 사람의 능력의 문제가 아니라 그 국가와 사회의 시스템 문제"라고 지적했다. 일본은 이미 16세기 초부터 유럽 국가들과 통상을 했고, 동남아시아 여러 지역과는 상시적으로 선박들을 통해 교류하고 있었다. 일본인들은 새로운 학문의 요람으로서 한참 발전하던 네덜란드 레이덴 대학을 찾아가는 등 새로움과 발전을 찾아나갔다(주경철, 2009: 59).

조선의 과거시험은 또한 수험자가 논술을 마칠 때까지 작은 칸막이 안에 갇혀 있어야 하는 중국의 방식과 달랐다. 한국은 열린 광장에서 시험을 치렀다. 어떤 수험자는 태양빛 아래서 어떤 이는 커다란 양산 아래서, 더 부유한 사람은 차양 아래서 시험을 치렀다. 행상들이 수험자 사이를 다니며 과자, 떡, 다양한 음료를 팔았다. 관리자와 참관자 병사들이 한 무리를 이루고 있고, 국왕이 시험을 보는 동안 머물기도 했다(윌리엄 길모어, 2010 : 40; 기시모토 미오·미야지마 히로시, 2003).

다소 허술해 보이는 조선의 과거시험 관리 탓에 부정행위가 골칫

거리였다. 조선 후기에는 대리 시험자들이 시험을 보고 시험지를 바꿔친다든지, 보고베끼기 등이 횡행했던 것 같다. 19세기 말 미국인의 눈에 비친 과거제도와 인력등용 과정을 살펴보자.

"관리들은 연고자를 등용하는 예가 아주 많았다. 고위관리의 아들들은 예외없이 성인이 되기 전에 높은 관직에 도달했다. 과거제도가 있지만, 정부 운영에 참여할 학자들은 관리의 자녀에서 주로 나왔다. 뇌물을 받은 시험관은 뇌물 공여자의 답안지를 쉽게 찾아 자랑스럽게 왕에게 내밀었기 때문이다. 19세기의 과거를 통과하기 위한 뇌물의 액수는 10만 냥으로, 영국 돈으로 치면 10만 파운드였다."(윌리엄 길모어, 2009: 23)

조선의 양반들이 과거합격에 목을 맨 것은 조선의 만성적인 일자리 부족에서 그 원인을 찾을 수도 있다. 18세기 후반 이전에 조선은 상업이 크게 발달하지 않았다. 각 지방의 아전들은 무보수 명예직에 불과했다. 그러나 그 직책을 통해 얻는 부수입(뇌물)이 많았던 덕분에 아전이 퇴직할 때는 자리를 넘겨주는 대가로 고액을 주고받을 수가 있었다. 중앙정부인 조정에서 녹봉이라고 월급을 주는 직업은 과거제도를 통과해야만 했다. 과거에 합격하면 출세도 보장되고 경제적으로 집안을 일으킬 수 있었다.

하버드대 와그너 교수에 의하면 조선왕조 500년 동안 문과 합격자는 1만 4,592명, 미야지마 히시로 교수의 계산으로 1만 4,333명이다(기시모토 미오·미야지마 히로시, 2003: 96). 그 수가 별로 많지 않아 보이지만, 중국과 비교하면 엄청난 수준이다.

조선 500년 왕조보다 조금 더 길게 유지됐던 명나라와 청나라의 전시 합격자 수는 5만 1천 명으로 조선보다 3.6배 정도였다. 이것을 인구에 비례하여 보면 조선의 과거 합격자 수가 중국의 합격자 수보다 5배가 많다. 조선시대 인구는 400만~1,200만 명이었고, 중국은 명나라 초 6천만 명에서 청나라 말 3억 명이었다. 조선의 인구수는 중국의 20분의 1에 불과했으므로 조선의 문과 합격자 수는 중국보다 5배가 많다는 계산이 나온다(기시모토 미오·미야지마 히로시, 2003: 96). 조선에서 채용할 수 있는 관리의 수가 500~900여 자리에 불과했던 것을 감안하면 대단히 비효율적인 양반의 양산이 아닐 수 없다.

문과 과거 합격자가 이렇게 많은 근본적 원인은 조선에서는 정규 문과(3년에 1번씩) 외에 임시시험이 빈번히 치러진 탓이다. 조선의 과거 합격자 1만 4천여 명 중 정규 식년문과 합격자들의 비율은 40%에 불과했다. 중국은 명나라와 청나라 시대 내내 임시 문과는 거의 시행하지 않았다. 조선의 임시 과거시험의 경우 3년 만에 한 번씩 열리는 식년문과와 달리 일정 공포에서 시험 실시까지 극히 짧은 기간에 치러진다. 당연히 지방 수험생에게 불리하고, 서울 거주자들이 유리했다. 채점결과도 임시 문과는 시험 당일에 발표돼 엄격함이 현저하게 떨어졌다. 세력 있는 가문에 임시 문과가 유리하게 작용한 이유다(기시모토 미오·미야지마 히로시, 2003: 99~100).

과거시험에서 임시시험이 빈번했던 상황은 조선 후기 과거 합격자들이 소수 혈연집단에 의한 과점상태를 유지하거나, 뇌물을 공여하고라도 필사적으로 과거에 합격하려고 했던 이유를 설명한다.

개방성도 후기로 가면서 많이 상실했다. 조선의 과거제도는 특정한 소수 가문에서 많은 합격자를 배출했다. 가문이란 동족집단으로 성씨와 본관이 같은 부계 혈연집단을 말한다. 조선 왕조에서 300여 명 이상 문과 합격자를 낸 동족집단이 다섯이었다. 전주 이씨 843명, 안동 권씨 354명, 파평 윤씨 330명, 남양 홍씨 317명, 안동 김씨 304명 등이다. 이들 가문이 문과 합격자의 15%를 차지했다. 100명 이상 합격자를 낸 동족집단으로 범위를 확대하면 38개 가문 집단이 나타난다. 38개 가문의 합격자 수가 7,502명으로 전체 합격자 수(1만 4천여 명)의 절반을 넘는다.

현재 남아있는 3천 개의 성씨를 기준으로 삼으면 약 1%의 동족집단이 모든 문과 합격자의 반수 이상을 배출한 셈이다. 극심한 과점상태로 중국의 명나라, 청나라와 비교하면 큰 차이다. 뛰어난 인재를 출신성분에 상관없이 등용한다는 과거의 취지가 조선에서 사라진 것이다(기시모토 미오·미야지마 히로시, 2003: 97).

동족집단 전체를 비교해 보면 문과 합격자를 낸 동족집단은 834개였다. 이 중 한 명밖에 합격자를 내지 못한 집단이 325개가 된다. 15~16세기 합격자들 중에는 본관을 알 수 없는 자들이 많이 확인된다. 즉, 조선 전기만 해도 양반계층이라고 할 만한 계층이 형성되지 않았고, 사회적 이동이 비교적 자유로웠다는 것을 보여준다(기시모토 미오·미야지마 히로시, 2003: 99~100).

조선 후기에 들어서 점차 특정한 동족집단에서 과거시험 합격자가 나온 이유는 무엇일까. 조선은 원래 양인과 천인으로 갈라져 있었고, 양인은 누구나 과거를 통해 양반이 될 수 있었다. 양반도 4대 동안 과거를 통과하지 못하면 양인으로 떨어질 수 있었던 조선 초기의 유연한 신분제가 후기에 양반과 비양반으로 고착화되었다. 17세기에 이르러 양반들은 지배층으로 국가 공인을 받고, 이후부터 양반과 비양반을 구분하는 조치들이 뒤따랐다. 사회적 이동성이 사라지고, 양반은 특권층으로 확고한 지위를 갖게 됐다.

양반의 특권화는 연산군 때부터다. 연산군 때 왕실 재정의 파탄으로 '조용조' 3세의 세액 증대와 징수방식이 변화하자 하층 양민들이 몰락하게 됐다. 양민들이 거주지를 떠나 노비로 전락했다. 양인 하층이 몰락하는 시기에 양인 상층(중소 지주)은 경제력을 바탕으로 자신들의 사회적 지위를 강화하기 시작했다.

1525년(중종 20년) 국가의 사족 재규정 작업이 이뤄졌는데 '친변 외변 가운데 4대 조상 안에 과거나 음서로 문무반 정직 6품 이상 배출한 가문의 후손과 생원, 진사'라고 규정했다. 사회통념상의 양반과 사족의 범위가 크게 다르지 않지만, 한번 이렇게 양반층이 지배계층으로 확정되자 각종 사회적 혜택이 뒤따라갔다. 전가 사변형과 체형 면제권(중종 20년), 1535년 '문무반 정직 독점권'(중종 30년), '사족충군(士族充軍)정책 폐기'(인조 5년, 1627년)가 그것이었다.

임진왜란 직후 최초로 작성된 '병오호적'에 양반 부녀만이 씨(氏) 자를 쓰고 도서를 사용했다. 상민 부녀들은 소사(召史)라고 하고 손도장을 찍었다. 소사는 다른 한편 과부를 점잖게 부르는 말이었다. 인물을 평가하는 기준이 조선 전기의 능력이나 실력에서 조선 후기에 들어서 혈통으로 바뀐 것이다(한국역사연구회, 2008: 459~461).

여기에 임진왜란 때 국가를 지켰다는 이유가 추가돼 양반층의 사회적 지위가 강고해졌다. 일본군의 전면적 공세로 국가 공권력이 와

해된 상황에서 이들이 그 틈을 훌륭히 메웠을 뿐 아니라 전쟁을 이기는 견인차 구실을 했기 때문이다. 또한 전후 복구사업도 주도하면서 위상은 공고해졌다. 즉, 국가 위기 상황에서 지도력을 발휘했다는 점이 인정되면서 이들은 사회적 지위를 오래 누리는 사회질서 구축에 몰두했다. 또한 조선 정부는 정묘호란을 눈 앞에 둔 상태에서 '사족충군정책 폐기'(인조 5년, 1627년)를 선언해 양반들의 군역 면제권을 부여했다. 임진왜란 이전까지 사족을 중심으로 방위체계를 짰던 체계가 무너진 것이었다(한국역사연구회, 2008: 459~461).

과거제도의 원형을 제시한 중국이 인재등용에서 과거제도만을 고집하지 않은 것은 조선에 시사하는 바가 크다. 청나라의 옹정제는 진사 자격을 가진 이론가보다는 과거자격은 낮아도 능력형 인물을 등용하기도 했다. 이위, 전문경 등은 옹정제의 신뢰를 얻어 중용된 지방관들로 과거에 합격하지 않았다. 옹정제는 고전학문에 입각해 세속에서 벗어난 정론을 내세우는 관료보다 분골쇄신하고 실무를 성실하게 처리하는 관료를 높이 평가한 것이다(기시모토 미오·미야지마 히로시, 2003: 288).

최근 사법시험 합격자들의 절반 가까이가 서울 주요 외국어고등학교 출신이고, 또 외국어고 출신의 절반 이상이 서울 강남 등 특정지역 출신이라는 사실이 걱정스럽다. 서울대가 시행하는 지역할당제가 박수를 받고, 이를 확대해야 한다는 주장도 적지 않다. 지역할당제 도입을 촉구하는 것은 조선 전기와 같은 사회적 이동성이 21세기 대한민국에서 사라지지 않나 하는 우려 때문이다. 오늘날 대한민국의 교육은 빈부 차이에 상관 없이 평등한 기회가 부여된다고 할 수 없다. 활발한 사회적 이동성이 사회를 건전하게 유지한다는 점에서, 대를 이은 빈곤의 재생산이나 학력의 고착화 등은 개선돼야 한다.

조선, 욕망조차 하지 않았다

최근 20년 사이에 대한민국은 세계에 여러 경로로 알려지고 있다. 김영삼 정부 시절 경제협력개발기구(OECD)에 가입한 것이나, 김대중 정부 시절 김대중 대통령이 노벨평화상 수상자로 선정된 것, 노무현 정부 후기에 유엔 사무총장에 반기문 전 외교부 장관이 선임된 것, 이명박 정부 때 2010년 서울에서 'G20'를 개최한 것 등이 그렇다.

해외 관광을 나가거나 출장으로 해외 주요 도시를 방문하면 삼성전자와 현대자동차, LG전자의 입간판을 도심에서 쉽게 발견할 수 있다. 국내에서는 재벌기업들에 대해 이리저리 비판을 서슴지 않지만 해외에서는 이들 간판만 봐도 가슴이 뿌듯해지고 때론 눈시울이 시큰해지곤 한다. 이른바 애국심일 것이다. 그리고 우리 스스로 한국인은 정말 놀라운 사람들이라고 감탄한다.

제2차 세계대전이 끝난 뒤 1948년 신생국 대한민국(Republic of Korea)으로 한국은 출발했다. 남한과 북한은 그 후 1950년 한국전쟁으로 널리 알려졌다. 1960~1980년대는 박정희 대통령과 전두환 대통령의 30년 가까운 군사독재와 1980년 광주 민주화운동 등 군부에 저항하는 학생들의 화염병 시위 등이 해외언론을 통해 밖으로 나갔다. 그 무렵의 한국은 요즘 한국 젊은이들이 아프리카나 서남아시아 또는 동남아시아의 한 국가에서 쿠데타가 일어났다는 외신을 접할 때와 똑같은 감정을 일으키지 않았을까 싶다. 미개하다, 후진적이다는 인식이다.

한국은 1987년 6·10 민주화운동 이후 제정된 6공화국 헌법을 바탕으로 민주국가로 자리잡았다. 6공화국 헌법은 노태우 정부를 시작으로 박근혜 정부까지 6번째 정부를 탄생시켰다. 개헌논의가 종종 있지만, 비교적 안정적으로 정치체제를 유지해오고 있고, 그 결과 1950년대의 전쟁과 가난을 딛고 민주주의를 성취한 20세기의 보기 드문 국가로 세계인들에게 각인되고 있다.

외신에서 한국은 이미 선진국(Developed country)으로 표현된다. 그러나 선진국이라고 말하기에는 뭔가 '부족한 2%'를 아직 느낀다. 우선 '제국을 경영한 경험의 부재'를 꼽고 싶다.

19세기 말 20세기 초 제국주의로 식민지를 개척하지 못했다는 아쉬움을 이야기하는 것은 아니다. '제국을 해본 적이 없다'는 의미는 제국을 거느리는 데 필요한 여러 가지 요인 중, 국제 문제를 바라보는 독자적 시각, 세계관이 없다는 의미다. 그러다 보니 어떤 사안을 바라보는 시각이 국내에만 머물고 있고, 파장에 대해 다각도로 폭넓게 검토하지 못한다. 정보의 수집에도 열성을 보이지 않을 뿐만 아니라 그 정보를 해석할 때도 국제적 역학관계를 고려하지 않는다. 특정 국가를 제외하고 다른 나라의 반응에 대해서는 관심이 적다.

19~20세기와 같은 세계적 격변기에 일본은 청나라가 1차 아편전

쟁에서 영국에게 패하는 상황을 보고 커다란 위기의식을 갖게 되지만, 조선에서는 일본과 같은 위기의식이 발동하지 않았다. 조선은 청나라와 비슷한 생각을 연동시켰다. 중국의 입장에서 외세의 침입은 늘 있어왔던 것으로 대수롭지 않은 일로 받아들였던 것이다. 따라서 세계적 변화에 적극적으로 대응하는 독자적 대응책이 나오기보다는, 큰 나라의 정치적 입장에 동조하거나 국내의 정권유지 차원의 안일한 대책이 나오는 것이다. 19세기 격변기에 조선의 지배층이 세계적인 세력 관계에 관심을 쏟기보다는 쇠락하는 청나라에 기대어 권력을 유지하려고 했듯이 말이다.

조선과 중국과의 관계에서와 같이 현실적으로 강대국에 의지한다면 외교·군사적 문제를 신경쓰지 않아도 되므로 국내 집권에만 집중할 수 있다는 이점이 있다. 이것은 대단히 경제적이다. 군사력 유지에 필요한 비용이 덜 발생하기 때문이다. 그러나 대국의 눈치만 보다 보면 격변기에는 대응의 속도가 늦어져 문제가 발생하게 된다.

제국을 경영한 기억이 없다는 주장에 대해 '우리에겐 고구려가 있다'고 반박할 수도 있겠다. 하지만 이것은 너무나 오래된 기억으로 우리의 DNA에서 불러내기가 쉽지 않다. 고구려 광개토대왕의 '정복 DNA'는 북방정책을 폈던 고려와 조선 전기까지 어느 정도 유지되다가 17세기 무렵부터 우리의 DNA에서 완전히 소멸해 버렸을지도 모르겠다.

16세기 이후로 나라와 세계를 경영하는 태도를 보면 조선과 일본은 완전히 달랐다. 도요토미 히데요시는 16세기 말 명나라를 치겠다고 했다. 조선은 일본에서 보내온 국서에 '명나라를 치러갈 테니 길을 내달라'는 내용을 발견하고 이것을 명나라에 알려야 할지, 혹시 명나라에 알리면 일본과 조선이 내통한다고 의심하지 않을지 전전긍긍 했다. 큰 나라의 눈치를 보던 조선은 도요토미 히데요시의 이런 행동을 과대망상증이라고 비웃었지만, 단지 비웃기만 할 일은 아니었다. 도요토미 히데요시의 꿈은 그대로 일본인들의 가슴에 면면히 이어졌고 근대를 맞이하면서 동아시아를 전쟁과 식민의 시대로 몰아넣었다. 일본은 300여 년이 지난 뒤 청나라와 결국 전쟁(1894)을 벌여 이겼다. 그리고 중국 영토 일부를 불하받으면서 망상의 일부를 현실화했다.

오다 노부나가에 이어 전국시대를 종식시키고 일본을 통일한 도요토미 히데요시는 자신만만해져서 자신의 세력을 해외로 확대하려는 야망을 표현했다. 당시 히데요시는 해외무역상들을 통해 해외무역에 깊은 매력을 깨닫게 되었고, 해외로 진출하려는 욕망을 가졌다고 한다. 스페인의 식민지였던 필리핀 장관에게도 "일본에 항복하라"는 내용의 서신을 보냈고, 1593년 중국 명나라의 영토였던 대만에도 항복 요구 서신을 보냈다. 히데요시는 자신의 위엄을 3국에 떨치겠다는 야망을 가졌고, 그것이 이키 섬과 쓰시마 섬에 16만의 대군을 결집시켜 조선을 정벌한 이유라고 설명한다(김희영, 2006: 3535).

조선 상륙 20일 만에 한성을 점령한 일본군은 명나라 정복 후의 계획을 발표했다. 그 내용이 당시 명나라의 국력을 생각할 때 허무맹랑해 보이기도 하지만, 사고의 발상이 상당히 재밌다. 16세기 말의 동아시아를 각자가 상상하면서 그의 계획을 읽어볼 필요가 있다.

히데요시의 계획은 첫째 천황을 중국의 수도 북경에 맞이하는 것이다. 둘째, 북경 주위에 천황의 직할지를 만들고, 셋째, 일본은 황족이 다스리게 한다. 넷째, 일본과 중국에 각각 관백(재상과 신하들 같은 것)을 둔다. 다섯째, 조선 국왕을 일본으로 이동시킨다. 여섯째, 모든 다이묘에게는 포상으로 많은 토지를 하사한다. 일곱째, 히데요시는 영파에 거주를 마련한다. 여덟째, 인도 정복에 착수한다(김희영, 2006: 360). 조선과 명나라를 침략하고 영유한다는 계획도 모자라서 서쪽의 '황금의 나라' 인도를 정복한다는 그의 발상은 야무지지 않을 수가 없다.

더 재밌는 것은 명나라가 일본과 강화조약을 맺을 때 일본이 보여준 강화조건이 기절초풍할 만한 수준이다. 기상천외한 발상처럼 보인다. 당시 일본의 히데요시는 명나라가 패배했다고 생각하고 내린 결정이기 때문이다. 이때 강화조약을 맺는 주체는 전쟁의 당사자인 조선과 일본이 아니었다. 명나라 이여송의 부관 심유경과 일본의 고니시와 가토다. 350여년 뒤 한국전쟁 때 휴전협정의 당사자가 미국과 북한인 점과 비슷한 대목이다.

히데요시가 요구한 강화조건 7 가지를 살펴보자.

첫째, 명나라 황녀를 천황의 후비로 삼는다. 둘째, 무역 증서제를 부활한다(당시 왜구출몰 문제로 1550년 이래로 명나라와의 감합무역이 폐지됐다). 셋째, 일본과 명나라 양국 대신이 각서를 교환한다. 넷째, 조선 8도 가운데 4도를 일본에 할양한다. 다섯째, 조선의 왕자 및 대신을 인질로 일본에 보낸다. 여섯째, 포로로 잡고 있는 조선의 두 왕자를 석방한다. 일곱째, 조선의 권신이 앞으로 일본에 배반하지 않겠다는 서약을 한다(김희영, 2006: 364).

반면 명나라의 강화조건은 3개로 간단했다. 첫째 조선에서 완전 철병할 것, 둘째 조선의 두 왕자를 송환할 것, 셋째 관백 히데요시가 공식적으로 사과할 것이었다.

명나라와 일본 양측이 주장하는 강화의 내용은 상대방이 받아들이기 어려운 내용들이었다. 결국 강화의 주역인 중국의 심유경과 일본의 고니시는 강화 조건을 모두 자국에 숨기고 강화조약을 체결했다. 심유경은 명나라 황제에게 "히데요시가 바라는 것은 오로지 자신이 일본 국왕으로 책봉되는 일이며 신하로서 영구히 조공을 바치겠다고 하옵니다"라며 일본의 사죄문을 위조해 바쳤다. 명나라 조정에서 이를 검토한 끝에 히데요시를 일본 국왕에 책봉키로 결정하고 책봉 정사와 부사를 임명해 일본 국왕에 봉한다는 국서와 금인, 명나라 관복을 들고 일본으로 건너갔다.

히데요시는 명나라가 자신의 강화조건을 받아들인 것으로 이해하고 명나라 사절단을 접견했다가 버럭 화를 냈다. '특봉이위일본국왕(特封爾爲日本國王)'이란 국서를 본 히데요시는 강화 7조항이 무시되었음을 알고 이어 조선에 2차 출병을 명령했다. 이것이 1597년에 일어난 정유재란이다. 2차 출병의 목적은 명나라 정복의 꿈은 포기하고 오로지 조선 남부지방을 영유할 목적이었다. 일본의 2차 침공은 그러나 조선의 의병들과 이순신이 거느린 수군의 맹활약, 명나라 군사의 재출동, 결정적으로 1598년 히데요시의 사망으로 끝났다. 일본의 역사에서는 임진왜란과 정유재란은 당시의 연호를 따서 분로쿠(文祿) 전쟁, 게이쵸(慶長) 전쟁으로 각각 부른다 (김희영, 2006: 365).

다시 고민해 보자. 과연 도요토미 히데요시가 전쟁광이고, 자기 과시욕이 강한 과대망상증 환자라서 명나라를 치겠다고 한 것일까. 히데요시의 정신적 문제는 뒤로 하고, 일본이 16만 명이 넘는 군사력을 동원하려면 그에 필적할 만한 경제력을 갖추고 있음은 명확하다. 원래 전쟁은 군량미나 무기 등 후방 보급부대가 중요하다. 일본이 그 정도 군사력을 동원했다는 것은 전국시대를 거쳐온 일본의 경제력이 그만큼 뒷받침됐다는 증거이다. 일본은 16세기 중엽부터 포르투갈, 스페인, 영국, 네덜란드 등과 교역하면서 부를 쌓아 나갔다. 당시 교역량을 정확히 알 길은 없지만, 바다를 통해 위험을 무릅쓰고 교역했던 만큼 이들 나라가 거둬들인 이윤의 폭은 상당했을 것이다. 일본은 서양뿐만 아니라 중국, 동남아시아와의 교역도 꾸준히 진행했다.

명나라가 1550년 해금(海禁)정책을 선언했지만, 일본과 중국인 상인과의 교역은 끊어지지 않았다. 일본 은에 대한 중국의 수요와 비단, 도자기, 서적 등 중국 상품에 대한 일본의 수요가 매우 컸기 때문이다. 또한 명나라의 해금정책으로 중국인 상인들은 동남아시아로 거점을 이동하면서 화교의 탄생을 알렸다. 따라서 국가 간의 공무역이 사라졌다고 해서 중국 상인들과 일본 상인들을 중심으로 한·중·일 사무역이 사라진 것은 아니었다. 오히려 전국시대에 서로 경쟁하고 각축해야 했던 다이묘들은 군사적, 재정적 필요 때문에 사무역을 더욱 장려했다. 중일 무역은 리스크가 높지만, 고이윤을 예상할 수 있는 일종의 벤처사업이었기 때문이다(강진아, 2005: 41).

이런 해상교역을 통한 부의 축적이라는 과정을 돌아보면, 임진왜란은 한국인의 입장에서 인정하기 싫지만, 조선과 일본 사이에 국력이 역전된 하나의 역사적 증거일 수도 있다. 전국시대에 살아남아야 하는 다이묘들은 해외교역 등 상업의 발전을 꾀하고 경제적으로 부를 축적해야만 했다. 그리고 그것은 유럽과 마찬가지로 군사력 강화로 이어졌을 것이다.

반면 고려를 끝으로 해상교역을 포기한 조선은 자급자족 경제를 이끌어가면서 점차 쇠락해갔다. 정수일 한국문명교류연구소 소장은 "고려시대까지만 해도 우리나라의 세계적 지위가 전세계 교역규모 14위인 현재와 비슷하지 않았겠느냐"라고 추정하고 있다. 아시아는 18세기 이전까지 유럽보다 정치적으로뿐만 아니라 경제적으로도 우월했기 때문에 아시아에서 고려의 지위를 고려할 때 터무니없는 분석은 아닐 것이다. 그러나 전세계 교역규모 14위의 지위는 14세기 말 고려까지의 이야기다. 아시아의 교역적 지위는 18세기에도 높았지만, 그것은 바다로 뻗어나간 중국과 일본의 사례이지, 쇄국을 한 조선의 몫은 아니었다.

일본이 중국 명나라를 정벌하겠다고 나선 시기는 그 나름대로 의미심장하다. 명나라가 쇠약해지고 있다는 점을 충분히 파악하고 있었던 것이 아니겠나 싶다. 명나라는 초기에 강력한 중앙집권제를 통해 농업생산력을 확대하고, 상업과 수공업이 발달하면서 부를 축적해 나갔다. 그러나 상업과 수공업의 발달은 다른 한편으로 부의 편중현상을 일으켰고, 대규모 토지겸병 현상이 나타나 농민반란의 원인이 됐다. 남해안과 서해에 왜구들이 들끓고 있었고, 북에서는 몽골이 침입했다. 16세기 말의 명나라는 내부적으로 분열되고 외부세력의 침입으로 국력이 약해지고 있었다.

중국과 거의 비슷한 시기에 유럽의 문물을 받아들이고, 상업적 기초를 쌓아왔던 일본의 도요토미 히데요시는 명나라가 전성기 때보다 약해졌다고 파악하고, 전쟁을 일으키면 이긴다는 자신감을 갖지 않았을까. 멕시코, 필리핀, 인도 등 동남아시아와도 교류하면서 정보를 예민하고 민감하게 받아들여 국제정세에도 밝았을 것이다.

　　당시 일본이 명나라를 치겠다는 것이 조선에 어떤 정도의 충격을 주었을까. 명나라는 조선에 유일한 천자의 나라였다. 명나라는 세계를 통틀어 오늘날의 미국과 등치시킬 수 있겠다. 그러하니 일본이 명나라를 치겠다고 나서자 조선에서는 일본의 쥐새끼처럼 생긴 히데요시가 망상에 빠졌다고 할 만하겠다. 일테면 북한이 미국을 치겠다고 나선다고 가정해 보자. 계란으로 바위치기처럼 느껴지지 않겠나. 북한이 미국을 상대로 핵무기로 협박하는 것처럼 말이다. 다시 한 번 가정해 보자. 일본이 미국을 치겠다고 나선다면 한국인들은 어떻게 생각하겠나. 역시 일본이 히데요시와 같은 과대망상에 빠졌다고 하지 않겠나.

　　아시아 1위, 아니 16세기 무렵 세계 1위였던 명나라와 전쟁을 벌이겠다는 일본의 야심을 당시 충분한 정세분석의 결과로 볼 수는 없을까. 조선은 중국을 한족의 나라로 받아들였지만, 중국에서 한족이 정권을 차지한 것은 송나라와 명나라 때였고, 이때를 제외하고는 대체로 오랑캐들이 나라를 세우고 집권하였다. 원나라는 척박한 부족동맹이 힘을 모아 프랑스와 독일까지 위협했다. 청나라는 만주 여진족들이 후시를 발달시키면서 부를 축적하고 힘을 키워 중원을 차지했다.

우리는 왜 작은 한반도를 뚫고 밖으로 나갈 꿈을 꾸지 않았을까. 중국이 너무 강력해서 그 밑에 있으면 꿈꾸기 어려웠을까. 아니면 스스로 중화인임을 자처하고 한족에 동화되다 보니 그리된 것일까. 아니면 경제적으로 너무 가난했기 때문일까. 군사적으로 자꾸 위협받고 침략당하다 보니 스스로 위축돼 더 이상 도전하거나 꿈꾸지 않았던 것일까.

반면 일본은 중국과 떨어져 있었기에 상대적으로 '욕망'을 자유롭게 키울 수 있었을지 모른다. 대륙으로 진출하고자 하는 꿈과 거기에 경제력도 따라주자 군사적으로 무장하고, 도전할 야망을 더욱 확장해 실행했던 것 아닐까. 일본은 임진왜란 때만 중국을 치겠다고 나선 것이 아니었다. 결국 300년이 지난 뒤 1894~1895년에 청나라로 바뀐 중국과 전쟁을 일으키고 승리했다. 일본은 청나라와 1895년 4월 시모노세키조약을 체결하여 승전 대가로 청나라 1년 예산의 2.5배나 되는 배상금을 받았다. 또 중국의 영토인 랴오둥 반도와 타이완, 펑후 섬을 할양받았다.

19세기 말의 일본은 히데요시의 희망사항 대로 '명나라 황녀를 천황의 후비로 삼는다'거나 '천황을 북경으로 모신다'는 것을 실현하지는 못했지만 그에 근접한 일을 이루었다. 일본의 야망은 그후 러시아로 옮겨갔고 태평양 전쟁을 통해 당시 세계 1위인 미국과 전쟁을 벌이기도 했다.

무모한 제국주의적 전쟁을 벌이자는 뜻이 아니다. 왜 우리는 일본과 같은 꿈, '나도 1등을 해보자'는 꿈을 꿔보지도 않았느냐는 것이다. 내부적으로 당쟁에 몰두할 것이 아니라 외부로 역량을 발산해 볼 만도 했을 텐데 말이다. 조선 후기는 이웃나라와 갈등을 빚는 등 위기에 처하면 외교적으로 문제를 풀기보다는 전쟁을 해 끝장을 보자고 주장하는 주전파(主戰派)들이 힘을 얻었다. 전쟁 준비는 안 된 상황에서 전쟁을 주장만 하는 지식인, 지배층은 대체 누구를 위해 존재했는가. 싸우고 싶다면 내부의 적보다 외부의 진정 강한 누군가와 붙어보려고 노력했어야 하지 않을까. 그것은 군사력만의 문제는 아니고, 정치, 경제, 사회, 문화 모든 면에서 그 나름대로 홀로서기를 할 수 있을 때 가능하다.

18세기 천하도가 이야기하는 것

지도(map)는 라틴어 마파(mappa)에서 왔다. 마파는 옷이라는 뜻이다. 수세기에 걸쳐 지도는 돌에 새겨지기도 하고 비단에 그려지거나 종이에 인쇄됐다. 요즘은 구글이 인공위성으로 찍어 제공하는 실물과 똑같이 생긴 지도들을 아이폰이나 인터넷에서 내려받아 유용하게 사용하고 있다.

지도는 마치 객관적이고 가치중립적으로 느껴진다. 재미도 없고 생명력도 없는 것처럼 인식되기도 한다. 지도를 통해 우리가 배운 지식은 각 지역의 특산물이나 각 나라의 지하자원, 산업 등이었다. 일테면 대구 사과라든지, 이천의 도자기나 쌀, 미국 디트로이트의 자동차 산업 등이다. 그러나 지도의 성격은 15세기 이래 살아 있는 생물처럼 성장했다. 또한 지도처럼 정치적으로 당파적이고, 선택적으로 역사를 한눈에 보여주는 물건도 없는 것 같다. 15세기부터 시작해 21세기형 세계지도가 완성된 과정을 보면 인류 역사의 발전과정과 인식의 수준, 과학기술의 발전에 대해 많은 암시를 발견할 수 있다.

세계지도의 변화는 특정시기에 어느 나라가 가장 큰 제국을 형성했는지를 보여준다. 1차 세계 대전이나 2차 세계 대전과 같이 주요한 전쟁이 끝난 뒤 패전국은 전쟁 배상 차원에서 전승국에 나라를 쪼개 넘겨주었다. 또 과거 제국의 힘을 분산시킨다는 차원에서 신생국의 탄생을 널리 허용하기도 했다(타케미츠 마코트, 2009). 그래서 유럽의 국경은 꼬불꼬불하다.

프랑스 소설가 알퐁스 도데(1840~1897)의 〈마지막 수업〉에서 나타나는 알자스와 로렌 지방은 이런 유럽의 정치적 격변을 보여주는 대표적인 지역이기도 하다. 알자스와 로렌 지역은 921년부터 신성 로마제국에 속했으나 1648년 베스트팔렌 조약에 따라 프랑스에 병합되었다. 1871년 프로이센과 프랑스 전쟁 후 프랑크푸르트 조약에 따라 독일제국의 영토가 됐다. 제1차 세계대전 직후 잠시 알자스와 로렌 지역은 알자스-로렌 독립 공화국이란 자치국가로 존재하다가 1919년 베르사유 조약으로 다시 프랑스 영토가 됐다. 그러나 이 지역은 1940년 나치 독일에 다시 합병됐다가 1945년 제2차 세계대전이 끝난 후 프랑스에게 되돌아갔다. 그래서 알자스 로렌 지방을 배경으로 마지막으로 프랑스어 문법수업을 받는 주인공 프란츠의 이야기는 프랑스의 민족주의를 과장해 선전한 것이라는 비판도 받는다.

유럽의 복잡하기 짝이 없는 국경선과 달리 직선으로 반듯반듯해서 오히려 어색하게 보이는 아프리카 나라들의 국경선은 20세기 제국주의의 흔적을 암시하는 것이다. 아프리카를 식민지로 삼은 유럽의 제국주의 국가들은 자로 죽죽 그어서 자신들의 통치지역을 나타냈기 때문이다.

지도의 표기는 외교적으로도 중요하다. 독도를 두고 한국 땅인지 일본 땅인지를 가려보기 위해 18~19세기 세계 고지도들이 활용된다. 세계적인 지도회사들이나 미국 중앙정보국(CIA) 등 주요기관이 한반도 동쪽의 바다를 한국식 표기인 동해(East Sea)를 선택할지, 아니면 일본이 주장하는 일본해(Sea of Japan)로 표기할 것이냐는 무작위적 선택사항이 아니다. 정치외교적인 견해나 국제사회의 지배적 견해를 반영하여 표시하는 것이 일반적이기 때문이다. 이것이 동해의 표기를 두고 한국과 일본 정부가 외교전을 벌이는 이유다.

현대의 지도 이전에는 자국의 땅덩어리를 다른 나라보다 크게 그린다든지, 중국처럼 지도의 중앙에 자국을 위치시킨다든지 하는 변형도 적지 않았다. 당대의 과장된 자의식을 반영한 것이다.

특히 15세기 대항해와 지리상의 발견이 진행되면서 세계지도는 인류의 새로운 발견과 인식의 변화를 기록하는 매체가 됐다. 유럽인들은 지구는 평평한 정육면체가 아니라 동그란 공같은 존재이고 중동, 아프리카 이외에도 인도, 중국, 일본, 남북 아메리카 등이 존재함을 탐험을 통해 직접 확인하고 지도에 표기하기 시작했다. 특히 교역이 활발해진 이 시기의 지도는 항해와 교역에 필요한 국제항구들이 표기되고 새로운 발견들이 가득차면서 변화했다. 15세기 이래 인간의 해양 탐험과 모험심, 지적 활동이 총집약된 것이다.

15세기부터 유럽에서 만들어진 고지도는 아름답게 색칠된 수채화로 지도 구석구석에 장식적 요소들을 들여놓아 왕족과 귀족들 대저택의 벽면을 장식하는 예술작품으로서의 가치도 높았다. 이런 서양 지도뿐만 아니라 우리나라 고지도들도 시각과 독도법에 따라서 요즘의 메마르고 재미없는 지도와 달리 훌륭한 장식적 효과가 있었다.

1402년 조선은 개국한 지 얼마 되지 않아 〈혼일강리역대국도지도〉라는 지도를 만들었다. 한국에서 현존하는 가장 오래된 세계지도다. 조선에서 만들어 세계에 자랑할 만한 몇 안 되는 지도로 평가받는다. 당시 중국, 조선, 일본을 한 장의 지도로 그린 최초의 동아시아 전도이기 때문이다. 이 지도는 명에서 가져온 〈성교광피도〉와 〈혼일강리도〉를 합성한 이회의 지도에 조선의 건국 공신인 권근이 조선도와 일본도를 보충했다. 이 지도의 주요한 특징은 동아시아 이외에도 중국 지도에는 없던 아라비아 반도, 아프리카, 유럽 등이 포함됐다는 점이다. 지도의 정밀도는 많이 떨어지지만 10~14세기 동아시아 국가들의 현격한 세계 교류 진전을 보여주는 지도라고 할 수 있다(기시모토 미오·미야지마 히로시, 2003: 16).

　　〈혼일강리역대국도지도〉는 유럽의 지도들이 정확성과 정밀도를 내세워 지도를 만들던 시기에 조선도 거의 비슷한 수준의 세계 인식을 나타내는 지도를 완성했다는 점에서 의미가 있다. 주경철 서울대 교수는 "〈혼일강리역대국도지도〉의 존재는 그 당시 조선의 지리지식이 결코 만만치 않은 수준이었음을 증명한다"면서 "아프리카와 유럽, 아라비아 지역까지 비교적 정확하게 모양과 위치를 표시했다. 그 당시에 세계의 전반적인 모습을 이 정도로 그려냈다는 것은 기적에 가까운 일이다"라고 평가했다(주경철, 2009: 55).

　　조선 전기의 지도가 보여주는 세계에 대해 정수일 한국문명교류연구소 소장도 "조선은 1402년에 당시에서 가장 뛰어난 세계지도 〈혼일강리역대국도지도〉를 완성한 데 비해 일본은 390년 뒤인 1792년에야 재중 선교사인 마테오 리치가 그린 지도를 본떠 〈곤여지도〉를 처음 만들었다"면서 조선의 세계 인식이 선진적이었다고 설명한다. 또한 정 소장은 조선은 세종 때 원, 명나라 회회(아랍)의 역법을 참조해《칠정산내편》(七政算內篇)과《칠정산외편》을 편찬했지만, 일본은 약 250년 뒤인 1684년에 회회법에 준하여 '조쿄레키'를 만들어 사용했다며(정수일, 2009: 108), 조선의 역서(曆書)제작 능력에 대한 우리의 우월감을 부추긴다.

조선의 체계적인 지도제작은 15세기 후반에 시작돼 18세기에 들어서 표준화되는 양상을 보였다. 관청에서 제작된 대축척 지도가 변형된 것 중 하나가 관방도다. 국토방위를 목적으로 국경을 강조해 군의 정보전달체계를 정비하려고 만든 것이다. 한국 지도의 독특하고 탁월한 형태는 형세도(形勢圖)에서 나타난다. 모양과 위세를 표현한 지도로 14세기에 처음으로 등장했다. 풍수지리가 표현된 지도로 집이나 사찰 혹은 왕궁 등에 합당한 기를 불어넣어주면서 그 활력을 최대로 끌어올려 땅의 기세가 손에 만져질 것만 같이 꿈틀대고 있어 땅의 생명력을 강조했다(존 레니 쇼트, 2009: 161~164).

그러나 15세기에 비교적 정교한 지도를 만들었던 조선은 후기에 접어들면서 세계를 인식하는 수준이 크게 떨어진다. 〈천하도〉(天下圖)의 존재가 그런 상황을 보여주는 것이다. 이 지도는 17세기 중엽 이후 나타나 18세기와 19세기 조선에서 선풍적 인기를 끈 독특한 형태의 세계지도다. 하늘을 상징하는 원형의 구도 안에 바다와 대륙을 표현해 〈원형 천하도〉라고도 부른다. 관념적 세계관을 바탕으로 그린 이 지도에는 실제 지명과 함께 중국의 고대 지리서인《산해경》(山海經)에 나오는 상상 속의 지명과 중국 역사서, 도교 문헌에 나온 지명이 뒤섞여 있다. 중국과 조공국과의 관계에 익숙한 조선의 지식인들은 5대주로 구성된 서양식 세계지도를 대면했을 때 회남자나 산해경을 떠올렸고 이를 하나의 지도로 구성한 것이 〈천하도〉이다.

〈천하도〉는 내대륙을 제외하면 나머지는 상상의 세계로 채워진 세계지도다. 문제는 이 천하도가 19세기 말까지 조선의 일반 지식인들이 떠올렸던 기본적인 세계상이었다는 것이다(김문식, 2009: 68). 세계의 중심에 극동 아시아를 놓고 있고, 나머지 세상은 변방으로 밀려나 있다(국립중앙박물관 2007: 138 ; 존 레니 쇼트, 2009: 161~164). '하늘은 둥글고 땅은 모났다'는 동아시아의 전통적 사고방식이 표현된 〈천하도〉는 천하를 조공-책봉관계로 파악했던 동양의 의식을 반영한 것이었다. 그러나 이미 이 무렵 조선에도 명나라 말 선교사들이 가져왔거나 그들이 새로 그린 서양식 지도가 중국을 통해서 수입되기 시작했다. 이를 본 조선인들은 커다란 충격을 받았지만, 많은 사람들이 지도에 나타난 사실을 믿지 않았다.

마테오 리치가 제작에 관여한 중국판 세계지도 〈곤여만국전도〉는 1603년 조선의 사신을 통해 바로 국내로 반입됐다. 그러나 조선인들은 서양식 세계지도와 지리지가 조선에 들어왔을 때 그 내용을 모두 사실로 수용할 수는 없었다. '직방세계지도(중국과 조공 국가들을 그린 세계지도)'에 익숙한 조선의 성리학자들은 세계가 5대주로 구성되고 중국은 아시아주의 동쪽에 조그맣게 그려진 것을 보고 당혹하고 반발했다(김문식, 2009: 68).

17세기 초 〈곤여만국전도〉를 열람한 유몽인은《어우야담》에서 "마테오 리치의 지도에 나타난 해양의 여러 나라를 보니 중국은 동쪽 구석에 치우쳐 있으면서 크기가 손바닥만 하고, 우리나라의 크기는 버들잎만 하며 서역은 천하의 중앙이 돼 있다. 마음이 허탈하여 수용할 수 없으니, 우리나라에 이를 전한 자가 잘못한 것이다"라고 수록했다.

조선의 선진적 지식인들조차 서양지도가 보여주는 '오대주설'과 지구가 둥글다는 '지구 구체설'을 동양의 전통적 지식 가운데 '구주설'이나 《회남자》, 《산해경》의 유사한 내용과 연결시켜 이해하려고 노력했다. 실학의 대가 정약용은 《대대례》[大戴禮, 중국 전한의 대덕(戴德)이 공자의 72제자의 예설(禮說)을 모아 엮은 책]나 주자의 언설을 근거로 지구설을 설명하려고 했다. 조선의 지식인들은 세계를 바라보는 사고의 틀을 열려고 노력했으나, 쉽지 않은 일이었다.

1840년에는 유럽파 중심의 대서양과 동남아의 인도양 중심의 소서양을 혼동한 조선 정부가 제작한 지도들이 나타났다. 당시 오로지 가톨릭 신자와 일부 지식인들만이 대서양 중심의 서양을 이해하고 있었다. 그러다 보니 1666년 김수홍이 〈곤여만국전도〉를 참고해 그린 세계지도 〈천하고금대총편람도〉도 전통적 화이관을 표현한 지도에 그치고 만다(김문식, 2009: 70).

1668년 간행된 《하멜표류기》에서 하멜은 "이 나라의 고서에는 세상에 8만 4천 개의 나라가 있다고 돼 있으나 이 나라 사람들은 이것이 꾸며낸 얘기거나 섬, 절벽, 바위까지 포함한 것으로 생각한다. 하루에 태양이 그 많은 나라들을 다 비칠 수 없다는 것이다. 우리가 여러 나라를 언급하면 이 나라 사람들은 비웃으며 그것은 도시나 마을 이름들이라고 말한다. 그들의 지도에는 시암(태국) 이상이 나와 있지 않기 때문이다"라고 말하고 있다(국립중앙박물관, 2007 ; 주경철, 2009).

하멜이 17세기 말 조선인들에 대해 느낀 것을 그로부터 200여 년이 지난 19세기에 조선을 찾은 서양인들도 똑같이 느끼게 된다.

J. S. 게일 박사는 1889년 황해도 관찰사를 만났을 때 그 고관이 미국 영국이라는 이름도 몰랐고 서구 세계는 모두 '양국'이라는 하나의 나라라고 생각했다고 전했다.

"그 사람은 중국을 위대한 나라, '대국'이라고 알았고, 일본은 경멸할 만한 소인의 나라, 즉 '왜국'으로 알았다. 조선인들에게 지구는 여전히 평평했고, 세계의 중심에는 중국이 있었다. 그 동쪽에 한국이 있었다. 그 가장자리에서 너무 멀리 가면 알 수 없는 곳으로 떨어진다고 생각했다. 한국 이외의 민족은 모두 야만인이었고, 한국은 이들 누구와도 교류하고 싶어 하지 않았다."(엘라수 와그너, 2009: 31~32)

아시아 지도의 변화에 큰 영향을 미친 인물로 명나라의 환관 정화와 예수회 소속의 신부 마테오 리치를 손꼽을 수 있다. 명나라의 환관 정화는 1405~1433년에 걸쳐 태평양과 인도양을 일곱 번 탐사하고 탐험해 중국의 지리학 발전에 기여했다. 1602년 세계의 지명을 한문으로 표기한 세계지도 〈곤여만국지도〉를 제작한 마테오 리치(1582년 중국 방문)의 출현도 중국 지도발전과 세계 인식을 넓힌 일대 사건이었다. 물론 중국의 주은본(周恩本, 1273~1335)에 의해 수집된 중국 및 주변지역을 그린 지도첩은 중국 지도제작의 높은 수준을 보여준다. 대부분의 나라가 세밀한 축척으로 그려져 있고 중국 남쪽의 바다와 인도양이 정확하게 표현돼 있었다. 아프리카의 윤곽도 전반적으로 들어맞았다. 콩고와 나일강의 위치도 그려져 있었다.

이렇게 중세 중국에서 만든 초기의 지도는 군사적, 정치적, 행정적 목적으로 중앙정부가 제작한 것이었다. 1579년 중국인들은 거대한 제국의 전역을 포괄하는 대지도첩을 만들어 〈광요도〉라고 했다(존 레니 쇼트, 2009: 156).

17세기 초 마테오 리치는 〈곤여만국지도〉(1602년)를 시작으로 그의 제자에게 〈양의현감원〉(1603년), 〈산해여지전도〉(1609년), 〈만국전도〉(1623년), 〈곤여전도〉(1674년) 등을 제작하거나 중간에 간행하도록 했다(김문식, 2009: 68). 그의 출현과 그가 제작한 지도들은 세계를 바라보는 새로운 방식을 중국과 아시아에 도입하고 중국의 지도학과 서구 지도학의 연결고리를 만들었다. 세계전도에 중국식 이름을 다 적어 놓았기 때문이다. 또한 중국인에게 경도와 위도의 원칙을 소개했다. 서구의 지도 제작자들이 동양을 좀더 정확히 그릴 수 있게 도와준 것이다. 18세기 중국의 공식지도는 마테오 리치 등을 통해 유럽의 지도제작 전통의 영향을 받아 경·위도를 지도제작에 정식으로 채택했다(존 레니 쇼트, 2009: 159).

일본의 지도는 17세기부터 유럽의 커다란 영향을 받았다. 초기 유럽에서 건너온 교역 상인을 난반진(Nanbanjin, 포르투갈·스페인 사람)이라고 불렀는데, 이는 남쪽에서 온 야만인의 배란 뜻의 남만선에서 유래한 것이다. 이 이름은 일본인들이 유럽의 방식에 따라 세계지도를 만들 때도 쓰였다. 일본의 난반지도는 메르카토르 도법과 같은 유럽식 투영도법을 배워 세계를 그린 것이다. 난반지도에 나타난 동서의 결합은 동서양 지도 문화 교류의 산물이었다. 17세기 이후 일본의 해상지도가 포르투갈의 해상지도학의 영향을 크게 받았음을 보여준다(존 레니 쇼트, 2009: 161).

조선은 중국에서 활동하는 예수회 선교사들과의 교류를 통해 17세기 후반 서구 지도의 영향을 받기 시작했고, 19세기에 이르러 과학적 지도의 면모를 보여준다. 이 무렵부터 〈형세도〉가 보여주던 기운생동과 같은 생명력은 무미건조한 지형묘사로 대체된다(존 레니 쇼트, 2009: 161~164).

19세기 중엽에 김정호가 제작한 것으로 추정되는 세계지도 〈여지전도〉(與地全圖)는 서양식 지도가 조선에 들어와서 어떻게 변형되는가를 잘 보여준다. 1834년 최한기가 제작한 〈지구전후도〉와 밀접한 관련이 있지만 지도에는 아시아·유럽·아프리카·오세아니아 대륙이 그려져 있고 아메리카 대륙은 빠져있다. 신대륙 부분을 수용하지 않은 것이다. 그래도 서양의 많은 지명이 수록됐으며 조선의 윤곽도 잘 그려져 있다. 또한 경위선이나 적도, 황도 같은 천문과 관련된 부분을 배제하여 흡사 평평한 대지를 전제로 한 것처럼 지도를 그렸다. 둥근 지구를 평면상의 종이에 2차원으로 표현할 때 나타나는 투영법의 문제는 전혀 고려되지 않은 듯 보인다. 중국을 중심에 배치하고 주변의 유럽·아프리카 대륙은 축소하여 그림으로써 여전히 전통적인 중화적 세계관을 고수하고 있다(김문식, 2009: 74).

조선은 서양문물과 지도를 중국과 일본보다도 뒤늦게 받아들였고, 이들 문물이 들어온 뒤에도 중국식 화이관에서 벗어나지 못했다. 그 결과 서양식 지도가 중국을 통해 흘러들어왔을 때조차 서양식 지도가 보여주는 세계를 제대로 이해하기가 어려웠다. 서양식 세계지도가 보여주는 지구 구체설이나 오대양 육대주의 존재를 받아들이는 속도가 늦어지면서 근대로 가는 발걸음도 늦어진 듯하다.

조선과 일본 지배층의 세계지도를 통한 세계인식의 차이는 18세기 초반 역력히 드러난다. 1711년 신유사절로 일본에 간 정사 조태억과 일본의 아라이 하쿠세키(新井白石)와의 교류가 그 차이를 잘 보여준다. 아라이는 "귀국에는 만국전도가 없느냐"라고 묻거나 "왜냐면 대서양 유럽 지방의 이탈리아 사람과 네덜란드 사람과 류쿠 사람, 당산 등 여러 산과 여러 항구의 사람들을 내가 다 직접 보았다"라며 은근히 서양식 지식을 자랑했다. 또한 아라이는 정사 조태억에게 세계지도를 선물하기도 했다. 중화문명을 무기로 상대를 압도하려는 조선 사신들을 상대로 일본 관리가 서양문물을 앞세워 반발하는 모습을 보여준 것이다. 이에 부사인 임수간은 "대서양은 서역에 있는 나라 이름이냐. 유럽, 이탈리아, 네덜란드 등 여러 나라는 어느 곳에 있습니까"라고 물었다고 한다. 이는 18세기 초반부터 이미 조선 관리들과 일본 관리들 사이의 서양지식과 지리개념이 비교할 수 없게 벌어졌음을 보여준다.

아라이는 어디서 지식을 확보했을까. 아라이는 1709년 이탈리아 예수회 선교사 죠바니 바티스타 씨도치를 4차례나 심문하고, 《요한 밧데이스타 이야기》를 지었다. 씨도치는 천문지리에 조예가 깊은 서양학자였다. 이때 얻은 지식과 《요한 밧데이스타 이야기》를 통해 백석의 《서양기문》을 썼다. 그는 씨도치를 신문할 때 막부가 비밀리에 소장한 이른바 요한 블라우(Johan Blau)의 〈동서양반구도〉(1639, 암스테르담)를 사용하기도 했고 마테오 리치가 만든 한자 이름으로 번역된 만국도와 대조해가며 심문했다고 한다(한국18세기학회, 2007: 427~431).

일본의 지식인층은 18세기 이전부터 중국식 세계관에서 벗어나 세계로 열린 학문적 지식을 쌓았다. 이런 세계 인식의 차이로 인해 이후에 모든 영역에서 조선과 일본은 서양문물을 받아들이는 속도와 깊이가 달랐다. 서양에서 들어온 지도를 믿지 못한다면 그 이후로 들어오는 정보에 대해서도 부정적인 태도를 취할 수밖에 없다. 반면 일본은 서양문물을 받아들이는 데 비교적 적극적이었고 도전적이었다. 또한 일본은 서양문물을 받아들인 계층이 조선의 북학파처럼 권력 밖 지식인들이 아니라 막부세력이나 다이묘 등의 핵심 권력층이었다. 이런 차이는 서양문물이 해당 사회에 퍼져나가는 파급 효과에도 큰 영향을 끼쳤다.

결론

내가 살길 꿈꾸는 나라,
'힘세고 정의로운 대한민국'

아주 가난한 집에서 흥부네 집처럼 자식을 10여 명 두었다. 한때 뼈대 있는 가문의 후손이었던 이 집안의 아버지는 남아있는 재산을 모두 털어서 맏아들에게 투자하기로 결정했다. 맏아들이 출세하면 집안을 일으키고 나머지 동생들도 건사할 것이라고 확신했기 때문이었다. 다행히 맏아들은 아버지의 바람대로 성실하게 공부했다. 나머지 형제들도 똑똑하고 성실했지만 맏아들에게 '올인'하기로 한 아버지의 결정을 거스를 수가 없었다. 그래서 형제들은 의무교육인 초등학교를 졸업하자마자 어린 나이에 취업전선에 뛰어들었다. 맏형이자 맏오빠의 성공을 기대하며 이들은 최소한의 생계비를 제외하고 월급봉투를 내놓았다. 가문의 부활이라는 막연한 기대와 희망을 품고 어려운 시간을 견뎠다. 형은 대학, 대학원, 해외유학까지 마치고 출세에 성공했다.

20년 넘게 형을 뒷바라지 하느라 배우지 못해 가난한 형제들은 떨듯이 기뻤다. 가장인 아버지도 자랑스러워했다. 이제 숨통이 트일 듯했다. 그러나 이들의 행복과 기쁨은 거기까지였다.

맏형은 자신의 출세를 자신의 성실함과 뛰어난 머리, 어려움에 굴복하지 않았던 용기 등에서 찾았다. 못되면 조상 탓을 한다지만, 잘되면 자기가 잘난 덕분이라는 속담이 어긋나지 않았다. 맏형은 철야 미싱질로 손가락이 성할 날이 없었던 나이 어린 여동생이나 밥 먹듯 야근을 하며 망치를 두드렸던 차남, 프레스 기계에 손가락이 한두 개 잘려나간 셋째 남동생에게 "운명은 스스로 개척했어야지"라고 말한 뒤 외면했다. "형이 어떻게 우리한테 이럴 수 있느냐"라고 동생들이 항의하자, 형은 몇 차례 자신의 소신을 강조하더니 동생들이 무식해서 말이 통하지 않는다며 발길을 뚝 끊었다. 형은 더 이상 집안을 일으킬 희망이 아니었다.

동생들은 눈앞의 배신을 믿을 수가 없었다. 형제들은 시골집의 다 떨어진 장판을 오랫동안 노려본 뒤 뿔뿔이 흩어졌다. 간혹 명절에라도 만나면 술에 취해 삿대질을 하며 서로 목소리를 높였다. 동생들의 못 배운 서러움은 그저 서러움으로 끝난 것이 아니라 교육을 통한 신분상승이 좌절되면서, 아들과 손자에게 대대로 가난을 물려주게 되었다.

맏아들의 성공에 펄펄 뛰며 좋아하던 아버지는 뒤늦게 자신의 잘못된 결정에 가슴을 치고 울었다. 아버지는 "너희들 모두 똑같이 교육시킬 걸 그랬다. 그랬더라면 가난하더라도 집안이 풍비박산하지는 않았을 것을"이라며 피눈물을 흘렸다.

21세기의 대한민국 정부 또는 국민이 '가난한 아버지' 같은 처지에 놓인 것처럼 보인다. 비유하자면 맏형은 우리나라의 수출 대기업들이고 나머지 형제들은 중소기업이나 사무직, 농부, 노동자, 도시빈민 등이다.

1948년 건국했지만 1950년 시작된 한국전쟁으로 경제적 회복불능에 빠진 대한민국은 이승만 정부, 박정희 정부 때에 '국민의 이름으로' 차관을 들여와야만 했다. 그러나 들여온 차관을 국민들의 숫자에 따라 N분의 1로 나눠줄 수는 없었다. 그 자금으로 일자리를 창출하고 부가가치 있는 상품을 생산해 되팔 수 있는 기업이 필요했기 때문이다. 정부는 일제 강점기 때부터 사업을 하던 기업가나 해방공간(1945~1948년)에서 적산가옥 공장 등을 선점해 생산시설을 가진 사람들에게 자금을 나눠주고 기업활동을 장려했다. '국민의 이름으로' 들여온 차관의 이자는 낮았다. 정부는 저금리의 대가로 각종 개발사업의 이권을 알게 모르게 차관 공여국에게 내줘야 했다. 이렇게 정부가 차관을 얻어와 국내 기업을 수십 년 동안 키웠다.

정부는 국민들에게 저축도 장려했다. 국민의 저축으로 은행을 만들고, 기업의 돈줄로 활용했다. 우리나라 은행들은 미국이나 유럽처럼 자본가들이 자신들의 여윳돈을 굴리기 위해 만들어진 것이 아니라, 해외 차관과 국민들의 30~40%에 달하는 높은 저축률로 본원적 축적을 해나갔다. '국민의 이름으로' 빌린 차관과 국민의 저축, 국민이 떠안은 국가부채(국채) 등으로 기업들은 알토란처럼 커나갔다. 정부는 기업대출에 많은 편의를 봐줬다. 수출입은행이나 산업은행 등 국책은행들은 기업에 싼 이자로 자금을 빌려줬다.

반면 당시 국민들은 은행돈 빌리기가 무척 어려웠다. 빌린다고 해도 지금의 대부업체나 캐피탈에서 빌리는 것과 같은 고금리를 적용받았다. 요즘 시중은행의 대출금리가 4~7%에 불과하고, 0.25%포인트만 올라도 이자부담이 늘어났다고 아우성이지만, 20~30년 전 대출금리는 10%대 후반이었다. 그 당시 국민들이 느꼈을 삶의 고통이 어땠을지 짐작이 간다.

기업을 경영하는 소유주나 전문경영인들의 능력이나 노력 없이 정부의 혜택만으로 기업이 거저 성장했다는 말은 아니다. 그들도 뼈를 깎는 고통과 참신한 발상으로 기업을 발전시킨 끝에 세계 일류기업이 됐을 것이다. 세계 일류기업으로 성장한 저변에는 수출상품의 가격경쟁력을 확보하기 위해 정부는 달러 대비 원화의 가격을 저평가되도록 하는 정책을 폈다. 국민들도 물가상승이라는 부담을 꺼안으면서 초절약 생활로 버텼다. 기업들이 특혜 대출금리로 은행에서 돈을 빌려갈 때, 재원의 효율적 분배라는 명목으로 국민들은 기업의 저금리보다 서너 배 이상 높은 고금리로 대출받아야 했다. 이렇게 내핍을 일상화한 국민과 정부의 '맏아들 밀어주기' 식 정책으로 기업들은 토실토실 살이 쪄갔고, 발전했다.

국민이 정부가 기업에 주는 특혜를 참아낸 이유는 기업들이 성공하면 궁극적으로 그 이득이 국민들에게 돌아올 것이라는 믿음이 있었기 때문이다. 대기업이 성장하면 부품을 생산하거나 하청을 맡는 중소기업이 발전하고, 대기업과 중소기업이 발전하면 일자리가 늘어나 국민이 먹고살 수 있게 되며, 늘어난 일자리만큼 내수가 확대되면서 수출기업만이 아니라 내수기업들도 성장하는 선순환 과정이 발생할 것으로 기대했던 것이다. 소득의 불균형 확대, 대기업과 중소기업 사이의 불공정 관행이라는 문제들이 나타났지만, 이 같은 선순환 구조는 1970년대, 1980년대, 1990년대 초반까지는 그럭저럭 유지된 것 같다.

그러나 1990년대 말 외환위기를 거치면서 대기업, 특히 수출 대기업의 사상 최대 흑자는 더 이상 국민들과 관련이 없게 됐다. 한국의 수출대기업은 세계 일류기업이 되었지만 중소기업과 내수기업들은 빚에 대한 이자를 감당하기조차 힘들어졌으며, 국민들도 점차 일자리를 잃어가는 등 어려움을 겪었다. 수출 대기업들은 여러 가지 이유를 내세워 해외로 공장을 빼내었고, 수출 대기업과 중소기업 사이의 연결고리가 끊어졌다. 경제적으로 어려운 상황에서 수출대기업(맏형)에게 기대하던 동생(중소기업과 국민)들은 막상 대기업들이 보이는 태도에 당황하였다.

외환위기 때 정부는 국민의 세금으로 공적 자금을 조성하고, 이를 통해 기업들을 회생시켰다. 하지만 회생된 이후 기업들은 공적 자금이 투입됐다는 사실조차 외면하려고 하고 있다. 그리고 자신들이 기업운영을 잘해서 이익을 낸다는 점만 강조하고 있다. 출세한 뒤 동생들을 외면하는 가난한 집의 맏아들과 다를 것이 전혀 없다.

국민들은 모두 한결같은 마음으로 국가와 기업이 잘되기를 바라며 50~60년간 고통을 견뎌왔다. 이제 국가와 기업이 보답할 차례다. 만약 기업이 국민들의 기대를 저버린다면, 정부는 과거처럼 계속 기업의 편에 설 것이 아니라 국민의 편에 서서 부의 분배를 위해 힘써야 할 것이다. 기업은 1960년대부터 1980년대까지 정부가 기업의 편에 서서 관치금융을 하거나 정책을 펼 때 정부의 품안에서 충분한 혜택을 누렸다. 가난해진 국민이 더 늦기 전에 고통을 분담할 것을 요구하자마자 이제 와서 "관치금융은 안 된다"거나 "시장에 맡겨야 한다"고 주장해선 곤란하다. 대기업들은 2세 또는 3세 경영체제로 돌입했다. 이들이 "아버지 세대에서 있었던 전폭적인 재정적 지원은 내가 알 바 아니다"라고 이야기할 수도 있다. 그러나 그래서는 안 된다. 그것은 기업과 국민들 사이의 신뢰를 약화시킨다. 선진국일수록 기업과 기업 오너의 사회적 책임 문제가 중요해지는데 한국은 이제 선진국의 문턱을 넘어서고 있다.

2010년 8월 4일 미국에서 빌 게이츠나 워렌 버핏 등 미국의 부호 40명이 재산의 절반 이상을 기부한다는 '기부서약'(Giving Pledge)에 서명했다. 세계적 부자로 알려진 워렌 버핏과 마이크로소프트 설립자 빌 게이츠 외에 기부서약에 동참한 거부들은 세계적인 소프트웨어 회사 오라클의 CEO인 래리 엘리슨, 〈스타워즈〉의 감독 조지 루카스, 씨티그룹 설립자 샌디 웨일, 호텔 갑부 배리 힐튼, 뉴욕 시장 마이클 블룸버그, 에너지 재벌 T. 분 피켄스, CNN 설립자 테드 터너 등이다. 경영 전문지 〈포브스〉에 따르면 이들 재산의 50%만 합산해도 최소 1,500억 달러(약 175조 원)에 달한다. 이는 2010년 한국 정부예산 288조 원의 61%에 해당하는 막대한 액수다.

한국의 기업인들은 한국 사회가 부자들을 백안시한다고 투덜댈 것이 아니라 미국 갑부들의 이런 사회적 활동에 대해 깊이 성찰해야 한다.

국민에게 실망을 주는 태도는 기업들에게만 있는 것은 아니다. 못된 시어머니의 혹독한 시집살이를 욕하던 며느리가 나이가 들어 시어머니가 되면 더 혹독해진다는 말이 노동 운동계에도 고스란히 적용된다. 대기업과 중소기업 간의 불공정 관행은 대기업 노동자가 중소기업 또는 하청업체 노동자를 착취하는 구조로 변형되어 나타난다. 대기업 소속 노동자들은 중소기업 노동자의 노동현장의 어려움을 아무런 도덕적 고통 없이 자연스레 받아들이고 있다. 대기업의 원가절감이 하청업체인 중소기업 노동자의 대체휴가 없는 비인간적 철야근무 덕분에 가능하다는 사실을 대기업 노동자들이 부끄러워해야 할 일이다.

국민들이 1988년 대기업 노동자들의 투쟁에 비교적 우호적이거나 지지를 보낸 것은 대기업과 대기업 노동자들 사이의 건전한 노사관계가 형성되면 중소기업과 중소기업 노동자들 사이에도 긍정적인 영향을 미칠 것이라 기대했기 때문이다. 대기업 노동자가 중소기업 노동자를 차별하고 억압하는 것은 비윤리적인 자본가의 태도와 다를 바가 없다. 현대차 노동자의 고임금이 부품업체 노동자를 억압하고 착취한 결과라면 한국인들은 현대차를 외면할지도 모른다. 이제 일본이나 유럽에서 현대차만큼 멋진 차들이 들어오지 않는가.

우리 사회가 보수와 진보로 나뉘고 이념으로 갈등하고 있다고 우려하는 목소리가 있다. 하지만 개인적으로 나는 우리나라에 '진정한 보수'도 '진정한 진보'도 없다고 생각한다. 보수란 기본적으로 안보를 소중하게 여기므로 내 나라는 내가 지킨다는 자세로 군대를 다녀와야 한다. 또한 시민사회의 기본인 세금도 제대로 내야 한다. 그러나 우리나라의 보수라고 알려진 저명인사들은 군대도 가지 않았고, 납세 문제에서도 깨끗하지 않다. 국방의무와 납세의무를 성실하게 수행하는 사람들이 보수다. 그렇다면 한국사회의 보수는 오히려 30~50대의 월급쟁이들이다. 1970년대와 1980년대, 넓게는 1990년대에 학창시절을 보냈던 세대이기도 하다. 이들 스스로는 자신들이 진보적이고 사회개혁을 희망하는 세력이라고 생각할 것이다.

이른바 민주화 세대로 불리는 이들도 진정한 의미의 진보라고 하기에는 미흡하다. 이들은 기본적으로 민족주의 성향이 짙다. 민족주의야말로 보수의 기본철학이 아닌가 싶다. 따라서 우리나라의 진보세력은 서양적 기준으로 보면 '건전한 보수세력'으로 규정되는 것이 더 타당할지 모른다. 그래서 한국인을 진보냐 보수냐로 나누는 것은 적합하지 않다는 것이다.

대한민국에 살면서 보수니 진보니 하며 이름을 붙이는 것은 큰 의미가 없다. 다만 자신이 어떤 진영에 속한다고 생각하더라도, 자신의 이념과 다른 사람들을 존중하고, 상대의 의견을 들어보려는 노력이 사회적으로 필요하다. 상대가 서로 다른 것을 인정하면 대화하기가 즐겁다. 서로 다르다는 것이 명확해지면 접점도 명확해지기 때문에 오히려 타협할 여지가 생긴다. 보수인지 진보인지, 또는 생각의 어떤 부분이 다른지가 명확하지 않고 두루뭉수리할 때 타협의 여지와 공간은 더 좁아질 수 있다.

북한을 대하는 태도를 가지고 진보냐, 보수냐를 따지고 싶어 하는 사람들도 있다. 북한에 대해 비교적 우호적 태도를 보내면 친북파니 종북파니, 더 심하게는 '빨갱이'라고 몰아붙이기도 한다. 문제는 보수적인 정부가 정권유지 차원에서 자신들의 정책에 반대하는 다른 국민들을 몰아칠 때 친북파니 종북파니 하면서 낙인을 찍는다는 것이다. 국민의 입을 한국사회에서 가장 예민한 이념문제를 자물쇠로 사용해 채워놓으려는 것 같다. 그러나 묻고 싶다. 북한과 친하게 지내면 정말로 안 되나? 현재 사회주의 종주국인 중국이나 과거 식민지배로 우리 민족을 괴롭혔던 일본하고도 경제적, 외교적 이익을 내세워 친하게 지내자고 하는 판인데 말이다.

나는 민족의 통일 없이 남한만으로 21세기를 무사히 통과할 수 없다고 믿는다. 북한을 적대시해서 남한이 얻는 것은 무엇인가? 정권을 운영하는 입장에서는 '외부의 적'을 내세워 내부적인 단속과 단결을 이루겠지만, 길게 보면 남북한 국민, 즉 한민족 모두에게 불이익이 된다는 것은 명백하다.

남한은 북한과의 관계를 개선하지 않으면 섬나라 일본보다 못한 '아주 작은 섬'으로 전락할 것이다. 고려와 조선이 한강 유역에 머물렀던 영토를 대동강과 더 나아가 압록강까지 끌어올리기 위해 얼마나 오랜 시간을 보냈고, 외교적으로 노력했는지를 돌아봐야 한다. 남한만으로는 절대적인 의미에서 국토의 크기도 작고, 부존자원도 거의 없다. 남한으로 존재한다면 대륙의 문화를 받아들이고, 해양으로 뻗어나가는 한민족이 가지고 있는 반도적인 특성도 사라질 것이다. 자체적으로 내수정책을 펴기에도 한계가 명확한 5천만 명의 인구를 가진 '섬'이 된다. 또한 북한에 막혀 유라시아 대륙으로 뻗어나갈 수도 없다. 교역 등 경제적 측면에서만 시장이 형성되지 않는 것이 아니라 문화, 체육, 복지 등 다양한 분야에서 5천만 명이라는 인구로는 적정한 시장이 형성되지 않는다. 때문에 다른 이유를 다 제쳐두고라도 다양한 분야에서 이익을 취하기 위해서라도 통일은 필요하다.

중국과 일본이라는 경제적, 정치적으로 G2와 G3로 성장한 두 나라 사이에서 대한민국, 한민족이 그나마 살아남으려면 북한과의 통일은 그래서 필수적이다. 최소한 북한과의 긴장관계를 고조시키지 않아야 한다. 남한이 북한과의 긴장관계를 고조시키면서 한미 혈맹을 강조하면 북한은 중국과의 조중 혈맹을 강조할 것이기 때문이다. 남북한의 긴장고조가 가져오는 국제정치 무대에서의 악영향은 천안함 사태 이후 더욱 확연해졌다. 남북한의 물리적 통일은 북한과 남한 정부가 손을 꼭 붙잡고 '우리 민족끼리 통일하자'라는 식으로 낭만적으로 접근해서도 안 될 일이다. 남북한의 통일은 주변의 강대국인 일본, 중국, 러시아는 물론 우리와 지리적으로 떨어져있는 미국 등의 이해와 '승인'이 필요하다.

제2차 세계대전을 일으켰던 패전국 독일이 통일한 지 벌써 20년이 넘었다. 그런데 제2차 세계대전의 피해자인 우리가 여전히 세계의 마지막 냉전국가로 남아 있을 이유가 무엇인가? 없다. 이명박 정부에 들어와서 크게 후퇴한 감이 있지만 남과 북이 경제나 문화 체육 분야 등에서 더 활발하게 교류해야 한다. 그럼으로써 남북 간의 긴장을 완화시키고 앞으로 있을 통일에 차근차근 대비해야 한다.

'부자 남한'이 '가난한 북한'의 동포들에게 좀 나눠주는 것도 좋지 않은가. 남한에서 돈줄이 끊기자 북한이 중국에 북한의 항구나 영해의 개발 이권을 내주는 일이 2010년 이후 계속 발생하고 있다. 후손들이 통일이 필요하다고 판단해 추진할 때 이권을 받은 중국과의 문제를 해결하려면 엄청난 대가를 치러야 할지도 모른다. 지금 가난한 북한을 조금 도와주는 것이 나중에 통일비용을 줄이는 일이 될 터이다. 남북 관계를 너무 근시안적으로 보지 말았으면 좋겠다.

북한에 대해 조금 우호적 태도를 취하면 "그렇게 좋으면, 북한 가서 살아라"라고 이야기하는 사람들도 있다. 너무 유치하다. 바꿔서 "미국과 혈맹을 주장하는 너나 미국 가서 살아라"라고 한다면 옳은가 말이다. 정부정책에 반대의견을 낼 때마다 고위 당국자들이 한국을 떠나서 살라고 비판한다면 국가 전체에 이익이 되는 꼭 필요한 제안이나 비판을 할 수가 없다. 대한민국의 5천만 명이 기계로 찍어낸 듯 똑같은 생각을 갖고 똑같은 행동을 한다면 단기적으로 일사불란하게 국론을 통일시켜 경제발전의 속도를 높이는 것처럼 느껴지겠지만, 장기적으로는 국가의 힘을 약화시킬 가능성이 높다. 마치 조선 후기에 주자학이 아니면 사문난적이라고 비난하며 학문뿐만 아니라 문학, 예술 등 전 영역에 걸쳐 주자학을 철저하게 교조적으로 받아들였던 상황과 흡사해질 것이다.

나는 우리나라가 강한 나라가 됐으면 좋겠다. 그러나 강한 나라는 목표가 아니라 '수단'이다. 힘없고 약해 큰 나라 뒤에서 큰 나라가 잘못된 정책을 펴도 어쩔 수 없이 따라가야 하는 나라가 아니라 스스로 힘없고 작은 나라를 보호해 주고 좋은 정책을 펴나갈 수 있는 그런 나라가 됐으면 좋겠다. 경제적으로 군사적으로 힘이 세다는 것은 세계적으로 훌륭한 일, 가치 있는 일을 할 수 있다는 점에서 긍정적이다.

'힘세고 정의로운 대한민국'이 할 수 있는 일을 상상해 보라. 가난한 나라를 경제적으로 도와줄 수 있고 강대국이 약한 나라를 괴롭히면 그러지 못하게 막아줄 수도 있다. 필요하다면 세계질서를 새롭게 짜나갈 수도 있을 것이다. 약소국으로 오랫동안 살아온 한민족은 강한 나라가 되면 힘없는 나라의 처지를 잘 이해하며 세계질서를 재편할 수 있을지도 모른다. 국제사회는 때로는 현실적인 힘에 의해서, 때로는 유엔과 같은 국제기구를 통해 세계의 질서를 형성한다. '강한 대한민국'이 된다면 현실적인 힘을 바탕으로, 때로는 국제기구를 통해 목소리를 내면서 무궁무진하게 좋은 정책을 펴나갈 수 있을 것 같다.

다행히 20세기 말과 21세기 초를 거치면서 부국강병한 대한민국의 꿈은 현실화될 가능성이 점차 높아지고 있다. 삼성전자, 현대자동차, LG전자, POSCO, 현대중공업 등 세계적 기업들이 다수 생기는 등 경제적으로 상당한 수준에 올라왔다. 한국은 교역규모로 세계 10위권의 경제대국으로 부상했다. 여기에 금융산업 등이 선진적으로 발전한다면 경제규모에서 4~5위로 뛰어오를 수도 있을 것이다. 거꾸로 경제규모가 세계 4~5위로 뛰어올라야 금융산업이 발전할 수도 있다고도 한다. 한국이 금융과 경제에 대한 새로운 판을 짜는 세계회의인 G20 의장국으로 선정돼 회의가 열리는 것도 긍정적이라고 볼 수 있다. G7이나 G8의 이해관계보다 더 많은 나라의 이해관계를 조정하는 역할을 할 수 있기 때문이다.

거듭 강조하지만 한국이 강한 나라가 되기 위해서는 북한과의 통일이 꼭 필요하다. 통일된 한반도는 더 이상 약소국도 아니고, 5천 년 역사 동안 고통받던 힘없는 민족의 고난에서 벗어날 수도 있다. 한민족의 문화와 기질을 드러내는 한글을 지키기 위해서도 인구 7천만 명 이상이 필요하다. 강대국과의 관계를 잘 유지해야 하지만, 강대국과의 외교전에서 한민족에게 유리한 방법을 스스로 사고하며 찾아내야 한다. 최근 들어 남한만으로도 잘 먹고 잘살 수 있으니 복잡하게 통일을 할 필요가 뭐가 있겠느냐는 주장들이 대두되지만, 현재의 경제적 영광이 중국이 G2로 떠오른 변화한 국제환경 속에서 언제까지 유지될 수 있을지 심사숙고해야 한다. 미국이 기침을 하면 한국은 독감이 걸리던 1970년대 1980년대의 상황이 21세기에 중국과 한국 사이에서 재연될 수도 있다. 현재 상황에 만족해하며 변화를 거부하는 순간 한국은 경제적으로, 정치적으로, 국제무대에서 다시 후퇴할 수 있다.

'강한 대한민국'이 되기 위해서는 1인당 국민소득 100달러 수준의 사고방식에서 완전히 벗어나야 한다. 그 방식은 1960~80년대의 진보세력의 방식도 아니지만, 운동권에서 변절해 2000년에 대두된 '뉴라이트' 식도 아니다. 1970년대 산업화 세대를 이끌어왔던 세계관은 더더욱 아니다. 배타적 민족주의나 안하무인의 사고방식을 버리고 변화를 위한 지치지 않는 노력과 개방성, 포용성, 다양성 등을 확보해야 한다. 가장 기초적으로 정부와 권력을 비판할 수 있는 언론의 자유를 보장하고, 학문과 사상의 자유를 누릴 수 있어야 한다.

흔히 조선왕조가 500년 동안 이어진 것은 역사에 드문 일이어서 연구대상이라고 한다. 동서를 막론하고 왕조는 흔히 200~300년을 주기로 몰락을 거듭했기 때문이다. 게다가 역사가들은 거대한 중국 제국과 국경을 맞댔던 한민족이 민족적 주체성을 잃지 않고 존속함을 높이 평가한다. 일본도 한반도라는 완충지대가 없었더라면 중국과의 관계에서 그렇게 독자적일 수 없었을 것이다. 고려가 원나라의 부마국이자 제국의 일원으로 편입된 뒤 원나라의 일본 원정이 두 차례 진행된 사실에서 한반도의 완충지대로서의 위치를 확인할 수 있다. 중국의 존재는 그만큼 한민족에게 압도적이었다.

위압적인 상황을 견뎌낸 조상들의 놀라운 생존능력과 현명한 정책적 판단에 감탄하지만, 다른 한편으로는 일제 강점기를 떠올리면 아쉬움을 금할 길 없다. 조선 후기 왕실과 양반들이 성리학을 교조적으로 받아들이고 청나라를 배척하며 '중화의 적통'을 강조하는 것 이외에 '제3의 길'은 발견할 수 없었는지 묻지 않을 수 없다. 조선 후기의 정체는 조선 지배층의 성리학적 사고의 과잉이 빚은 참사일 수도 있다. 그런 의미에서 최근 유행처럼 번지는 조선시대에 대한 과도한 미화는 경계해야 한다.

또한 조선 후기부터 대한민국으로 내려오는 유형무형의 '못난' 부분을 털어내야 한다. 대한민국의 수도는 조선의 헌법인《경국대전》에 한성으로 돼 있기 때문에 서울 이전은 안 된다는 식의 헌법재판소 판례가 나오는 나라는 현대 국가가 아니라고 많은 국민들이 느낀다. 조선과 대한민국은 완전히 다른 나라다. 이러한 판례를 내놓은 것은 조선적 사고방식의 연장선상에 한국인을 몰아넣는 것이 된다.

한국인들이 스스로 선진국에서 살고 있다고 느끼고 자부심을 갖기 시작한 지 겨우 20~30년에 불과하다. 그러나 한국인들은 그 시간이 아주 오래됐다고 착각하고 주변 나라를 얕잡아 보며 자만하는 것은 아닌지 걱정된다. '위대한 조선'을 강조하면 강조할수록 착각과 자만이 깊어질 것이다. 스스로를 긍정하는 힘은 한국인들이 위기를 돌파

할 때 큰 힘을 발휘하지만 잘나간다고 느낄 때는 과거에 부족한 것이 무엇이었는지를 살펴야 한다. 의식적으로 조선의 못난 유산을 인식하고 이를 껴안으면서 좋은 유산을 발전시키는 방법을 찾아나가야 한다.

5천 년 역사에서 한민족이 세계적으로 의미 있는 위치에 올라설 수 있는 거의 첫 번째 기회가 다가오고 있다. 일본을 제치고 중국이 경제적으로 세계 2위의 강대국으로 부상하면서 동아시아가 세계의 주목을 받고 있지만, 19세기 말처럼 한반도가 또 다시 강대국 간의 힘의 각축장이 될 것이라는 우려도 있다. 한민족에게 기회가 될 수도 있고, 위기가 될 수도 있는 시간이 찾아오고 있다. 좀더 확장된 시선으로 우리를 둘러싼 외부세계를 돌아보면서 한국이 나아갈 방향을 찾아야 할 것이다.

참고문헌

DK 편집부,《세계 미술의 역사》(시공사, 2009).

강만길,《고쳐 쓴 한국근대사》(창비, 1999).

강진아, "16~19세기 동아시아무역권의 세계사적 변용", 백영서 외,《동아시
    아의 지역질서》(창비, 2005).

계승범a,《조선시대 해외파병과 한중관계》(푸른역사, 2009).

계승범b, "조선후기 중화론의 이면과 그 유산: 명청 관련 호칭의 변화를 중
    심으로",《한국사학사학보》제19호(2009년).

고영진, "총론: 17세기 전반 의리명분론의 강화와 사회경제정책의 대립",
    《역사와 현실》제8호(1992).

국립중앙박물관,《국립중앙박물관》(국립중앙박물관문화재단, 2007).

기시모토 미오·미야지마 히로시(김현영·문순실 옮김),《조선과 중국 근세 오
    백년을 가다》(역사비평사, 2003).

김대하,《고미술 감정의 이론과 실기: 도자기편》(디자인중심 다우, 2009).

김동노,《근대와 식민의 서곡》(창비, 2008).

김문식, "조선후기 지식인의 대일인식", 한국18세기학회,《18세기 한일 문
    화교류의 양상》(태학사, 2007).

김풍기,《조선 지식인의 서가를 탐하다》(푸르메, 2009).

김홍남,《중국 한국 미술사》(학고재, 2009).

김희영,《이야기 일본사》(청아출판사, 2006).

다시로 가즈이(정성일 옮김),《왜관: 조선은 왜 일본 사람들을 가두었을까》
　　(논형, 2005)

데이비드 문젤로(김성규 옮김),《동양과 서양의 위대한 만남 1500~1800》(휴
　　머니스트, 2009).

로이드 E. 이스트만(이승휘 옮김),《중국사회의 지속과 변화》(돌베개, 1999).

류웨이·장쳰이(하유영 옮김),《중국역사 대장정》(웅진지식하우스, 2009).

류해춘,《가사문학의 미학》(보고사, 2009).

미야지마 히로시·박훈·백영서,《동아시아 근대이행의 세 갈래》(창비, 2009).

바이잉(한혜성 옮김),《지도로 보는 세계 미술사》(시그마북스, 2008).

박경희 엮음,《연표와 사진으로 보는 일본사》(일빛, 1998).

박기현,《우리 역사를 바꾼 귀화 성씨》(역사의아침, 2007).

박성래,《다시 보는 민족과학 이야기》(두산동아, 2002).

박은숙,《시장의 역사》(역사비평사, 2008).

박홍규·최상용,《정치가 정도전》(까치글방, 2007)

벤자민 로울랜드(최민 옮김),《동서미술론》(열화당, 2002).

브래들리 콜린스(이은희 옮김),《반고흐 vs 폴 고갱》(다빈치, 2005).

서양사학자 13인,《서양문화사 깊이 읽기》(푸른역사, 2008).

송기호,《말 타고 종 부리고》(서울대학교출판문화원, 2009).

안드레 군더 프랑크(이희재 옮김),《리오리엔트》(이산, 2003).

안상수,《국제금융선물거래》(새로운 사람들, 2009).

앨프리드 W. 크로비스(이창희 옮김),《태양의 아이들》(세종서적, 2009).

에이미 추아(이순희 옮김),《제국의 미래》(비아북, 2008)

엘라수 와그너(김선애 옮김),《한국의 어제와 오늘 1904~1930》(살림, 2009).

오정윤,《단숨에 읽는 한국사》(베이직북스, 2007).

윌리엄 길모어(이복기 옮김),《서양인 교사 윌리엄 길모어 서울을 걷다》(살림, 2009).

윤용이,《우리 옛 도자기의 아름다움》(돌베개, 2007).

이대복,《세관 역사 한눈에 꿰뚫어 보기》(동녘, 2009).

이덕일,《한국사 그들이 숨긴 진실》(역사의아침, 2009).

이삼성,《동아시아의 전쟁과 평화 1, 2》(한길사, 2009).

이상주,《세종대왕 가문의 500년 야망과 교육》(어문학사, 2009)

이성주,《발칙한 조선인물실록》(추수밭, 2009).

이영화,《조선시대 조선사람들》(가람기획, 1998).

이영훈,《수량경제사로 다시 본 조선후기》(서울대학교출판부, 2004).

재레드 다이아몬드(김진준 옮김),《총, 균, 쇠》(문학사상사, 2005).

전호근·김시천,《번역된 철학 착종된 근대》(책세상, 2010).

정수일,《문명담론과 문명교류》(살림, 2009).

정약용(박석무 옮김),《유배지에서 보낸 편지》(창비, 2009).

정양모 등,《조선목가구대전》(호암미술관, 2002).

정형,《일본 일본인 일본문화》(다락원, 2009).

정후식,《일본기업의 장수요인 및 시사점》(한국은행, 2008).

존 레니 쇼트(김희상 옮김),《지도, 살아있는 세상의 발견》(작가정신, 2009).

주경철,《대항해 시대》(서울대학교출판부, 2008).

주경철,《문명과 바다》(산처럼, 2009).

주영하,《그림 속의 음식, 음식 속의 역사》(사계절, 2005).

줄리언 벨(신혜연 옮김),《세상을 비추는 거울, 미술》(예담, 2009).

최영범,《하룻밤에 읽는 한국사》(페이퍼로드, 2009).

최완수 외,《진경시대 I 》(돌베개, 1998).

타니 아키라·신한균,《사발》(아우라, 2009).

타케미츠 마코트(이진복·정혜선 옮김),《세계 지도로 역사를 읽는다 2》(황금가지, 2009).

하정식,《태평천국과 조선왕조》(지식산업사, 2008).

한국18세기학회 엮음,《18세기 한일문화교류의 양상》(태학사, 2007).

한국국제교류재단,《빅토리아 & 앨버트 박물관 소장 세계 명품 도자전》(한국국제교류재단, 2008).

한국역사연구회,《한국사 길잡이 (상)》(지식산업사, 2008).

한국일어일문학회,《스모 남편과 벤토 부인》(글로세움, 2003).

한명기,《정묘·병자호란과 동아시아》(푸른역사, 2009).

허태용,《조선후기 중화론과 역사인식》(아카넷, 2009).

홍석준·임춘성,《동아시아의 문화와 문화적 정체성》(한울아카데미, 2009).

황주홍,《강진군에서도 대한민국을 바꿀 수 있다》(전남대학교출판부, 2010).